古代歷史文化 研究輯刊

八 編

王明蓀 主編

第13冊

明人的讀書生活

呂允在 著

國家圖書館出版品預行編目資料

明人的讀書生活／呂允在　著 ─ 初版 ─ 新北市：花木蘭文化
出版社，2012〔民101〕
目 2+266 面；19×26 公分
（古代歷史文化研究輯刊　八編：第 13 冊）
ISBN：978-986-254-974-2（精裝）
1. 讀書　2. 社會生活　3. 明代
618　　　　　　　　　　　　　　　　　101014971

ISBN-978-986-254-974-2

9 789862 549742

古代歷史文化研究輯刊
八　編　第十三冊　　　　　　　　ISBN：978-986-254-974-2

明人的讀書生活

作　　　者　呂允在
主　　　編　王明蓀
總 編 輯　杜潔祥
出　　　版　花木蘭文化出版社
發 行 所　花木蘭文化出版社
發 行 人　高小娟
聯絡地址　新北市永和區中正路五九五號七樓
　　　　　　電話：02-2923-1455／傳眞：02-2923-1452
網　　　址　http://www.huamulan.tw 信箱 sut81518@gmail.com
印　　　刷　普羅文化出版廣告事業
初　　　版　2012 年 9 月
定　　　價　八編 22 冊（精裝）新台幣 35,000 元

明人的讀書生活

呂允在　著

作者簡介

呂允在，福建省金門縣烈嶼鄉人，中國文化大學史學研究所博士，現為國立臺灣藝術大學通識教育中心助理教授、國立臺灣藝術大學圖書館組長。研究專業領域為圖書文物、生活文化史、地方志(史)，目前著重在生活文化史及地方志研究。撰有《從臺灣地區專門圖書館歷史發展探討「主題式導向圖書館」經營之可行性》、《明人的讀書生活——知識階層生涯規劃的一個歷史側面》；著有《追本溯源——盡攬東坑風華》、《東坑呂氏家廟祖譜、六姓宗祠祖譜、清雲祖師廟源流考全記錄》、《典藏東坑——烈嶼歲月憶往》、《細說烽火話烈嶼——從東坑談起》、《金門縣烈嶼鄉東坑社區導覽簡介》、《精彩烈嶼》、編著《世界金門日活動成果專輯》；總編纂《增修烈嶼鄉志》、總編輯《境由心生——廖啟恆繪畫創作集》、《烈嶼會刊》、編輯《躬耕履痕——楊榮煥回憶錄》等書及發表〈書齋與文人風尚〉、〈閱讀藏書票〉、〈盡攬烈嶼容顏〉等數拾篇文章。

提　要

　　明代文人的讀書生活豐富而多采，藉由書齋的外部環境與內在格局，蘊釀讀書情境，同時與諸友抒情清言，或是相與論學，藉由文會過從的流程，諸師友之間同聚一室，或論學、或詩文、或感懷，從中也能達到與文人集團之間的相互交流，建立彼此間的情誼。無論是閒居讀書、山中習靜、旅遊論學，都在在顯示出明代文人生活文化的多元活潑面向。

　　本書架構共分為七章：

　　第一章 緒論：說明研究動機與目的、研究範圍與界定、相關研究的成果、史料參考與運用和架構的論述。

　　第二章 讀書生活的主室——書齋的佈置與格局：本章探討書齋署名的緣由，以及書齋的外部環境與內在格局，主要是藉以說明書齋命名的背後所隱含明代文人內心性格與理想抱負；其次再分別探究書齋的內外整體規劃與設計，透過書籍、圖畫、文玩、家具等等的排列，襯托出文人內在的思緒與情感。

　　第三章 讀書生活的規劃：本章主要論述讀書志趣的樹立、讀書課程的訂定、讀書生活的開展。讀書生活涵蓋：修身養性、閒適自娛、增廣知識等型態，並討論讀書課程的進度排定、書籍種類的選擇。同時，讀書生活旁及詩文書畫與鑑賞文物的藝文活動，而結社群體生活的互動，更是造就文人讀書生活多樣、變化的要件。

　　第四章 讀書生活與圖書：圖書與文人讀書生活息息相關，本章著重於文人對圖書的蒐羅、保存與傳播的作用。由於城市與經濟的發展，以及藏書風氣的盛行，刺激圖書的流通與消費，於是大量藏書、購書、訪書的文化活動，助長文人對於鈔書、刻書文化事業的熱衷，使得不少散失亡佚、殘編的典籍得以重現復原，而書籍的取得與轉借，更可作為保存文獻、傳播知識的雙重作用，對於古籍整理與文化保存，具有相當的貢獻與意義。

　　第五章 讀書到編著立言：本章重在討論明代文人如何將讀書生活延展到著述、纂輯、講學等生活型態。除了著述表達個人思想之外，文人會以鈔錄、札記等形式，匯集前人智慧結晶，專心著述，成一家言，隨手札記，彙集成卷等文化活動。

　　第六章 讀書典範與樂趣：本章主要陳述明代文人在讀書中的樂趣，藉由讀書典範的樹立、讀書生活的體驗，以及結社生活的開展等多樣形式，邀集志同道合的文友，組成詩社、文社、讀書社，一同對文章思想進行討論與批評，透過這種論道講學與文會過從的互動方式，使文友之間的思想與感情更為緊密，更增添讀書之外精神層次的趣味。

　　第七章 結論：對於明人的讀書生活作——簡明扼要的綜述。

目
次

第一章　緒　論 ………………………………………… 1
第二章　讀書生活的主室──書齋的格局與佈置 … 21
　　第一節　書齋的命名 ………………………… 22
　　第二節　書齋的外部環境 ………………… 34
　　第三節　書齋的內在佈置 ………………… 45
第三章　讀書生活的規劃 …………………………… 61
　　第一節　讀書志趣的樹立 ………………… 61
　　第二節　讀書課程的訂定 ………………… 77
　　第三節　讀書生活的開展 ………………… 85
第四章　讀書生活與圖書 ……………………… 103
　　第一節　讀書與訪書、購書 …………… 104
　　第二節　讀書與鈔書、借書 …………… 113
　　第三節　讀書與藏書、校書 …………… 131
第五章　讀書到編著立言 ……………………… 145
　　第一節　讀書與著述生活 ……………… 146
　　第二節　讀書與編纂生活 ……………… 156
　　第三節　讀書與講學生活 ……………… 175
第六章　讀書典範與樂趣 ……………………… 187
　　第一節　讀書生活的典範 ……………… 187
　　第二節　讀書與生活結合 ……………… 198
　　第三節　讀書與結社生活 ……………… 210
第七章　結　論 ………………………………… 219
附　圖　明人讀書生活圖繪 …………………… 225

徵引書目 ………………………………………… 237

第一章　緒　論

一、研究動機與目的

　　閱讀是一切知識的基礎。西方學者曼古埃爾（Manguel, Alberto）認為，閱讀（Reading）是人類最基本的本能，藉由閱讀所獲得的符號訊息，瞭解自身本質與周遭環境，而各種不同的閱讀地點、時間，則可以轉換不同的情緒氣氛。藉由閱讀技巧的學習，能夠學習識別社會溝通的共同符號。〔註 1〕對於閱讀的生活價值，傳統中國知識分子除了科考、功名之外，更具有一種追求崇尚風雅的文人氣質，主要是與知識階層內心的性格與思想有關。知識階層除了在自己的著作中表達思想感情、呈現性格，甚至對人生經驗的種種領悟外，並常運用一些相應的方式來顯露內心感受，例如為自己取字、別號，作為個人獨特的標誌記號。這種文人特性的表現在文字符號之外，還會將這類想法訴諸於實際所處環境，如將自己的居室或書房賦予某樓、堂、館、閣、軒、齋等名稱，無一不是經過殫思竭慮的細心謀劃，這種雅好風尚所及，尤以明代更具有承先啟後之作用。

　　崇尚風雅是古代中國知識階層身懷自詡孤傲反俗的性格，既然讀書被視為重要文人生活文化的一環，因此選取一個幽雅清靜的場所——書齋或書房，作為專心學習的讀書環境，對喜好讀書的文人而言，便是寄託閒情逸趣的重要場域。無論是典雅豪華的高堂，還是簡陋窄小的斗室，都寄託著書齋主人的理想，匯集在獨具魅力的一片天地。〔註 2〕這些書齋與書房，或為大宅、深院，或為蝸舍、斗室，都具有文人內在的精雅巧思，無論是樓館名稱、位

〔註 1〕　曼古埃爾（Manguel, Alberto）著、吳昌杰譯，《閱讀史》（*A History of Reading*）（北京：商務印書館，2002 年 5 月第一版），頁 31～201。

〔註 2〕　王明洪，〈明清時期的書齋文化〉，《文史月刊》，1996 年 7 月七期，頁 56。

置格局，其背後的意涵皆有文人思想的箇中奧妙，不但是文人讀書時一種閒情逸致的表徵，更是當時文人讀書生活的一種文化展現。

　　書齋不僅作為明代文人日常生活的場域，更是讀書生活的重心，藉由書齋之內的讀書、論學、鑑賞、創作、清言等文化活動，提昇文人內在的精神與心靈涵養。書齋不僅作為讀書、休憩之場域，更作為圖書蒐藏的用途，為保存文化典籍與傳承作出極大的貢獻，而藏書樓即是書齋的延伸和擴大，因此書齋也就成為人物、書籍、生活相互交融的空間，以及文化思想醞釀的重要場所。

　　明代在歷代的發展中，被視為評價不高的王朝，〔註3〕同時受到政治體制的約束，以及皇帝、內閣制度的設計缺失，因此被歸納為「內向」、「停滯」的時代。〔註4〕然而，受到自明代中葉以來的城市經濟蓬勃發展的影響，社會風氣逐漸轉變，在文學方面則由明初的保守擬古，轉而為講求性靈、思想奔放；〔註5〕學術思想上突破宋代的理學思想，而以王陽明的「心學」強調自我解放的人生哲學；〔註6〕在社會文化方面，首先出現地方生員與科舉名額無法因應日漸增加的人口，加上商人子弟可以納粟任官的社會現象，〔註7〕在傳統重農抑商的觀念中，原本處於「士、農、工、商」四民之末的商人，地位開始提昇，出現四民並列之情形，甚至有凌駕士人的趨勢，〔註8〕於是「棄本就末」、「棄儒從商」的問題開始被受到重視與討論。〔註9〕在整體社會環境趨勢

〔註3〕　呂士朋，〈明代在國史上的地位〉，《東海大學歷史學報》，二期，1978年7月，頁1。

〔註4〕　黃仁宇，〈明朝：一個內向的國家〉，《歷史月刊》，五五期，1992年8月，頁82～94；黃仁宇，〈晚明：一個停滯但注重內省的時代〉，《歷史月刊》，五六期，1992年9月，頁90～101。

〔註5〕　劉大杰，《中國文學發展史》（臺北：華正書局，1976年1月台一版），頁845～855。

〔註6〕　邱少華，〈李贄——晚明人文主義新思潮的先驅者〉，《首都師範大學學報（社會科學版）》，1995年四期，頁86～92；郭英德、過常寶，《雅風美俗之明人奇情》（臺北：雲龍出版社，1996年2月初版），頁230。

〔註7〕　邵曼珣，〈明代中期蘇州文人尚趣之研究〉，《古典文學》，一二期，1992年10月，頁182；吳智和，《明代的儒學教官》（臺北：臺灣學生書局，1991年3月初版）。

〔註8〕　余英時，《中國近世宗教倫理與商人精神》（臺北：聯經出版事業公司，1987年1月初版），頁109。

〔註9〕　詳參見：夏咸淳，〈明代後期文士與商人的關係〉，《社會科學》，1993年七期，頁59～63；周志斌，〈論晚明商潮中的儒士〉，《長白論叢》，1994年二期，頁68～74；鄭利華，〈士商關係嬗變：明代中期社會文化形態變更的一個側面〉，

之下，科舉制度的束縛稍微減輕，同時受到士商相混的時代特色，供應文人讀書的經濟來源，因此明代文人對於讀書不再完全是以仕途為目的，於是發展出各種休閒、養性、怡情，或是純粹讀書的自得、自主與自娛等多面向讀書生活之特色。

　　本書欲探究的主題為：明代文人讀書的目的為何？在閱覽群籍時，是懷著何種心態去面對？即使在傳統的科舉制度影響之下，不少知識階層懷有「一舉成名天下知」的夢想，於是著眼在榮登金榜、求得功成名就的目標；然而更有不少知識階層卻從功利的讀書準則中跳脫出來，尋求汲取書中知識，將讀書視為生命寄託、生活樂趣，有異於傳統框架的讀書態度與性格，轉而為追求淡泊名利、修養德性，強調讀書的自得、自主與自娛的本色。因此，文人讀書的內在本色如何從功利性質的科舉功名，轉變為主體的閒適生活？讀書志趣的如何確立？其背後價值觀念的轉化，皆為本書研究重要的探討議題。

二、研究範圍與界定

　　關於明人讀書生活的開展，首先必須對於「明人」加以定義。本書所謂「明人」，主要是涵蓋明代的文人而言。身為知識分子的文人，傳統論述是以「士」、「士大夫」、「士紳」、「鄉紳」或「知識分子」來加以稱呼。〔註 10〕明代文人的知識階層，受到傳統的影響與變化，文人群體的樣貌漸趨多樣化，並與文臣、道學家、儒士等身分，產生互相滲透、互相影響的關係。黃繼持將明代文人型態，析分為傳統式的「儒家文人」和以文墨為尚的「純文人」兩種，而民間文人的大量出現，使「純文人」的型態產生變化。〔註 11〕陳萬益在〈晚明小品與明季文人生活〉一文，則認為受到晚明讀書人階層形成的關係，已經產生「文人」、「文士」、「才子」、「名士」、「高士」等各種詞彙的出現，顯示明代文人集團的擴大。〔註 12〕

　　陳寶良認為，作為知識分子的明代文人而言，「文」是相對於「武」，其

《學術月刊》，1994 年六期，頁 64～70；謝景芳，〈明人士、商互識論〉，《明史研究專刊》，十一期，頁 187～200；黃桂蘭，〈晚明文士風尚〉，《東南學報》，一五期，1992 年 12 月，頁 139～158。
〔註 10〕王賡武，〈中國社會中的學者：歷史背景〉，收入《歷史的功能》（香港：中華書局，1990 年 6 月），頁 118～119。
〔註 11〕黃繼持，〈明代中葉文人型態〉，《明清史集刊》，1985 年，卷一，頁 37～61。
〔註 12〕陳萬益，《晚明小品與明季文人生活》（臺北：大安出版社，1988 年 6 月初版），頁 49。

廣義的說法是泛指一切能舞文弄墨的人，即能從事文學、詩歌、散文、小說、戲曲等創作者；文人雖屬於知識分子的階層，但又與以科名、官位為憑藉的官僚或縉紳階層有異，而純粹的文人卻可完全憑藉知識或文學作品，以博得名氣與聲譽。〔註 13〕此外，大部分文人因科舉受挫而仕進無門，只好憑藉所掌握的知識維持生計，而就身處地方社會的文人，不僅在當地獲得「讀書種子」的尊稱與敬重，甚至被視為鄉里的導師、地方的柱石，足見其身分地位的尊崇。〔註 14〕

　　本書在行文論述時，傾向採取陳寶良對明代文人的觀點，而將「明代文人」視為廣義的文人意涵，亦即舉凡能夠從事文學、詩歌、散文、小說、戲曲等創作，同時能夠憑藉本身的知識或文學作品，以獲取聲譽來維持生計，皆屬於「文人」的範疇。因此，本書在撰述內容時，除非有其他特別意涵的指稱，文中皆以「明人」、「明代文人」統稱。

　　至於在時代與區域的界定上，以明代為主，上下擴展至元末、清初，在明代近三百年的這段時間之中，由於明代中晚期在政治、社會、經濟、思想、文化等方面有重大的變化，而呈現出更多采的文人讀書生活面向。明代文人的讀書生活特性，主要以整個明代整體生活的呈現作一大範圍陳述，並無區分時段與地區差異，給予個人獨特性與時代共通性的讀書生活。在撰述內容的寫作上，參考資料偏重以明人集部的別集、子部的雜著為主，故而內容呈現出的讀書生活概況，自然也多以「文人」自身生活為代表，擴及與朋友的交遊，表現出個人自娛與朋友共娛的讀書生活。

　　根據本書的研究主題，首先進行相關問題意識的提出，藉以指出研究方向，然後呈現明人的讀書生活的各種時代面向，因此有以下兩個問題的思考，並予以釐清與界定：

　　（一）本書主題研究客體（對象）是明代文人的讀書生活，所舉的史例為殊象（個別），透過眾多的個別史料案例予以歸納分析，以探求時代性的共相（集體），藉以瞭解明代文人讀書生活開展歷程的時代現象。

〔註 13〕陳寶良，〈明代文人辨析〉，《漢學研究》，一九卷一期，2001 年 6 月，頁 190 ～198。
〔註 14〕王爾敏，《明清社會文化生態》（臺北：臺灣商務印書館，1997 年 10 月初版），頁 59～60。

（二）關於「讀書生活」的界定，在此是指明代文人的知識汲取、累積的生活歷程，有讀書時間上的日積月累的延續，有讀書空間的界定，特別是指在固定書齋之中的讀書效應，如廣讀群籍與外延至鈔書、校書、著書、編書、刻書等有關的知識文化領域。

三、相關研究的成果

（一）文人讀書生活文化的論述

書齋作為文人與讀書、典籍、生活三者交融的空間，更是思想文化醞釀的場域。文人在賦詩、寫作時，有時還會以書齋之命名代稱其性格的特質，其重要性並不亞於字號，因此對於書齋的署名，既不能過於簡略，又不能流於庸俗，更是格外的費盡心思，各有其不同原因與理由。〔註 15〕

文人對於社會關懷具有「出世」與「入世」的兩種情懷，而出世情懷遂形成隱逸的性格，喜於徜徉於山水月色，藏脩於書齋軒舍，令人有種遠離塵囂，達到另一境界的感受，更是誘發文學、藝術、思想創作的最佳題材。〔註 16〕古典園林、居室所呈現的花草、奇石，被賦予不同的風流韻事，不少花種更被譽為隱逸、君子、典雅的德行。〔註 17〕事實上，明代文人常以山水、書齋寄託懷抱與理想，並藉由書齋讀書之餘，飽覽山林壯闊，作為休憩閒適的生活樂趣。所以沉醉於山水景致、泛覽於書海之中，不僅是寄託心志，更是將讀書、休閒、生活、山水相互結合的生活理念。〔註 18〕

有關直接論述明人讀書生活的研究成果並不多見，相關的有朱倩如《明人的居家生活》，就明代文人雅好讀書者，對於各類書籍充滿許多好奇與嚮往，藉由閱讀不同的書籍中，享受喜怒、哀悲等情緒轉換的樂趣，展現其中的讀書之樂。同時並就讀書生活的位序、適合的地點、時間、生活體驗、杜門謝客等各類讀書生活，予以分析，闡述讀書生活在明人居家生活的重要性。朱著嚴謹、取材豐富、行文簡練，是本書寫作期間，重要的入門參考書

〔註 15〕 范鳳書，《中國私家藏書史》（鄭州：大象出版社，2001 年 7 月第一版），頁 661～674；周少川等，〈古代私家藏書樓的構建與命名〉，《中國典籍與文化》，2000 年一期，頁 37～43。
〔註 16〕 韓兆琦，《中國古代隱士》（臺北：臺灣商務印書館，1998 年 12 月初版）。
〔註 17〕 劉天華，《畫境文心──中國古典園林之美》（北京：生活・讀書・新知三聯書店，1994 年 10 月第一版），頁 239。
〔註 18〕 吳智和，〈明人山水休閒生活〉，《漢學研究》，二〇卷一期，2002 年 6 月，頁 101～129。

之一〔註 19〕

　　讀書既為生活的樂趣之一，所採取的讀書態度，自然不同於為入仕苦讀應考的士子，使讀書的自娛性取代了嚴肅性，成為文人閒居時快樂的源泉。黃明理〈「晚明文人」型態之研究〉，對此有所論述。讀書時須專心一志，不為俗事雜客所擾，而寂靜之際雖有孤獨的感受，卻正是讀書的最佳契機，便是在獨自讀書時，培養毅力與定力的良方。〔註 20〕曹正文《書香心怡──中國藏書文化》，對此一論題，也有涉及。〔註 21〕吳智和〈明人習靜休閒生活〉，其中也提及：藉由讀書時的心神專一，不僅可以避免俗事雜客所擾，還能怡養性情，因此習靜之際的讀書方式，便與文人的生活形態相得益彰，而甘於平淡更是閒適內涵的要項，因此習靜給予文人達到內心的安適虛靜。〔註 22〕

　　傳統文人的生活環境，書籍即佔了極重要的地位，甚至形成以書為伴侶的典範，因此讀書成了文人陶冶情操、淨化心靈、寄託感情的最佳精神享受。在文人的讀書生活中，許多人還感受到在不同環境下讀書的樂趣。不同季節讀不同的書感受也不同。在不同的情境之中讀書，能加深書的內容之領悟，獲得無比的樂趣。在各種讀書環境中，文人最喜歡的是夜讀。「雪夜閉門讀禁書」，常常被古代文人引為樂事。明代文人屠本畯生平好讀書，至老尚手不釋卷；華亭陳繼儒（1558～1639）在《小窗幽記》中、錢塘于謙（1398～1457）在〈觀書〉詩中、晚明文人吳從先在《小窗自紀》中、長樂謝肇淛（1567～1624）在《五雜俎》中等道出了讀書的樂趣。〔註 23〕趙志偉《書聲琅琅：中國古人讀書生活》，也大略描述古代文人無論走科舉之路，還是不走科舉之路，讀書自有其樂趣。〔註 24〕

〔註 19〕 朱倩如，《明人的居家生活》（宜蘭：明史研究小組，2003 年 8 月初版），頁 159～168。

〔註 20〕 黃明理，〈「晚明文人」型態之研究〉，《國立臺灣師範大學國文研究所集刊》，三四號，1990 年 6 月，頁 1036。

〔註 21〕 曹正文，《書香心怡──中國藏書文化》（上海：上海古籍出版社，1994 年 12 月第一版），頁 132～133。

〔註 22〕 吳智和，〈明人習靜休閒生活〉，《華岡文科學報》，二五期，2002 年 3 月，頁 145～193。

〔註 23〕 孫立群，《中國古代的士人生活》（北京：商務印書館，2003 年 12 月第一版），頁 24～28。

〔註 24〕 趙志偉，《書聲琅琅:中國古人讀書生活》（上海：上海人民出版社，2001 年 1 月第一版）。

　　吳調公、王凱《自在自娛自新自懺——晚明文人心態》一書，是目前深論晚明文人心態的一本專著，其中論述文人讀書除為了科舉應試的目的外，更強調自娛性質的讀書樂趣。閒適自娛的讀書生活全憑興趣所致，所注重的並非讀書之目的，而在於讀書的過程。自娛、娛悅或是自得、自適，都是怡情的處世心態。所謂自娛，固然是側重抒寫閒適、寧靜、逍遙、沖淡之情，也含有抒發情緒之意涵。〔註25〕

　　文人的讀書生活型態，若由美學角度來加以論析，可以看出其精緻文化的形成過程，范宜如《風雅淵源——文人生活的美學》即是從美學角度，論述文人對於讀書生活時間的選擇規劃，說明文人特別喜好在夜深人靜時閱讀，寒夜讀書對文人而言確實有一種特殊的吸引力。〔註26〕羅中峰《中國傳統文人審美生活方法之研究》，以審美理論論述文人生活方式，認為：人雖身處群體社會，但獨立的個體表現，卻是時常追求孤寂的蘊含與思想，〔註27〕因此每當夜闌人靜，隻身獨處於孤寂的環境，更能引發文人抒發胸懷的感嘆。獨處之際，以無俗事擾人，沉澱心靈，是適合讀書的最佳時機，山冷清幽，靜謐的四周搭配朗朗讀書之聲，更是況味十足。是朱倩如〈明人的獨居生活〉一文，創見獨闢明人生活文化一個新視野的專題。〔註28〕

　　由於明代文人喜好結社，因此讀書之餘頗好招來同好相聚，舉凡詩社、文社、書社、畫社、鑑賞社、珍古社、讀書社等，其類型多不勝枚舉，社名更是五花八門。〔註29〕何宗美《明末清初文人結社研究》也論及尋求志趣相投的朋友是文人讀書生活不可或缺的重要價值，而結社活動即是此種心態的具體實踐，文人結社因成員組成不同舉，而分為耆舊類、隱士類、師徒類、同志類等型態，晚明思想的解放，更促進結社的興起。〔註30〕曹淑娟《晚明性靈小品研究》，提及明人崇尚自我的性靈生活，無疑更是助長結社的因素，

〔註25〕 吳調公、王愷，《自在自娛自新自懺——晚明文人心態》（蘇州：蘇州大學出版社，1998 年 9 月第一版），頁 93～124。

〔註26〕 范宜如，《風雅淵源——文人生活的美學》（臺北：臺灣書店，1998 年 3 月初版），頁 167。

〔註27〕 羅中峰，《中國傳統文人審美生活方式之研究》（臺北：洪葉文化事業有限公司，2000 年 2 月初版），頁 2。

〔註28〕 朱倩如，〈明人的獨居生活〉，《明史研究專刊》，一五期，2006 年 10 月，頁 139～141。

〔註29〕 陳寶良，《中國的社與會》（杭州：浙江人民出版社，1996 年 3 月第一版）。

〔註30〕 何宗美，《明末清初文人結社研究》（天津：南開大學出版社，2000 年 1 月第一版），頁 39～46、86～141。

文人愛好群聚結社，從事藝文活動或悠遊於自然山水之間，逐漸成為晚明士
林文化的一個特質。〔註 31〕

  （二）讀書與藏書、考據、鈔寫活動的論述

  明代考證、考據的風氣興起，主要是源於文學上復古運動的誕生，以及
文人藏書、刻書的風行，致使明人對於考證的層面，涵蓋經史、文學、戲曲、
小說、金石等範圍，並以嚴謹、博正、客觀等態度為發展方向。〔註 32〕

  文人在蒐集圖書的過程之中，幾乎都與鈔書有不解之緣，同樣也被後人
所崇敬。〔註 33〕沈津〈明代坊刻圖書之流通與價值〉中提及：鈔書雖為文人
增加藏書的手段，但鈔書的方式則可大致分為兩類：一為親自鈔錄，二為僱
人代鈔，然而親手逐本鈔寫則曠時費日，部分頗有經濟財力的文人，則會折
衷採取僱人代鈔的方式，此時遂出現「書傭」的特別行業。〔註 34〕葉樹聲等，
《明清江南私人刻書史略》一書認為：文人鈔書的刻本在品質要求之下，選
擇較好的底本，較完整的內容有時也因而保存下來，如秀水曹溶（1613～1685）
「靜惕堂」鈔本，曾鈔錄《皇華集》五卷，其內容甚至比當時流通於市面上
的刊本還多出四分之一，這些刻本確實有其價值存在。〔註 35〕鈔書可增加藏
書的蒐藏量，校書更可使藏書更具價值與可讀性，所以身為藏書家皆不憚其
煩地從事此類工作。〔註 36〕對於鈔寫時所用的紙張，則會使用專屬格式的式
樣。李清志《古書版本鑑定研究》一書論及明代文人的鈔本，多半先刻印框
欄行格，並且在版心處或格欄外，標記其書齋或書室的名稱，然後再自鈔或
是僱人代鈔，而框欄有固定的範圍，以便於鈔寫及校勘。〔註 37〕

  李瑞良《中國古代圖書流通史》述及不少文人還將鈔書當作增進記憶的

〔註 31〕 曹淑娟，《晚明性靈小品研究》（臺北：文津出版社，1988 年 7 月初版），頁 231。
〔註 32〕 南炳文等著，《明代文化研究》（北京：人民出版社，2006 年 6 月第一版），頁
166～168。
〔註 33〕 趙前，《明本：插圖珍藏本》（《中國版本文化叢書》，南京：江蘇古籍出版社，
2003 年 8 月第一版），頁 79。
〔註 34〕 沈津，〈明代坊刻圖書之流通與價值〉，《國家圖書館館刊》，一期，1996 年 7
月，頁 117。
〔註 35〕 葉樹聲等，《明清江南私人刻書史略》（合肥：安徽大學出版社，2000 年 5 月
第一版），頁 95。
〔註 36〕 陳香，〈藏書家列傳（四）——彙介歷來的藏書家及私人書目〉，《書評書目》，
三一期，1975 年 11 月，頁 75。
〔註 37〕 李清志，《古書版本鑑定研究》（臺北：文史哲出版社，1986 年 9 月初版），頁
263～264。

讀書方法，透過手鈔一遍就可以印象深刻，而達到事半功倍的閱讀效果，所以鈔寫既是求知、博學的基本手段，更是文獻整理的基本功夫。〔註 38〕時常藉由鈔書可以達到幫助記誦、校正偽誤、熟練學字等三大益處。此外，手鈔本特別是名家的鈔本，必是經過文人專業的鑑賞角度，選擇罕見書籍或是傳錄較好的版本，因此所鈔寫的版本多為善本。〔註 39〕

既然書籍被文人視為最珍藏的物品，不僅可做為珍寶蒐藏，更是精神上的依託，因此對於將珍藏的藏書借予他人與否，一直都是抱持著困惑而猶豫的態度，即使借出之後，又懼怕他人不懂得愛惜書籍而損壞，或是遲不歸還；若是一味窮追討還，恐又破壞他人讀書雋雅之意，為此不少藏書家多採取「惜借」的態度，甚至誓不以示人。〔註 40〕這種態度也間接影響到文人的讀書態度，以及文化的傳播情形。

藉由避免藏書的可能危險，並妥善注意藏書環境，對於防火、防潮、防蟲等保護圖書的措施，極為重視，其目的在於減少對書籍的毀壞。或於書櫃之下放置石英以吸取濕氣，避免在潮濕之處貯放圖書、書櫥內放置芸草以防蠹蟲、書樓多設窗戶以利通風，除了在書籍整理、在貯書空間上，需在高爽通風之處，可避免水、蟲等諸厄，這也是藏書適合的空間。〔註 41〕陳冠至《明代的蘇州藏書——藏書家的藏書活動與藏書生活》、《明代的江南藏書——五府藏書家的藏書活動與藏書生活》二書，更點出：明代文人常為居家的藏書處精心佈置與安排，極具匠心雅意。〔註 42〕也是本書寫作期間，史料援引、論述觀念、行文筆法、論述架構等入門的主要參考書之一。

（三）圖書出版與文化的論述

明代由於城市與經濟的發展，刺激圖書的流通與消費，並提供書籍生產

〔註 38〕 李瑞良，《中國古代圖書流通史》（上海：上海人民出版社，2000 年 5 月第一版），頁 363。

〔註 39〕 昌彼得，〈談善本書〉（收入《版本目錄學論叢》一，臺北：學海出版社，1977年 8 月初版），頁 19。

〔註 40〕 吳哲夫，〈古代藏書家的胸襟〉，《故宮文物月刊》，六卷一期，1988 年 4 月，頁 40。

〔註 41〕 王美英，〈試論明代的私人藏書〉，《武漢大學學報》哲學社會科學版，1994年四期，頁 118。

〔註 42〕 陳冠至，《明代的蘇州藏書——藏書家的藏書活動與藏書生活》（宜蘭：明史研究小組，2002 年 2 月初版），頁 178～181；另參：氏著，《明代的江南藏書——五府藏書家的藏書活動與藏書生活》（宜蘭：明史研究小組，2006 年 10月初版）。

的良好環境，於是多樣的著作應運而生，而由於日常用書的需求，使得各類
著作大量出現，此時印刷術的技術提昇，造成圖書出版事業的繁榮，為藏書
活動與文化傳播提供有利的條件。〔註43〕正德以後（1506～1521）對於書籍
管理的限制逐漸開放，受到風氣影響所及，無論是印書、刻書等書籍出版更
趨蓬勃發展，在城市經濟發達的情形之下，更有不少書商以出版科舉考試所
需的用書，作為營利的目標。〔註44〕此外，受到明代文人喜愛藏書的風氣所
致，官員與文人皆爭相以此作為表率，其中以私人藏書所引領風騷的情形，
更進而廣泛帶動讀書的風氣，舉凡著名文人不勝枚舉，對明代藏書文化事業
貢獻最大。〔註45〕明代藏書風氣的盛行，致使藏書、購書、訪書的文化活動，
不惜奔波跋涉、曠時費日，承受著精神上的折磨與挑戰。訪書的活動不僅在
成就文人藏書的意志，同時藉由文人費心的訪查，使得不少散失亡佚的典籍
得以重現；斷簡殘編的文章得以復原，對於古籍整理與文化保存，確實具有
相當的貢獻意義。

　　對明代的文人而言，珍藏的圖書是其一生重要的心血結晶，為此即使擁
有資產萬貫，若無耗費許多的心血與精力，實在難以獲得珍寶，所以許多明
代文人想要蒐藏奇文祕冊，勢必勤於求訪，親訪師友之間，足跡遍及市肆，
楊柏榕〈關於中國古代藏書家評價問題〉對此有所論述。〔註46〕但持相反立
場的文人而言，在積書之餘，若能將自身藏書籍作為彼此流通、交換，對於
書籍保存更具有更深遠的意涵，同時藉由彼此傳鈔，更可作為保存文獻、傳
播知識的雙重作用，所以開始產生相互借鈔的規約出現。

　　文人的藏書與鈔書活動，既是伴隨著一生的讀書生活，因此無論在蒐藏、
鈔寫時關於內容的校對補訂，或底本的篩選鑑賞，甚至於鈔寫紙張的使用，
無不費盡心思，仔細打量，因此在明代文人的鈔書活動，逐漸興起獨特的「個
性化」風格。另外，不少藏書家不僅大加蒐購書籍典藏，更將蒐羅到的善本
好書，不惜巨資予以刊刻印行，〔註47〕正因為文人投入古籍的刊刻與出版，

〔註43〕韓文寧，〈明清江浙藏書家的主要功績和歷史侷限〉，《東南文化》，1997 年二
　　　　期，頁 141。
〔註44〕井上進，《中國出版文化史──書物世界と知の風景》（名古屋：名古屋大學
　　　　出版會，2002 年 1 月第一版），頁 215～233。
〔註45〕曹正文，《書香心怡──中國藏書文化》，頁 53。
〔註46〕楊柏榕，〈關於中國古代藏書家評價問題〉，《四川圖書館學報》，1991 年二期，
　　　　頁 62。
〔註47〕邱澎生，〈明代蘇州營利出版事業及其社會效應〉，《九州學刊》，五卷二期，

為明代保留了豐富的文化資產。

　　受到宋元以來印刷技術的發達，使得圖書的交易情形日趨普遍，加上書坊刻書所獲得的利益頗為可觀，書坊刻書事業至明代更是蓬勃發展，無論官方或私家刻書數量與種類之繁多，已經遠遠超越宋元時期，當時新興的書籍販賣中心則有：南京、北京、蘇州、徽州與湖州等地，尤其以江浙地區為最，〔註48〕舉凡經、史、子、集、通俗小說戲曲、各種叢書、類書等，皆有刊刻，對於購書或藏書，提供極為方便的環境。因此以購買圖書的方式而獲得藏書，成為文人蒐藏圖籍常見的方法。劉兆祐《認識古籍版刻與藏書家》認為：倘能進一步瞭解古籍刊刻的基本知識，如古籍的版權頁，古代的盜版書、餽贈親友禮物的書帕本等，一定會驚嘆讚美古人在印刷方面的智慧，進而可增進閱讀古書的興趣。〔註49〕

　　在市場充足供應的條件之下，交通工具亦日漸發達，於是不少水鄉澤國的地區，開始利用水道運銷的優勢，採用「書船」作為販售圖書的工具，書販以船載著書籍，透過水道予以販銷，甚至直接將圖籍送到文人或購書者手中，例如在湖州府烏程縣的書商，就是藉由「書船」連結各地圖書市場，在嘉興縣地區更可以看到販「書船」沿著河道巡迴販書。〔註50〕不僅打破地理空間的限制而開拓圖書市場，更象徵文化的繁榮發展。特別是在士商階級觀念薄弱的明代中晚期，書商開始利用自己交遊廣泛、訊息掌握、專業知識嫻熟等優勢，針對文人藏書的各種需求，分別予以解決，同時書商具有別於一般商賈的文化素養，往往受到文人的稱許，而部分書商的服務作風，正滿足文人藏書之所需，解決圖書徵集時的長途奔波之苦，因此部分素質較高的書商時而被文人所敬重，同時書商盡力代為蒐羅珍藏善本，以滿足文人藏書的渴望。〔註51〕所以，明清時期整體的私人刻書、販書及藏書活動，是極為蓬勃發展。〔註52〕

　　由於書籍流通與市場所需，刊刻書籍成為重要的文化事業，各地陸續出現

　　　　1992 年 10 月，頁 143～144。

〔註48〕張秀民，〈明代南京的印書〉，《文物》，1980 年十一期，頁 78。

〔註49〕劉兆祐，《認識古籍版刻與藏書家》（臺北：臺灣書店，1997 年 6 月初版）。

〔註50〕陳學文，〈論明清江南流動圖書市場〉，《浙江學刊》，1998 年六期，頁 110。

〔註51〕吳平，〈古代書商的經營作風－宋明清諸朝代淺析〉《圖書情報知識》，1984 年四期，頁 70～71。

〔註52〕張民服，〈明清時期的私人刻書、販書及藏書活動〉，《鄭州大學學報》（哲學社會科學版），1993 年五期，頁 102。

刻書的機構，特別是集中在江南的吳、越、閩三地，揚州地區也有為數不少的刻書事業。〔註53〕而中晚期以後的刻書重鎮，則以福建建陽地區的各家書坊最為蓬勃，萬曆以後更躍昇為全國刻書量之冠，刻書事業更趨重要。〔註54〕

四、史料參考與運用

有關明人讀書生活的文獻史料，可以從明人文集、筆記史料、小品文選、讀書札記、私人日記、圖書規約與藏書目錄等史、子、集部中皆能取得大量而豐碩的史料來源。以下就明人文集、筆記史料、讀書札記等史料取材較集中的三大類作簡要的介述。

（一）明人文集類

文集是文人最重要的思想結晶，更是反映文人讀書生活的最直接史料，無論是書信、序文、記文等，都有許多對於自身或友人讀書生活情況的描寫。武進唐順之（1507～1560）在辭歸故里之後，於鄉里陳渡橋附近購地，構築「陳渡草堂」作為讀書場所。更以詩記述其生活樂趣：「近市偏逢食有魚，閉門不問出無車。牛衣聊自對妻子，蠟酒時將洽裏閭。世網幸疏如野馬，微名猶在愧山樗。亦知農圃真吾事，春至頻翻種樹書。」〔註55〕歸安茅坤（1512～1601）於高齡八十之際，於世間事物一切謝絕，自構「七戒齋」以待老，一不食臠殺牲、二不赴宴、三不吊喪及會葬宴飲、四不御姬妾、五不入城郭、六不問家產事、七不聞姻族鄉黨事，日惟焚香宴坐於書齋之間，讀書自詠自適而已。〔註56〕

書齋的舒適、寬廣與否，並不影響文人讀書的心志，因此常熟桑悅（1447～1503）所謂的書齋，僅是位於學圃之中，容納一桌、一椅、一人獨坐的小軒，因此命名為「獨坐軒」。由經史之中得與先賢古人相論道，旁有荷花、松柏相倚，讓桑悅自身覺得是種悠哉的閒趣，甚至使心胸漸開闊。〔註57〕書齋

〔註53〕 王澄編著，《揚州刻書考》（揚州：廣陵書社，2003年8月第一版），頁11～52。
〔註54〕 蕭東發，〈建陽余氏刻書考略〉，《文獻》，二一期，1984年，頁230～247。
〔註55〕 明‧唐順之，《唐荊川先生文集》（《叢書集成續編》第一四四冊，臺北：新文豐出版公司，1989年，據《常州先哲遺書》本排印），卷三，〈陳渡草堂二首〉，頁2下。
〔註56〕 明‧茅坤，《茅坤集》（杭州：浙江古籍出版社，1993年10月第一版），卷二○，〈七戒齋記〉，頁632。
〔註57〕 明‧桑悅，《思玄集》（《四庫全書存目叢書》，集部三九冊，臺南：莊嚴文化事業有限公司，1997年6月初版，據明萬曆二年桑大協活字印本影印），卷九，

空間雖然狹小，更反襯出書齋主人內心安貧樂道的崇高理想，又何「獨」之有？元末明初與劉基（1311～1375）宋濂（1310～1381）葉琛齊名，世稱為「浙東四先生」的龍泉章溢（1311～1375），晚年隱居的「苦齋」，鄰近龍泉縣西南二百里的劍溪，由於所居之地人煙稀少，生活環境條件極為簡略，但章溢則以甘於以苦為樂的心境來面對，而這種簞食瓢飲的簡單生活，印證文人清高自適的淡雅樂趣。〔註58〕

三楊之一的楊榮（1371～1440），曾在朝為官四十餘年，年少時即家居白鶴山附近並築書房於旁，署名為「白鶴山房」，終日讀書好學，深得鄉人的讚許，更獲得當地知府褒揚其苦讀好學精神，親書「白鶴山房」匾賜之。〔註59〕龍溪林弼（1325～1381）曾記其友人周長，於雙親亡故之後皆葬於蘇州城外天平山龍池塢之旁，並於墓傍隙地起建書室，題名為「龍岡書舍」，遂與兄弟兩人在此守喪，並躬耕讀書於其中。〔註60〕

文人所構築的書齋、書舍，相當著重附近景觀的選擇，宗仁於鶴溪之地築書室「鶴溪書舍」，不僅內藏圖書萬卷，而室內簾影微動，芸香滿室，舉目望去，美景盡收眼簾，讀書吟哦其中，不啻為人間生活樂事。〔註61〕龍雍於居室之旁構築讀書之樓，以著書論道、交友宴樂其中，以其四周皆為竹林，故取名為「借竹樓」。〔註62〕而汪希周更懂得於山水之間，享受讀書的生活樂趣，其「集山書屋」不僅有林壑岩洞之美，身處山水幽靜之間，生活更是樂趣無窮，讀書之時若能將山水景色納於襟懷，將增添許多的意境與感受。〔註63〕

〈獨坐軒記〉，頁 11 上～下。

〔註58〕 明·劉基，《劉基集》（杭州：浙江古籍出版社，1999 年 12 月第一版），卷三，〈苦齋記〉，頁 125～126。

〔註59〕 明·楊榮，《楊文敏公集》（《明人文集叢刊》第一輯，臺北：文海出版社，1970年 10 月，據中央圖書館藏明正德十年建安楊氏重刊本影印），卷九，〈白鶴山房記〉，頁 16 下～17 下。

〔註60〕 明·林弼，《林登州遺集》（《北京圖書館古籍珍本叢刊》九九冊，北京：書目文獻出版社，1988 年，據清康熙四十五年林興刻本影印），卷一七，〈龍岡書舍記〉，頁 13 上～14 上。

〔註61〕 明·王褒，《三山王養靜先生集》（《續修四庫全書》集部一三二六冊，上海：上海古籍出版社，2002 年 3 月第一版，據明成化十年謝光刻本影印），卷一，〈鶴溪書舍後記〉，頁 31 上。

〔註62〕 明·徐渭，《徐文長逸稿》（北京：中華書局，1956 年 6 月第一版），卷一九，〈借竹樓記〉，頁 994。

〔註63〕 明·張岳，《小山類稿》（臺北：漢學研究中心景照明嘉靖三九年序刊本），卷三，〈集山書屋敘〉，頁 13 上～下。

　　明人文集中類似以上的史料舉例，從不同的角度與立場紀錄下的讀書生活史料，正是本書架構各章主論的主要依據。如此豐碩可採的讀書生活史料，充斥明人文集之中，形成探討主題時取之不盡的史料大宗來源之一。

　　（二）筆記史料類

　　筆記史料所記載的內容十分廣泛，皆足以增添明代文人讀書之中的各種生活樂趣。徽州夏基《隱居放言》記載道當時文人建造樓、閣宜於高處，其目的在於登高望遠，山水環伺，方能取景優美，同時樓閣不僅具有遠眺賞景的功能，更有迎風納氣、與友共娛的性質。〔註64〕衛泳所輯的《枕中秘》，其中收錄《讀書觀》一卷，在記述文人讀書之際，另將松聲、澗聲、山禽聲、夜蟲聲、鶴聲、棋子落聲、雨滴階聲、雪灑聲、煎茶聲等，稱之為「聲之至清者」。〔註65〕而鄱陽祝世祿（1539～1610）所撰《祝子小言》，無論是展書、拋書、枕書都是讀書，在書籍之外若能暢懷山水，更是讀書生活不可或缺的重要一環。〔註66〕

　　陸紹珩《醉古堂劍掃》，曾就文人讀書生活時對於花卉景觀的賞玩有深刻的描寫，不僅喜愛賞玩群花，更藉由不同時節來感受賞花的樂趣，並雪後尋梅、霜前訪菊、雨際撫蘭、風外聽竹等四種觀賞花木風情，併稱為文人之深趣。〔註67〕沙縣樂純《雪菴清史》內容更是包羅萬象，其中對於讀書生活的記載甚多，如在四時節序的選擇上，偏好於夜深人靜時閱讀，所謂：「人之變化在讀書，故善讀書者，月異而歲不同，時異而日不同。」一日時間之中，以夜晚最為安靜，所以文人亦多好夜讀。〔註68〕

　　身處孤寂的冬夜，依枕伴燭而讀，在清冷的氛圍之中更添些許思緒。晉江黃景昉（1596～1662）《屏居十二課》所記家居讀書生活之中，提到夜間寂

〔註64〕明‧夏基，《隱居放言》（臺北：漢學研究中心景照清康熙卅二年刊本），〈客窗閒話‧問造閣〉，頁3上。

〔註65〕明‧衛泳輯，《枕中秘》（《四庫全書存目叢書》子部一五二冊，臺南：莊嚴文化事業有限公司，1995年9月初版，據明刻本影印），《讀書觀》，頁1上～下。

〔註66〕明‧祝世祿，《祝子小言》（《四庫全書存目叢書》，子部九○冊，臺南：莊嚴文化事業有限公司，1995年9月初版），頁21上～下。

〔註67〕明‧陸紹珩，《醉古堂劍掃》（收入馬美信編選，《晚明小品精萃》，上海：復旦大學出版社，1997年11月第一版），頁81。

〔註68〕明‧樂純，《雪菴清史》（《四庫全書存目叢書》子部一一一冊，臺南：莊嚴文化事業有限公司，1995年9月初版，據明書林李少泉刻本影印），卷三，〈清課‧讀書〉，頁12上。

靜冷清，絕無塵囂煩擾，更利於摒棄雜念、匯集思慮，只要隨意拈攬，便意緒湧現，興致橫生，此時讀書可收事半功倍之效。雅愛讀書者，常不分晝夜寒暑或株茅陋舍，只需一書在手，便毫不倦怠。〔註69〕

仁和高濂的《山齋志》，對於書齋擺設規劃有獨到的眼光，由於文人身居於書齋之內，對於讀書、詩文、書籍的陳列與擺設空間極其用心，除簡要排列書籍類別之外，書籍分類更要仔細排列。〔註70〕對於書齋內書籍的整理，一般多由書齋主人親自檢點，而烏程朱國禎《湧幢小品》即曾記載，不少家產豐厚且藏書萬卷的文人，則是利用書僕專司書籍整理排列，屬於私家書室專用的管理人員。〔註71〕

讀書之餘，時而小酌、聽琴，時而焚香、煮茶，更能展現出讀書生活樂趣與愜意。因此華亭莫是龍（1537～1587）《筆塵》認為人生最樂事，無如寒夜讀書，擁爐秉燭，兀然孤寂，清思徹人肌骨。若能品茗，更能提振神氣，倦意全消，以致通宵達旦。〔註72〕崑山張大復（1554～1630）在《聞雁齋筆談》記述的淡泊生活更是結合書籍與花卉美景，藉由書、果、茶、花、雪、雲等各種物件，然後得以徜徉其間逍遙三十年，確實不枉此生讀書樂趣。〔註73〕對於閱讀奇書、雜書，不少文人更表現出近乎沉醉與癡迷的積極態度，徐𤊹甚至「得一僻書，識一奇字，遇一異事，見一佳句，不覺踴躍」，〔註74〕其興奮雀躍之情，躍然於紙上。

對於追求書籍的訪購，則是文人讀書生活的重要一環。高濂《遵生八牋》記道，文人為得珍本異冊而遠近訪求，甚至魂牽夢縈，每見新奇書籍，無論價錢貴賤，皆必購得，以便沉潛玩索。〔註75〕而基於愛書、惜書的觀念，文

〔註69〕 明‧黃景昉，《屏居十二課》（《百部叢書集成‧硯雲甲乙編》，臺北：藝文印書館，1966年），〈攤書〉，頁12下。

〔註70〕 明‧高濂，《山齋志》（《廣百川學海》本，臺北：新興書局，1970年7月初版），〈書齋〉，頁2155。

〔註71〕 明‧朱國禎，《湧幢小品》（北京：文化藝術出版社，1998年8月第一版），卷二○，〈書僕書傭〉，頁498。

〔註72〕 明‧莫是龍，《筆塵》（《百部叢書集成‧奇晉齋叢書》，臺北：藝文印書館，1966年），頁4上～下。

〔註73〕 明‧張大復，《聞雁齋筆談》（《中國野史集成續編》第二六冊，成都：巴蜀書社，2000年），〈戲書〉，頁2上～下。

〔註74〕 明‧徐𤊹，《筆精》（福州：福建人民出版社，1997年5月第一版），卷七，〈讀書樂〉，頁241。

〔註75〕 明‧高濂，《遵生八牋校注》（北京：人民衛生出版社，1994年6月第一版），卷一四，〈燕閒清賞牋上‧論藏書〉，頁535～536。

人時常勸誡子孫勿隨意損害書籍：勿捲腦，勿折角，勿以爪侵字，勿以唾揭幅，勿以作枕，勿以夾紙，隨損隨修，隨開隨掩，則無傷殘，〔註 76〕足見其惜書護書的態度。江寧顧起元（1565～1628）《客座贅語》則總結古代的藏書八厄，更增加里中小兒隨意撕裂書籍之聲，以為藏書九厄，〔註 77〕其目的都在強調愛惜與保護書籍的重要性。

筆記史料是一種紀錄見聞的生動文獻史材之一，就史料蒐集而言，較為真實可採，可以補明人文集中讀書生活史料的不足。由於筆記史料記述史實較為自由活潑，不限文章體例，其中有關讀書生活史料相當精彩可取，深化、廣化本書章節的內容。

（三）讀書札記類

文人讀書時常有隨手鈔錄、鈔寫的習慣，而這些明人的札鈔筆記，其中不乏可以反映出明人讀書生活的專注心態。

河津薛瑄（1389～1464）《讀書錄》十一卷，此書皆為薛瑄一生躬行所得的感想心得，另有《續錄》十二卷。兩錄之前皆有自記，凡內心有所得，或有所疑，皆自錄下來以備反省。對於讀書的態度，則強調必須善於提出疑問，然後加以思辨，方是善學。所謂：「讀書不尋思，如迅風飛鳥之過前，響絕影滅，亦不知聖賢所言為何事？要作何用？惟精心尋思，體貼向身心事物上來反覆考驗其理，則知聖賢之書，一字一句皆有用矣。」〔註 78〕

復社吳應箕（1594～1645）《讀書止觀錄》五卷，對於讀書方法頗有獨到的見解，曾提出鈔寫可以作為求知、博學的方法。所謂「先經鈔一遍，於記誦亦易，益一也。可以校書之訛誤，收己之放心，益二也。常鈔，則手法亦熟，即以當學字，益三也。」〔註 79〕能時常藉由鈔書，可以達到幫助記誦、校正偽誤、熟練學字等三大益處。

〔註 76〕 明・項元汴，《蕉窗九錄》（《筆記小說大觀》六編七冊，臺北：新興書局，1983年 1 月出版），〈書錄〉，頁 21。

〔註 77〕 明・顧起元，《客座贅語》（《元明史料筆記叢刊》，北京：中華書局，1997 年11 月第一版），卷八，〈藏書〉，頁 253。

〔註 78〕 明・薛瑄，《薛瑄全集》（太原：山西人民出版社，1990 年 8 月第一版），《讀書錄》，卷二，頁 1050。

〔註 79〕 明・吳應箕，《讀書止觀錄》（《四庫全書存目叢書》子部一五〇冊，臺南：莊嚴文化事業有限公司，1995 年 9 月初版，據民國九年貴池劉氏唐石鉥刻貴池先哲遺書本影印），卷一，頁 7 上。

　　嘉定黃淳耀（1605～1645）曾撰有《自監錄》四卷、《吾師錄》一卷，皆收錄於文集之中，兩書的內容皆其早年所訂論學之語錄。黃淳耀弱冠即有志聖賢之學，為文崇尚六經，曾舉崇禎十六年（1644）進士，之後歸鄉鑽研經籍，對於讀書課程的規劃，黃淳耀自我要求頗嚴格，規定：「早起看周易一卦，隨筆錄主意，看經文，選四書文。文限閱五十篇，看史記、蘇文三六九，作文兩篇。」〔註80〕可謂勤於讀書，努力不懈。

　　桐城方以智（1611～1671）《文章薪火》一卷，方以智字密之，崇禎十三年（1640）進士，曾官任翰林院檢討。由於不同的時序與空間，會給予閱讀者不同的感受，因此文人對於情境的感受格外深刻，甚至還對不同的書籍賦予不同的閱讀情境，由於讀書的種類各有不同，所謂：「每讀一冊，必配以他部，用以節其枯偏之情調，悲喜憒快，而各歸於適，不致輟卷而歎，掩帙而泣，則配之說也。」〔註81〕讀書時適時轉換或搭配不同性質的書籍，更能增添樂趣。

　　太倉陸世儀（1611～1672）《陸桴亭思辨錄輯要》二二卷，此書為其箚記師友之間的問答，以及平生聞見而成，分類編次為：小學、大學、立志、居敬、格致、誠正、修齊、治平、天道、人道、諸儒異學、經、子、史籍等十四門。其書多論及學術思辯與讀書生活的描寫，例如認為適時對書籍分類，將先儒語錄等理學書籍當作一項類閱讀，經世致用書籍當作一項類閱讀等等，不僅有益於閱讀，更能節省時間與心力。〔註82〕

　　張爾岐（1612～1677）《蒿菴閒話》二卷，對於讀書課程的規劃內容，則有詳細記載。張爾岐字稷若，號蒿庵，明末山東濟陽人，讀書好學，以篤志力行著稱，他對於讀書課程的規劃頗為重視，記載友人的讀書方法為「連號法」的讀書方法，是第一日背誦一紙文章，第二日背誦一紙文章時，再加上前日所背誦的文章內容，如此累加上去，至第十日則每日可背誦十紙文章以上，是採用循序漸進的方式，增加背誦文章的數量與能力。〔註83〕

〔註80〕明‧黃淳耀，《陶庵集》（《叢書集成續編》一四八冊，臺北：新文豐出版公司，1989年，據知服齋叢書本排印），卷一一，〈自監錄三〉，頁2上～下。

〔註81〕清‧方以智，《文章薪火》（《叢書集成續編》二〇四冊，臺北：新文豐出版公司，1989年，據《昭代叢書》本影印），頁10上～下。

〔註82〕明‧陸世儀，《陸桴亭思辨錄輯要》（《叢書集成新編》二三冊，臺北：新文豐出版公司，1985年元月，據《正誼叢書》本排印），卷四，〈格致類〉，頁53。

〔註83〕清‧張爾岐，《蒿菴閒話》（《四庫全書存目叢書》子部一一四冊，臺南：莊嚴文化事業有限公司，1995年9月初版，據清康熙徐氏真合齋磁版印本影印），

　　魏禧（1624～1681）號裕齋，江西寧都人，為明末諸生，明亡之後隱居「翠微峰」，所居之地名「勺庭」，學者又稱勺庭先生。素好讀書，讀書時是將每天的課程分為四個時段，而當天所讀書的內容，夜晚必記於冊，以免次日有所遺忘，〔註84〕如此累積數年，足見其用功之勤。

　　讀書札記的文獻史材，就本書而言當屬第一手史料，其中對於讀書生活的體驗、心得、反思的記述，最為真切可取，也是本書的主要史料來源。明清之際，明末諸生、文人，身逢國亡之慟，或隱居讀書不仕，或發奮著述傳世，在生與死的抉擇下，讀書札記成為一種生命的紀錄。

五、架構的論述

　　本書除第一章緒論、第七章結論之外，共分為五章主論，其中各章論述的重要內容大致如下：

　　第二章　讀書生活的主室──書齋的格局與佈置。本章首先探討書齋署名的緣由，以及書齋內外整體的規劃為何？書齋署名的緣由，主要是藉以說明書齋命名的背後所隱含明代文人內心性格與理想抱負；其次再分別探究書齋的內外整體規劃與設計。書齋的規劃約可分為格局與佈置兩大部分，前者為書齋的外部環境，透過環境的景致塑造出書齋具體的形象；後者為書齋的內部擺設，透過書籍、圖畫、文玩、家具等等的排列，襯托出文人內在的思緒與情感。

　　第三章　讀書生活的規劃。文人讀書的目的為何？在閱覽書籍時，又是懷著何種心態去面對？是本章討論的重點。由於讀書時所採取的價值觀差異，反映出不同的讀書生活的規劃，非功利性質的讀書生活涵蓋：修身養性、閒適自娛、增廣知識等型態，並討論讀書課程的進度排定、書籍種類的選擇。同時，讀書生活旁及詩文書畫與鑑賞文物的藝文活動，而結社群體生活的互動，更是造就文人讀書生活多樣、變化的要件。

　　第四章　讀書生活與圖書。書籍與文人讀書生活息息相關，本章著重於文人對書籍的蒐羅、保存與傳播的作用。由於城市與經濟的發展，以及藏書風氣的盛行，刺激圖書的流通與消費，於是大量藏書、購書、訪書的文化活

　　　　卷二，頁 40 下～41 上。
〔註84〕清・魏禧，《魏叔子日錄》（《續修四庫全書》集部一四〇九冊，上海：上海古籍出版社，1995 年 6 月，據清易堂刻寧都《三魏全集》本影印），卷一，〈裏言〉，頁 42 下～43 上。

動，助長文人對於鈔書、刻書文化事業的熱衷，使得不少散失亡佚、殘編的典籍得以重現復原，而書籍的取得與轉借，更可作為保存文獻、傳播知識的雙重作用，對於古籍整理與文化保存，具有相當的貢獻意義。

　　第五章　讀書到編著立言。著書是以流傳個人思想為目的，編纂叢書、類書則是匯集前人智慧為目標，兩者都成為文人並行不悖的讀書生活準則。本章在討論明代文人如何展現在著述、纂輯、講學等各類的讀書生活型態。除了著書表達個人思想之外，不少文人會以鈔錄、札記等形式，以匯集前人智慧結晶，因此編纂叢書、類書、書目等文化活動，在明代文人讀書主體生活中極為普遍。至於講學就其本質而言，也是立言著述的另一種形式的表現，尤其在明代中晚期，成為知識分子創新思想、鼓動時潮的一股學術力量。

　　第六章　讀書典範與樂趣。明代文人重視讀書生活的樂趣，主要是呈現文人對於讀書的好學態度，所表現在手不釋卷、專注閱讀，甚至是避居靜謐之地，謝絕一切人事的打擾，其終極關懷皆在於如何享受讀書所帶來的無限樂趣，因此這種孜孜不倦的讀書形象，堪稱為明代文人讀書的最佳典範。藉由讀書生活典範的樹立、生活的體驗，以及結社等多樣形式，邀集志同道合的文友，組成詩社、文社、讀書社，一同對文章思想進行討論與批評，透過這種論道講學與文會過從的互動方式，使文友之間的思想與感情更為緊密，更增添讀書之外精神層次的樂趣。

第二章　讀書生活的主室——
書齋的格局與佈置

　　自古以來，知識階層除在自己的著作中表達思想感情、呈現性格，甚至對人生經驗的種種領悟外，並常運用一些相應的方式來顯露內心感受，例如為自己取字號，作為個人獨特的標誌記號。此種表現在文字符號之外，還將這類想法訴諸於實際所處環境，如將自己的居室或書房賦予某樓、堂、館、閣、廬、苑、軒、齋等專屬名稱，至於樓、館的所在位置與格局，無一不是經過殫思竭慮的細心籌劃，謀求讀書生活環境更加充實多彩。這種雅好風尚所及，尤以明代為甚。

　　傳統中國文人之所以崇尚風雅，自然是知識階層自詡孤傲反俗的性格使然，也反映在周遭事物上。對於居住的室、堂、軒、居、廬、樓、館、齋、閣等建築名稱所賦予之稱呼，不僅可以從中看出主人的心志與理想，有時亦能感染到主人的性格特質。而書齋成為文人寄託閒情逸趣的空間，無論是典雅豪華的高堂，還是簡陋窄小的斗室，都寄託著書齋主人的理想，自始至終營造著獨具魅力的一片文化天地。〔註1〕這些居室或書房，雖有大宅、深院的恢弘氣象，亦不乏蝸舍、斗室的巧致精雅，無論是樓館名稱、位置格局，背後的意涵皆有其箇中奧妙，不但是讀書人一種閒情逸致的表徵，更是當時文人讀書生活的一種文化展現。深入探討其中的意涵、個人生涯規劃和產生過程的影響，是有其時代意義且值得探究的一個議題。

　　「書齋」本為居家生活的空間之一，主要作為讀書的場域，但明代文人

〔註 1〕 王明洪，〈明清時期的書齋文化〉，頁 56。

常將書齋轉化為日常生活的重心，藉由書齋之內的讀書、論學、鑑賞、創作、清言等文化活動，提昇文人內在的精神與心靈涵養。書齋不僅作為讀書、休憩之場域，更作為圖書蒐藏的用途，為保存文化典籍與傳承作出極大的貢獻，而藏書樓即是書齋的延伸和擴大，因此書齋也就成為人物、書籍、生活相互交融的空間，以及文化思想醞釀的重要場所。

　　本章首先探討書齋署名的緣由，藉以說明書齋命名的背後所隱含明代文人內在性格與理想抱負；其次再分別深究書齋的內外整體規劃與設計。書齋的規劃約可分為格局與佈置兩大部分，前者為書齋的外部環境，透過環境的景致塑造出書齋具體的形象；後者為書齋的內部擺設，透過書籍、圖畫、古物、家具等的排列，襯托出文人內在的思緒與情感。

第一節　書齋的命名

　　書齋既為文人與讀書、典籍、生活交融的空間，同時也是思想文化醞釀的場域，而文人在賦詩、寫作時，有時還會以書齋之命名代稱其性格的特質，其重要性並不亞於字號。因此對於書齋的署名，既不能過於簡略，又不能流於庸俗，更是格外的費盡心思。明代文人對於書齋命名的緣由，各有其不同原因與理由，〔註2〕主要是受文人自身與居處環境的主、客觀兩種因素所影響。客觀的環境因素，如取其景致、器物等名稱賦予書齋名稱；個人主觀的情感因素，如文人性格、抱負、景仰等情懷的寄託與隱喻。以下將明代文人對於書齋命名的緣由，析分為四類並予以論述如次。

一、取意於書齋環境的景致與格局

　　書齋的「齋」字原為齋戒、潔淨之意，而書齋作為文人讀書，涵養內心的場域，所擇之地，多為山林花木景色宜人之區。明人計成（1582～？）認為：「書房之基，立於園林者，無拘內外，擇偏僻處，隨便通園，令遊人莫之有此。內構齋、館、房、室，借外景，自然幽雅，深得山林之趣。」〔註3〕所處僻靜幽雅的自然環境，文人的身心才能無拘於內外，因此清幽高雅的居處環境，便成為文人命名書齋的重要靈感來源。

〔註2〕　范鳳書，《中國私家藏書史》，頁661～674；周少川等，〈古代私家藏書樓的構建與命名〉，《中國典籍與文化》，2000年一期，頁37～43。

〔註3〕　明・計成著、陳植注釋，《園冶注釋》（臺北：明文書局，1982年6月初版），卷一，〈立基・書房基〉，頁67。

　　仕宦生涯多為讀書人追求的目標，但是宦途未必一帆風順，因此在面對崎嶇的宦途經歷，不少明代文人遂轉而退歸山林，並躬耕讀書隱居其中，所建構的書齋、書室則以所居處的環境予以命名。明初浦江宋濂（1310～1381）字景濂，號潛溪，因元末戰亂自浙江潛溪遷居至浦江，遂於青蘿山中築室讀書，因名其樓為「青蘿山房」。雖處戰亂兵燹之際，尚能隱居山中，坐擁書城，蒐藏圖書達萬卷之多，被譽為當地藏書家之冠。〔註4〕建安楊榮（1371～1440）在朝為官四十餘年，與楊士奇（1365～1444）楊溥（1375～1446）並稱「三楊」。年少時即家居白鶴山附近，並築書房於旁，遂署名為「白鶴山房」，終日讀書好學，深得鄉人的讚許，當地知府芮麟為褒揚其苦讀精神，親書「白鶴山房」為匾並為之作記。〔註5〕武進唐順之（1507～1560）在辭歸故里之後，在鄉里購地一頃，因居處位於陳渡橋附近，故名曰「陳渡草堂」，並寫詩記述其生活樂趣：「近市偏逢食有魚，閉門不問出無車。牛衣聊自對妻子，蠟酒時將洽裏閭。世網幸疏如野馬，微名猶在愧山樗。亦知農圃真吾事，春至頻翻種樹書。」〔註6〕唐順之雖身處鄉野，尚不忘讀書自娛，甚至樂在其中。蘇州府城外有座天平山，旁有龍池塢，當地文人周長雙親皆葬於龍池塢旁，遂於墓傍隙地起建書室，並題名為「龍岡書舍」，周長遂與兄弟兩人在此守喪，並躬耕讀書於其中。〔註7〕

　　明代部分文人既絕望仕途，便著重追求讀書的意趣，古雅幽境、高潔脫俗的讀書環境，使其能與書齋主人的情操交融於一體，令人見其書齋，如見書齋主人一般。元末明初無錫倪瓚（1301～1374）書齋署名的緣由，即是因為書齋環境的高雅清幽：

> 倪瓚，字元鎮，無錫人也。家雄於貲，工詩，善書畫。四方名士日
> 至其門。所居有閣曰清閟，幽迴絕塵。藏書數千卷，皆手自勘定。
> 古鼎法書，名琴奇畫，陳列左右。四時卉木，縈繞其外，高木修篁，

〔註4〕　清・戴殿泗，《風希堂文集》（《續修四庫全書》集部一四七一冊，上海：上海古籍出版社，1995年，據清道光八年九靈山房刻本影印），卷二，〈宋文憲全集序〉，頁5上～下：「始自潛溪徙浦江，得鄭氏藏書藏書八萬卷，居青蘿山中，日講明而切究之。」

〔註5〕　明・楊榮，《楊文敏公集》，卷九，〈白鶴山房記〉，頁16下～17下。

〔註6〕　明・唐順之，《唐荊川先生文集》（《叢書集成續編》第一四四冊，臺北：新文豐出版公司，1989年，據常州先哲遺書本排印），卷三，〈陳渡草堂二首〉，頁2下。

〔註7〕　明・林弼，《林登州遺集》，卷一七，〈龍岡書舍記〉，頁13上～14上。

　　蔚然深秀，故自號雲林居士，時與客觴詠其中。為人有潔癖，盥濯
　　不離手，俗客造廬，比去，必洗滌其處。求縑素者踵至，瓚亦時應
　　之。〔註8〕

「閟」字原義為幽深、緊閉之意，倪瓚因為藏書之居所幽雅絕塵，故而將閣樓署名為「清閟閣」。又因樓閣花卉草木茂密，儼然身處雲中仙境，故自號「雲林居士」。而倪瓚不僅書齋取名奇特，以符合書齋意境，而為人又有潔癖，凡有俗客造訪書齋，待訪客離去之後，必定反覆洗滌其處，如此的特殊癖好，相較於書齋署名之奇，真可謂奇之又奇。（參見：圖2-1）

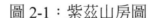

圖2-1：紫茲山房圖

資料出處：
元・倪瓚〈紫茲山房圖〉，取自故宮博物院編著，《故宮博物院藏畫精選》（香港：讀者文摘亞洲有限公司，1981年），頁一三九。疏林平沙、湖光夜色，更突顯讀書人胸中平淡，輕鬆自若的意境。

〔註 8〕 清・張廷玉等，《明史》（臺北：鼎文書局，1978年10月再版），卷二九八，〈隱逸・倪瓚傳〉，頁7624。

而上海杜元芳「翡翠碧雲樓」的書齋更是高出樹林，足以遠眺美景：

> 翡翠碧雲樓在杜村，宋杜祁國公九世孫杜元芳建，以其高出林杪，
> 故名。樓中貯書萬卷，下有蒼厓碧灣，竹深荷淨，晴好雨奇，諸軒
> 齋凡七十二所。〔註9〕

書齋或書樓建於高處，則可以其高聳的姿態，遠眺山水景致，彷彿身處仙境
一般。而「翡翠碧雲樓」的大型建築，居然有軒、齋七十二所，一以居停主
人，一以居停友訪，如此讀書、論道、講學、清言、結社、聚會結合為一的
讀書生活空間，令人嚮往。

中國自古以來，文人都喜歡營建書樓，以為貯書之所，如此一來不僅便
於貯存與管理，也是文人專業身分的表徵。而明代文人之所以喜歡營建書樓
以藏書，與當代文人讀書、居室與書齋生活休閒文化大有關係。〔註10〕明代
文人建造樓、閣於高處，其目的在於登高望遠，山水環伺，方能取景優美，
同時樓閣不僅具有遠眺賞景的功能，更具有迎風納氣、與友共娛的性質。〔註
11〕龍雍字子肅，自號龍山子，於居室之旁構築讀書之樓，以著書論道、交
友宴樂其中，以其四周皆為竹林，故取名為「借竹樓」。〔註12〕皋亭山旁有
位隱士王昶，所居之處皆種滿梅花，同時梅花又有歲寒而後凋之節操，深得
王昶的喜愛，乃取其「凌風霜而獨秀，守潔白而不污」之意，並感嘆世人多
為鑽營之徒，不如與梅花結交為友，並以明心志，於是遂將其書屋命名為「友
梅軒」。〔註13〕江盈科（1553～1605）在湖廣桃源縣築有「兩君子亭」，作為
讀書、鼓琴、題詩之所在，而此亭命名之緣由，則是因江盈科喜好竹、蓮所
代表的君子德行之象徵：

> 夫草木之部不可勝數，惟竹與蓮號曰「君子」。蓋竹中虛外勁，歲
> 寒不渝，其號「君子」也，自《淇澳》之詩始；蓮在淤不染，處芳
> 不媚，其號「君子」也，自元公之說始。余性澹于聲色，而于草木
> 泉石頗鍾情焉。草木之中，猶愛竹與蓮，蓋亦因其比德于君子爾。

〔註9〕　明・方岳貢等，《崇禎・松江府志》（《日本藏中國罕見地方志叢刊》，北京：
　　　　書目文獻出版社，1991 年 10 月第一版，據明崇禎三年刻本影印），卷四六，〈宅
　　　　第園林〉，頁 23 上。

〔註10〕　陳冠至，《明代的江南藏書──五府藏書家的藏書活動與藏書生活》，頁 247。

〔註11〕　《隱居放言》，頁 3 上。

〔註12〕　《徐文長逸稿》，卷一九，〈借竹樓記〉，頁 994。

〔註13〕　《劉基集》，卷三，〈友梅軒記〉，頁 100～101。

〔註14〕
江盈科愛好竹、蓮的君子德行象徵，不僅內心景仰，更訴諸於實際行動，將竹、蓮種滿書齋的周圍，希望藉由不時的與竹、蓮親近，浸潤並涵養其君子之高風。

　　取意於書齋的格局或設計，也是明代文人書齋命名的原因之一。范欽（1506～1585）浙江寧波府鄞縣人，為明代著名的藏書家，其書樓原名「東明草堂」，書樓前開鑿池水以備蓄水之用，〔註15〕而「天一閣」命名的緣由，則是在建閣之初，曾鑿一池於其下，環植竹木，「忽得吳道士龍虎山『天一池』石刻，元揭文安公所書，而有記於其陰，大喜，適與是閣鑿池之意相合，因即移以名閣。」〔註16〕根據《骨董瑣記》記載，寧波范氏「天一閣」，位於范宅東側，左右為牆垣，前後上下俱有窗門，樑柱皆用松杉等木材，閣前鑿池，「傳聞鑿池之始，土中隱有字形如『天一』二字，因悟『天一生水』之義，即以名閣。閣由六間，取『地六成之』之義，是以高下深廣，及書櫥數目、尺寸，具含六數。」〔註17〕無論是鑿池、或石刻、隔間數目的因素，都說明「天一閣」書樓的命名極具巧思，更反映出范欽將造園理論與文化意涵相結合的智慧與結晶。浙江平陽教授孔子亮的書齋位於東南方，而《易經》巽卦位於東南，因此將其書室署名為「巽齋」，取其「大凡卦有象、有辭、有變、有占，而隨風則巽之象也」，不僅以書齋的東南方位置作為書齋的命名，同時另有歸隱退藏、涵養心性，致力玩易讀書之意。〔註18〕

二、取意於書齋主人的性格或抱負

　　書齋為文人讀書、休憩的清靜場所，而文人的內心性格或理想抱負，也就自然成為書齋命名的原因之一。歸安茅坤（1512～1601）在為浙江呂光洵營建「皆可園」所作之記文，即提到皆可園所代表著文人的內心理念，以及

〔註14〕明‧江盈科，《江盈科集》（長沙：岳麓書社，1997年4月第一版），卷七，〈兩君子亭記〉，頁368～369。

〔註15〕程勉中，《中國書院書齋》（重慶：重慶出版社，2002年4月第一版），頁179。

〔註16〕清‧全祖望，《全祖望集彙校集注》（上海：上海古籍出版社，2000年7月第一版），《鮚埼亭集外編》，卷一七，〈天一閣碑目記〉，頁1070。

〔註17〕清‧鄧之誠，《骨董瑣記全編》（《文玩鑑賞叢書》，北京：北京出版社，1996年7月第一版），卷三，頁89。

〔註18〕明‧蘇伯衡，《蘇平仲集》（《叢書集成新編》六七冊，臺北：新文豐出版公司，1985年元月，據《金華叢書》本排印），卷八，〈巽齋記〉，頁192～193。

其背後的意涵：

> 擇其林壑之最佳處，而懸之以閣曰「可仰」。閣之陰，俯以圖史之
> 室曰「可玩」。左則賓客數過，或嘯或歌，投壺博弈，飲酒無筭，
> 歡然適也，曰「可游」。右則客且忘歸，或枕石而臥，曰「可休」。
> 前覆之以蘭徑，檻列之以名花，而穿竹為亭，間以自媚焉，曰「可
> 君」。閣之西，則又縱之以千百若干尺，橫之以千百若干尺，分畦
> 而樹椒、桂、桔、柚、柰、李、櫨、梨、枇杷、燃柿、丹栗、玄棗、
> 緋桃、絳梅、石榴、黃楊、金櫻、銀杏之屬，一切奇卉異果，若帶
> 而縮也，曰「可圃」。圃中瞰以曲池，引泉而魚，因以亭于其上焉，
> 曰「可泳」。亭之北，又別為小亭，客或選林麓分曹治射，曰「可
> 觀」。其再北，則又屏田而庾之以百穀之屬，曰「可稼」。當其四時
> 之勝，幽香繁陰，刻露嚴霜，而無所不可也。于是合而名之曰「皆
> 可園」。〔註 19〕

茅坤認為主人善擇山林美景，種植奇珍異卉，並與賓客博弈飲酒、詩歌吟嘯，
展現出可仰、可玩、可游、可休、可君、可圃、可泳、可觀、可稼等各種不
同的生活面貌，隨著四時季節的不同風情，體現閒適悠然的生命價值，故而
能無所不可、隨遇而安，遂號曰「皆可園」。雖然讀書的書齋僅是其中之一
部分，就整體而言，「皆可園」是一種綜合型生活空間的閣樓，猶如上海杜
元芳「翡翠碧雲樓」一般。

　　對於隨遇而安，心境的追求，無錫高攀龍（1562～1626）同樣展現出嚮
往之情，而將其書樓命名為「可樓」：

> 居一室耳，高其左偏為樓。樓可方丈，窗疏四辟。其南則湖山，北
> 則田舍，東則九陸，西則九龍恃焉。樓成，高子登而望之曰：「可
> 矣！吾於山有穆然之思焉，於水有悠悠之旨焉，可以被風之爽，可
> 以負日之喧，可以賓月之來而餞其往，優哉游哉，可以卒歲矣！於
> 是名之曰「可樓」，謂吾意之所可也。〔註 20〕

高攀龍在早年訪遍五嶽名山，想找出一處猶如桃花源般的景致，作為終生之
寄託，但遊歷許久仍無法滿足其願望，而今起建此樓，高攀龍亦曾困惑自問：

〔註 19〕　《茅坤集》，卷二○，〈皆可園記〉，頁 614。

〔註 20〕　明‧高攀龍，《高子遺書》（《乾坤正氣集》一七冊，臺北：環球書局，1966 年
　　　　　9 月，據清道光二十八年求是齋刊本景印），卷三，〈可樓記〉，頁 28 上～下。

這難道就是內心所嚮往已久之處？最後高攀龍有所感悟，認為：「凡人之大患，生於有所不足，意所不足，生於有所不可，無所不可焉，斯無所不足矣，斯無所不歡矣。」因此體認到有所可、則有所不可的意境，而將書樓命名為「可樓」，即是表明內心感悟的經歷與轉變。

「樵雪齋」為王伯彰的書齋，性好博涉文史，家居於澄江之東的梅花岡，常思四民皆有本業，而文人的本業就是讀書學習，曾於讀書閒適之際，感受到山林大雪紛飛，上下皎潔一色的情景，遂以為天下之潔淨莫過於此，同時這種情境也切合自己的內心，故而將「此樵雪所以名吾齋也」。〔註 21〕王伯彰內心的志向，在於不戾乎道，不役乎物，所以無處不可以安其身，心境自然隨遇而安。

無錫刻書名家華燧（1439～1513）素好藏書與校書，熱衷於從書中校閱經史、辯證異同，遂將其書室取名為「會通館」，以期許自我能夠會通古今典籍，進而融會貫通。〔註 22〕蘇州太倉張溥（1602～1641）字天如，蘇州太倉人，其書齋之所以署名為「七錄齋」，即是取意於自身好學不倦的勤奮態度：

> 溥幼嗜學。所讀書必手鈔，鈔已朗誦一過，即焚之，又鈔，如是者六七始已。右手握管處，指掌成繭。冬日手皸，日沃湯數次。後名讀書之齋曰「七錄」，以此也。與同里張采共學齊名，號「婁東二張」。〔註 23〕

張溥讀書的方法是親手鈔錄，鈔罷之後朗讀一遍，然後燒掉，再重鈔錄一遍，再讀再燒，如此反覆七遍之多，以致於右手指掌之間長滿厚繭，如此努力不懈，文章必定了然於胸，故能博覽群書，融會活用。

書齋代表清靜、齋戒或反省的意義，是最能夠反映文人的內在性格與理想抱負，因此不少文人書齋的命名，多集中於慎思、反省等詞彙的內涵。明初浙江四明王思永，將其書齋命名為「慎獨齋」，在於儒家強調君子為學在於慎獨，而朱熹在註解《大學》與《中庸》時，都將「慎獨」作為是學者有志於道的努力目標，因此王思永從中領悟到：「君子之學至乎道者，存天理，

〔註 21〕 明・楊士奇，《東里文集》（北京：中華書局，1998 年 7 月第一版），卷二，〈樵雪齋記〉，頁 22。

〔註 22〕 明・邵寶，《容春堂集》（《景印文淵閣四庫全書》集部一二五八冊，臺北：臺灣商務印書館，1983 年），卷七，〈會通君傳〉，頁 40 上～41 下。

〔註 23〕 《明史》，卷二八八，〈文苑四・張溥〉，頁 7404。

遏人欲，好善而惡惡爾。用功之要則在於人，所不知而己所獨知之地，獨知之地其動而未形之時乎。蓋無欲者，所以全乎靜，主靜者所以制乎動，欲動未動之間，善惡之分，天理人欲之判在焉。」〔註24〕同時也體認到「慎獨」並不是一件容易的事，而是需要時時刻刻的牢記於內心深處，故而將書齋署名為「慎獨」，也有警惕自己的作用。張起鳴的書齋稱為「退思齋」，則是認為：「學必思而後得，行必思而後善。」因此無論學問或行為舉止，都必須要詳加思考與慎思，而且思考需要幽靜的環境，所以體認到：「退而思之以為進」的真諦，因此將書齋取名為「退思」。〔註25〕無論「慎獨」或「退思」，都確實反映出書齋主人求學、好學的內在性格與理想抱負。

三、取意於先賢事跡或典故的景仰

　　古來先賢的事跡，往往具有對後世啟發、鑑鏡的作用，因此在好古的文人心中，不僅景仰前人行誼典範，甚至取其意涵作為書齋的命名，以示崇敬之意。東晉陶侃（259～334）於廣州刺史任內，每天早晨從書房內搬運一百個磚塊至戶外，有人問其緣故，陶侃回答道：雖然身處南方，但內心則冀望收復中原，因此藉此鍛鍊筋骨，以備國家之需。〔註26〕剡山單陽非常欽佩陶侃的事跡，並認為陶侃的事跡不僅止於搬運磚塊一事，更重要的是珍惜光陰、勵志勤勞之態度。「人情好逸而惡勞，天下之事恒成於勤而敗於逸，運甓之喻豈不善耶」，遂將其書齋命名為「運甓齋」，以為效法前人勤奮的精神。〔註27〕而盧陵張生某因欣慕孟子前往齊國，與齊宣王問對時，勸其效法文王、武王之事，輔弼日漸衰微的周王室，拯救萬民於水火，若「苟有志於斯民，則文武之事反掌可為，勇之時義豈不大哉」，因此將自己的書齋命名為「大勇齋」。〔註28〕

　　常熟錢謙益（1562～1664）的友人顧伊人，因獲得宋刻本《陶淵明集》，藏於書齋之中，終日吟諷不輟，更嚮往陶淵明（365～427）種菊讀書，悠然

〔註24〕 明・宋訥，《西隱文藁》（《明人文集叢刊》，臺北：文海出版社，1970年3月，據中央圖書館藏萬曆六年滑縣刊本影印），卷五，〈慎獨齋記〉，總頁213～215。
〔註25〕 明・林弼，《林登州遺集》，卷一七，〈退思齋記〉，頁11上～12上。
〔註26〕 唐，房玄齡等，《晉書》（臺北：鼎文書局，1980年3月），卷六六，〈列傳・陶侃〉，頁1773。
〔註27〕 明・貝瓊，《清江貝先生文集》（《四部叢刊初編》二五○冊，上海：上海書店，1989年2月，據上海涵芬樓借景烏程許氏藏明刊本重印），卷一五，〈運甓齋記〉，頁2下～3下。
〔註28〕 《劉基集》，卷三，〈大勇齋記〉，頁128～129。

自得的隱約生活,因而將其讀書之處名為「陶廬」,並請錢謙益作〈陶廬記〉。
〔註 29〕從陶廬記內容來看,所謂:「陶淵明一夕滿人間」,「讀古人書,負當
世之志」,可見顧伊人確實相當崇敬陶淵明,並願追隨其志趣。明末清初著
名藏書家曹溶(1613～1685)字潔躬,又字秋岳,晚年在家鄉浙江嘉興范蠡
湖之濱,築室並聚書其中,閒暇之餘,常與賓客飲樂論道,此處原為宋代岳
珂(1183～1243)讀書之處,亦即舊時的「金陀坊」,因岳珂自號倦翁,所
以曹溶亦別號倦圃,並將書室稱為「倦圃」,命名之緣由「蓋取倦翁之字以
自寄」。〔註 30〕

　　「四友齋」為華亭何良俊(1506～1573)之書齋,則因其欣慕王維、莊
子、白樂天等三人而署名:

　　　四友齋者,何子宴息處也,何子讀書顓愚,日處四友齋中,隨所聞
　　　見,書之於牘,歲月積累,遂成三十卷云。四友云者,莊子、維摩
　　　詰、白太傅與何子而四也。〔註 31〕

何良俊既景仰莊子、王維、白居易等三人,將書齋之名作為崇敬前人之意,
但從何良俊與三人並列為四友,亦可看出崇敬古人之外,還具有自信與自我
標榜的意味。當塗陶安(1312～1368)稱許其好友劉彥琬書室的署名由來,
即提到他因為《尚書》所謂:「勖哉夫子」、《儀禮》所載:「勖率以敬」等事
跡,敬佩古人好學不倦、努力不懈的精神,而古人天資聰穎尚且好學,況且
資質平庸之人,因而將其書室命名為「勖齋」,取其「勖,合冒力而成文,
勉其事冒犯而為之」的字義,作為勉勵努力的自我期許。〔註 32〕有時崇敬古
人也不是僅止一人,凡是一鄉或一國的君子德行,足以為效法者,皆可為崇
敬的對象,甚至應該要自我期許。因此王敏文認為:「吾誠無媿於古人也,

〔註 29〕　清・錢謙益,《牧齋有學集》(上海:上海古籍出版社,2003 年 8 月第一版),
　　　　　卷二六,〈陶廬記〉,頁 1009。
〔註 30〕　清・葉昌熾,《藏書紀事詩》(上海:上海古籍出版社,1999 年 12 月第一版),
　　　　　卷四,〈曹溶潔躬〉,頁 352。
〔註 31〕　明・何良俊,《四友齋叢說》(北京:中華書局,1959 年 4 月第一版),〈初刻
　　　　　本自序〉,頁五。另見於:明・何良俊,《何翰林集》(《四庫全書存目叢書》
　　　　　集部一四二冊,臺南:莊嚴文化事業有限公司,1997 年 6 月初版,據明嘉靖
　　　　　四十四年何氏香嚴精舍刻本影印),卷一五,〈四友齋記〉,頁 6 下。
〔註 32〕　明・陶安,《陶學士先生文集》(《北京圖書館古籍珍本叢刊》,北京:書目文
　　　　　獻出版社,1988 年,據明弘治十三年項經刻遞修本影印),卷一六,〈勖齋記〉,
　　　　　頁 1 下～2 下。

則固非一世之士，千古之下，人之尚友於我，亦猶吾今日所尚友者矣，而士君子以萬物皆備之身，上不以千古自任，下不以千古自期者，豈非不篤於自信，而徒以自遏其躬耶！」〔註33〕遂將其書齋稱為「尚友千古齋」。王敏文不僅是要以古人為崇敬的對象，甚至更加自我期許，深自惕勵努力，以期作為後人崇敬的楷模，可見其以道學自任的君子風範。

　　元末明初倪瓚的文人性格特立獨行，甚得後代文人的稱譽，而其書齋署名的意境，也成為後代文人仿效的對象。明末山陰張岱（1597～1685）即欣慕倪瓚的「清閟閣」，遂仿其書齋之名而號曰「雲林秘閣」：

> 陔萼樓後，老屋傾圮，余築基四尺，造書屋一大間。傍廣耳室如紗幮，設臥榻。前後空地，後牆壇其趾，西瓜瓤大牡丹三株，花出牆上，歲滿三百餘朵。壇前西府二樹，花時，積三尺香雪。前四壁稍高，對面砌石台，插太湖石數峰。西溪梅骨古勁，滇茶數莖嫵媚，其旁梅根種西番蓮，纏繞如纓絡。窗外竹棚，密寶襄蓋之。階下翠草深三尺，秋海棠疏疏雜入。前後明窗，寶襄西府，漸作綠暗。余坐臥其中，非高流佳客，不得輒入。慕倪迂「清閟」，又以「雲林秘閣」名之。〔註34〕

張岱「非高流佳客，不得輒入」的論調，與倪瓚好潔之癖相去不遠，同為追求文人雅致的極致，難怪欣慕前人的風流雅致，而將「梅花書屋」又命名為「雲林秘閣」。文人追求書齋的意境，並賦予一種出塵絕世的氛圍，對於文人自身的感受是極為重要。崑山歸有光（1506～1571）應朋友之請撰寫一篇〈杏花書屋記〉：

> 杏花書屋，余友周孺允所構讀書之室也。孺允自言其先大夫玉巖公為御史，謫沅、湘時，嘗夢居一室，室旁杏花爛漫，諸子讀書其間，聲琅然出戶外。嘉靖初，起官陟憲使，乃從故居遷縣之東門，今所居宅是也。公指其後隙地謂孺允曰：「他日當建一室，名之為杏花書屋，以志吾夢云。」〔註35〕

〔註33〕 明‧王禕，《王忠文公文集》（《北京圖書館古籍珍本叢刊》，北京：書目文獻出版社，1988年，據明嘉靖元年張齊刻本影印），卷九，〈尚友千古齋記〉，頁28下～30上。

〔註34〕 明‧張岱，《陶庵夢憶》（《筆記小說大觀》六編六冊，臺北：新興書局，1983年1月初版），卷二，〈梅花書屋〉，頁8下。

〔註35〕 明‧歸有光，《歸震川集》（《中國學術名著》第三集一三冊，臺北：世界書局，

「杏花書屋」是周孺允根據其先父的遺願而建造的讀書室，孺允先父周廣在正德年間（1506～1521）為御史，敢於直諫聞名。歸有光對這位前輩十分敬仰，又與周孺允有深厚的交誼，因此應朋友之請作記。

四、取意於古代書畫或器物的寓意

對於文人而言，有時會從書齋蒐藏之中，擇其精妙、罕見的書畫或器物，作為書齋署名的緣由。如華亭陳繼儒（1558～1639），曾獲得唐代顏真卿（707～784）所書〈朱巨川告身帖〉，於是把藏書室取名為「寶顏堂」。〔註36〕毘陵徐元度，對於文房四寶之一的「硯」情有獨鍾，認為此物實為士大夫之圭寶，硯、筆、墨三類性質相似，含意卻又各不相同，而硯則兼有筆、墨的特性：

> 筆之體銳而硯則鈍者也，墨之體動而硯則靜者也，然筆之壽以日計，墨之壽以月計，惟硯之壽為久遠，是鈍與靜有合於道也，學士大夫於是得養生焉。〔註37〕

硯雖只是物品，但文人抒發胸懷、創作文學，仍需藉助硯的幫助，加上硯的壽命長久，足以為文人養生之鑑，所以「硯」雖微而富有寓意，於是將其書齋署名為「寶硯齋」。

古琴為中國傳統樂器，琴音低沉渾厚、緩慢規律，頗有恬澹簡雅的風格，歷來常被視為文人自娛的樂器，因此文人書齋的清供擺設，多置有古琴以表自身高雅之趣。古琴雖為書齋的擺設之一，但有些明代文人極為鍾愛古琴，甚至將其作為書齋的名稱。項元忭（1525～1590）浙江秀水人，字子京，號墨林，又號香崖居士、「退密齋」主人，為明代著名藏書家、書畫鑑賞家。工畫墨竹、梅花、蘭草，並精於鑑賞，好蒐藏金石遺文，法書名畫，其「天籟閣」藏書皆以精妙絕倫著稱。其書齋之命名，即是以獲得古琴而琴上刻有天籟字樣，遂將其書齋署名為「天籟閣」。〔註38〕另外，華亭章仁正於溪濱建「書樓」以藏群書，構成「書樓」後的次年，「得一古琴，其陰有『澄懷』字，迺置諸樓中而取以名其樓。」〔註39〕

1960 年 8 月），卷一五，〈杏花書屋記〉，頁 26 下～27 上。

〔註36〕 劉兆祐，《認識古籍版刻與藏書家》，頁 215。

〔註37〕 《王忠文公文集》，卷九，〈寶硯齋記〉，頁 31 下～32 下。

〔註38〕 清・許瑤光等，《光緒・嘉興府志》（《中國方志叢書》華中五三冊，臺北：成文出版社有限公司，1970 年 8 月台一版，據清光緒五年刻本影印），卷五三，〈秀水文苑〉，頁 35 上。

〔註39〕 《崇禎・松江府志》，卷四六，〈宅第園林〉，頁 34 上。

　　此外，碑帖、玉石、鐘鼎等古物，凡有可以為圭寶或流傳子孫者，文人也將其作為書齋命名的可能。〈快雪時晴帖〉為王羲之行書的作品，此帖用筆圓潤，筆鋒內斂不露，行氣結體平穩勻稱，顯示出優美流暢的韻意，被歷來文人視為法帖中的逸品。而秀水馮夢禎（1546～1605）為人高曠，甚好讀書，罷歸鄉里之後，築室於杭州西湖孤山之麓，後因緣獲得藏有〈快雪時晴帖〉逸品，遂以此名為「快雪堂」，〔註 40〕同時小有誇耀、珍藏之意味。張丑（1577～1643）蘇州崑山人，字叔益，別號米庵，曾於萬曆四十三年（1615），購得米芾（1051～1107）《寶章待訪錄》墨跡，因此將其書室命名為「寶米軒」。〔註 41〕米芾所書《寶章待訪錄》成書於元佑元年（1086）8 月，所錄八十四件晉、唐時期書家的作品，凡四千餘字，相傳至元代為趙孟頫所藏，書末有「趙氏子昂」印，明初則散於他處，張丑為得此一傳世墨寶，訪問蹤跡二十餘年，最終以傾資購得，足見其鍾愛之情。

　　董其昌（1555～1636）字玄宰，號思白，別號香光居士，松江華亭人，幼時即勤奮力學，才華俊逸，兼善詩文書畫。曾於萬曆三十二年（1604）獲得漢代的碧玉珪，玉上刻有「元鼎年得寶鼎」等字樣，遂將其典藏於藏書室之內奉為圭寶，並以此命名書室為「寶鼎齋」。〔註 42〕長洲沈伯凝，不僅好學，更勤於古鼎彝尊、金石法書的蒐集，嗜好鑑賞考古，並將其書室稱為「彝齋」：

> 吳長洲沈伯凝氏好學，而勤於古鼎彝尊敦之器，金石法書之跡，以至於圖畫象物、珍異之玩，一見輒能別識定其久近高下、是非良否之。自湖海間號稱好古博雅者，無不歎其知鑒，家治一室，左琴右書，燕几在席，題曰「彝齋」。〔註 43〕

鑑賞考古不僅玩樂，還符合君子格物致知的道理，同時更藉由金石的不變特

〔註 40〕清・錢謙益，《列朝詩集小傳》（臺北：世界書局，1985 年 2 月三版），〈丁集下・馮祭酒夢禎〉，頁 620～621。亦見於：《藏書紀事詩》，卷四，〈馮文昌研祥〉，頁 363：「馮開之築室孤山之麓，家藏快雪時晴帖，名其堂曰快雪。」

〔註 41〕清・永瑢、紀昀等奉敕撰，《四庫全書總目提要》（臺北：臺灣商務印書館，1983 年），卷一一三，〈子部二十三・藝術類二〉，頁 12 下。

〔註 42〕明・李日華，《味水軒日記》（上海：上海遠東出版社，1996 年 12 月第一版），卷二，頁 139。

〔註 43〕明・王行，《半軒集》（《景印文淵閣四庫全書》集部一二三一冊，臺北：臺灣商務印書館，1983 年 3 月，據國立故宮博物院藏本影印），卷四，〈彝齋記〉，頁 1 下～2 上。

性，砥礪自身持續於讀書學習。這些都是將蒐藏不易的書畫碑帖、玉器鐘鼎視為寶物，而予以善加珍藏，並將其作為書齋命名的實例。

為書齋取雅名別號，是歷代文人雅士普遍皆有的文化行為，書齋雅號都有其特定的寓意，或明志以自勉，或擷趣以寄情，題意雖各有千秋，卻都能反映出文人內在的情趣志行與外在的理念追求，由書齋之雅趣而延展至生活的典雅，可謂文人最終的旨趣所在。從前述援引明代文人對書齋的命名，多少透露出書齋主人寄託自己的情懷，又富有生活的氣息，及遠大抱負理想，有時在其悠閒的生活中也常帶有一股與世無爭的尊嚴，亦不難看出當時文人讀書生活多彩多姿，對時下學子皆有所啟發。

第二節　書齋的外部環境

文人生活文化，常結合居住的空間環境，配合四時節序的變化，為讀書生活營造一種合宜而多樣的讀書境界。明代文人書齋的佈置與規劃，大致可區分為兩方面：外部環境、內在佈置。外部環境主要取決於客觀的氣候與地理環境，以景致幽勝的山林、流水等美景，映襯讀書時的心境；而內在佈置則取決於主觀的個性與審美觀，或撫琴吟唱，或品茗焚香，或器物鑒賞，塑造高雅清幽的氣息。因此書齋的佈置藉由主、客觀條件的取捨與融合，進而體現出文人獨特的生活文化風格。

文人在讀書之餘，不僅是在書籍上學問、知識的知性學習，更曉得在生活文化之中，調和山水、棋酒、花月等感性事物。明人有謂：「善讀書者，無之而非書，山水亦書也，棋酒亦書也，花月亦書也。」〔註44〕明人衛泳《枕中秘》則將松聲、澗聲、山禽聲、夜蟲聲、鶴聲、棋子落聲、雨滴階聲、雪灑聲、煎茶聲、讀書聲等，稱之為「聲之至清者」。〔註45〕而萬曆進士鄱陽祝世祿認為暢懷山水，更是讀書生活之餘不可或缺的重要一環：

> 展書是讀書，拋書、枕書亦是讀書。吾蓋於寤之中得幾分，寐之中
> 得幾分，書之中得幾分，書之外、山水之間得幾分。〔註46〕

明代文人在生活情趣的培養上，兼具知性與感性之學習，所以在書齋所處的外部環境選擇上，多取決於山水景致或花卉茂盛之地，調適讀書之餘的愉快

〔註44〕清・張潮，《幽夢影》（臺南：漢風出版社，1992年1月初版），頁103。
〔註45〕明・衛泳輯，《枕中秘》，《讀書觀》，頁1上～下。
〔註46〕明・祝世祿，《祝子小言》，頁21上～下。

心情。而文人借書齋外景的山水、花卉、竹檜，以得山林之野趣，而齋內的書籍、圖畫、賞玩，則是將知識、生活、文化三者結合為一，造就明人追尋性靈的生活，落實於塵世的時代文化格調。〔註47〕

一、山水景致的遠眺

文人喜好隱密式的寧靜環境，書齋圖書滿架，戶外花木扶梳，在讀書生活之中特別強調安靜、幽雅，而有利於讀書時的思索與感受。〔註48〕明人也提出透過山水可以開拓視野，增廣見聞，而與文學相輔相成的「山水輔文」觀念。〔註49〕此外，將讀書場所之外的景觀，融入於讀書生活的情境，讓文人的書齋結合山水花木的自然景致，其中不僅具有保護圖書、創作文藝的功能，還有飲宴會客、鑑賞吟唱、怡悅性情的人文活動。因此書齋的周遭環境，挑選一處幽雅安靜的位置，是營造一座文人書齋的重要條件。

在讀書之際，推窗遠眺山水景致，不僅讓人感受到幽靜的氣氛，而山水秀麗的景觀更能使文人胸襟感受到壯闊的氣度展現。所謂：「讀書宜樓，有五快：無剝啄之驚一，可遠眺二，無濕氣侵淋三，木末竹顛與鳥交語四，雲霞宿高簷五。」〔註50〕而馬平張翀（1531～1579）的「讀書堂」，「乃前為堂三間，後為寢室，室之上，復為一小樓，以便登眺，又兩旁為廂房，門戶墻垣各備焉」，〔註51〕其目的則是便於遠眺。在樓中讀書，不但可隔絕塵囂紛擾，防止濕氣招病，更能遙眺美景、欣賞花木禽鳥，真可謂兼具生理與心靈的解放。不少文人更盛讚，遠眺山水景色，不失為讀書之餘的至樂，因而有所謂：「日坐樓中，對佳山展卷，此自世間第一種清福」之語。〔註52〕有些

〔註47〕 吳智和，《明清時代飲茶生活》（臺北：博遠出版有限公司，1990 年 10 月初版），頁 138。

〔註48〕 江慶柏，〈圖書與明清蘇南社會〉，《中國典籍與文化》，1999 年三期，頁 45～51。

〔註49〕 張嘉昕，《明人的旅遊生活》（宜蘭：明史研究小組，2003 年 8 月初版），頁 126～134。

〔註50〕 明‧陳繼儒、程銓，《古今韵史》（《四庫全書存目叢書》，子部一四八冊，臺南：莊嚴文化事業有限公司，1995 年 9 月初版，據明刻本影印），卷六，〈韵語〉，頁 11 上～下。

〔註51〕 明‧張翀，《鶴樓集》（臺北：漢學研究中心景照明隆慶四年序刊本卷不明），〈讀書堂記〉，頁 3 下。

〔註52〕 明‧黃奐，《黃玄龍先生小品》（《四庫全書存目叢書》子部一一一冊，臺南：莊嚴文化事業有限公司，1995 年 9 月初版，據清康熙刻本影印），〈尺牘上〉，頁 46 上～下。

文人既絕仕途，便著重於追求個人讀書的無限意境上，甚至反映在追求古雅幽、境高潔脫俗的讀書環境，因此明人極為刻意為讀書生活，締造屬於自我的絕佳閱讀空間：

> 齋欲深，檻欲曲，樹欲疎，蘿薜欲青垂。几席、欄干、窗竇欲淨澈如秋水，榻上欲有烟雲氣，墨池、筆牀欲時泛花香。傭書欲曉人，挂牙籤欲解事僕，讀書得此護持，萬卷盡生懽喜，婀嬛仙洞，不足羨矣！〔註53〕

不但書齋深靜、欄檻曲折、樹木扶疏、藤蘿盤環，即使几席、窗檻亦需潔靜明敞，伴隨煙雲繚繞，花香拂送，這樣的讀書空間環境，確實令人神往不止。

書齋位臨山水清妙之處，有助於讀書時的雅致氣氛，如李素臣讀書所在的「竹溪草堂」，面臨湖河交接之地，日見潮汐迴流，周遭田野數百里，而背倚箕山之麓，橫亙綿延不止。而書室「依山架構，房廊迴複，亭池高下，山若委蛇盤折，以相映望，湖光山色，錯互穿漏。窗櫺几席，依約浮動，灌木千章，榆柳雜蔭，修竹萬竿，烟啼露壓。」如此蜿蜒山巒與湖光水色相互輝映，景致甚為高雅，以致於錢謙益在拜訪過「竹溪草堂」之後，極為讚嘆道：「嗟夫！此世中洞天福地，去人間不遠。」〔註54〕而汪希周更懂得於山水之間，享受讀書的生活樂趣，據《小山類稿》載：

> 汪君乃翁，更度幽勝處，屋而讀書其中。翁嘗以邑造士選入澤宮，輒辭去不就，退而冥棲是山，取所讀之書而益諷詠之，且忘其年之既邁也。夫人情於天下之物，凡有慕焉，皆足以移其中。惟山水之樂，得之則其趣愈高，其心日益以靜，而讀書於山水之間，其樂又有甚焉者。顧世之讀書者，或未能深悟其樂，而山林靜養之士，亦自謂真有所得而無事於書。是二者，余交病之。翁之避寵辱，屏世味，而從事於斯也，精詣冥會，意象俱忘，山光水色，入我襟懷，豈無足樂者乎？謂之書，可也；謂之山水亦可也；謂其出二者之外而自有所樂，亦可也。然余未足以知之。〔註55〕

「集山書屋」不僅有林壑岩洞之美，身處山水幽靜之間，生活更是樂趣無窮，

〔註53〕《枕中秘》，《書憲》，〈十一‧護持〉，頁6上。

〔註54〕《牧齋有學集》，卷二六，〈竹溪草堂記〉，頁1004。

〔註55〕明‧張岳，《小山類稿》（臺北：漢學研究中心景照明嘉靖三九年序刊本），卷三，〈集山書屋敍〉，頁13上～下。

而讀書時若能將山水景色納於襟懷之中，更增添許多的意境與感受。

　　在山中幽居生活之中，文人也得以悠哉享受書齋讀書之樂。元末明初十才子之一的北郭生徐賁，以吳興「蜀山書舍」作為讀書學習之所，自言：「吾山在城東若干里，吾居在山若干楹，吾書在屋若干卷。山雖小而甚美，屋雖朴而升完，書雖不多而足以備閱。」〔註56〕（參見：圖 2-2）在樸質山屋之中，藏書雖不多，但亦堪消磨山居淡雅的情懷。鉛山費寀（1483～1548）築居的「鍾石山房」，位於橫林大溪之上，旁有大石突起，遂築屋於石巔，「大溪曲屈，三面抱石而流，又外環靈山、鵝湖、芙蓉，五峰之奇，費子讀書其間，於是鏗鍧之音，日警于耳，崒屼之容，日壯于目，泓澄之色，日滌于心。費子乃起聖智與遊，於是精會神融，千古莫遁，費子遂悠然而得。」〔註57〕宗仁於鶴溪之地田築室，將書室命名為「鶴溪書舍」，美景更是獨勝當地：

　　　　偏構屋數椽，以為圖書居。青簡韋編、牙籤黃卷，充牣其中。簾影
　　　　微動，芸香滿室，兀坐伊吾，如鶴斯唳，散跌而步，宛在鶏群。八
　　　　窗洞開，諸勝輻輳，此鶴溪書舍所以扁也。〔註58〕

若居家環境景致怡人，更可增添文人吟詠時的趣味。元末明初文人徐舫（1358～1426），家居睦州桐廬，與江水為伴。於江邊築一屋，自號「滄江散人」，日夜在山光水色中苦吟，令人有種遠離人世，達到另一境界的感覺。〔註59〕月光下的江河、松柏等美景是詩詞歌賦的最佳題材，讀書時若能懷擁此等美景，則能有所感觸而吟詠以抒己懷：

　　　　薇楊子毛氏宗正者，世居勾餘上林，即其所居，得八景焉，結廬其
　　　　中，顏其堂曰「八景」。坐臥酣酢，觸詠于斯，朝夕風雲之變，四
　　　　序林水之佳，披繢綺於群芳，考笙鏞於萬籟。〔註60〕

「八景堂」居處中有八處美景，隨著四季、朝夕時間的變化差異，景致即有不同的轉換，足供文人感受繽紛的內心世界。

〔註56〕清·黃宗羲編，《明文海》（《景印文淵閣四庫全書》一四五三～一四五八冊，臺北：臺灣商務印書館），卷三二七，高啟〈蜀山書舍記〉，頁 15 上～下。

〔註57〕明·黃縉，《久庵先生文選》（臺北：漢學研究中心景照明萬曆刊本），卷五，〈鍾石山房詩引〉，頁 11 下～12 上。

〔註58〕明·王褒，《三山王養靜先生集》，卷一，〈鶴溪書舍後記〉，頁 31。

〔註59〕韓兆琦，《中國古代隱士》，頁 96。

〔註60〕明·錢琦，《錢臨江集》（臺北：漢學研究中心景照明萬曆三二年刊本），卷一一，〈八景堂記〉，頁 2 下～3 上。

圖 2-2：洪崖山房圖

資料出處：明‧陳宗淵〈洪崖山房圖卷〉，取自故宮博物院藏畫集編輯委員會編，《中國歷代繪畫‧故宮博物院藏畫集 4》（北京：人民美術出版社，1986 年 12 月第一版），頁三九。優雅的讀書生活環境，隨處可見文人超凡出塵的意趣。

　　在冥想的世界裡，文人細膩的心思更營造出綺麗、燦爛的悠然生活。明末清初桐城戴名世（1653～1713）認為心目中的山水書屋應該是：

> 山數峰，田數頃，水一溪，瀑十丈，樹千章，竹萬個。主人攜書千卷，童子一人，琴一張，酒一甕。其園無徑，主人不知出，人不知入。……其童子伐薪、採薇、捕魚。主人以半日讀書，以半日看花，彈琴飲酒，聽鳥聲、松聲、水聲、觀太空，粲然而笑，怡然而睡，明日亦如之。歲幾更歟，代幾變歟，不知也。避世者歟，避地者歟，不知也。〔註 61〕

「意園」這座山水園林的讀書想像，實際上是座美好的生活藍圖，透過文字的描繪，可以察覺出這是種逍遙、遊樂的人生取徑，同時也是隱逸避世的生活境界。在此，是生命的重心遂專注在悠閒情境之中，並且沉醉於品評鑑賞的活動，如此正可謂閒情隱逸的生活寫照。

〔註 61〕清‧戴名世，《戴名世集》（北京：中華書局，1986 年 2 月第一版）卷一四，〈意園記〉，頁 386。

明代文人常以山水寄託懷抱與理想，所謂：「凡人身雖閒，心不能無寄。桑者閒矣，十畝其寄心也；碧山閒矣，桃花流水其寄心也。吾儕謝事閒居，心即恥為不善矣，而或寄之詞賦，寄之山水，寄之棊酒，寄之花木禽魚，要于自娛。」〔註62〕藉由讀書之餘，飽覽群山壯闊，作為休憩閒適的樂趣，因此沉醉於山水景致之中，不僅是寄託心志，更是將休閒、生活、山水相互結合的生活理念。〔註63〕

二、花卉草木的近玩

若將山水景致視為文人胸襟氣度的展現，花卉草木便可視為文人內心細緻的情感。故而文人書齋之旁，往往種植草木手栽花卉，環伺如此幽雅的讀書環境，也為讀書生活、文化氛圍，憑添不少美感。

花卉草木是天地間造物之精蘊，而花卉匯集形、色、香於一體，為萬物美妙的象徵，因此文人多喜愛將花卉賦予豐富多樣的性格。於是花卉不僅可以賞觀，可以娛性，甚至可以養生，在欣賞花姿綽約的同時，還能嗅得花香，更能細細品味花卉的各種德行。古來賞花者不乏高雅之士，如陶淵明愛菊、周濂溪愛蓮，各率以菊為花之隱逸，蓮為花之君子，所崇尚的德行雖不同，但愛花之情卻不變；為此，賞花更被譽為文人七大韻事之一。〔註64〕明代文人不僅喜愛賞玩群花，更感受到由不同時節來賞花，亦饒有不盡的樂趣，陸紹珩甚至將雪後尋梅、霜前訪菊、雨際撫蘭、風外聽竹等四種觀賞花木風情，併稱為文人雅士之深趣。〔註65〕

自古文人品藻群花，以菊為花之隱逸者，菊花素來為文人所崇尚，即使是明代文人也不例外。蘇州袁翼在不得志於仕途，晚年深居簡出，隱逸於鄉野之間，惟以讀書藝菊自娛：

> 性喜菊，闢小圃，植菊數百本，手自栽接，不以為勞。嘗曰：「吾平生萬事皆可遺棄，惟積書種菊，不能忘情。」〔註66〕

〔註62〕明·王宇，《烏衣集》（臺北：漢學研究中心景照明天啟四年刊本），卷二，〈亦園問業序〉，頁33下。

〔註63〕吳智和，〈明人山水休閒生活〉，《漢學研究》，二○卷一期，2002年6月，頁101～129。

〔註64〕劉天華，《畫境文心──中國古典園林之美》，頁239。

〔註65〕《醉古堂劍掃》，頁81。

〔註66〕明·文徵明，《文徵明集》（上海：上海古籍出版社，1987年10月第一版），卷三二，〈袁飛卿墓誌銘〉，頁738。

而晉陶淵明「採菊東籬下，悠然見南山」的詩句，更將隱士悠閒的生活，與品藻菊花的感受相融合，描繪出隱士清高孤雅的形象，而菊所代表的隱逸身影，更吸引眾多文人的追求。莆田黃仲昭（1435～1508）從官場致仕後，隱逸於鄉里，學者稱為未軒先生，亦雅好菊花，稱其具有幽人逸士之風範：

> 凡草木之花，率多爭妍競吐於春夏長育之時，而菊獨介烈高潔，不與他卉同，其盛衰必待霜降，草木黃落之後，乃燁然秀發，傲睨風露。且其色鮮妍而不妖，其氣芬馥而不媚，有幽人逸士之風焉。是以古之篤行堅操者，無不愛之，蓋亦以其臭味之同也。〔註67〕

菊花必待天寒霜降，草木盡皆凋零之後，才綻然而發，睥睨於風霜之中，表現出耿介高潔的性格；且色鮮妍而不妖，氣芬馥而不媚，故多為明代文人所喜愛，以效法篤行堅貞之節操。

蓮花一向被視為花之君子，同樣也受到不少明代文人的喜愛。公安袁蘭澤為袁中道（1570～1623）的叔父，家有十畝池，池中白蓮盛開，荷葉皆數丈餘，袁中道嘗於諸兄弟駕舟蓮花池上，一齊飲酒賦詩，旁有蓮花清香撲鼻，而入夜後香氣愈熾，如此美景適與學友吟詠其間，不禁使袁中道感到「殆非人境」，幽然之情溢於言表。〔註68〕蓮花池畔的書齋，更成為一種文人脫俗的表徵。

梅花也是許多文人鍾愛的花卉，以其寒天堅忍不拔。嘉興周履靖（1542～1632）雅好古詩文，家中藏書甚多，因其素愛梅花，乃將書屋命名為「梅墟書屋」，書屋附近皆栽植梅花，環境極為幽雅：

> 廣藝花卉，土宜梅而種梅三之一，逸之搆數椽為書屋，列槿為墉，編竹為屏，繞垣皆梅，軒榭此其所縈，啟窗睡曬，湖峽之勝雖不盡歸之周然，亦得之過半矣。……方雪晴月白，梅始著花，有客乘興至者，于時東風駘蕩，清晝遲遲，散趾晤言，花氣襲袂，撫柯盤桓流光，常在香雪之上。〔註69〕

〔註67〕明‧黃仲昭，《未軒公文集》（臺北：漢學研究中心影照明嘉靖三十四年莆田黃氏家刊本），卷六，〈芝田菊隱序〉，頁36下～37上。

〔註68〕明‧袁中道，《珂雪齋集》（上海：上海古籍出版社，1989年1月第一版），卷一二，〈荷葉山房銷夏記〉，頁547。

〔註69〕明‧周履靖，《梅塢貽瓊》（《夷門廣牘》下冊，北京：書目文獻出版社，1990年4月第一版，據明萬曆刻本影印），卷五，嚴從簡〈梅墟書屋記〉，頁21下～22下。

書屋三分之一的空地栽種梅花，至嚴冬下雪之後，梅花便環伺整個書屋，此時梅香撲鼻而來，與雪白之地相互輝映，當有訪客前來，伴著美景與客談歡，更不覺流光飛逝而去。

　　亦有多數文人並非只鍾愛單一花種，而是雜植各類花卉，享受百花齊放的美景，更藉由觀賞花卉草木的生意盎然，使生活增添雅趣。〔註 70〕如「一蓬春雨軒」的書齋主人陳謨，在此燕游之際，「雜蒔花卉，左右圖書，風晨夜夕，茶煙香篆，其古之玩好絕俗之名流，日相嬉娛其間。」〔註 71〕沙縣樂純更是「性愛芬馥，無花不植。每一開吐，輒飛觴賦詩其下，非敢謂彩筆生花，亦以其有自然裀褥。」〔註 72〕百花綻放，風情萬種，也帶來文人賦詩讚詠的靈感泉源。故而文人相當重視讀書生活之餘的栽花、種竹的樂趣：

　　　　讀理義書，學法帖字，澄心靜坐，益友清談，小酌半醺，澆花種竹，
　　　　聽琴玩鶴，焚香煮茶，泛舟觀山，寓意弈棋，雖有他樂，吾不易也。
　　〔註 73〕

此外，萬曆八年（1580）進士金壇于孔兼投牒歸，家居二十年，「杜門習靜，自讀書課子外，非問農則種竹，間讀諸名家五七言詩，希欲步其音律，憾未窺其藩籬。無已，則誦《淵明集》以消況味耳。」〔註 74〕讀書、栽種之外，還親自參與農事，可謂是躬耕讀書的最佳寫照。

　　文人在雜植花卉草木之餘，對於花種的排列、佈置也投注不少心力。吳江袁仁在家居的佈置與環境上，不僅樓閣、亭園栽滿杏花、芙蓉、薔薇，甚至種有藥草三十餘種：

　　　　自築室于亭橋之滸，堂之東復築一廳，植杏於庭，而以軒臨之曰「怡
　　　　杏軒」。東北有園，植藥草三十餘種，曰「種藥圃」。軒之東起小樓，
　　　　樓前有山，曰「雲山閣」。閣後有望室，曰「雪月窩」。窩北有池，
　　　　植藕其中，曰「半畝池」。上有橋，曰「五步橋」。繞池皆植芙蓉，
　　　　而虛其南，曰「芙蓉灣」。灣之南植薔薇，而周圍以木架之，曰「薔

〔註 70〕　明・游羽，《博物志補》（《四庫全書存目叢書》，子部二五一冊，臺南：莊嚴文化事業有限公司，1995 年 9 月初版），補卷之下，頁 43 上～下。
〔註 71〕　明・陳謨，《海桑集》（《文淵閣四庫全書》一二三二冊，臺北：臺灣商務印書館），卷五，〈一蓬春雨軒序〉，頁 13 上。
〔註 72〕　明・樂純，《雪菴清史》，卷三，〈清課・栽花〉，頁 76 上。
〔註 73〕　《醉古堂劍掃》，卷一，頁 11、卷四，頁 117。
〔註 74〕　明・于孔兼，《山居稿》（臺北：漢學研究中心景照明萬曆四〇年序刊本），卷四，〈簡客部洪紱韋〉，頁 21 上。

薇架」。讀書撫景,徜徉自適。客至則對酒賦詩,評花詠月,陶然有
忘世之趣。〔註75〕

樓閣別院坐落之旁,滿庭花卉,參差其間,小橋流水,更覺舒暢,能得以身
處讀書仙境,的確有忘世之趣。桃源江盈科在其讀書所在的「兩君子亭」,栽
種竹子數千株,種類有水竹、斑竹、實竹、南竹等數種,並將其裁成管笙、
酒盞、杖柱;於亭前水池,則種滿水蓮,得其誘人香氣。〔註76〕因此,亭中
竹與蓮相互映襯,景致十分幽雅宜人,增添讀書時的樂趣。(參見:圖2-3)

　　花卉之外,樹木的栽種也是文人精神寄託的對象,其中又以松、竹最具
代表性。王光美家居之旁,起建書齋作為讀書、休閒之所,「齋畔古松數株,
白鶴一雙,境寂趣幽,翛然塵外。得暇即展卷而呻吟焉,倦則徙倚流盼,盤
桓於松陰鶴跡間,意泊如也。」〔註77〕永樂時舉人周鐸在晚年築書室於西溪,
「而環以竹檜,日倘佯其間,客至則焚香煮茗,治具相飲,壺奕觴咏以為樂,
雖久兒弗厭也。室中所蓄,惟經史子集及百氏之書。」〔註78〕有些文人則「庋
古今典籍,編茆引流,雜植梅竹,讀書其中。」〔註79〕徐桂(?～1605)蘇州
長洲人,萬曆進士,徙居餘杭,恃才自放,家居「杭城東隅,有亭池竹木之
勝,亭中列圖史、金石遺文,與彝鼎諸法書名畫,日婆娑其中。」〔註80〕可
知松、竹等植物既可以樹蔭遮日,更可以享受森林的自然氣息,相較於花卉
賞玩的親近情趣,自是別有一番趣味。

　　即如有病在身,輔以讀書賞花、調養心性,似可作為另類的養痾之法。
吏部郎中薛蕙(1489～1541),以病告歸家居,便以樹藝悠然為樂:

　　所居之西,隙地數弓,即所謂西原者,故有水竹之勝;至是益加樹

〔註75〕明・袁仁,《一螺集》(臺北:漢學研究中心景照明萬曆二四年序刊本),卷一,
　　　　〈家居八景賦〉,頁1上～下。
〔註76〕《江盈科集》,卷七,〈兩君子亭記〉,頁369。
〔註77〕明・王光美,《松鶴齋草》(臺北:漢學研究中心景照明刊本),吳光翰〈松鶴
　　　　齋草序〉,頁1上。
〔註78〕明・章懋,《楓山章先生集》(《百部叢書集成・金華叢書》,臺北:藝文印書
　　　　館,1968年),卷五,〈逸軒處士周君墓誌銘〉,頁21下。
〔註79〕明・李培等,《萬曆・秀水縣志》(《中國方志叢書》華中五七冊,臺北:成文
　　　　出版社,1970年8月台一版,據明萬曆二十四年修民國十四年鉛字重刻本影
　　　　印),卷六,〈人物・隱逸〉,頁35上。
〔註80〕明・薛應旂等,《嘉靖・浙江通志》(《天一閣藏明代方志選刊續編》二六冊,
　　　　上海:上海書店,1990年12月第一版,據明嘉靖刻本影印),卷一七八,〈人
　　　　物六・文苑一〉,頁3105。

藝，室廬靚深，松竹秀列，陂魚養花，日游衍其中。著書樂道，悠
然自適，遂以是終其身。〔註81〕

圖 2-3：秋林書舍圖

資料出處：明‧王紱〈秋林書舍圖〉，取自國立故宮博物院編輯委員會編輯，《海
外遺珍‧繪畫》（臺北：國立故宮博物院，1990 年 5 月第一版），頁 78。在秋
天的園林中讀書，不難窺視文人對生命意義的執著與性靈陶冶的追求。

陝西按察副使沈啟原（1526～1591）退歸家鄉，絕口不談世事，不與貴
顯交往，「為堂有與閒、存石，為閣有紫芝、閬風，為齋有止觀、徐于，為臺
有紫雲、香雪，為亭有蒼玉、點易。栽花種竹，野服葛巾，親朋來往，如山

〔註81〕　《文徵明集》，補遺卷三二，〈吏部郎中西原先生薛君墓碑銘〉，頁 1570。

人而已。」〔註82〕據說沈啟原自幼好學，曾有次突然發疹，「為小兒醫者皆愕視，猶然持一編朗誦，眾甚奇之。」〔註83〕顯然是以專心讀書的方式，轉移身體上的病痛。浙江杭州錢塘人，萬曆進士錢士鰲亦曾言：「蓋余性善病，病善慵也。讀書家居十一，山居十九，時且几上十一，枕上十九。每每手一編，高臥北窗下，伸足長吟。」〔註84〕無錫華埕（1438～1514）更是在晚年老疾的情況下，仍舊「日焚香靜坐，間以製藥治書自適」，將讀書、製藥、焚香、靜坐交融於生活之中。〔註85〕因此，無論是病痛在身或是晚年老疾，不少明代文人都藉由讀書賞花來調養心性，甚至作為養病時的生活情趣。

　　觀花、栽花既為文人視作生活樂趣，當輕風吹拂，落英繽紛之際，滿地花瓣，亦足以映襯文人蕭然的心境。《雪菴清史》所謂：「歸來乎山中，林泉之許，風飄萬點，清露晨流，新相初引，可是蕭然無事，掃落花，足散人懷」，〔註86〕點出文人心中淡淡的蕭瑟之情。花草雖因時節而興衰，本是生命之中的規律，正如鄞縣屠隆（1542～1605）所認為：「草色花香，游人賞其有趣；桃開梅謝，達士悟其無常」而已。〔註87〕徜徉在讀書生活之中，或許短暫霎時的蕭瑟氣息，更加點綴明代文人生活之中的清閒與淡泊。

　　由此觀之，無論文人對梅、蘭、菊等各種花卉的青睞，不僅賦予獨特的精神氣質，同時也充分象徵文人自勵自省的風範表率。〔註88〕佳山好水不僅造就文人舞文弄墨的靈感泉源，而三五好友吟詩作詞、品茶飲酒，更能寄託彼此的心情故事，使得書齋讀書生活悠然自得。此外，書齋外部環境的空間格局與規劃，配合四時節序的變化，為讀書生活營造一種合宜而多樣的讀書天地。所以外在的暢懷山水、盡攬美景，成為明代文人書齋讀書生活不可或缺的組成部分。

〔註82〕明・焦竑，《澹園集》（北京：中華書局，1999年5月第一版），卷三三，〈陝西按察司副使霓川沈先生行狀〉，頁539。

〔註83〕明・過庭訓，《明分省人物考》（《明代傳記叢刊》一三一冊，臺北：明文書局，1991年10月初版），卷四五，〈沈啟原〉，頁23上。

〔註84〕明・錢士鰲，《錢麓屏先生遺集》（臺北：漢學研究中心景照明萬曆年刊本），卷三，〈烹茶問業序〉，頁19上。

〔註85〕《容春堂集》，卷四，〈明故光祿寺署丞進階文林郎華君墓誌銘〉，頁13上。

〔註86〕《雪菴清史》，卷三，〈清課・栽花〉，頁78下。

〔註87〕明・屠隆，《娑羅館清言》（《晚明小品精萃》，上海：復旦大學出版社，1997年11月第一版），頁17。

〔註88〕朱倩如，《明人的居家生活》，頁140～144。

第三節　書齋的內在佈置

一、書齋空間的規劃

　　書齋為文人讀書之地、藏脩之所、典藏之室、清言之處，所以書齋的要求最主要的是潔淨、清幽。青田劉基（1311～1375）在記述其友人朱伯賢的書齋時，即提到：「室以齋名，取其潔也；齋以清名，清者，潔之華也，惟潔也，而後清生焉。」因此書齋的清幽、潔淨與否，對書齋主人的身心皆有調適作用，身處如此環境，故而能讓朱伯賢感受到潔身、潔口、潔目、潔耳、潔鼻、潔心的情緒安定，唯有「五情既治，百魔不生，潔不污而後天下之清歸焉。」〔註89〕所以書齋環境的整潔舒適、安頓性靈，是文人極為重視的要求，方能安逸於屬於個人的自在空間。

　　文人樂於嚮往超脫塵俗的書齋意境，為追求書齋整體的別緻，不少書齋主人莫不用心措意於此。「綠雨樓」為弘治進士上海陸深（1477～1544）讀書之處，坐擁書樓，可以遠眺山巒起伏，隱約雲間，風景極為秀麗，異常秀美；而城中萬家民戶的屋頂紅瓦，櫛比鱗次的排列。書樓之後，則有一棵百年巨槐，樹蔭覆蓋屋簷，每朝晨起，則見浮綠滿樓，因此陸深取古詩「綠槐疏雨」之義，將書樓命名為「綠雨樓」。除了風景綺麗之外，書齋的空間設計更是別具用心：綠雨樓共分上、下二層，樓下有屋三間，窗朝南開，夏涼冬暖，為主人的居室。上層樓東有一室，名曰「素軒」，此室與陸深的書房連接，書房中有一木榻、一茶几、一古琴、一銅香鼎；書房北面有西窗，窗外巨槐遮蔭，每當夏天酷熱時，則可於書房內讀書納涼。上層面北有一室，名曰「潛室」。上層樓的中間一室為藏書處，名曰「書窟」，其「廣可五尺，長丈有咫，穴北壁以取明，雜藏書三千卷」。「書窟」與「素軒」之間，另隔有二小屋，供主人接待賓客之用，凡有賓客來訪，則遠眺山水、坐玩賞月，一同把酒論學吟詩。〔註90〕

　　仁和高應鵬為高濂之父，於住家居所「旁築藏書室，貯古圖書其上；為樓居，貯古尊彝鍾鼎。」〔註91〕高應鵬對於書齋規劃的概念，是認為古籍圖

〔註89〕　《劉基集》，卷三，〈清齋記〉，頁127。
〔註90〕　明・陸深，《陸文裕公行遠集》（《四庫全書存目叢書》集部五九冊，臺南：莊嚴文化事業有限公司，1997年6月初版，據明陸起龍刻清康熙六十一年陸瀛齡補修本影印），卷四，〈綠雨樓記〉，頁8下。
〔註91〕　明・汪道昆，《太函集》（《四庫全書存目叢書》集部一一七冊，臺南：莊嚴文化事業有限公司，1997年6月初版，據明萬曆刻本影印），卷四七，〈明故徵

書與尊彝鐘鼎是不同類型的文化產物，正因為性質有異，所以將其區分開來，把古籍圖書置於下層樓閣；而尊彝鐘鼎等古物則置於上層樓閣。書齋佈置為搭配文人氣質，所以「齋欲大雅不俗，須窗櫺虛朗，庭院清幽，門無輪蹄，逕有花鳥，絕去腥羶，滌除塵垢，乃妙。宜圖史、宜屏風、宜蓄素琴、宜懸古畫、宜列彝鼎、宜設几榻。」〔註92〕在窗几明淨的私人空間裡，琴畫書史陳列左右，而讀書休閒其中，更顯遠離塵囂、幽雅不凡之感受。

文人追求的書齋意境，有一種超脫出塵的氣氛，因此一些明代文人對這種境界的追求，甚至成為一種癖好。如明代寧獻王朱權（1378～1448）徙封於江西南昌，由於宗藩被限制不許干預軍政，朱權終日在書齋中研讀秘籍，沉澱詩文，嘗令人往廬山之巔，囊雲以歸，遂於書齋之中，障以帘幕，每日放雲一囊，四壁氤氳，如在岩洞，故名其書齋為「雲齋」。〔註93〕入其書齋，如臨仙境一般，可謂別出心裁。

關於書齋的營建，高濂認為：「書齋宜明淨，不可太敞，明淨可爽心神，宏敞則傷目力。」〔註94〕並以大小適中為宜，而書齋的牆壁也應去俗入雅，故「書房之壁，最宜瀟洒，欲其瀟洒，切忌油漆。油漆二物，俗物也。」「壁間書畫自不可少，然粘貼太繁，不留餘地，亦是文人俗態。」〔註95〕除了標榜別具巧思的書齋空間設計，並且以山水雅致來作為書齋意境的追求之外，但亦有不少明代文人卻是一反此舉，強調以簡單的書齋作為讀書所在。桑悅（1447～1503）字民懌，號思玄居士，蘇州太倉人，少負才名，讀書過目不忘，曾任柳州府通判，為人拓落自負，文辭瑰麗。成化年間以會試副榜，派任至泰和縣擔任訓導，遂於學圃中築起小軒，將此命名為「獨坐軒」，雖是取其書齋空間狹小，僅容一人獨坐之意，但卻是反襯托出書齋主人內心安貧樂道的崇高理想：

仕郎判忻州高季公墓志銘〉，頁 16 下～17 上。

〔註92〕 明・徐渭輯，《刻徐文長先生秘集》（《四庫全書存目叢書》，子部一二九冊，臺南：莊嚴文化事業有限公司，1995 年 9 月初版，據天津圖書館藏明天啟刻本影印），卷一一，〈致品・齋〉，頁 13 上。

〔註93〕 清・朱彝尊，《靜志居詩話》（北京：人民文學出版社，1990 年 10 月第一版），卷一，〈寧獻王權〉，頁 10。

〔註94〕 明・高濂，《遵生八牋校注》，卷七，〈起居安樂牋上・居室安處條・高子書齋說〉，頁 226。

〔註95〕 清・李漁，《閒情偶寄》（臺北：長安出版社，1975 年 9 月台一版），1979 年 9 月台三版，卷九，〈居室部〉，頁 198。

予為西昌校官，學圃中築一軒，大如斗，僅容臺椅各一，臺僅可置
經史數卷，賓至無可升降，弗肅以入，因名之曰獨坐。予訓課暇輒
憩息其中，上求堯、舜、禹、湯、文、武、周公、孔子之道，次窺
關、閩、濂、洛數君子之心，又次則咀嚼左傳、荀卿、班固、司馬
遷、揚雄、劉向、韓、柳、歐、蘇、曾、王之文，更暇則取秦漢以
下古人行事之迹，少加褒貶，以定萬世之是非，悠哉悠哉，以永終
日。軒前有池半畝，隙地數丈，池種芰荷，地雜植松檜竹栢，予坐
是軒，塵坋不入，胸次日拓。又若左臨太行，右挾東海，而蔭萬間
之廣廈也。……雖然予之所紛拏紏錯者，皆世之寂寞者也，而天壤
之間，坐予坐者寥寥，不謂之獨，亦莫予同，作獨坐軒記。〔註96〕

桑悅的「獨坐軒」僅容一桌一椅，賓客來訪時甚至無法接待，但是從經史之
中，得與先賢古人相論道，旁有荷花、松柏相倚，讓桑悅反而覺得是種悠哉
的閒趣，甚至使心胸漸開闊。由此看來，桑悅所謂的「獨坐軒」，又何「獨」
之有？

　　相對於桑悅「獨坐軒」之意境，章溢（1311～1375）晚年所隱居的「苦
齋」，亦同樣饒富深意。章溢，字三益，元末明初浙江龍泉人，明初曾官至御
史中丞，與劉基（1311～1375）宋濂（1310～1381）葉琛齊名，世稱為「浙東
四先生」。〔註97〕劉基與章溢本為舊識故交，而章溢所居的「苦齋」，位於龍
泉縣西南二百里外，鄰近劍溪之旁，由於北風吹襲的緣故，致使居處周圍的
花草、蜂蜜、溪魚等，食之皆有苦味。劉基曾前往拜訪舊友，並對於他所居
之地人煙稀少，極為簡略的生活環境條件而提出疑問，章溢則以甘於以苦為
樂的心境來答覆，因此劉基寫下〈苦齋記〉予以讚誦：

苦齋者，章溢先生隱居之室也。室十有二楹，覆之以茆，在匡山之
巔。匡山在處之龍泉縣西南二百里，劍溪之水出焉。山四面峭壁拔
起，巖嶇皆蒼石，岸外而臼中。其下惟白雲，其上多北風，風從北
來者，大率不能甘而善苦，故植物中之其味皆苦，兒物性之苦者亦
樂生焉。於是鮮支、黃蘗、苦楝、側柏之木，黃連、苦扶、亭歷、
苦參、鉤夭之草，地黃、游冬、葳、芑之萊，檟、櫟、草斗之實，
楮竹之筍，莫不族布而羅生焉。野蜂巢其間，採花髓作蜜，味亦苦，

〔註96〕明‧桑悅，《思玄集》，卷六，〈獨坐軒記〉，頁 11 上～下。
〔註97〕《明史》，卷一二八，〈列傳‧章溢〉，頁 2789～3790。

山中方言謂之黃杜，初食頗苦難，久則彌覺其甘，能已積熱，除煩渴之疾。其櫧茶亦苦于常茶。其泄水皆齧石出，其源沸沸汩汩，瀡瀡曲折，注入大谷。其中多斑文小魚，狀如吹沙，味苦而微辛，食之可以清酒。山去人稍遠，惟先生樂游，而從者多艱其昏晨之往來，故遂擇其窳而室焉。攜童兒數人，啟隕籜以藝粟菽，茹啖其草木之荑實。間則躡屐登崖，倚修木而嘯，或降而臨清泠，樵歌出林，則拊石而和之。人莫知其樂也。先生之言曰：「樂與苦，相為倚伏者也。人知樂之為樂，而不知苦之為樂，人知樂其樂，而不知苦生於樂。則樂與苦相去能幾何哉？今夫膏粱之子，燕坐於華堂之上，口不嘗茶蓼之味，身不歷農畝之勞，寢必重褥，食必珍美，出入必輿隸，是人之所謂樂也。一旦運窮福艾，顛沛生於不測，而不知醉醇飫肥之腸，不可以實疏糲；籍柔覆溫之軀，不可以御蓬藋。雖欲效野夫賤隸，跼跳竄伏，偷性命於榛莽而不可得，庸非昔日之樂為今日之苦也耶？故孟子曰：『天之將大任於是人也，必先苦其心志，勞其筋骨，餓其體膚。』趙子曰：『良藥苦口利於病，忠言逆耳利於行。』彼之苦，吾之樂；而彼之樂，吾之苦也。吾聞井之甘竭，李以苦存。夫差以酣酒亡，而句踐以嘗膽興。無亦猶是也夫？」劉子聞而悟之，名其室曰「苦齋」，作〈苦齋記〉。〔註98〕

章溢因地處遠僻，加上氣候惡劣與北風吹襲之故，周圍環境的花草、溪魚等，食之皆有苦味，正是映襯章溢心靈深處恬淡、自適的感受。而這種簞食瓢飲的簡單生活，即為印證孟子的境界，況且樂苦本為相倚不離，僅存於心念之間而已，所以「彼之苦，吾之樂；而彼之樂，吾之苦也」，正是章溢心靈深處的真實寫照。

　　無論是桑悅「獨坐」的內心意境，或是章溢「苦其心志」的寫照，其實這種內心的感受其來有自。早在唐代詩人劉禹錫（772～842）的〈陋室銘〉，即已強調：「山不在高，有仙則名。水不在深，有龍則靈。斯是陋室，惟吾德馨。」簡樸的「陋室」對劉禹錫而言，有何簡陋？而僅容獨坐的書軒，在桑悅眼中看來則是足以悠哉的好處所，這些都說明文人甘於清雅的心境。而劉禹錫的「陋室」尚有鴻儒來訪，桑悅的「獨坐軒」雖因為書齋空間狹小，以致賓客無法來訪，但是現實客觀環境的侷限，卻並不代表桑悅內心的孤獨，

〔註98〕 《劉基集》，卷三，〈苦齋記〉，頁125～126。

他藉由經史的閱讀，與先賢古人神遊交談，盡是難得的知音，桑悅應當是樂於享受這份所謂的孤寂之感。

　　書齋空間的狹隘，既不能掩蓋文人內心的孤寂，反而映襯出文人高雅的身影，因此不少明代文人亦頗好此理，競率以簡單書齋為樂。歸有光（1506～1571）的「項脊軒」本是空間狹窄，僅可容一人居停，但卻不減意境，為增加讀書生活的情趣，「又雜植蘭桂竹木於庭，舊時欄楯，亦遂增勝。借書滿架，偃仰嘯歌，冥然兀坐。萬籟有聲，而庭堦寂寂，小鳥時來啄食，人至不去」，〔註99〕可見書室雖小，讀書樂趣卻是無窮。會稽王元實亦將其大不盈丈、高不逾仞的小書室，取名為「裕軒」，即取其「一榻之小，容身之外非無庸；一室之卑，蔽風雨之外非吾慢；僮僕之愚，子弟之癡，任使令之外非吾誅，然則何往而不裕哉」的深意。〔註100〕

　　書齋既為文人寄託閒情逸趣的空間，不論是典雅豪華的高堂，還是簡陋窄小的斗室，都寄託著書齋主人的理想。〔註101〕在生活中營造一個遠離塵囂的個人空間，文人生活的重點，而這個空間規模的大小並不苛求，即如嘉興李日華（1565～1635）所謂：「潔一室，橫榻陳几其中，爐香茗甌，蕭然不雜他物，但獨坐凝想，自然有清靈之氣來集我身，清靈之氣集，則世界惡濁之氣，亦從此中漸漸消去。」〔註102〕唯有容納自我，但求身心舒適暢快而已。

二、詩文古籍的陳列

　　書齋既以讀書為主，佔文人生活空間中的重要地位，而文人也以讀書、著書、藏書等條件，作為衡量文人的文化素養與社會地位，其中書齋尤以藏書多寡為主要指標，因此明代文人多以廣蓄圖籍相標榜。如「綠雨樓」內「廣可五尺，長丈有咫，穴北壁以取明，雜藏書三千卷。」〔註103〕福建徐𤊟的書齋名為「綠玉齋」，四面縹緗，於圖籍文書無所不藏，自署所居云：「不讀數千卷書，不得入此室。」〔註104〕這都說明書齋藏書的數量多寡，是作為評價

〔註99〕　《歸震川集》，卷一七，〈項脊軒志〉，頁228。
〔註100〕《劉基集》，卷三，〈裕軒記〉，頁115。
〔註101〕王明洪，〈明清時期的書齋文化〉，頁56。
〔註102〕李日華，《六研齋三筆》（《四庫全書珍本七集》第四四四集，臺北：臺灣商務印書館，1977年），卷四，頁6上。
〔註103〕《陸文裕公行遠集》，卷四，〈綠雨樓記〉，頁8下。
〔註104〕明‧徐𤊟，《鼇峰集》（臺北：國家圖書館藏明天啟乙丑南居益福建刊本），〈壽徐興公先生六十一序〉，頁14上～15上。

文人的重要條件之一。

　　但文人蒐藏書籍動輒數千、萬卷，有時未暇整理，以致錯落其間，造成臨時取閱時的困難，於是部分文人在書齋閱讀書籍完畢之後，隨即放回書架歸位，採取隨取隨放的方式，以免書籍參差雜亂。華亭錢福（1461～1504）在書齋讀書之時，「環列四庫書，童子分執，有所採懌，各簡所執以獻。」〔註105〕有些則限制「子孫取讀者就堂檢閱，閱竟即入架，不得入私堂」，一則避免書籍被挾帶外出，一則讓書籍閱畢上架歸位，以免書籍散亂。〔註106〕而宜興萬士和（1516～1586）對於藏書書籍的管理方式，則是採取分類管理：

　　　　（書籍）聚于一處，足備查考，散在各室，則彼有此無，彼盈此缺，

　　　　猝然取究，其何便乎？，故余昔年蓋一小樓，悉貯其中，遇有疑難，

　　　　則命諸子按號繙閱，向來無異。〔註107〕

無論是錢福或萬士和的書齋內書籍擺放，都是排列井然有序，因此即使連童僕都知道放置的位置。

　　由於文人藏書數量頗多，加上蒐藏的鐘鼎古物，若不予以管理放置，對於讀書而言，將造成臨時查閱翻檢的困難度，所以一般文人在書齋的內部管理方式上，大致會將文章書籍與書畫器物分列放置。如仁和凌雲翰素好學，博通經文，「處一室，左圖右書，講習其間，研幾極深，嚴寒盛暑不輟。」〔註108〕解縉（1369～1415）的「時敏齋」佈置，則是左右琴瑟、詩書器畫，皆麗足玩適而已。〔註109〕江陰孫作（？～1375）對於書齋的擺設，以及讀書生活的情境則描寫道：「吾室左圖右書，暇則與聖賢相對，汙尊杯飲，則與華胥同適。」〔註110〕桃源江盈科僑寓姻親鄧氏家中的「契蘭軒」時，則「寄傲軒中，

〔註105〕清・葉德輝，《書林清話》（臺北：文史哲出版社，1973年12月初版），卷八，〈明華堅之世家〉，頁9上。

〔註106〕明・祁承㸁，《澹生堂藏書約》（《叢書集成新編》二冊，臺北：新文豐出版公司，1985年，據知不足齋叢書本影印），頁6。

〔註107〕明・萬士和，《萬文恭公摘集》（《四庫全書存目叢書》集部一〇九冊，臺南：莊嚴文化事業有限公司，1997年6月初版，據明萬曆二十年萬氏素履齋刻本影印），卷一〇，〈分諸子書目〉，頁48下。

〔註108〕清・丁申，《武林藏書錄》（《中國目錄學名著》第一輯，臺北：世界書局，1980年10月四版），卷中，〈尊德堂〉，頁41。

〔註109〕《明文海》，卷三二九，解縉〈時敏齋記〉，頁11上～下。

〔註110〕明・孫作，《滄螺集》（《常州先哲遺書》，臺北：藝文印書館，1971年10月初版，據清光緒盛氏刻本影印），補遺，〈太古軒記〉，頁2上。

左圖右史，觸詠嘯歌，沖然適也。」〔註111〕無論是採取「左圖右書」、「左圖右史」或是「左琴右書，前場後圃」〔註112〕的敘述，都代表著明代文人將書籍、圖畫或鐘鼎等器物，採取分類擺置的作法，雖是作初步的分類，但仍有助於閱讀時的便利。

　　不少明代文人身居於書齋之內，對於詩文、書籍的陳列與擺設空間，更是極其用心，除簡要排列書籍類別之外，仁和高濂認為在書齋之中，需將書籍仔細分類排列：

　　　　右列書架一，上置周易、離騷、百家、唐詩、草堂詩餘、花間集、
　　　　歷代詞府、洵釋典導引諸書。〔註113〕

高濂是將周易、離騷、百家、唐詩、歷代詩詞文集，與佛道、養生經典等書籍，放置於同列書架。姚幹為浙江秀水人，家藏書籍頗多，「有書四十笥，皆部分類聚」，〔註114〕作為分類書籍管理。同鄉馮夢禎對於書籍的排列分類，則是採取天、地、玄三號，並且不時巡視察看，若有排列顛倒錯誤時，則整理改正。〔註115〕而太倉王世貞（1526～1590）藏書數萬卷，其管理書籍的方式，則委由書僕負責：

　　　　王弇州書室中，一老僕，能解公意，公欲取某書，某卷、某葉、某
　　　　字，一脫聲，即檢出待用，若有夙因。余官南雍，常熟陳抱沖禹謨，
　　　　為助教，其書滿家，亦有一僕如弇州，乃知文人必有助。〔註116〕

無論是王世貞或陳禹謨（1548～1618）書齋之中的書僕，專司書籍整理排列，真可謂是私家書室專用的管理人員。

　　對於書籍分類的整理，不僅有利於文人讀書時的取閱與檢索，更能使書齋維持整齊美觀，因此放置書籍的書架，在書齋內部的佈置上尤顯格外重要。洪芳洲（1516～1582）友人楊君於疾病致仕之後，隱居於竹溪之旁的「潛心堂」，其性酷好讀書與藏書，其書籍的管理方式，是將書籍分為經、史、子、

〔註111〕《江盈科集》，卷七，〈契蘭軒記〉，頁336。

〔註112〕《珂雪齋集》，卷九，〈壽懿所沈翁七十序〉，頁441。

〔註113〕明‧高濂，《山齋志》，〈書齋〉，頁2155。

〔註114〕清‧李衛等，《光緒‧浙江通志》（上海：商務印書館，1934年10月再版，據清光緒二十五年重刻本影印），卷一七九，〈人物六‧文苑二〉，頁3118。

〔註115〕明‧馮夢禎，《快雪堂集》（《四庫全書存目叢書》集部一六四冊，臺南：莊嚴文化事業有限公司，1997年6月初版，據明萬曆四十四年黃汝亨朱之蕃等刻本影印），卷四八，〈戊子〉，頁40上、22下。

〔註116〕明‧朱國禎，《湧幢小品》，卷二〇，〈書僕書傭〉，頁498。

集，分別貯放於四個書櫃之上：

> 戶部楊君小竹，既謝病歸，臥於竹溪之上，無所嗜好，顧獨好書，
> 買書若干卷，庋以四木櫃，分為經、史、子、集，而名其堂曰「潛
> 心」，曰：「吾將潛心於是焉。」〔註117〕

此外，更有時人作〈書架銘〉以說明並盛讚書架置書的作用，不僅提出書架的目的在於放置書籍且隔絕塵埃，使書籍不受其所害，甚至將書架單純的實用性質層面，延伸至文人修養心性的層面。所謂：「書架，架乎其書者也。架乎其書者何？書之有塵，其害也小，絕之也易；人之有塵，其害也大，絕之也難。」，「昔日朝思夕思，思絕萬卷之塵，今乃朝嬉夕嬉，嬉然縱一念之塵。」〔註118〕顯然書架不但有整齊圖書的實際功能，更有對文人內心修養的警惕作用。

　　書架雖能將書籍整齊排列，使書齋看起來美觀整潔，但是若書齋主人未能用心讀書，即使書籍再如何整齊也是枉然。周亮工（1612～1672）字元亮，河南祥符人，曾撰寫《因樹屋書影》以記述先人家居四十吉祥相，其中第二條為：「架上無整齊書籍」，並自註解釋道：「本本精良，一一完善，手且未觸，目於何有？但觀架中，便知腹中。」〔註119〕周亮工表面上雖然是將整齊圖書的書架功能，作為居家或書齋的美觀的評比之一，但是從其註解來看，則是更深刻的批評到，即使書籍再整齊清潔，也不過是徒有其表而已，最重要的仍是書齋主人是否有真正利用圖籍，用心於讀書。

三、書畫器物的擺設

　　明初的社會生活較為儉樸，反映在文化活動上也較為平淡，因此並不鼓勵文人從事圖畫琴弈之餘事。所謂：「士大夫遊藝必審輕重，且當先有跡者。學文勝學詩，學詩勝學書，學書勝學圖畫，圖畫又勝學琴弈之事。蓋有跡者勝耳。詩與文工者，傳寫刊佈，一化百千萬億，垂之無窮。字與圖畫工者，繫其楮素存亡，稍經摹搨不免失真，真者百年不免水火之患。琴弈之事，雖極精妙，身後何寄。」〔註120〕後因社會經濟發展快速，文人的讀書生活漸好

〔註117〕明・洪朝選，《洪芳洲公文集》（臺北：洪福增重印，1989年11月），《洪芳洲先生摘稿》，卷二，〈潛心堂記〉，頁50上。

〔註118〕明・黃訓，《黃潭先生文集》（臺北：中央研究院藏明嘉靖三十八年新安黃氏刊本），卷七，〈書架銘〉，頁11下。

〔註119〕《藏書紀事詩》，卷四，〈周亮工元亮〉，頁355。

〔註120〕明・何孟春，《餘冬序錄》（臺北：國家圖書館藏明萬曆間衡州府推官黃齊賢

博雅，於是詩文、書畫、古玩等活動，逐漸成為文人生活的主體之一。同時在書齋的私人天地之中，除放置喜愛的書籍，更樂於在書齋內陳設，如歷代尊罍、彝器以及書畫等古雅高潔之器物。〔註121〕

　　在書齋的陳設物品之中，明代文人除珍藏眾多的書籍外，則以書畫、古玩器物為主，儼然成為書齋文化不可或缺的重要組成部分。關於書齋陳設書畫的原因，是因為明代文人承襲前代知識階層須兼有詩、文、書、畫的特質，而明代文人多善於書法與繪畫，所以書畫遂成為書齋中不可缺少的陳設。至於古代器物的蒐藏，之所以成為書齋蒐藏的對象，則是和明代文人好古的風尚有相當關聯。在古籍方面，明代文人藏書尤其愛好宋元版本，甚至成為競相追逐的目標。由於明代文人的好古風尚所及，習性也漸漸受到感染，蘇州吳江史鑑（1434～1496），甚至好以古人自居：

　　　　吳江穆溪之上，有隱士曰史明古，於書無所不讀，而熟於史。家居
　　　　水竹幽茂，亭館相通。客至，陳三代、秦、漢器物，及唐、宋以來
　　　　書畫，相與鑒賞，好著古衣冠，曳履揮塵，望之者以為列仙之儔也。
　　　〔註122〕

史鑑不僅好古，與賓客相談時也是以鑑賞古物為言，甚至自身都喜好古代衣冠服飾，簡直自視為古代隱士一般。

　　明代文人雖然未必都像史鑑一樣好古成癖，但書齋內擺設古代文物卻是必要的條件。鉛山費元祿有「鼂采館」，時常在館中挑燈讀古書，並藉由擺設古物來塑造優雅的生活情境：

　　　　聚書萬卷，演以縹緗，搜帖千軸，束以異錦，琴一、笛一、劍戟、
　　　　尊罍、名香、古鼎、湘榻、素屏、茶具、墨品。暇日肅詠其間，無
　　　　俗客塵事之累，當是震旦淨土，人世丹丘。〔註123〕

其書齋擺設包含：法帖、琴笛、劍戟、尊罍、名香、古鼎、屏風、茶具諸物。蘭谿胡應麟（1551～1602）的「二酉山房」，「所貯亦獨書，書之外，一榻、一几、一博山、一蒲團、一筆、一研、一丹鉛之缶而已。性既畏客，客亦見畏，門屏之間，剝啄都盡。亭午深夜，坐榻隱几，焚香展卷。」〔註124〕仁和

　　　　等重刊本），卷二，頁6上。
〔註121〕暴鴻昌，〈明清時代書齋文化散論〉，《齊魯學刊》，1992年二期，頁100。
〔註122〕《藏書紀事詩》，卷二，〈史鑑明古〉，頁124。
〔註123〕明・費元祿，《鼂采館清課》（《寶顏堂秘笈》本），卷上，頁26下～27上。
〔註124〕明・王世貞，《弇州山人續稿》（《明人文集叢刊》，臺北：文海出版社，1970

高濂的書齋格局，則是壁間掛書畫、古琴，井然有序：

> 壁間掛古琴一，中置几一，如吳中雲林几式佳。壁間懸畫一。書室
> 中畫惟二品，山水為上，花木次之，禽鳥人物不與也。或奉名畫山
> 水雲霞中神佛像亦可。名賢字幅，以詩句清雅者可共事。〔註125〕

高濂認為書齋書畫的擺設，以山水為上，花木次之，禽鳥人物為下，如此層
次分明的規劃，足見其佈置的精心。（參見：圖2-4）

尊彝鐘鼎等古玩既為文人書齋的蒐藏物品，在耳濡目染的賞玩下，不少
文人逐漸精於鑑賞。丘時雍從小好學，曾「築室四楹，于所居之東，聚書數
千卷，凡六經、諸史、九流之說、班、楊、韓、柳、歐、曾、王、蘇之文章，
山鑱、冢刻、彝卣、鍾鼎之銘、莫不畢具。」〔註126〕明清之際江蘇常熟錢謙
益（1582～1644），博綜學藝好以寸管評量天下才士，在浙西，推嘉興高明水
為第一，認為：「君天才明銳，賦性通脫。讀書採掇菁華，不守章句。為詩文
陶冶性情，不事剿賊。鑒古則如米南宮、黃長睿，畫在逸品元鎮、子久之間。」
〔註127〕

文人蒐藏古玩器物的風氣所及，幾乎成為讀書生活中的必要條件，嘉興
沈德符（1578～1642）即記述：「嘉靖末年，海內宴安，士大夫富厚者，以治
園亭，教歌舞之際，間及古玩。如吳中吳文恪之孫，溧陽史尚寶之子，皆世
藏珍祕，不假外索。延陵則秬太史應科，雲間則朱太史大韶，吾郡項太學錫
山、安太學、華戶部輩，不吝重貲蒐購，名播江南。南都則姚太守汝循、胡
太史汝嘉亦稱好事，若輩下則此風稍遜。」〔註128〕書齋中書畫真跡以及古代
器物的蒐藏，所代表的是一種文化氣質，而古物鑒賞則是一種文化涵養，在
文人眼中兩者兼而有之，始能稱為博雅君子。

明代文人讀書生活的意境深遠，內在涵養則顯情趣盎然，從書齋的內在
佈置，或詩文古籍的陳列、書畫器物的擺設，都隱約可以體會到當時文人的

　　　　年版），卷六三，〈二酉山房記〉，頁23下～24上。

〔註125〕《遵生八箋校注》，卷七，〈起居安樂箋上‧居室安處條‧高子書齋說〉，頁
　　　　226。

〔註126〕明‧何喬新，《椒邱文集》（《景印文淵閣四庫全書》集部一二四九冊，臺北：
　　　　臺灣商務印書館，1983年，據國立故宮博物院藏本影印），卷二三，〈雙松書
　　　　屋記〉，頁16上。

〔註127〕《牧齋有學集》，卷一六，〈高玄期景玄堂集序〉，頁748。

〔註128〕明‧沈德符，《萬曆野獲編》（北京：中華書局，1997年11月第一版），卷二
　　　　六，〈好事家〉，頁654。

性格與氣度，及發生在書齋中的趣聞軼事，並結合明代文苑生活之特色，展
現出與眾不同的時代文化特質。

圖 2-4：文人書齋擺設圖

資料出處：明末毛氏汲古閣刻本《錦箋記》插圖。明代文人書齋的
陳設，有高大的書架作為貯放書籍之處，藏書包含書籍與卷軸，書
桌位於明亮之處，旁有屏風遮蔽。

表 2-1：明代文人書齋舉隅

書齋名稱	書齋主人	籍貫	生卒年	齋名緣由
青蘿山房	宋濂	浙江浦江	1310～1381	為避禍，因隱居之處為青蘿山，故名齋室「青蘿山房」。
苦齋	章溢	浙江龍泉	1314～1369	苦齋原居於苦地，且書齋主人認為「樂與苦相為倚伏者也。人知樂之為樂，而不知苦之為樂，人知樂其樂，而不知苦生於樂」。
白鶴山房	楊榮	福建建安	1371～1440	因書齋依白鶴山而得名。
雲齋	朱權	安徽鳳陽	1378～1448	為追求一種超出世塵的氣氛，派人往廬山之巔囊雲以歸，於書齋中置簾幕、放雲囊，致使室內雲氣氤氳，如身仙境一般。
菉竹堂	葉盛	江蘇崑山	1420～1474	「菉竹」語出《詩經・衛風・淇奧》：「瞻彼淇奧，菉竹猗猗。」「菉」即古「綠」字，葉盛取學問須自修之義，署名書齋。
會通館	華燧	江蘇無錫	1439～1513	凡奇書難得者，皆勘校後印行，期許「能會而通之」，遂以此自號並將「會通」命名書齋。
獨坐軒	桑悅	江蘇常熟	1447～1513	以其軒大如斗，僅容台椅各一，台僅可置經史數卷，賓至無以入，遂名「獨坐」。
懷麓堂	李東陽	湖南茶陵	1447～1516	取名「懷麓」，意為懷念家鄉長沙的嶽麓山。
望洋書堂	徐源	江蘇長洲	？～1515	書堂位居蘇州瓜涇，臨松江、陳湖，二水交匯於此，而湖面開闊，遠眺景色透碧，令人賞心悅目，遂稱之為「望洋書堂」。
臥讀齋	楊循吉	江蘇吳縣	1456～1544	體弱多病，又好讀書，常因體力不支而臥榻苦讀，故名書齋為「臥讀齋」。
二泉精舍	邵寶	江蘇無錫	1460～1527	原有精舍在無錫城東，後以藏書日富，另建別舍於西門，匾曰：「二泉精舍」，與無錫名勝「天下第二泉」暗合。
真賞齋	華夏	江蘇無錫	生卒年不詳	以「真賞」名其書齋，表明齋主對古器物的真誠熱愛。
魁星閣	唐寅	江蘇吳縣	1470～1523	「魁星」語取《孝經・援神契》：「奎主文章」之義，傳說魁星是主宰文章興衰之神。
研易台	陳省	福建長樂	生卒年不詳	辭官歸隱後築讀書之處，並願埋首於《易》的鑽研，乃「將退藏於此，假數年而學之，而強以『研易』為台也」。
陽明洞	王守仁	浙江餘姚	1472～1528	築室於龍崗山東洞，講學授徒，著書立說，後人仍襲舊名，以「陽明洞」稱之。
雙桂堂	楊慎	四川新都	1487～1559	因屋前的兩棵金銀古桂而得名。

怡怡齋	張經	福建侯官	1492～1555	「怡怡」，寓和順之意，典出《論語・子路》：「朋友切切偲偲，兄弟怡怡。」
項脊軒	歸有光	江蘇崑山	1506～1571	崑山舊有項脊涇，歸有光的遠祖曾在此居住。以「項脊」命軒，有紀念先祖之意。
四友齋	何良俊	上海華亭	1506～1573	四友為王維摩詰、莊子、白樂天與何子（何良俊）而相互為友。
天一閣	范欽	浙江鄞縣	1506～1585	得龍虎山石碑一塊，上刻有「天一池」三字。范欽覺得「天一池」正合自己的建閣開池之意，又與《易經》中「天一生水」之說相合。
陳渡草堂	唐順之	江蘇武進	1507～1560	辭歸故里後，以銀買民居、農田，因居處位於陳渡橋，故名其宅曰「陳渡草堂」。
射陽簃	吳承恩	江蘇山陽	1510～1561	所居蘇北境內有射陽河和射陽湖，彼此相連，遂以湖河之名命其書齋。
兀冊庋	孫樓	江蘇常熟	1515～1583	深感用度藏書之妙處，故用「兀冊庋」作齋名。
萬卷樓	朱睦㮮	安徽鳳陽	1517～1586	「萬卷」暗寓藏書豐富之義。
借借室	林兆恩	福建莆田	1517～1598	因其居所為租借之處，故名其書齋為「借借室」。
青藤書屋	徐渭	浙江山陰	1521～1593	原名「榴花書屋」，以其春夏時節，青藤綠葉滿架，故名「青藤書屋」。
天籟閣	項元忭	浙江秀水	1525～1590	因項元汴所珍愛的一架古琴，上刻有「天籟」兩字而名。
爾雅樓	王世貞	江蘇太倉	1526～1590	「爾雅樓」之名代表儒士的「溫文爾雅」形象。
思齋	李贄	福建晉江	1527～1602	因思其父，故題書齋名「思齋」。
不二齋	張元忭	浙江山陰	1538～1588	取自佛教文殊與維摩二大士說法，佛法非常非無常，佛法非悟非迷，深為不二法門之義。
雅積樓	湯顯祖	江西臨川	1550～1611	因樓內貯藏書籍上萬卷，且多古書，故名「雅積」。
二酉山房	胡應麟	浙江蘭谿	1551～1602	有感於古人嗜書好學的精神，乃將自己的書齋命名為「二酉山房」。
畫禪室	董其昌	松江華亭	1556～1636	以禪室作為書齋之名，乃寓作畫習書當靜思之意。
落落齋	李如一	江蘇江陰	1557～1630	「落落」取左思〈咏史〉詩：「落落窮巷士，抱影守空廬」之句意，並以「窮巷士」自許，雖為一介布衣，但願能廣收博采天下書籍。

寶顏堂	陳繼儒	上海華亭	1558～1639	因得顏真卿書跡《朱巨川告身》帖，故以「寶顏」名其書齋。
松窗樓	張瀚	浙江仁和	1511～1593	以其書齋窗外巨松，高聳挺拔，青翠濃郁，或旭日東昇，或明月高懸，或影落樓窗，因此命名書齋為「松窗樓」。
白蘇齋	袁宗道	湖北公安	1560～1600	推崇後七子的「文必秦漢、詩必盛唐」之說，並引白居易、蘇軾作為楷模，遂將書齋以白、蘇之姓為名，稱為「白蘇齋」。
澹生堂	祁承㸁	浙江山陰	1562～1628	在家鄉梅里興建一座莊園，名為「曠園」，在園中建有書齋「澹生堂」。
脈望館	趙琦美	江蘇常熟	1563～1624	據《仙經》載：「蠹魚三食神仙字，則化為此物，名曰脈望。」
硯北樓	袁宏道	湖北公安	1568～1610	根據唐末文學家段成式「杯瀝之餘，常居硯北」之句，題齋名為「硯北樓」。
紅雨樓	徐𤊟	福建閩縣	1570～1645	齋名係取唐李賀〈將進酒〉詩：「況是青春日將暮暮，桃花亂落如紅雨」之句意。
汗竹齋	曹學佺	福建侯官	1574～1647	「汗竹」暗含著述艱辛之意。
寶米軒	張丑	江蘇崑山	1577～1643	曾於明萬曆四十三年（1615），得米芾《寶草待訪錄》墨跡。
陶廬	顧湄	江蘇太倉	生卒年不詳	顧湄因得宋刻本《陶淵明》十卷，故名其書齋為「陶廬」。
絳雲樓	錢謙益	江蘇常熟	1582～1644	齋名語出紫微夫人詩句：「乘飈儻衾寢，齊牢攜絳雲」。
兼山堂	孫奇逢	河北容城	1584～1674	兼山，典出《周易‧艮》：「兼山，艮，君子以思不出其位。」借指應甘於現狀，安分守己之意。
雲山石室	黃道周	福建漳浦	1585～1646	年輕時，為潛心讀書，於漳浦不遠的東山島東門嶼上，修葺居室於洞，名「雲山石室」為其讀書之處。
茶洞書室	黃道周	福建漳浦	1585～1646	回歸故鄉後，在武夷山五曲之北修築讀書處。相傳此地產茶為武夷之先，故黃道周名其齋室為「茶洞書室」。
家食之問堂	宋應星	江西奉新	1587～？	「家食之問」即指日常生活的學問。因此，將自己著書立說的書齋命名為「家食之問堂」。
陶庵	張岱	浙江山陰	1597～1689	平生仰慕東晉大詩人陶淵明，故題齋名「陶庵」，並以此為號。
雲林秘閣	張岱	浙江山陰	1597～1689	仰慕元末隱士倪瓚之故。

逸老堂	俞弁	江蘇蘇州	1488～？	意為厭倦權勢而安逸養老就讀的書齋。
汲古閣	毛晉	江蘇常熟	1599～1659	「汲古」取自唐朝詩人韓愈：「歸愚識夷途，汲古得修埂」之句，意寓鑽研古籍好似汲水一樣。
七錄齋	張溥	江蘇太倉	1602～1641	又名「七焚齋」，張溥自少刻苦學習，每讀文章必鈔錄一遍，鈔畢後隨即燒毀，如此反復六七遍，故書齋為「七錄齋」。
八求樓	祁彪佳	浙江山陰	1602～1645	「八求樓」乃書齋主人讀南宋史家鄭樵的「求書八法」而名之。
續鈔堂	黃宗羲	浙江餘姚	1610～1695	為讀書鈔書方便，他在居室近旁興建一所書齋，「續鈔堂」之命名，以示借書鈔寫誓將連續下去的決心。
惜字庵	黃宗羲	浙江餘姚	1610～1695	作文嚴謹，惜字如金，故題自己的齋名為「惜字庵」。
堡中書齋	顧炎武	江蘇崑山	1613～1682	晚年居於陝西華陰。陝西多堡（土築小城），山麓多松、竹林，乃稱其書齋為「堡中書齋」。
倦圃	曹溶	浙江秀水	1613～1685	「倦圃」，是齋主取宋代岳珂的號「倦翁」以自寄。
壯悔堂	侯方域	河南商丘	1618～1654	侯方域年輕時以貴公子自居，行為放蕩，經常飲酒狎妓，縱情聲色。及至中年，回顧往昔放蕩生活，感慨悔恨不已，故名。
陋軒	吳嘉紀	江蘇泰州	1618～1684	因遭逢兵亂，家產損失殆盡，僅有「草屋一楹，環堵不蔽，與冷風涼月為鄰，荒草寒煙為伍」，因此稱其讀書草屋為「陋軒」。
掃葉樓	龔賢	江蘇崑山	1618～1689	明亡後，龔賢自稱「半千」，意謂看破大千世界的紅塵，當半個和尚。避開喧囂，於南京清涼山善慶寺旁，構築小樓一座。
湘西草堂	王夫之	江蘇揚州	1619～1692	明亡後，王夫之隱居深山讀書、著述，草堂地處湘西，故名。

資料出處：杜產明、孫亞夫，《中華名人書齋大觀》（上海：漢語大詞典出版社，1997 年 9 月第一版），頁 49～99；范鳳書，《中國私家藏書史》（鄭州：大象出版社，2001 年 7 月第一版），頁 168～187；以及本章所援引的史料。

第三章　讀書生活的規劃

　　讀書的目的為何？在閱覽書籍時，是懷著何種心態去面對？在中國傳統的科舉制度影響下，不少知識分子的讀書過程雖然備極艱辛，然而自始至終是懷有「一舉成名天下知」的夢想，在以榮登金榜、求得功成名就的讀書目標背後，反映著功利性質的讀書價值觀。有別於求取功名，不少在野知識分子或因無意仕途，或因追求淡泊，其讀書的目的則在於汲取書中知識，而將讀書視為生活的樂趣之一。甚至所採取的讀書態度迥異於傳統框架，跳脫訓詁搜研、修養德性，使讀書自娛性質取代了嚴肅的態度。

　　明人重視藝文的造詣是結社群體生活中的要件，藝文在此是指詩文書畫以及鑑賞文玩等而言；藝文創作固然是書齋生活中的主體之一，但明人書齋生活中也視藝文為休閒生活中的一環，已成為一種時代的共識。讀書是千百年來，知識階層始終如一的規劃，捧讀的心境自然沖淡平和，盎然在胸。文人在與書籍朝夕相處下，對於讀書往往也深有體悟，並形之筆墨，訴諸情感，留下諸多佳辭妙句，以及萬千感受、可歌可泣的理想抱負、生活點滴等，其讀書精神足供後人玩味，細細品嚐。本章主要在討論明代文人讀書的志趣為何？並探究其形形色色之讀書目的，以及個人讀書時所採取的不同價值觀等。

第一節　讀書志趣的樹立

一、修身養性

　　讀書既為生活的樂趣之一，所採取的讀書態度，自然不同於為入仕苦讀應考的士子，使讀書的自娛性取代了嚴肅性，成為文人閒居時快樂的源泉。

〔註 1〕明代文人多有嗜書之習性，在浩瀚無邊的學海中，雅好讀書者在面對萬千卷的書冊時，除科舉用書與傳統經典之外，更不乏驚世駭俗、詭奇莫辯的各類書種，於是使文人內心滿佈好奇與嚮往的心理，遂發出「天下之書，讀之不盡」的感嘆。〔註 2〕從閱讀經、史、子、集、叢部等不同的書籍中，享受情緒昂揚的樂趣，讀至開懷歡喜處，率性仰天大笑；讀到哀戚悲傷處，可以為之追悼悲鳴；若對世間忿恨不平之處，更常有勃然怒斥之舉。所有喜怒之情，隨著閱讀書籍而變化，而讀書之樂，便在其中展現。趙季仁所謂平生三願：一願識盡世間好人、二願讀盡世間好書、三願看盡世間好山水，〔註 3〕或可作為最貼切的注腳。

　　明代文人的書齋生活重心，既以讀書為主體，而在所謂人生至樂，無如讀書的嚮往下，於是就出現以讀書為重，心無旁騖的讀書型態。如永嘉王叔杲（1517～1600）「蚤歲，讀書半山，稍闢亭臺，游詠其間，蔬食布衣，終身無媵侍。不習握筭，不問家人生產，而惟嗜書。」〔註 4〕范崇仁，號半醒，隱居好讀書，精於玄學，其閒居詩云：「三餐澹薄三餐福，一日清閑一日僊。」〔註 5〕淡泊清閒中，以讀書自適。浦江宋濂，少習經史，曾從學於元末著名學者吳萊、柳貫、黃潛門下，素愛讀書。《明史》稱其：「自少至老，未曾一日去書卷，於學無所不通，為文醇深橫遠。」尤熟悉歷朝典故禮制，為明朝制定許多禮樂制度，博得「開國文臣之首」的美譽。〔註 6〕在文人眼中讀書、藏書的作用，更高於廣置房產、田地。從怡養性情的培養而言，讀書可以免除沉溺奢靡享樂的正面意義：

　　　　世之樂聲色者，樂極而哀；富財貨者，財匱則貧；嗜滋味者，味厚
　　　　則毒；廣交遊者，勢落則去，必然之理也。惟能讀書數卷，可以立
　　　　身，窮經一帙，可以成名，則書室之澤，可謂弘且遠矣。〔註 7〕

〔註 1〕黃明理，〈「晚明文人」型態之研究〉，頁 1036。
〔註 2〕明・彭汝讓，《木几冗談》（《筆記小說大觀》第五編第四冊，臺北：新興書局，1980 年 1 月初版），頁 2114。
〔註 3〕《雪菴清史》，卷三，〈清課・讀書〉，頁 15 上。
〔註 4〕明・王叔杲，《半山藏稿》（臺北：漢學研究中心景照明萬曆二八年序刊本），附錄，李維楨〈王憲使傳〉，頁 3 上。
〔註 5〕明・方學漸，《邇訓》（《四庫全書存目叢書》，子部二四一冊，臺南：莊嚴文化事業有限公司，1995 年 9 月初版，據明刻本影印），卷一八，〈幽棲〉，頁 6 上。
〔註 6〕《明史》，卷一二八，〈列傳十六・宋濂〉，頁 3787。
〔註 7〕明・王褒，《三山王養靜先生集》，卷一○，〈廉江書室記〉，頁 7 上～8 上。

世間的事物盛極而衰，為必然之理，惟有讀書可以立身、可以揚名，更可藉由讀書的過程，樹立志趣。因此，崇仁吳與弼（1391～1469）所謂：「今日思得隨遇而安之理，一息尚存，此志不容少懈，豈以老大之故，而厭於事也。」〔註8〕正是說明讀書需要持續不懈，不受外物所誘的重要意涵。

　　文人以讀書為重的心態，是將讀書視為本業，更需要永無止境追尋的目標，在好學不倦的影響之下，有時會因此出現不事生產、經濟困頓的窘境，但是好學之士仍不改其志業。王雙山沉浸於學問之時，不事生產，甚至嚴禁弟子從事相關經營等生產事業：

> 所居止先人舊廬，廬傍有隙地，時植竹、灌畦不云疲。又不好治生人產，子弟稍役錙銖利，輒舉國法以戒。……日夕圖書數卷，兀傲晴窻，手自披注。力不能多貯書，間持友人書，隨鉤玄提要、摘寫編輯以為常。〔註9〕

王雙山以讀書立志，自然專注於讀書，不問生產，即是恐怕為此而分心。而惠安黃孔昭同樣因為家貧而無法購書時，亦是「閒從積書家借讀之，晝閉戶、夜焚膏，若諸生治舉子業者。」〔註10〕不少文人雖然貧窮，無力買書，仍舊想盡辦法從藏書友人家中，借書來鈔寫閱讀，甚至摘取書中大意，以作瞭解書籍內容的手段，且常日以繼夜的讀書。李卓吾對此，深諳其中的樂趣，曾言：「蓬茅下誦詩讀書，日日與聖賢晤語，誰云貧是病。」〔註11〕就算身處簡陋的蓬屋，仍然矢志讀書而不變，在精神性靈上獲得滿足，物質方面也就不以為意。祝廷相雅好讀書，經、史、子、集無所不讀，時常夜晚挑燈而讀，更提出：「書饑可為糧，喝可為飲，怠可以為枕」〔註12〕的看法。

　　讀書不僅可以修身養性，更可藉由性靈與精神修養來癒病治窮。錢塘錢士鰲曾言其體弱多病，卻可由家居的讀書生活之際，產生凌虛御風之想，對

〔註8〕　清‧黃宗羲《明儒學案》（臺北：華世出版社，1987年2月臺一版），卷一，〈崇仁學案一‧吳康齋先生語〉，頁27。

〔註9〕　《山居稿》，卷一，〈壽王雙山先生七十言〉，頁53下～54上。

〔註10〕　明‧黃克晦，《黃吾野先生詩集》（臺北：漢學研究中心景照清乾隆二五年序刊本），〈黃孔昭詩稿序〉，頁4下～5上。

〔註11〕　明‧陳繼儒、程銓，《古今韵史》（《四庫全書存目叢書》，子部一四八冊，臺南：莊嚴文化事業有限公司，1995年9月初版，據明刻本影印），卷六，〈韵語〉，頁8。

〔註12〕　明‧焦竑，《澹園續集》（臺北：漢學研究中心景照明萬曆三九年序刊本），卷一二，〈贈南京吏科給事中南州祝公墓表〉，頁1下～2上。

病情舒緩稍有助益。〔註 13〕可見臥枕臨窗，隨手吟讀，對好學不倦的文人而言，似乎確實具有療病止痛之效。而崑山歸有光（1506～1571）之子歸季思，勤學不怠，晚年曾築室於蠡湖讀書，室中僅一琴、一藥瓶、百卷書，默坐養身，不知老病纏身。〔註 14〕仕宦若是罷官歸家，讀書更成為生活中排憂解悶的極佳消遣，如賀燦然「罷第歸，門可羅雀，然閉戶翻書，亦足自娛。」〔註 15〕閒賦家居之時，以書消日，可淡觀世情、開襟暢懷。鄭雙溪「力辭而歸，杜門謝客，垂二十年，一室蕭然，圖書數卷，時人莫得窺其際。」〔註 16〕漫長二十年的歸居生活，惟有以圖書相伴。吳與弼亦曾有此體認道：

> 貧困中，事務紛至，兼以病瘡，不免時有憤躁。徐整衣冠讀書，便覺意思通暢。古人云：「不遇盤根錯節，無以別利器。」又云：「若要熟，也須從這裡過。」然誠難能，只得小心寧耐做將去。朱子云：「終不成處不去便放下。」旨哉是言也！〔註 17〕

另外，無錫王問（1497～1576）「築室湖上，讀書三十年，不履城市，數被薦不起。工詩文書畫，清修雅尚，士大夫皆慕之。」〔註 18〕不問功名，唯有讀書，讀書對文人而言，在精神上確實具有修身養性的功效。

讀書時須專心一志，不為俗事雜客所擾，而寂靜之際雖有孤獨的感受，卻正是讀書的最佳契機。所謂：「人生寂寞好讀書」、「人生讀書須寂寞」，〔註 19〕便是在獨自讀書時，培養毅力與定力的良方。侯官曹學佺（1574～1646）認為能閉門謝客，以琴書自娛，才是真正能讀書：

> 陳眉公署其齋中二語：「讀書即是淨土，閉門即是深山。」亦此意耳！
> 予友陳元凱，謝郎署歸，即不通賓客，以琴書自娛，其于俗氛世情，
> 一無所染，是真能讀書者。〔註 20〕

〔註 13〕明・錢士鰲，《錢麓屏先生遺集》（臺北：漢學研究中心景照明萬曆年刊本），卷三，〈烹茶問業序〉，頁 19 上。

〔註 14〕《高子遺書》，卷三，〈陶菴先生傳〉，頁 4 上～下。

〔註 15〕明・賀燦然，《六欲軒初稿》（臺北：漢學研究中心景照明刊本），卷一四，〈與楊仲堅〉，頁 6 下。

〔註 16〕明・侯一元，〈二谷山人集〉（臺北：漢學研究中心景照明嘉靖三七年序刊本），《鴈蕩集》，〈傳誌・司教雙溪鄭公墓誌銘〉，頁 6 下～7 上。

〔註 17〕《明儒學案》，卷一，〈崇仁學案一・吳康齋先生語〉，頁 17～18。

〔註 18〕《明史》，卷二八二，〈儒林一〉，頁 7247。

〔註 19〕曹正文，《書香心怡──中國藏書文化》，頁 132～133。

〔註 20〕明・曹學佺，《石倉全集》（臺北：漢學研究中心景照明刊本），《西峰六一文》，〈林守一山居詩引〉，頁 25 上。

這種閉門謝客、不染世情的態度，惟以琴書自娛的志趣，才是文人讀書的真本色。嘉興岳元聲（1557～1682）在給友人沈玄序的書信中，也談及閉門讀書的重要性：

> 讀書而欲挈友朋共為之，便是游伴矣，助長者非徒無益，而又害之。前者已誤，今豈可再誤，為今之計，只是閉戶讀書。讀書只是讀易，但是不放，便有讀完的時節，三年、五年、十年，管取汝為人得成，不負相與一番初心也。不然淹淹草草從事終日，頭白還是這個玄序，豈不可憾？思之！思之！〔註21〕

無事之時以讀書解憂，最宜閉門謝客。而儀封王廷相（1474～1544）「家居閉門讀書，對親友不言宦途事，時游東園，會客葛巾野服，忻忻焉。」〔註22〕海鹽胡震亨（1569～1645）自幼好讀書，「老而念歲月無幾，嗜讀尤勤，每披卷惟恐客至，妨吾所事也。」〔註23〕在晚年面對歲月的流逝，更是倍加珍惜所剩的讀書時日，盡情悠閒享受遲暮的恬淡生活。

　　事實上文人閉門讀書的態度，並非完全是一種退縮的心態，有時更能展現出獨善其身的風采。儒家所謂的處世立身之道，不外乎兼濟天下與獨善其身，當文人卸下操煩國政的身分，退居於鄉野之地，書齋生活遂成為文人樂趣所在與精神寄託之處。明代文人在退歸鄉里之後，多鍾情於心境平淡的描寫，而河津薛瑄（1389～1464）在為其友人楊伯玉的「澹菴」書齋題記時，即認為：「澹者，寡欲之謂也。」古之君子不為富貴聲色所沉溺誘惑，並非是完全禁絕慾望，君子在乎的是如何節制、寡欲，惟有在歸於平淡、處之泰然的心境之下，才是真正表現出儒者隨遇而安的心境。〔註24〕按察僉事費尚伊，從官場中退歸鄉里時，「為園雜植卉木，臺榭亭軒之中，左圖右書，琴心酒德，交相輝瀉。」〔註25〕新會陳獻章（1428～1500）認為：「學無難易，在人自覺耳。才覺退便是進也。才覺病便是藥也。」〔註26〕指出讀書貴在自覺，惟有

〔註21〕 明・岳元聲，《潛初子文集》（臺北：漢學研究中心景照明刊本），卷六，〈與沈玄序〉，頁 14 下～15 上。

〔註22〕 明・張萱，《西園聞見錄》（《明代傳記叢刊》，臺北：明文書局，1991 年元月初版），卷二一，〈投閒〉，頁 2121。

〔註23〕 明・胡震亨，《讀書雜錄》（《四庫全書存目叢書》，子部一〇九冊，臺南：莊嚴文化事業有限公司，1995 年 9 月初版），卷上，頁 3。

〔註24〕 《薛瑄全集》，卷一九，〈澹菴記〉，頁 842～843。

〔註25〕 明・譚元春，《譚元春集》（上海：上海古籍出版社，1998 年 12 月第一版），卷二五，〈觀察費公墓誌銘〉，頁 709。

〔註26〕 《明儒學案》，卷五，〈白沙學案上・文恭陳白沙先生獻章・論學書〉，頁 87。

習於淡泊生活，才能領略出書齋讀書的樂趣，同時藉由書齋生活的體驗，進而修身養性、獨善其身。

文人在入仕官場之後，雖能得到社會地位與經濟生活的滿足，但是身居高位必須面對政治局勢的紛擾，反不如退歸書齋潛思，藉由讀書之樂怡養性靈。因此，當崑山歸有光（1506～1571）讀到歐陽修因居官位之上，仍有退思歸田等想法，則深切體認到：「後之君子，非復昔人之遭會，而義不容於不仕。及其已至貴顯，或未必盡其用，而勢不能以遽去。然其中之所謂介然者，終不肯隨世俗而移易。雖三公之位，萬鍾之祿，固其心不能一日安也。」〔註27〕歸有光認為，心之所以不能自安的原因，即在於內心受到外物的不斷誘惑，而回歸淡雅平靜的生活，更能讓身處官場的身心有所慰藉。動盪不安的政治局面和激烈的的黨爭，往往使一些文人掛冠免禍，潛思書齋，仕與不仕，多有遂初之念。〔註 28〕至於如何讓身心有所慰藉？嘉靖年間（1522～1566）的翰林院孔目何良俊（1506～1573）即認為書齋內的讀書生活，可以藉此療癒繁忙的身心，當時的何良俊雖任職於南京城中，亦時常喟然嘆云：「吾有清森閣在海上，藏書四萬卷，名畫百籤，古法帖彝鼎數十種，棄此不居，而僕僕牛馬走乎！」遂移疾而歸，〔註29〕何良俊身處官場，仍舊思慕讀書生活所帶來的怡然自得。

其實生活周遭的各項事物，無不可以怡性悅情，常熟桑悅（1447～1503）在讀書之際，從經史之中得與先聖古賢相論道，「上求堯、舜、禹、湯、文、武、周公、孔子之道，次窺關、閩、濂、洛數君子之心，又次則咀嚼左傳、荀卿、班固、司馬遷、揚雄、劉向、韓、柳、歐、蘇、曾、王之文，更暇則取秦漢以下古人行事之迹，少加褒貶，以定萬世之是非，悠哉悠哉，以永終日。」〔註30〕與先賢古人論交，不必以俗世市儈的利益方式，只要用心即能有所回報，況且先賢古人皆品德超然、滿腹經綸，與之論交只有百利而無一害。讀書生活既以修身養性、怡悅性情為目標，所以讀書與否亦被作為衡量文人的文化素養的指標。福建徐𤊹讀書於「綠玉齋」，於書無所不藏，更以擁書為樂，嘗自署所居：「不讀數千卷書，不得入此室。」〔註 31〕錢謙益盛

〔註27〕 《歸震川集》，卷一五，〈遂初堂記〉，頁 198～199。
〔註28〕 〈明清時期的書齋文化〉，頁 56。
〔註29〕 《明史》，卷二八七，〈列傳·文苑三〉，頁 7364～7365。
〔註30〕 《思玄集》，卷九，〈獨坐軒記〉，頁 11 上～下。
〔註31〕 《鼇峰集》，〈壽徐興公先生六十一序〉，頁 14 上～15 上。

讚吳中諸位先賢，皆為博雅好古之儒，其勤學讀書之用心實令後人敬佩，但猶不免感嘆：「居今之世，後生末學，不復以讀書好古為事，喪亂以後，流風遺書，益蕩然矣。」〔註32〕顯然讀書多寡，也反映出文人文化素養的高低。

　　藉由讀書時的心神專一，可以迴避俗事雜客所擾，還能怡養性情，因此習靜之際的讀書方式，便與文人的生活形態相得益彰。（參見：圖 3-1）習靜本是一種嚴肅的修持生活，廣義的「習靜」生活，更是休憩閒適內涵的要項，因此靜可以修養，可以居家、可以學藝、可以閒適，而沉冥寧靜的境界，更是達到內心的安適虛靜。〔註33〕李陳玉認為習靜是學問第一要事，甚至將夜坐的習靜，視為生活上清平之福：

　　　　夜坐無事，觀心習靜，爐煙未寒，蟲聲漸細，一念不生，斷前後際，

　　　　兩年牛馬之忙，猶如隔世一刻，清平之福，可比小年。〔註34〕

這種由書齋生活所延伸出來的閒賞美學概念，無一不落實在明代文人的生活當中。〔註35〕嘉興周履靖（1549～1640）別號梅墟，有「閒雲館」，時常「日坐一小閣中，惟焚香跏趺，左右圖書及古蹟數十卷，秦漢鼎彝、晉梁隱君子像而已。」〔註36〕莫秉清則是「居恆靜處，戒妄交，一室圖史，經旬不出戶。」〔註37〕都御史周延（1499～1561）個性耿直，一介不取，「燕坐一室，儼如對賓。」〔註38〕而鄞縣屠隆對於習靜則有一套獨特看法，他強調：「觀喧寂動靜之旨，則知息機蓋不在掩關也；味戶樞流水之言，則知養形蓋不在習靜也。」〔註39〕掩關習靜固然是避世引遁、修身養性的方法，但這種形式上的虛靜，

〔註32〕清・錢謙益，《列朝詩集小傳》，丙集，〈朱處士存理〉，頁 303。

〔註33〕吳智和，〈明人習靜休閒生活〉，《華岡文科學報》，二五期，2002 年 3 月，頁 145～193。

〔註34〕明・李陳玉，《退思堂集》（臺北：漢學研究中心景照明刊本），〈令記〉，頁 51 下、頁 45 下。

〔註35〕毛文芳，〈閒賞－晚明美學之風格意涵析論〉（《晚明閒賞美學》，臺北：臺灣學生書局，2000 年 4 月初版），頁 29～63。

〔註36〕明・李日華等，《梅墟先生別錄》（《四庫全書存目叢書》史部・八五冊，臺南：莊嚴文化事業有限公司，1996 年 8 月初版，據涵芬樓影印明萬曆夷門廣牘刻本）卷上，頁 44 下。

〔註37〕清・莫秉清，《傍秋庵文集》（《明清史料彙編》八集，臺北：文海出版社，1973 年 3 月初版），卷四，〈附錄・貞白先生墓誌銘〉，頁 39 上。

〔註38〕清・徐開仕，《明名臣言行錄》（《明代傳記叢刊》，臺北：明文書局，1991 年元月初版），卷五七，〈左都御史周簡肅公延〉，頁 7 下。

〔註39〕明・屠隆，《白榆集》（臺北：國家圖書館藏明萬曆間刊本），卷九，〈與趙汝師太史〉，頁 18 上～20 上。

一旦遇到外在事物或環境的刺激，難保不受其影響。屠隆強調所謂的虛靜，
不在於形式上所注重的「掩關習靜」，而是真正內心的修養，所以身形之外的
放情詩酒、不自檢束，仍然可以習靜養性。是故安於寂靜、習於幽靜，都是
克己的修養工夫，更是明人讀書生活的一個時代面向。

圖 3-1：秋園習靜圖

資料出處：明・王綦〈秋園習靜圖〉，取自中國美術全集編輯委員
會編，《中國美術全集・明代繪畫下》(上海：上海人民美術出版社，
1989 年 8 月第一版)，頁六一。文人於山林幽靜的書齋中，沉浸於
大自然的懷抱，學習「定、靜、安、慮、得」的恬靜安逸境界。

二、閒適自娛

明代正德、嘉靖以後，由於政治的險惡、官場腐敗、科舉考試的艱難，加之商品經濟的高度發達，使得部分文人的心理造成了劇烈的震撼，發生了心理危機，「士志於道」的信念失去了支撐，其心態隨之發生了巨大的轉變，他們由明初的熱衷於功名轉而絕意仕進，由棄官不就發展為不應科舉，心態的轉變，引起了士風的變化，產生了許多名士、狂士、山人和隱士。浙江錢塘陸雲龍（1586～1644）在其著作《型世言》中表達對明代文人淡泊功名之閒適生活有更深一層的認同及陳述。〔註40〕

自娛必先具備清閒的條件，惟有清閒才能獨處，進而讀書自娛。明代文人退而閒居，其閒必有可取法者。祁陽鄧球強調：「談富貴不如談清閒，清閒中自有一種富貴。」〔註41〕公安袁宏道認為「趣」是種本乎率真，本乎性靈的感受，包含：典麗之中的「雅趣」、詼諧成趣的「諧趣」、風趣天然的「自然之趣」，這些不僅是一種美學範疇，更是一種人生情趣。〔註42〕公安袁中道與友人書中提及：「夫處繁華之中，而不忘清淨之樂；居寂寞之中，而永斷繁華之想者，此自是一種上根上器，不易得也。若夫世樂可得，即享世間之樂；世樂必不可得，因尋世外之樂。古之高人達士，多出于是。」〔註43〕清淨閒適，就是精神上一種超然物外的解放。

文人讀書除為了科舉應試的目的外，也強調自娛性質的讀書樂趣。閒適自娛的讀書生活全憑興趣所致，所注重的並非讀書之目的，而在於讀書的過程。自娛、娛悅或是自得、自適，都是怡情的處世心態。所謂自娛，固然是側重抒寫閒適、寧靜、逍遙、沖淡之情，也含有抒發情緒之意涵。〔註44〕雖然文人在生活之中，科舉應試的功利性質的讀書和閒適自娛的讀書往往兼而有之，但是在功成名就或仕宦無望之後，轉而隱退鄉里，讀書便成為純粹陶冶情操的方法，因此不少文人至老年，依然手不釋卷。歸安茅坤（1512～1601）

〔註40〕雷慶銳，《晚明文人思想探微：《型世言》評點與陸雲龍思想研究》（北京：中國社會科學出版社，2006年12月第一版），頁1～283。

〔註41〕明・鄧球，《閒適劇談》（臺北：國家圖書館藏明萬曆間鄧氏家刊本），卷一，頁63下。

〔註42〕周群，《袁宏道評傳》（南京：南京大學出版社，1999年12月第一版），頁119～123。

〔註43〕《珂雪齋集》，卷二四，〈答錢受之〉，頁1025。

〔註44〕吳調公、王愷，《自在自娛自新自懺——晚明文人心態》（蘇州：蘇州大學出版社，1998年9月第一版），頁93～124。

於高齡八十之際，於世間事物一切謝絕，自構「七戒齋」以待老，一不食顱殺牲、二不赴宴、三不吊喪及會葬宴飲、四不御姬妾、五不入城郭、六不問家產事、七不聞婣族鄉黨事，「日惟焚香宴坐于几榻間，自詠自適而已。」〔註45〕除此之外，陸紹珩更提出閒居之趣，有五快活：不與交接免拜送之禮、終日可觀書鼓琴、睡起隨意無有拘礙、不聞炎涼囂雜、能課子耕讀。〔註46〕無事閒居在家，讀書自娛，的確是文人相當重視的生活形態。

　　讀書的自娛性質取代傳統的嚴肅性質，閱讀書籍成為文人閒居時的快樂源泉，以致於形成「人生至樂，無如讀書」的生活概念。明代書齋或閣樓常建於高處，舉目即可登高望遠，面臨山水景致，更有幽然之情境，尤其適合獨處自娛、讀書鑑賞，〔註47〕而讀書的樂趣無窮，使文人的生活充滿無限愉悅。潘廷振自謂了無一事，「獨好古詩，工二王行草書法，日與從父兵侍公、族弟吏侍公、侍公大僕汪公玄錫、處士程公曾，往來酬唱。晚厭世紛，兀坐一室，興至緩步微吟，倦則倚枕。有得，雖夜半必起，秉燭書之。」〔註48〕徐封翁「自少至老，嗜書不倦，牙籤萬軸，手披訂之，以是自娛。」〔註49〕沈襃中於晚年讀書展玩，閒則與後生輩商榷義理，「左琴右書，前場後圃；煙雲足以怡目，葵蔬足以供客，舟車足以代步；兒孫滿前，老年康泰，睢睢于于，如此者近百餘年，雖無炎炎隆隆之景，而身閒心安，號為隱福。」〔註50〕皆藉讀書披訂、吟哦賦詩自娛，以消磨時間。

　　在晚明思想開放的社會風氣下，文人樂於追求靜心閱讀以自娛的生活方式，這種強調自娛的文人讀書生活，在社會上屢見不鮮。如崑山張寰致仕後，「日以圖史自娛」；長洲顧元慶（1487～1565），「獨以圖書自娛」；吳縣王鏊（1450～1524）季子王延陵，「讀父遺書，娛情緗素」；長洲劉鳳，致仕後絕意仕進，「日馳騁典墳，以文章自娛」；太倉王世貞罷歸後，「墳典是討，詩書是娛」；無錫顧道潔，屏居南邙別墅，「簡棄塵俗，惟讀書鼓琴，用自娛悅」；淇縣孫徵蘭，四川參議，乞病家居，「累薦不起，以詩文自娛」；湯陰蘇育，

〔註45〕《茅坤集》，卷二○，〈七戒齋記〉，頁632。
〔註46〕《醉古堂劍掃》，卷五，頁152。
〔註47〕《隱居放言》，〈客窗閒話・問造閣〉，頁3上。
〔註48〕明・潘潢，《潘樸溪先生文集》（臺北：漢學研究中心景照明萬曆一二年刊本），卷六，〈顯考封中大夫江西布政使司右參政潘公行狀〉，頁22上。
〔註49〕明・顧起元，《嬾真草堂集》（臺北：文海出版社，1970年3月初版，據國家圖書館藏明萬曆四十二年刊本影印），卷一一，〈徐封翁七十序〉，頁24上。
〔註50〕《珂雪齋集》，卷九，〈壽懿所沈翁七十序〉，頁441。

博學嗜古，見時將亂，闢園於城東北隅，名曰「臥遊」，聚書萬卷，日杜門手一編坐其中。〔註51〕余恢於居所之外，構築亭台，時而觸詠唱和，自得其樂：

> 有別墅二，居北曰一鑑亭，居南曰前川。閒叟既以家政授二子，乃自居一鑑，而往來前川，而前川之樂，則深矣，觸詠倡和，竟日忘歸，故閒叟之名著。〔註52〕

明代文人多有嗜書之習性，在「天下之書讀之不盡」的浩瀚學海中，〔註53〕雅好讀書者，對於萬千書種，滿佈好奇與嚮往，從閱讀不同的書籍中，享受情緒轉換的樂趣，於是讀書之樂，便在其中展現。明人善於營造讀書生活的自娛意味，松江華亭何良俊少好讀書，凡遇有異書，必前往購之，甚至「每巡行田陌，必挾策以隨，或如廁，亦必手一編，所藏書四萬卷，涉獵殆遍。」〔註54〕孟寅齋「年五十五，手卷不釋，或披酒臥矣，即夜起，舉燭披誦，意得則放歌長吟，聲如金石，他日夜亦如之。」〔註55〕夜中吟頌，趣意盎然，他們樂於與書相依伴，嗜書之癡，可見一斑。明代文人在淡泊清閒之中，常以讀書自娛，頗有仙人風骨，如新安江覺卿「歸而卜築駐蹕之麓，蓋其山為高皇帝嘗所臨幸云。覺卿日嘯詠其中，盡出篋中書讀之。自九流《七略》，以及稗官小說，逸璧斷戟，摩削亡昏旦，所錯綜上下，略見《對問二編》。」〔註56〕好讀書者，無分書種，皆能從中得到樂趣。祝廷相喜好讀書，躬耕種植之餘，猶不忘讀書：

> 益取經、史、子、集讀之。然自累葉以來，世耕鑿而不廢鉛槧。雲樵公（廷相之父）命公兄弟種樹頖山，輒挾策從田塍間，且誦且植，相與談討擊難。夜歸，篝燈讀，夜分乃已。間得一異書，手自繕寫，曰：「書饑可為糧，渴可為飲，怠可以為枕。古稱益人神智，非虛也。」里中凡禊社祖道諸雅事，踵相躡，乞公圖而詠之，以相贈遺。或不嫻於詩若書，則屬公代，書法纖穠縱斂，篆籀分隸，榜署草行，各

〔註51〕　詳見清・潘介祉，《明詩人小傳稿》（臺北：國立中央圖書館，1986年初版），卷一三，頁479。

〔註52〕　明・汪思，《方塘汪先生文粹》（臺北：漢學研究中心景照明萬曆三年序刊本），卷五，〈前川閒叟墓誌銘〉，頁20下。

〔註53〕　《木几冗談》，頁2114。

〔註54〕　《四友齋叢說》，〈初刻本自序〉，頁5。

〔註55〕　明・魏裳，《雲山堂集》（臺北：漢學研究中心景照明萬曆七年序刊本），卷六，〈孟父處士寅齋遷葬墓誌銘〉，頁30下。

〔註56〕　《澹園續集》，卷一○，〈江覺卿傳〉，頁41上。

斐娓有致。〔註57〕

耕作種植是形體上的鍛鍊，讀書不廢則是心智上的提昇，而以書為糧、為枕，終日與之相伴而不倦，可謂是明人讀書生活的最佳寫照。

明代文人無論是宦途致仕，或科場不遂，或志存幽恬，大都醉心於退守書齋一隅，以讀書接客自娛。「清閟藏」主人張應文，在自序中提及在書齋閒坐，擁攬圖史、古物，甚至吟詩論道：

> 嘉靖、萬曆間，吳中有隱君子焉，號學無所不通，不翅儒域。齋居宴坐，熱博山爐，亨石鼎、陳圖史、列尊罍，著書談道吟詩搨帖甚適也。時於揮灑之餘，或滋蘭種竹，或蒱雲博奕，或劇談古器，麗麗不休。〔註58〕

而晉江蔡一槐「有逸致，愛法書名畫，善小楷行草，作墨蘭、石竹，具有意態。琴弈寄意，對客弈，至忘日夜。拳石片硯，古董小物，玩弄移時，不知饑飽，一草一花，靜觀獨會。」〔註59〕「一篷春雨軒」主人會稽陳中常，於書齋周遭「雜蒔花卉，左右圖書，風晨月夕，茶鼎香篆，奇古之玩好，絕俗之名流，日相與嬉娛其間。」〔註60〕長洲文徵明（1470～1559）以翰林待詔歸，閉門不問俗事，惟以翰墨自娛，時而「焚香燕坐，蕭然若世外。」〔註61〕閉門靜處不出、焚香燕坐等獨處生活，成為文人閒居時的心靈寄託，更是閒適自娛的良方。

明代知識階層樂在讀書，追求自由與恬靜，超然於世外，安於清貧，有高尚的情操氣節，不為功名利祿所動，讀書生活悠然自得。明人不僅將讀書轉化為娛情的要素，更將其融入日常生活之中，而讀書生活可以博綜，也可以專擅，一日讀書生活中可以變換不同的主題，要在適志怡情而已。（參見：圖 3-2）如時人所謂：「田園有真樂，不瀟灑終為忙人；誦讀有真趣，不玩味終為鄙夫；山水有真賞，不領會終為漫遊；吟詠有真得，不解脫終為套語。」〔註62〕讀書所帶來的真趣，還須透過文人的文化素養去涵泳體驗才能完成。

〔註57〕 《滄園續集》，卷一二，〈贈南京吏科給事中南州祝公墓表〉，頁 1 下～2 上。

〔註58〕 明・張應文，《清閟藏》（《百部叢書集成・學海類編》，臺北：藝文印書館，1967 年），〈自序〉，頁 1 上。

〔註59〕 《湧幢小品》，卷二二，頁 548，〈逸致〉。

〔註60〕 錢伯城等編，《全明文》（上海：上海古籍出版社，1992 年），卷七一，陳謨〈一篷春雨軒詩序〉，頁 549。

〔註61〕 清・褚亨奭，《姑蘇名賢後記》（《明代傳記叢刊》，臺北：明文書局，1991 年 10 月初版），王世貞〈文先生傳〉，頁 15 上～16 上。

〔註62〕 《醉古堂劍掃》，卷五，頁 129～130。

圖 3-2：漁舟讀書圖

資料出處：明‧蔣嵩〈漁舟讀書圖〉取自故宮博物院藏畫集編輯委員會編，《中國歷代繪畫‧故宮博物院藏畫集 4》（北京：人民美術出版社，1986 年 12 月第一版），頁一五一。輕舟橫渡曠野景色，意境幽遠，如詩如畫，描繪出文人在舟遊中，亦不忘手捧書卷，將幽靜自然景致與文人的讀書生活緊密地結合在一起。

三、增廣知識

　　明代中葉以來，書籍種類因印刷事業的發達而增多，同時也促進文人對於各類書籍的廣泛興趣。由於閱讀層面的擴大，傳統的經史書籍已不再吸引文人興趣，明代文人開始轉而廣泛閱覽奇書、雜書，如此情形又推動文化知

識層面的擴展。〔註 63〕受此社會風氣的影響，明代文人於是競相以閱覽奇書為樂，嘉興周履靖（1542～1632）認為從歷代以來多有不傳或散佚的書籍，如八索九丘之類，非平時所能得，而傳統經史書籍又不足為奇，惟有稗官野史、小說，可以驚豔四座，使人讚嘆不已，其中內容：「雖聖賢所不道，典墳所不編，而亦天地之間所不盡廢，存之可也。」〔註 64〕顯然，周履靖對於這些所謂奇書、雜書，具有相當高的評價與重視。

由於所謂的「奇書」、「雜書」，有別於一般傳統的經學、史學之書，基於探奇搜密的心態驅使，使得不少明代文人對此種書籍抱持著濃厚的興趣，而此類書籍內容所記載的知識與學問，多與傳統典籍有所差異，多方閱讀之下，更能汲取且擴大知識的範圍。因此，雖然稗官野史、小說等書籍在傳統文化地位較為低落，但因其能彌補經史不足之處，於是受到文人的關注，地位漸次提昇。華亭陳繼儒（1558～1639）曾提及當時文人的藏書，多好藏野史、小說，由於對此類書籍有相當的濃厚興趣，因此諸友往來之間，「每相見，首問近得何書，各出笥秘，互相傳寫，丹鉛塗乙，矻矻不去手，其架上芸裹緗襲，幾及萬籤，而經史子集不與焉。」〔註 65〕新安江覺卿時常嘯咏山間，盡出篋中書讀之，自九流七略以及稗官小說無所不閱。〔註 66〕可見不少文人對於此類書籍的追求搜尋。

傳統中國文人對於讀書生活，多有沉浸、嚮往的理想，以致於有不少知識分子為此廢寢忘食。對於閱讀奇書、雜書，明代文人表現出積極追尋的態度，部分文人還出現近乎沉醉與癡迷的行為，較之前代更是過之而無不及。或有「得一僻書，識一奇字，遇一異事，見一佳句，不覺踴躍，雖然絲竹滿前，綺羅盈目，不足喻其快」的興奮之情。〔註67〕沙縣樂純性好藏書與讀書，每逢遇到異書，則亟欲展書閱讀，甚至有「恨天生眼」之語：

性好積書滿林，生涯每得奇書，不即登床，讀已始快，天恨生我眼，

〔註 63〕 夏咸淳，《晚明士風與文學》（北京：中國社會科學出版社，1994 年 7 月第一版），頁 87。

〔註 64〕 明・周履靖，《明刊本夷門廣牘》（臺北：臺灣商務印書館，1969 年 4 月臺一版），卷一，何三畏〈刻夷門廣牘序〉，頁 21 下。

〔註 65〕 明・陳繼儒，《晚香堂集》（《四庫禁燬書叢刊》集部六六冊，北京：北京出版社，2000 年 1 月第一版，據明崇禎刻本影印），卷二，〈藏說小萃序〉，頁 47下。

〔註 66〕 《滄園續集》，卷一〇，〈江覺卿傳〉，頁 41 上。

〔註 67〕 《筆精》，卷七，〈讀書樂〉，頁 241。

一經校閱，遂即了了。嘗聞後生少年，得一奇書，不知何語，以為
難讀，便秉書床，塵埃堆積，永不一披，即有稍知讀書者，必坐此
弊，為之太息。〔註68〕

樂純以蒐集、閱讀奇書為樂，而「不即登床，讀已始快」的態度，顯示出其
對奇書的痴迷，同時他也感嘆不少人，將奇書棄置不讀的弊端。福建徐𤊹的
〈窻下讀書柬陳磐生〉，更反映出自身輒喜異書，甚至四處尋覓新書、鈔寫秘
冊的心境：

我性喜觀書，積久已成癖。自少以及艾，簡編手未釋。市肆覓新篇，
故家鈔秘冊。讐校費丹鉛，蠹魚伴晨夕。繼志辜一經，泛覽存手澤。
旋讀亦旋忘，聰明減疇昔。閉戶祇自娛，鮮遇同心客。惟君秉慧根，
少年精典籍。〔註69〕

而長洲沈雲鴻（1450～1502）為沈周子，長於考訂，自言未曾一日離經史，見
奇書名畫必傾囊購之，更願化為蠹書蟲，沉醉於讀書樂趣之中。〔註70〕此外，
萬曆年間（1573～1620）的嘉興藏書家陳良卿（1573～1620），性好蒐羅異書，
「遇有奇書隱牒，不惜破產購之。江南故家遺帙，搜抉殆遍。」〔註71〕謝兆申
（1573～1620）字伯元，號耳北，又號太弋山樵，福建邵武人，為萬曆年間貢
生，性喜好藏書，「喜交異人，購異書，摭異聞，自墳典、丘索、經緯流略、稗
官鑠語，靡不甄錄，交遊既廣，橐中半以佞佛，半以市書。」〔註72〕明代文人
樂於與書相依為伴，嗜書之癡，可見一斑。

在如此癡迷於訪求奇書、異書的文化氛圍之下，明代文人對此無不費盡
心力。如章丘李開先（1502～1568）即自稱，與當時歷城邊貢（1476～1532）
壽光劉鈗（1476～1541），皆以喜愛蒐書為癖好，〔註73〕而武進唐順之（1507
～1560）即盛讚其好友李開先，為四處搜求奇書的堅毅精神：

中麓李子最好奇，平生苦心只自知。破塚將尋姬氏籍，鑿山欲出禹
王碑。鳥篆蚪文焚後字，白雲黃竹刪前詩。藏在陰厓及海窟，神物

〔註68〕　《雪菴清史》，卷二，〈清供・書床〉，頁 13 上～下。
〔註69〕　《鼇峰集》，卷五，〈窻下讀書柬陳磐生〉，頁 24 下。
〔註70〕　《文徵明集》，卷二九，〈沈維時墓誌銘〉，頁 672～673。
〔註71〕　《藏書紀事詩》，卷三，〈孫樓子虛〉，頁 292。
〔註72〕　《靜志居詩話》，卷一八，〈謝兆申〉，頁 545～546。
〔註73〕　明・李開先，《李開先全集》（北京：文化藝術出版社，2004 年 8 月第一版），
　　　　　《李中麓閒居集》，卷二，〈曬書〉，頁 170，自謂：「邊劉併及余，癖好在收書」，
　　　　　而「邊」即指邊貢（1476～1532）「劉」即為劉鈗（1476～1541）。

守護誰得窺。自從掇取歸君屋，但聞胡山鬼夜哭。汗牛詎止盈五車，
插架應知滿萬軸。開函几席生雲烟，五色紛紛耀人目。家中綾綺割
截盡，更剪朝衣作裝束。中麓子，幾歲讀書長閉門，自信中郎能一
目。還輕左氏識三墳，邇來下筆作詞賦，絕似先年石鼓文。〔註74〕

李開先為搜求古籍異書，所費家產極鉅，甚至不惜破塚尋籍、鑿山出碑而上山
下海，卻也因此使家中藏書汗牛充棟、插架萬卷，這種對藏書無悔的投入與奉
獻，使得唐順之感佩「論交多愧十年前，可道壯心猶未已。」嘉靖年間（1522
～1566）的蘇州孫樓，「性好書，或赴試，薄游兩都，日邀列肆間，一覩所未覩，
輒大叫，喜中自禁。若一旦獲拱璧，恨相遇晚。與之值，或倍其索，弗恡。既
獲，雖劇寒暑必諷之卒業。」〔註75〕一見未覩之書，輒狂喜大叫，可見其內心
壓抑不住的驚喜之情。而文人對訪求奇書、異書的癡迷態度，其中又尤以朱大
韶以美婢換宋版書之事，最為人所驚嘆。朱大韶（1517～1577）字象玄，號文
石，松江華亭人，嘉靖二十六年（1547）進士，官至南雍司業。退歸鄉里之後，
構樓藏貯圖書，朝夕觀覽，遠眺自適，並將書樓取名「快閣」，〔註76〕後因聽說
有人出售宋刊本《後漢紀》，朱大韶亟欲購得此書，竟願以美婢換之：

> 嘉靖中，華亭朱起士大韶性好藏書，尤愛宋時鏤版，訪得吳門故家
> 有宋槧袁宏《後漢紀》，系陸放翁、劉須溪、謝疊山三先生手評，飾
> 以古錦玉簽。遂以一美婢易之，蓋非此不能得也。婢臨行題詩於壁
> 曰：「無端割愛出深閨，猶勝前人換馬時。它日相逢莫惆悵，春風吹
> 盡道旁枝。」起士見詩惋惜，未幾捐館。〔註77〕

朱大韶因喜愛宋版書而近乎癡狂，遂不惜以美婢交換，卻又因其別離哀怨的
詩句而懊悔，最後只得抑鬱而死。古代文人的讀書生活既艱辛又充滿樂趣，
士人通過讀書，獲取知識，開啟心智，驅散憂愁和孤寂，使生活充實而有意
義。

〔註74〕 明・唐順之，《重刊荊川先生文集》（《四部叢刊初編》集部，臺北：臺灣商務
印書館，1965年，據上海商務印書館縮印明刊本影印），卷二，〈李中麓文選
藏書歌〉，頁3下～4上。

〔註75〕 明・孫樓，《刻孫百川先生文集》（《四庫全書存目叢書》集部一一二冊，臺南：
莊嚴文化事業有限公司，1997年6月初版，據明萬曆四十八年華滋蕃刻本影
印），卷一，〈博雅堂藏書目錄序〉，頁14下。

〔註76〕 明・過庭訓，《明分省人物考》，卷二六，〈朱大韶〉，頁41上。

〔註77〕 明・吳翌鳳，《遜志堂雜鈔》（《叢書集成續編》一八冊，臺北：新文豐出版公
司，1989年7月，據槐廬叢書影印），卷七，〈庚集〉，頁3上～下。

第二節　讀書課程的訂定

一、讀書進度的排定

　　讀書是文人生活的一部分，雖然是採取悠閒的態度來享受讀書，但面對浩瀚如煙的書海，書籍種類甚為繁多，於是不少文人則著眼於如何更有效率的讀書，以便獲取書中知識，因此藉由訂定讀書進度的規劃與排定，作為閱讀生活的目標。關於讀書進度的規劃與排定，最常見的就是採取定時、定量的讀書方法，如錢孫保字求赤，為秀水錢謙貞履之的長子，受父親讀書、藏書的影響，從小喜好讀書，亦精於校對，其日間讀書之後，夜晚必記於卷尾曰：「某日讀，讀若干頁」、「某日起，某日竟」，將每天所讀的頁數予以標記，顯示其讀書勤奮的態度。〔註 78〕張爾岐（1612～1677）字稷若，號蒿庵，明末清初山東濟陽人，讀書好學，以篤志力行著稱，他對於讀書課程的規劃頗為重視，並記載不少友人的讀書規劃與方法：

> 邢懋循嘗言其師教之讀書，用連號法。初日誦一紙，次日又誦一紙，並初日所誦誦之。如是漸增引至十一日，乃除去初日所誦，每日皆連誦十號。誦至一週，遂成十週。人即中下，已無不爛熟矣。又擬目若干道於書籤上，貯之筒，每日食後拈十籤，講說思維，令有條貫；逮作文時，遂可不勞餘力。〔註 79〕

「連號法」的讀書方法，是第一日背誦一紙文章，第二日背誦一紙文章時，再加上前日所背誦的文章內容，如此累加上去，至第十日則每日可背誦十紙文章以上，是採用循序漸進的方式，增加背誦文章的數量與能力。梅之煥性好讀書，於十歲喪父後，與從其母居於東山沈莊，「日課書盈寸，倜儻雄駿，異於凡兒。」〔註 80〕這裡的「日課書盈寸」，並非以文章篇章的數量來計算，而是以書籍的堆積高度。

　　太倉陸世儀（1611～1672）認為歷代所遺留下的思想與文章精華，其書籍之多，汗牛充棟，使今人欲成為博學之人變得更為困難。因此對於讀書，他提出一種閱讀方法，是將書籍內容分為三大段落分開誦讀：

> 古之學聖賢易，今之學聖賢難。只如讀書一節，書籍之多，千倍於

〔註 78〕《藏書紀事詩》，卷四，〈錢謙貞履之〉，頁 342。
〔註 79〕《蒿菴閒話》，卷二，頁 40 下～41 上。
〔註 80〕清・錢謙益，《牧齋初學集》（上海：上海古籍出版社，1985 年 9 月第一版），卷七三，〈梅長公傳〉，頁 1620。

古；學者苟欲學為聖賢，非博學不可。然苟欲博學，則此汗牛充棟
者，將何如耶？偶思得一讀書法，將所讀之書，分為三節：自五歲
至十五為一節，十年誦讀；自十五歲至二十五為一節，十年講貫；
自二十五至三十五為一節，十年涉獵。使學有漸次，書分緩急，庶
學者可由此而程工，朝廷亦可因之而試士矣。〔註81〕

將書籍分為三段落，以十年時間加以涉獵，使學習漸次開展；另外，陸世儀
還以書籍不同，分列為三類：十年誦讀、十年講貫、十年涉獵，以期力能兼
者兼之，力不能兼者，則略為涉獵書籍即可。

楊天祥為正德年間（1506～1521）進士，提出自己的讀書經驗，則是不
間斷持續的閱讀：「自弱冠勵志讀書，至今十五年，一年之中，除令節家慶及
疾病之日，不過六十日，其三百日皆誦讀，日不下三簡，一年不下九百簡，
十有五年不下一萬五千簡。」〔註82〕一年之中僅有節慶與生病時稍作休息，
其餘時間都潛心於讀書，數十年如一日，其堅毅的精神令人敬佩。葉奕繩的
「強記法」，更是採取手眼並重，作為強化記憶的方式，「每讀一書，遇意所
喜好，即箚錄之。錄訖，乃朗誦十餘遍，粘之壁間，每日必十餘段，少亦六
七段，掩卷閒步，即就壁間觀所粘錄，日三五次，以為常，務期精熟，一字
不遺。粘壁既滿，乃取第一日所粘者收笥中，俟再讀有所錄，補粘其處，隨
收隨補，歲無曠日。一年之內，約得三千段，數年之後，腹笥漸富。」〔註83〕
此種手眼並用之法，輔以背誦，更能將文意記憶後再融會貫通，江山何倫亦
深為贊同此種讀書法：

讀書以百遍為度，務要反覆熟嚼，方始味出。使其言皆若出於吾之
口，使其意皆若出於吾之心，融會貫通，然後為得。如未精熟，再
加百遍可也，仍要時時溫習。若工夫未到，先自背誦，含糊強記，
總是認字不清，見理不透，徒敝精神，無益學問。〔註84〕

惟有手眼並用、記憶背誦，才能融會貫通。透過反覆背誦、記憶，不僅能加
深牢記文章內容，更對日後文意的理解有很大幫助。山陰張岱（1597～1685）

〔註81〕　《陸桴亭思辨錄輯要》，卷四，〈格致類〉，頁 45。
〔註82〕　張明仁編，《古今名人讀書法》（臺北：臺灣商務印書館，2006 年 6 月臺一版），
　　　　　頁 92。
〔註83〕　《蒿菴閒話》，卷二，頁 39 下～40 上。
〔註84〕　清・張文嘉，《重定齊家寶要》（《四庫全書存目叢書》經部一一五冊），卷上，
　　　　　〈家規・讀書寫字之規〉，頁 40 下。

記其幼年讀書時，「未嘗敢以註疏講章先立成見，必正襟危坐，將白文朗誦十餘過，其意義忽然有省。古人云：『讀書百遍，其義自見。』蓋古人正於熟讀時，深思其義味耳。」〔註 85〕經由讀書百遍、千遍的反覆熟讀，作為讀書的基本功夫，仍是不少文人所採用的讀書方法。

　　讀書課程的排定雖能為文人有效率地獲取書中知識，但強調悠閒閱讀生活的文人，則未必採取如此嚴格規劃的生活，而是以長時間的醞釀來理解書中精髓。周拱辰的讀書規劃，則是「把書朝夕一日，三年計一千有奇，日讀古今文五千有奇。」〔註86〕書齋在靜謐的環境中，三年之內閱盡古今文無數，可見其讀書的效率。讀書課程若能持續，則能定下深厚的基礎，循序漸進則能博學強記。如崑山顧炎武（1613～1682）深厚學養的基礎，是以每年用三個月的時間反覆溫讀經書，而能將十三經義熟爛，甚至倒背如流。〔註 87〕鄭雙溪晚年歸居鄉里，杜門謝客，室內惟有圖書數卷而已，如此長達二十餘年，能夠安於專注歸居的讀書生活，真可謂好學不倦。〔註 88〕而無錫王問（1497～1526）構築書室湖濱之上，讀書三十年之間，足跡不踏入城市之中，不問功名俗事，閒賦家中埋首讀書，以開襟暢懷，可知讀書具有養閒聊情的功效。〔註 89〕杭州陳師，其讀書課程則是：「寡交與少讌會，日杜門塊處，無所事事，惟嗜書覽古。」〔註 90〕崑山杜文煥，嗜好藏書，「出囊中金，遍購宇內名書，發憤披誦，浹歲之間，涉獵殆遍」，於是文思大進，更益好讀書不倦，不捨晝夜，「雜而諸子百家，無不歷覽而撮其要眇。」〔註 91〕

　　讀書固然是文人的興趣，但有時束之高閣，則不免有荒廢學業之嫌，因此古人所謂：「士大夫三日不讀書，自覺語言無味，對鏡亦面目可憎」、「一日不讀書，便覺思澀」等語，皆是作為激勵自己或後人努力讀書的警語。〔註 92〕

〔註85〕明‧張岱，《瑯嬛文集》（長沙：岳麓書社，1985 年 6 月第一版），卷三，〈與祈文載〉，頁 144。

〔註86〕明‧周拱辰，《聖雨齋集》（臺北：漢學研究中心景照清初刊本），卷一，〈危樓讀書賦有序〉，頁 3 上。

〔註87〕張明仁編，《古今名人讀書法》，頁 129。

〔註88〕《二谷山人集》，《鴈蕩集》，〈傳誌‧司教雙溪鄭公墓誌銘〉，頁 6 下。

〔註89〕《明史》，卷二八二，〈儒林一〉，頁 7247～8。

〔註90〕明‧陳師，《禪寄筆談》（臺北：國家圖書館藏明萬曆癸巳錢塘陳氏刊本），〈自序〉，頁一上。

〔註91〕杜聯喆編，《明人自傳文鈔》（臺北：藝文印書館，1977 年元月初版），〈杜文煥‧元鶴逸史傳〉，頁 123。

〔註92〕明‧陳繼儒，《巖棲幽事》（《叢書集成新編》二四冊，臺北：新文豐出版公司，

部分文人因公務而勞於案牘，或因私事雜務纏身，總要抽空讀書沉澱心靈，以免長時間荒廢讀書而面目可憎。秀水馮夢禎（1546～1605）任職國子監祭酒期間，因感嘆耽於公務，遂利用閒暇之餘校勘書籍，於 5 月端陽前後開始校讀《三國志》，至秋天時節則連同《史記》一同完畢，逢友便笑稱：「此國子先生日課也！」〔註 93〕可見其沉浸讀書之中的喜悅。嘉定黃淳耀（1605～1645）弱冠即有志聖賢之學，為文崇尚六經，曾舉崇禎十六年（1644）進士，歸而鑽研經籍，其讀書課程的規劃，是規定：「早起看周易一卦，隨筆錄主意，看經文，選四書文，文限閱五十篇。看史記、蘇文三六九，作文兩篇。」〔註 94〕魏禧（1624～1681）號裕齋，江西寧都人，為明末諸生，明亡之後隱居「翠微峰」，所居之地名「勺庭」，學者又稱勺庭先生，素好讀書，讀書時是將每天的課程分為四個時段，而當天所讀書的內容，夜晚必記於冊，以免次日有所遺忘，〔註 95〕如此累積數年，足見其用功之勤。

除了讀書課程的排定，規定閱讀的數量之外，有些文人則強調要選擇讀書的時段，藉由讀書時段的選定，更能發揮讀書的功效。仁和高濂提出：「恬養一日法」的主張，即雞鳴醒睡之後，稍作養生便步出房中，或理佛誦經，或課兒童學業：

> 起步房中，以手鼓腹，行五六十步。或往理佛，焚香誦經，念佛作西方功德。或課兒童學業，或理家政。就事歡然，勿以小過動氣，不得嗔叫用力。杖入園林，令園丁種植蔬菜，開墾溝畦，芟草灌花，結縛延蔓，斫伐橫枝，毋滋冗雜，時即採花插瓶，以供書齋清玩。歸室寧息，閉目兀坐定神。頃就午餐，量腹而入，毋以食爽過多，毋求厚味香燥之物，以爍五內。食畢，飲清茶一二杯，即以茶漱齒，凡三吐之，去牙縫積食。作氣起，復鼓腹行百餘步而止。或就書室，作書室中修行事。或接客談玄，說閒散話。毋論是非，毋談權勢，毋涉公門，毋貪貨利。或共客享粉糕麵食一二物，啜清茗一杯。忌食水團粽子、油煤堅滯膩滑等食。起送客行，或共步三二百步。歸

1985 年，據寶顏堂秘笈本排印），頁六：「黃山谷嘗云：『士大夫三日不讀書，自覺語言無味，對鏡亦面目可憎。』米元章云：『一日不讀書，便覺思澀』，想古人未嘗片時廢書也。」

〔註 93〕《快雪堂集》，卷四四，〈與朱修吾〉，頁 11 下。
〔註 94〕《陶庵集》，卷一一，〈自監錄三〉，頁 2 上～下。
〔註 95〕《魏叔子日錄》，卷一，〈裏言〉，頁 42 下～43 上。

或晝眠，起或行吟古詩，以宣暢胸次幽情。能琴者，撫琴一二操。時自酌量身服，寒暖即為加減，*毋得忍寒*，不就增服。於焉杖履門庭林薄，使血脈流通。時乎晚餐，量腹飢飽，或飲酒十數杯，勿令大醉，以和百脈。篝燈，冬月看詩或說家，一二鼓始就寢。主人晏臥，可理家庭火盜生發。〔註96〕

高濂將一日區分為三個時段，即以上午理家、下午接客、晚間自怡，而每一個時段各有其應對的活動，其中下午的活動場域是以書室為主，除了讀書之外，還與友人談論學問，繼而午休小憩，或散步吟誦古詩以暢幽情，將讀書生活點綴的多彩繽紛。部分文人更將讀書的日課功夫，融入於日常生活之中，如程彥彬以「孝友」著稱於鄉里，晚年猶日課讀書不倦，平生手錄古人遺文至三百餘卷。〔註97〕潘德夫自幼勤於誦習詩書，曾任成都彭縣教諭，晚年則燕居焚香默坐，古書翻閱，日課讀書不倦。〔註98〕劉麟（1474～1561）字元瑞，江西安仁人，世稱南坦先生，曾任太僕寺卿、大理寺卿、工部尚書等職，閒居讀書有所得輒鈔錄，晚歲好居樓閣，儲書滿架，日課諸孫其中，而樂此不疲。〔註99〕明人無論是獨自勤讀日課，或與友人、子孫相與讀書，都顯示出文人將讀書的課程功夫，融入於日常生活之中，並且享受其中樂趣。

二、書籍種類的選定

文人喜愛讀書，也兼擅讀書，讀書的方法也因人而異，同時在選定讀書種類時亦各有所長。崑山王志堅（1576～1633）「卜居吳門古南園，杜門卻掃，肆志讀書，先經後史，先史後子、集。」〔註100〕其讀書的方法，是先讀經後閱史，而後是子、集等部，先重視修德養性、立德立本的經部，有了基本的道德與價值觀後，再讀史書，則可從歷代事蹟中加以佐證以求殷鑑，而子、

〔註96〕　《遵生八箋校注》，卷八，〈起居安樂箋下・晨昏怡養條・高子怡養立成〉，頁241～242。

〔註97〕　明・吳寬，《匏翁家藏集》（《四部叢刊》初編，臺北：臺灣商務印書館，1965年，據明正德刊本影印），卷七三，〈梅友處士墓表〉，頁5上～下。

〔註98〕　明・夏尚樸，《夏東巖先生文集》（《北京圖書館古籍珍本叢刊》集部一〇二冊，北京：書目文獻出版社，1988年，據明嘉靖四十五年斯正刻本影印），卷五，〈教諭潘德夫墓誌銘〉，頁10上～下。

〔註99〕　明・劉麟，《清惠集》（《景印文淵閣四庫全書》一二六四冊，臺北：臺灣商務印書館），卷一二，〈履略〉，頁31上。

〔註100〕　《明史》，卷二八八，〈文苑四〉，頁7402。

集等書則可作為居常娛情悅性之用。吳從先寫〈賞心樂事〉也以讀書為至樂，他說：「讀史書宜映雪，以瑩玄鑑，才能以古為鏡；讀子書宜伴月，以寄遠神，才能望月懷遠；讀佛書宜對美人，以挽墮空。」這些說明了中國讀書人真正講究人生的情趣。〔註 101〕此外，明代女性的閱讀生活，雖然仍部分出色的才女、仕女，在詩詞文章的創作上都有顯著的表現，但相較於整體大環境而言，影響層面仍遠不如男性的文人階層。〔註 102〕

　　文人藉由不同性質的各部書典，予以遞換閱讀以便調適心情，避免拘泥於某種情緒之上。《巖棲幽事》所載的讀書法也強調這點，依內心情境的不同，所合適閱讀觀的書種亦有所差異：

> 心閒手懶則觀法帖，以其可逐字放置也；手閒心懶，則治迂事，以其可作可止也；心手俱閒，則寫字作詩文，以其可兼濟也；心手俱懶，則坐睡，以其不強役于神也；心不定，宜看詩及雜短故事，以其易于見意，不滯于久也；心閒無事，宜看長篇文字，或經註、或史傳、或古人文集，此又甚宜于風雨之際及寒夜也。又曰手冗心閒則思，心冗手閒則臥，心手俱閒則著書作字，心手俱冗則思早畢其事，以寧吾神。〔註 103〕

在閱讀長篇累牘的古人文集之時，若能在不受干擾的清靜環境之下，方可得其精蘊所在，因此若身處心閒、手閒，或心手俱懶、心手俱閒等不同心境，則需適時轉換閱讀書籍的種類，以便持續培養喜好讀書的習慣。陸紹珩也認同此種「書室修行法」，〔註 104〕可謂文人讀書生活中所體認出的一套哲理。而閱讀前人文集時，需要設身處地的想像，所謂：「讀其書如見其人，不徒字句語言相與答問，直須精神意氣渾然合一，方能得其骨髓，試以此行之，雜念自不起也。」〔註 105〕若能將心神意念融入書中，可以獲得書中精髓，即使只有讀些詩文、故事，亦能獲得娛樂性情的作用。能懂得心與境互相配搭，才能提高讀書效率、也才能深得讀書的雅趣。

　　由於不同的時序與空間，會給予閱讀者不同的感受，所以明人對於情境

〔註 101〕周作人編，《明人小品集》（臺北：金楓出版有限公司，1987 年 1 月初版），吳從先〈賞心樂事五則〉，頁 77。

〔註 102〕關於女性的閱讀生活描寫，可詳見：高彥頤著、李志生譯，《閨塾師：明末清初江南的才女文化》（南京：江蘇人民出版社，2005 年 1 月第一版）。

〔註 103〕《巖棲幽事》，頁 8～9。

〔註 104〕《醉古堂劍掃》，卷五，頁 149～150。

〔註 105〕《潛初子文集》，卷七，〈語錄〉，頁 3 下。

的感受格外深刻，故其甚至還對不同的書籍賦予不同的閱讀情境：

> 讀史宜映雪，以瑩玄鑑；讀子宜伴月，以寄遠神；讀佛書宜對美人，
> 以挽墮空；讀山海經、水經、叢書、小史，宜著疎花瘦竹，冷石寒
> 苔，以收無垠之游，而約縹緲之論；讀忠烈傳，宜吹笙、鼓瑟以揚
> 芳；讀奸佞論，宜擊劍、捉酒以銷憤；讀騷宜空山悲號，可以驚蟄；
> 讀賦宜縱水狂呼，可以旋風；讀詩詞，宜歌童按拍；讀神鬼襍錄，
> 宜燒燭破幽。他則遇境既殊，標韻不一。〔註106〕

因書的性質不同，給予讀者的感受也自然迥異，若搭配人、時、地等不同的
情境，更加有助於閱讀的韻致。時人有謂：「秋風閉戶，夜雨挑燈，臥讀離騷
淚下。」〔註107〕在淒淒秋風夜雨的情境下讀《離騷》，也不免流下慨古之英雄
淚來，讀書的幽情更增幾分。

　　讀書的種類各有不同，若能適時轉換或搭配不同性質的書籍，閱讀之時
更能增添樂趣。桐城方以智（1611～1671）尤好此道，他認為：「每讀一冊，
必配以他部，用以節其枯偏之情調，悲喜憤快，而各歸於適，不致輟卷而歎，
掩決而泣，則配之說也。弄風研露，輕舟飛閣，山雨來，溪雲升，或豪集，
或孤訪，鳥出啼，花冷笑，則配之適也。」〔註108〕讀書若能適時的分類，不
僅有益於閱讀，更能節省時間與心力：

> 凡讀書分類，不惟有益，兼省心目。……若理學書如先儒語錄之類，
> 作一項看；經濟書如《文獻通考》、《函史下編》、《治平略》、《大學
> 衍義補》、《經濟類編》之類，作一項看；天文、兵法、地理、河渠、
> 樂律之類皆然。成就自不可量也！〔註109〕

此外，在壯闊山景之間讀書，別具一番風情，甚至與自然交融，更顯得精會神
通。因此居於深山之中，「春夏之交，蒼蘚盈階，落花滿徑，門無剝啄，松影參
差，禽聲上下，午睡初足，旋汲山泉，拾松枝煮苦茗，啜之隨意。讀《周易》、
《國風》、《左氏傳》、《離騷》、《太史公書》，及陶、杜詩，韓、蘇文數篇。」〔註

〔註106〕明・吳從先輯，《小窗自紀》（《四庫全書存目叢書》，子部二五二冊，臺南：
　　　　莊嚴文化事業有限公司，1995 年 9 月初版，據上海圖書館藏明萬曆刻本影
　　　　印），卷二，〈書憲・二之宜〉，頁 3。
〔註107〕《醉古堂劍掃》，〈峭〉，頁 62。
〔註108〕《文章薪火》，頁 10 上～下。
〔註109〕《陸桴亭思辨錄輯要》，卷四，〈格致類〉，頁 53。
〔註110〕明・黃希憲，《續自警編》，一六卷，（《四庫全書存目叢書》子部一二四冊，
　　　　臺南：莊嚴文化事業有限公司，1995 年 9 月初版，據清華大學圖書館藏明萬

110〕在落花繽紛，禽聲悠揚中，啜佳茗讀好書，真有山居之樂。而凌湛初所言：
「據胡床，濃睡醒來，啜苦茗一盞，讀陸生散人歌。」〔註111〕亦可增添閱讀的
生活幽情。

為增添讀書的樂趣，明人常與它事、它物相配合。如錢塘錢士鰲自言：「居
常不能廢書，公餘，有茗一甌、書一卷、客新篁數本，不肖以簿領俗吏，稍
婆娑於三物之間以自娛。」〔註112〕在讀書時，有茶一甌、新竹數竿相伴，更
增幽趣。此外「掩戶焚香，清福已具；如無福者，定生他想；更有福者，輔
以讀書。」〔註113〕清香滿室，更可提振精神，有利讀書。明人言及居家讀書
綜衰的生活體驗，從子部、集部中，隨處可採，語語精粹，字字可喜。因此
「善讀書者，無之而非書，山水亦書也，棋酒亦書也，花月亦書也。」〔註114〕
懂得讀書之人，不光只是在書本上學習，於生活中，不論山水、棋酒、花月，
亦被當作求知修德的媒介。難怪一向以讀書為生活重心的明代文人，所羅織
出的生活點滴更顯得多變而絢爛。

在一日生活時間的選擇規劃上，明人特別喜好在夜深人靜時閱讀。華亭
莫是龍（1537～1587）即認為，人生最樂事，莫過於寒夜讀書。〔註115〕身處
徹骨孤寂的冬夜裡，幾縷茶香中飄散著墨硯的清氣，依枕伴燭而讀，在清冷
的氛圍之中更添些許清晰思緒，更利於閱讀：

> 午後觀書業已疲，何論夜起。然書惟夜讀，誠有踰晝讀什倍者。或
>
> 吟諷三五章，或點定一兩字，機鋒偶觸，意緒橫生。〔註116〕

晉江黃景昉（1596～1662）以為夜間寂靜冷清，絕無塵囂煩擾，更利於摒棄
雜念、匯集思慮，只要隨意拈攬，便意緒湧現，興致橫生，此時讀書可收事
半功倍之效。雅愛讀書者，常不分晝夜寒暑或株茅陋舍，只需一書在手，便
毫不倦怠。周孔雅「夜輒篝燈熒熒，披卷朗誦，或達旦不寐，自少至老，率
以為常。嘗謂人曰：『吾三冬讀書，每至汗沾衣。』」〔註117〕夜以繼日的閱讀，

曆六年刻本影印），〈適志類・山靜日長〉，頁 100。

〔註111〕 明・凌湛初，《申椒館敝帚集》（臺北：漢學研究中心景照明刊本），卷四，〈招
陳子蘊書〉，頁 45 下。

〔註112〕 《錢麓屏先生遺集》，《似僧草》，卷三，〈刻兩生干莫篇〉，頁 23 上。

〔註113〕 《巖棲幽事》，頁 14。

〔註114〕 《幽夢影》，頁 103。

〔註115〕 范宜如，《風雅淵源——文人生活的美學》，頁 167。

〔註116〕 《屏居十二課》，〈攤書〉，頁 12 下。

〔註117〕 明・周如磐，《澹志齋集》（臺北：漢學研究中心景照明萬曆四七年序刊本），

用功程度可見一斑。吳文奎更是自言其平生不可一日無書：

> 獨嗜書若裳衣饔，不可一日無也。己卯冬，得隙地家塾之東，葺屋
> 數楹，負北面南，堂之者三，室之者五，綢繆戶牖，足蔽風雨。每
> 讀書其中，即暑雨祁寒，未嘗少輟。〔註118〕

不分暑雨冬寒，在屋舍書室之中，足堪閱讀終日，管它戶外風雨，明人讀書
生活重視時序與地宜，精緻細膩如此。

　　古人讀書尤其注重時、地、人的結合，什麼時候讀什麼書，什麼地方讀
什麼書，與什麼人又讀什麼書，諸如此類，均有審慎的選擇，以期達到理想
的讀書效果。這些現象都是文人在書齋生活中，讀書課程安排的溯源所在。
讀書成癖者，往往意境深遠，並能達到愉悅的閱讀體驗。文人在以書相伴的
日子裏，細細地品味書香、書魂、書音、書韻，靜靜地感受怡然、泰然、淡
然、超然的情趣。明代文人經過讀書課程的訂定，書籍種類的選定，且讀且
思，體會人生與處世態度，不但可以增加自己有限的視野與心胸，也能品味
更深刻的生命價值觀。

第三節　讀書生活的開展

一、讀書體驗

（一）精神專一

　　記憶背誦為讀書的重要方法，然而不少文人在閱讀時也藉此作為訓練心
神專注的功夫，並培養心性定力。寧海方孝孺（1357～1402）曾自云：「少唯
嗜讀書，年十餘歲，輒日坐一室，不出門；當理趣會心，神融意暢，雖戶外
鐘鼓鳴而風雨作，不復覺也。」〔註119〕河津薛瑄也認為：「讀書惟寧靜、寬徐、
縝密，則心入其中而可得其妙；若躁擾、褊急、粗略以求之，所謂：『視而不
見，聽而不聞，食而不知其味』者也。焉足以得奇妙乎？」〔註120〕永豐夏尚
朴則強調讀書時，精神需要極度專注、一鼓作氣，因此必須要收斂精神，猶

卷一一，〈明經臨軒公暨配吳氏合葬墓誌銘〉，頁 48。
〔註118〕明・吳文奎，《蓀堂集》（臺北：漢學研究中心景照明萬曆三二年序刊本），卷
　　　　七，〈書巢諸詠序〉，頁 7 下～8 上。
〔註119〕《陶庵集》，卷一一，〈自監錄二〉，頁 3 下。
〔註120〕《薛瑄全集》，《讀書錄》，卷二，頁 1054。

如一爐火「聚則光燄四出，纔撥開便昏黑了。」〔註121〕

　　餘姚王守仁（1472～1528）為明代著名的思想家與哲學家，有著以經世致用的儒家情懷，當其貶謫龍場時，是其人生及其思想發展的轉折點，在龍場，遠近諸生聞其名，紛紛負笈來就學，於是他在龍岡陽明洞開辦了「龍岡書院」，為學生制訂了立志、勤學、改過、責善等學規，將地處貴州深處的荒蠻之地，變成重要傳道講學之所。〔註122〕對於讀書的態度，王守仁強調求學讀書，貴之於心，認為六經之義理，皆存乎於心中，在與喬白巖論學之時，提出讀書求學需「貴專」、「貴精」的兩大要點：

> 大宗伯白巖喬先生將之南都，過陽明子而論學。陽明子曰：「學貴專。」先生曰：「然。予少而好弈，食忘味，寢忘寐，目無改觀，耳無改聽。蓋一年而誑鄉之人，三年而國中莫有予當者。學貴專哉！」陽明子曰：「學貴精。」先生曰：「然。予長而好文詞，字字而求焉，句句而鳩焉，研衆史，覈百氏。蓋始而希迹於唐、宋，終焉浸入於漢、魏，學貴精哉！」〔註123〕

學貴專精，正是代表王守仁所秉持的讀書方法。增城湛若水（1466～1560）的讀書生活體驗獨到，曾言：「諸生讀書時，須調鍊此心，正其心，平其氣，如以敬鏡照物而鏡不動，常炯炯地，是謂以我觀書，方能心與書合一。」〔註124〕湛若水認為讀書與靜坐並不相妨，靜坐在求正其心，當心正之後讀書，就可以達到與書冊合一的境界。〔註125〕方以智在闡述自己的讀書方法時，認為：「讀書必開眼，開眼乃能讀書，三才之橐籥，萬理之會通，有所以然者存」，而讓讀書開眼所具備的條件，就是要專精。〔註126〕馮京第認為讀書宜有三要，其中「日有成課」，即所謂：「成課有功，所謂日計不足，歲計有餘。」此外，另有日課、旬計、月要、時會、歲成等讀書方法，然而「予皆嘗試行之有效，

〔註121〕 清·黃宗羲，《明儒學案》，卷四，〈崇仁學案四·太僕夏東巖先生尚樸·夏東巖文集〉，頁 66。

〔註122〕 張祥浩，《王守仁評傳》（南京：南京大學出版社，1997 年 2 月第一版），頁 1 ～22。

〔註123〕 《王陽明全集》，卷七，〈文錄四·送宗伯喬白巖序〉，頁 228。

〔註124〕 明·湛若水，《湛甘泉文集》（《四庫全書存目叢書》集部五六冊，臺南：莊嚴文化事業有限公司，1997 年 6 月初版，據山西大學圖書館藏清康熙二十年黃楷刻本），〈大科訓規〉，卷六，頁 11 上。

〔註125〕 周志文，《晚明學術與知識分子論叢》（臺北：大安出版社，1999 年 3 月第一版），頁 12。

〔註126〕 《文章薪火》，頁 2 下～3 上。

蓋功必分治者，貴精專也。」〔註 127〕

　　記誦讀書內容之時，若能理解文意與脈絡，則能有助於背誦文章。顏元即認為讀書需以明理為先：

> 或言「讀書不能記」，先生曰：「何必記？讀書以明理，是借書以明吾心之理，非必記其書也。今日一種書之理開吾心，明日一種書之理開吾心，久之，吾心之明自見，自能燭照萬理。譬如以糞水培灌花草，久之，本枝自生佳花；若以糞水著枝上，不足觀矣。又如以氈銀磨舊銅鏡，久之，本鏡自出光明，若以氈銀著鏡上，反蔽其明矣。」〔註 128〕

由於萬物都有一定之道理，只要經由理解去閱讀文章，久而久之就能明心見性，會通所有事物道理。魏禧也認為自己在讀書時，最苦遺忘，然而卻以理解文意來幫助記憶，因此「用心專勤，得一理，輒日夜思之，欲措諸實事，得失何如，故所學稍得用，不倚記誦也。」〔註 129〕張履祥（1611～1674）則直指：「心之官則思，心官不失，其識自能長進。或隨是問其義理，或設難令其分析，或聽言察其記憶，或見人質其邪正，皆是引其用心之方。」〔註 130〕惟有用心去理解文意或義理，對於記誦內容而言，必定是事半功倍。

　　讀書貴在專精，自然漠視外在事物的影響。馬駉讀書之時，心神集中，即使童子呼叫、家人送茶，皆茫然不知：

> 日坐環堵，手一編以讀沈諷。方其氣接意會，心融神釋，一塵不驚，萬感俱寂。鳥雀蛙蠅之聲不聞，童子叫呶于前，踰午家人送茶，亦茫然不知也。客有誚予者而數曰：「子真拙人也」。〔註 131〕

馬駉耽讀安坐定息，沉溺典籍，過度的專注，卻被友人譏為俗儒、腐儒、賤

〔註 127〕明・馮京第，《馮侍郎遺書》（《四明叢書》二集三冊），〈附錄・篔溪自課〉，頁 1 上～五下。

〔註 128〕清・顏元，《顏元集》（北京：中華書局，1987 年 6 月第一版），《顏習齋先生言行錄》，卷上〈剛峰第七〉，頁 648。

〔註 129〕清・魏禧，《魏叔子文集外篇》（《續修四庫全書》集部一四〇八～一四〇九冊，上海：上海古籍出版社，1995 年 6 月，據清易堂刻寧都三魏全集本影印），卷七，〈答世傑〉，頁 58 下。

〔註 130〕清・張履祥，《淑艾錄》（《四庫全書存目叢書》，子部二九冊，臺南：莊嚴文化事業有限公司，1995 年 9 月初版，據清道光吳江沈氏世楷堂刻昭代叢書本影印），〈教學〉，頁 61 上。

〔註 131〕明・馬駉，《紫泉文集》（臺北：漢學研究中心景照明嘉靖刊本），卷一，〈拙菴記〉，頁 28 上～下。

儒、滯儒，甚至稱之乃「天下之至拙者」，然而馬氏依舊如故，出門送客，讀書不輟，誦言終身，足見文人讀書種子的氣度。

背誦讀書內容的目的，並不僅止於單純記憶而已，更重要的是能融會貫通，進而學以致用。江山何倫在其所撰《何氏家規》之中認為，讀書必須透過閱讀、思考、提問、理解等步驟反覆訓練，才能達到瞭解書中的內容：

> 學問之功，全在講貫，而講書之要，必須講後自己細看，著意研窮，潛思默究，逐句紬繹，逐章理會，方纔得其旨趣。略有疑惑，即為質問，不可草草揭過，俟一本通貫後，仍聽先生摘其難言者而挑問之；或不能答，即又思之；思之不通，然後復講。真境一開，泛泛而聽，原不留心佩記，徒費唇舌，不入肺腑。今日講過，明日忘之，此章未達，又講別章，今年未明，復待來歲，雖講至百年，誠何益也。〔註132〕

讀書時先從父兄或師長講授內容之後，還必須自己再細看一次，然後思考瞭解其中的意涵，以掌握其要旨。若有疑惑，需要即時提出詢問，以便確實瞭解書中文意。然後在聽從師長講授之時，從其中有疑惑的地方提出問題，再反覆思考辯論，才能將文意融會貫通，否則只是草草聽過，未能確實理解，即使耗費長時間的聽講、閱讀，亦是徒然無功。所以讀書依靠背誦文意，僅能算是熟記內容而已，若能確實會通義理，才能算是真正汲取書中精華。韓寅仲在躬耕之餘，也閉戶讀書，其所讀之書「自聖賢之至精，及佛道之至秘，遠而逮於古初之記，近而發為會心之作，無不貫洽穿通，蹁躚紆餘，蓋牆几筆札，杯觴賦詠，無虛日月，讀其文而見其淹以通，讀其詩而見韻之長、語之奇，而思之幽也。」〔註133〕讀書乃發自內心的專注，故能貫通融會。

（二）善疑好問

文人讀書之際，有時對文意或敘述感到有所疑問之處，因此不少文人認為讀書時能適時提出疑問、糾謬，才是真正能讀書者。寧海方孝孺（1357～1402）以為讀書能「有疑」者，才是善學之人，所謂：「不善學之人不能有疑，謂古皆是，曲為之辭。過乎智者，疑端百出，詆訶前古，摭其遺失。學匪疑不明，而疑惡乎鑿。疑而能辨，斯為善學。」〔註134〕讀書從提出疑問，然後

〔註132〕《重定齊家寶要》，卷上，〈家規·讀書寫字之規〉，頁40上～下。
〔註133〕《鏡山全集》，卷三八，〈園居錄序〉，頁24上。
〔註134〕明·方孝孺，《遜志齋集》（《四部叢刊》初編，臺北：臺灣商務印書館，1965

加以思辨，方能是善學。河津薛瑄則認為：「讀書不尋思，如迅風飛鳥之過前，響絕影滅，亦不知聖賢所言為何事？要作何用？惟精心尋思，體貼向身心事物上來反覆考驗其理，則知聖賢之書，一字一句皆有用矣。」〔註135〕正因為古人的思想精義，皆存在於書本之中，故而字字珠璣，不可輕忽，所以一字一句皆須細讀，甚至要反覆考驗道理。

新會陳獻章（1428～1500）有言：「學貴知疑，小疑則小進，大疑則大進。疑者，覺悟之機也。一番覺悟，一番長進，更無別法也。即此便是科級，學者須循次而進，漸到至處耳。」〔註136〕永豐夏尚朴則體認到：「好問好察而必用其中；誦詩讀書而必論其世，則合天下古今之聰明以為聰明，其知大矣。近時諸公論學，乃欲取足吾心之良知，而議程、朱格物博文之論為支離，謂可以開發人之知見，擴吾心良知良能之本然。此乃入門，欵於此既差，是猶欲其入而閉之門也。」〔註137〕讀書能提出疑義之處，就是有所知、有所學的表現：

> 蓋學之不能以無疑，則有問，問即學也，即行也；又不能無疑，則有思，思即學也，即行也；又不能無疑，則有辨，辨即學也，即行也。辨既明矣，思既慎矣，問既審矣，學既能矣，又從而不息其功焉，斯之謂篤行。非謂學、問、思、辨之後而始措之於行也。〔註138〕

無錫華燧（1439～1513）喜好蒐藏古籍、校閱經史，每次觀書總要辯證異同，只要有所得，輒喜曰：「吾能會而通之矣！」更自稱為：「會通君」。〔註139〕崑山吳中英（1488～1538）字秀甫，生而好學，及長則與師友論學，「庭宇灑掃清潔，圖史盈几，觴酒相對，劇談不休，雖先儒已有成說，必反覆其所以，不為苟同。」〔註140〕吳中英論學「不為苟同」，是建立在反覆思考的前提之下，而並非一味的遵循成說。

讀書遇有義理或文意的疑惑，提出討論、質疑，是培養個人思維論辨的訓練，有助於讀書的效用；但是疑惑僅止於義理或文意，若是過度臆測、猜疑，則容易變成過疑之弊。蘭谿胡應麟（1551～1602）即認為，喜好過度詆

年，據明刊本影印），卷一，〈學箴九首・辨疑〉，頁 23 下～24 上。
〔註135〕《薛瑄全集》，《讀書錄》，卷二，頁 1050。
〔註136〕《明儒學案》，卷五，〈白沙學案上・文恭陳白沙先生獻章・論書學〉，頁 85。
〔註137〕《明儒學案》，卷四，〈崇仁學案四〉，頁 72。
〔註138〕《王陽明全集》，卷二，〈傳習錄・語錄二〉，頁 45～46。
〔註139〕《容春堂集》，卷七，〈會通君傳〉，頁 40 上～41 下。
〔註140〕明・葉恭煥，《吳下冢墓遺文續編》（臺北：臺灣學生書局，1969 年 12 月初版，據國家圖書館藏善本影印），〈明吳秀甫先生墓表〉，頁 355。

訶古人，實為讀書之大患：

> 讀書大患，在好詆訶昔人。夫智者千慮，必有一失，昔人所見，豈必
> 皆長；第文字烟埃，紀籍淵藪，引用出處，時或參商，意義重輕，各
> 有權度，加以魯魚亥豕，□謬萬端，凡遇此類，當博稽典故，細繹旨
> 歸，統會殊文，釐正脫簡，務成纂美，毋薄前修，力求弗合，各申己
> 見可也。今偶覷一斑，便為奇貨，恐後視今，猶今視昔矣。〔註141〕

常熟馮班（1602～1671）也認為，讀書時若覺得文意有不合之處，應暫時予
以擱置，待日後有所領悟再細思，不可遽說其錯誤，「闕其所疑」正是馮班的
讀書原則。相較於宋儒過度懷疑古人的態度，馮班則是批評：「宋人讀書，未
聞好古，只是一肚皮不信。」〔註142〕甚至強調過度苛責古人，正是心中偏執
不公正的表現。〔註143〕

（三）讀書守靜

明代文人視書齋為藏脩之所，並將生活之中的主體：讀書、典藏、習靜、
焚香等日課，有效率地在書齋中變換不同的生活主題。〔註144〕文人多喜好
靜謐的環境，作為讀書日課的選擇，如蘭谿胡應麟號少室山人，更號石羊生，
幼即能賦詩為文，記誦淹博，曾舉萬曆四年（1576）鄉薦，久不第，之後築
室山中，購書四萬餘卷。讀書於「二酉山房」之時，所貯惟有書籍而已，「書
之外，一榻、一几、一博山、一蒲團、一筆、一研、一丹鉛之缶而已。性既
畏客，客亦見畏，門屏之間，剝啄都盡。亭午深夜，坐榻隱几，焚香展卷。」
〔註145〕王光美「闢燕息之齋於居第之右方，緗帙牙籤，聯床充棟，幾與鄴
侯埒。齋畔古松數株，白鶴一雙，境寂趣幽，翛然塵外。得暇即展卷而呻吟
焉，倦則徙倚流盼，盤桓於松陰鶴跡間，意泊如也。」〔註146〕常熟桑琳（1413
～1497）生性恬澹，讀書好古，耽於吟咏，常於寒燈冷榻之時，凝然獨坐。

〔註141〕明‧胡應麟，《少室山房筆叢》（《叢書集成續編》一○冊，臺北：新文豐出版
公司，1989年7月，據正誼堂全書本影印），卷三九，〈庚部‧華陽博議下〉，
頁20下。

〔註142〕明‧馮班，《鈍吟雜錄》（《叢書集成新編》八冊，臺北：新文豐出版公司，1985
年，據借月山房彙鈔本排印），卷四，〈讀史淺說〉，頁50。

〔註143〕《鈍吟雜錄》，卷四，〈讀史淺說〉，頁54。

〔註144〕吳智和，〈明人習靜休閒生活〉，頁145～155。

〔註145〕《弇州山人續稿》，卷六三，〈二酉山房記〉，頁23下～24上。

〔註146〕明‧王光美，《松鶴齋草》（臺北：漢學研究中心景照明刊本），吳光翰〈松鶴
齋草序〉，頁1上。

〔註 147〕劉仲良以老疾退歸，「則昔之朋儕物故且盡，獨處自怡，所居有小樓，名『醉吟』，坐其中，書冊恆不釋手。」〔註 148〕

讀書生活是傳統文人主要的日常功課，讀書是以我之神會古人之神，必須取境於靜，甚至以杜門為樂，以絕交為榮，惟有耽於讀書樂趣之中。所謂：「古人修身致理之書，宜置左右時時醒觸，譬若嚴師為我棒喝，譬若好友作我商量。」〔註 149〕閉門守靜，讀書守志的生活日課，成為有志士君子提撕自警的座右銘（參見：圖 3-3）。長洲邢量（1413～1491），號蠢齋，以疾不娶，「年近五十，不茹葷酒，蔬鹽不給，其貌甚臞而脩髯，服垢履敝，混跡庸人，未嘗一至城府，閉門靜坐點校諸經及博觀子史百家，坐中之客，惟禪人道侶。」居一菴中，蕭然室廬，讀書樂道以終。〔註 150〕族人邢參「誅茅附城之野，每自杜門耽書。」〔註 151〕歸安李樂自稱：「余孤拙人也，僻居靈宮者期餘，交游最少，日惟枕書靜臥。」〔註 152〕長洲顧世峻（1595～1642），「環堵之室，橫經籍書，家人瑣碎之事，弗與知也。好讀史、漢、三蘇子集，尤信心窮繹內典，兀坐竟日夕，當臀處衣綻席穿，輒縫綴以為恆。」〔註 153〕巖居覽古、讀書樂道、杜門耽書、枕書靜臥、兀坐竟日等樣式，都是讀書生活的最佳詮釋。

在四時節序的選擇上，明人喜歡在夜深人靜時閱讀，所謂：「人之變化在讀書，故善讀書者，月異而歲不同，時異而日不同」，〔註 154〕因此一天時間之中，以夜晚最為安靜，所以文人亦多好夜讀。華亭莫是龍（1537～1587）便認為，人生最樂事，莫過於寒夜讀書。〔註 155〕夜讀之所以勝於晝讀的原因，在於夜間寂靜冷清，絕無塵囂煩擾，更利於去雜念、集思慮，只要隨意拈攬，

〔註 147〕明・徐復祚，《花當閣叢談》（臺北：廣文書局，1969 年元月初版），卷四，〈桑先生〉，頁 11 上。
〔註 148〕《東里文集》，卷一六，〈劉仲良墓表〉，頁 230。
〔註 149〕《退思堂集》，〈令記自敘〉，頁 1 上。
〔註 150〕明・錢穀編，《吳都文粹續集》（《景印文淵閣四庫全書》一三八五冊，臺北：臺灣商務印書館，1983 年 3 月），卷四五，〈蠢齋先生傳〉，頁 51 下。
〔註 151〕明・張德夫《隆慶・長洲縣志》（《天一閣藏明代方志選刊續編》本），卷一四，〈人物・邢參〉，頁 23 下。
〔註 152〕明・李樂，《見聞雜記》（上海：上海古籍出版社，1986 年 6 月第一版），卷四，頁 42 上。
〔註 153〕《牧齋有學集》，卷三二，〈顧君升墓誌銘〉，頁 1167。
〔註 154〕《雪菴清史》，卷三，〈清課・讀書〉，頁 12 上。
〔註 155〕范宜如，《風雅淵源——文人生活的美學》，頁 167。

便意緒湧現，興致橫生，此時讀書可收事半功倍的效果。河津薛瑄憶其少年時的讀書感受，「晚間誦書，愈數而不能誦，至來早即心志豁然，昨晚所讀之書，悉能成誦。今思之，晚間誦多而不能記者，氣昏也；早間能背誦者，氣清也。此亦可驗『夜氣』之說。」〔註156〕南雍司業劉崧（1321～1381），字子高，泰和人， 舊名楚。家貧力學，寒無鑪火，手皸裂，而鈔錄不輟。〔註157〕「每夜孤燈一榻，讀書不輟。」都督同知王信，被服儒素，「平居默坐，展玩經史。」〔註158〕多讀古人書則處事有方，更可怡養性情，因此「坐多於行，默多於語，讀多於談，閉門多於出戶，烹茶多於飲酒，獨坐多於四筵，文章多於錢穀。」〔註159〕可見深夜獨坐，最易讓人充實自我涵養。

圖 3-3：松屋讀書圖

資料出處：明・佚名〈松屋讀書圖〉，取自中國美術全集編輯委員會編，《中國美術全集・明代繪畫上》（北京：人民美術出版社，1988 年 10 月第一版），頁八。數松高聳挺立岩石間，樹下茅屋中有一老者襟坐讀書，松、屋臨湖，小舟隨波蕩漾，一翁坐於船首，持竿垂釣，遠處群山連綿起伏，崗巒重疊，翠影枯枝。

　　嘉定黃淳耀（1605～1645）強調讀書之時，應以取靜為第一要務，所謂：

〔註156〕《薛瑄全集》，《讀書錄》，卷二，頁 1064。
〔註157〕《明史》，卷一三七，〈列傳二十五・劉崧〉，頁 3957。
〔註158〕《明名臣言行錄》，卷二六，〈都督同知王公信〉，頁 26 下。
〔註159〕《退思堂集》，〈令記〉，頁 58 下。

「習靜是第一義，讀書是第二義，作文是第三義，求友是第四義」，〔註 160〕
惟有安靜的環境，才能培養讀書的氣氛。「千頃齋」主人黃居中（1562～1644）
的〈宴坐齋〉詩寫道：「自得安禪法，清齋坐宴如。匡牀無俗供，一室秖藏書。
花雨晨鐘後，篆烟午夢餘。何來王子宅，不減化人居。」〔註 161〕詩中則印證
書齋主人燕居靜坐與讀書生活的心得片羽。

　　明人重視生活情趣與位席，讀書自然也不例外，居常生活中的事與物，
皆成為讀書求知的材料。明代文人讀書，不光只強調有形的文字書，更重視
生活上的無形書。據《祝子小言》載：

　　　　有讀書者終夜展書，終日拋書而枕書。時出山砠水涯，不極其致不
　　　　返。或問之，曰：「展書是讀書，拋書、枕書亦是讀書。吾蓋於寤之
　　　　中得幾分，寐之中得幾分，書之中得幾分，書之外、山水之間得幾
　　　　分。」又曰：「世人解讀有字書，不解讀無字書，吾歸語吾兒，抱一
　　　　得一，存之以為讀書法。」〔註 162〕

性好讀書的文人，「深夜」與「獨坐」的情境，最易誘發情感的宣洩，而在追
求學問方面，不僅著眼於文字上的知識內容，更體認到自然景致、生活周遭
等超乎文字之外的感受，這正說明文人所追求的目標，在於包含萬事、萬物
之理，以及各種人生的歷練。

二、抒發感懷

　　「舊書不厭百回讀，熟讀深思子自知。」〔註 163〕書籍的不斷重複閱讀，不
僅是在於對書中內容的理解，有時更是為了單純的欣賞與玩味，使文人對於書
籍百讀不厭，而欣賞玩味奇文佳篇，文人會藉由吟或吟誦的方式，透過聲調抑
揚頓挫，來表達詩文所給予的內心感受。文人時而低吟誦詩文，一方面可以幫
助記憶，另一方面更可以藉此抒發情懷與心得。如常熟桑琳性好恬澹，讀書時
則耽於吟詠，往往於寒燈冷榻，凝然獨坐，一派文人瀟灑性情。〔註 164〕孟寅齋

〔註 160〕 《陶庵集》，卷一二，〈自監錄四〉，頁 1 下。
〔註 161〕 明・黃居中，《千頃齋集》（臺北：漢學研究中心景照明刊本），卷四，〈題小
　　　　　山玄賞冊・宴坐齋〉，頁 18 上～下。
〔註 162〕 明・祝世祿，《祝子小言》（《四庫全書存目叢書》子部九〇冊，臺南：莊嚴文
　　　　　化事業有限公司，1995 年 9 月初版），頁 21 上～下。
〔註 163〕 宋・蘇東坡，《蘇東坡全集》（合肥：黃山書社，1997 年 1 月第一版），卷二，
　　　　　〈送安惇秀才失解西歸〉，頁 41。
〔註 164〕 《花當閣叢談》，卷四，〈桑先生〉，頁 11 上。

晚年手卷不釋，興致忽然即起時，則從臥中而夜起，「舉燭披誦，意得則放歌長吟，聲如金石，他日夜亦如之」，〔註165〕夜中讀書吟誦，更覺趣意盎然。文人於家居休閒之際，有時累於雜世俗務的繁瑣，惟有在田園亭舍，焚香煮茗，把酒吟詩，才能顯露居家自娛的生活本色。〔註166〕

　　人雖身處群體社會，但獨立的個體表現，卻是時常追求孤寂的蘊含與思想，〔註167〕因此每當夜闌人靜，隻身獨處於孤寂的環境，更能引發文人抒發胸懷的感嘆。獨處之際，以無俗事擾人，沉澱心靈，是適合讀書的最佳時機，山冷清幽，靜謐的四周搭配朗朗讀書之聲，更是況味十足。〔註168〕顧阿瑛（1310～1369）為蘇州崑山人，「吳中世家，喜讀書，憲府試辟會稽教官，不就。築室號「可齋」，以詩酒自樂。才性高曠，尤善小李詩及今樂府。」陳公柏以致仕回歸鄉里，「乃建閣于宅西，歲時讀書其中，謝絕諸賓客，獨傳司徒希贄得徑入，為花月之飲，甚歡。」〔註169〕沈玄序自少而老，手執一編，咏唔不輟，性不喜他人打擾，惟樂與嘉興岳元聲（1557～1632）朝夕相對，「輒語輒書無有惰容，蔬虀飲食相嗜若飴」，〔註170〕彼此之間心靈契合。〔註171〕陳滄洲「居恒靜，掃一室，煮茗焚香，左右圖史，吟哦不輟，時或藻翰揮毫，娓娓數千言，有條理，即宿學鉅儒不能過也。」〔註172〕

　　文人好吟詠詩詞，一展才情，賦閒在家之時，獨自感懷而吟詠更能一解煩憂。如逸軒周鐸，「晚歲築書室於西溪，而環以竹檜，日倘佯其間。客至則焚香煮茗，治具相飲，壺奕觴咏以為樂，雖久兒弗厭也。室中所蓄，惟經史子集及百氏之書。」〔註173〕周氏之志所以在於耽書史、嗜吟咏而不覺煩厭，最主要在於安於恬淡的心境，因此聚有珍好藏書，加以交結同好，相與酬唱，更能顯示出周鐸的高雅文人情懷。餘姚魏竹溪晚年家居時，嘗廣邀文人組成

〔註165〕《雲山堂集》，卷六，〈孟父處士寅齋遷葬墓誌銘〉，頁30下。

〔註166〕《醉古堂劍掃》，卷五，頁131。

〔註167〕羅中峰，《中國傳統文人審美生活方式之研究》（臺北：洪葉文化事業有限公司，2001年2月初版），頁2。

〔註168〕朱倩如，〈明人的獨居生活〉，《明史研究專刊》，一五期，2006年10月，頁139～141。

〔註169〕《西園聞見錄》，卷二一，〈投閒〉，頁31上。

〔註170〕《潛初子文集》，卷九，〈祭沈玄序文〉，頁64下～65上。

〔註171〕《菽園雜記》，卷一三，頁162。

〔註172〕《滄志齋集》，卷五，〈陳滄洲偕孺人雙壽序〉，頁33上。

〔註173〕明‧章懋，《楓山章先生集》（《金華叢書》本），卷五，〈逸軒處士周君墓誌銘〉，頁21下。

詩社，年且八十餘歲，猶未嘗一日廢吟事，〔註 174〕可見對詩賦鍾愛的程度。吟詩雖可與友分享，更能孤芳自賞，享受獨詠之趣，自我遣懷，以舒己志，表達內心更深的情感：

> 初冬之夜，獨坐書齋，飲白醪數盃，讀淵明詩數首，殊覺氣味相投。忽舉頭見瓶中黃菊一枝，宛然如對淵明先生，正堪歡酌談心，千載之上可為知己。此真目前樂事也，人患不素位而行耳，何入不自得哉！〔註 175〕

金壇于孔兼則是：「杜門習靜，自讀書課子外，非問農則種竹，間讀諸名家五七言詩，希欲步其音律，憾未窺其藩籬。無已，則誦《淵明集》以消況味耳。」〔註 176〕無論是冬夜獨坐或閒適隨吟，藉由陶淵明之詩作，以懷古人歸田野居之心，來反映自身的心境，暢然地面對閒居無事的生活。若懷時抑鬱心情時，也可藉詠詩抒發抑鬱之情。如韓寅仲「有謀不用，有策不究，使其胸臆鬱結，徒託於詠懷之詩。」〔註 177〕用詩賦來消除內心愁悶，在讀書隨性之餘，無處不充滿詩意，難怪錢塘田藝蘅認為：「不能詩者，亦當名之曰惡客，蓋皆敗人清興故也。」〔註 178〕讀書吟詠在文人生活中的地位，實為清閒雅緻的生活規劃中不可或缺之事。

　　吟誦詩文固然是文人抒發情懷的表現，然而對於吟誦的語調，則需清朗緩聲，否則便成嘈雜之聲難以入耳。河津薛瑄以為讀書當出己之口，入己之耳，因此吟誦語調必須緩緩而出：

> 凡讀書須虛心定氣，緩聲以誦之，則可以密察其意；若心雜氣粗，急聲以誦，真村學小兒讀誦鬥高聲，又豈能識其旨趣之所在邪？
> 〔註 179〕

緩聲吟誦代表著內心的平穩情緒，一旦粗聲急切，則猶如呼喊叫罵。所以緩聲吟誦讀書方式，也體現在童蒙幼兒的早期教育，如餘姚王守仁的〈訓蒙教約〉認為：

〔註 174〕《未軒公文集》，卷六，〈竹溪詩集序〉，頁 3。
〔註 175〕明・毛元淳，《尋樂編》（《四庫全書存目叢書》子部九四冊，臺南：莊嚴文化事業有限公司，1995 年 9 月初版，據明崇禎刻本影印），頁 15 上。
〔註 176〕《山居稿》，卷四，〈簡客部洪緻韋〉，頁 21 上。
〔註 177〕《鏡山全集》，卷三八，〈園居錄序〉，頁 24 下。
〔註 178〕明・田藝蘅，《留青日札》（《四庫全書存目叢書》子部一〇五冊，臺南：莊嚴文化事業有限公司，1995 年 9 月初版），卷一五，〈惡客〉，頁 12。
〔註 179〕《薛瑄全集》，《讀書錄》，卷二，頁 1054。

　　凡歌詩，須要整容定氣，清朗其聲音，均審其節調；*毋*躁而急，*毋*
　　蕩而囂，*毋*餒而懾。久則精神宣暢，心氣和平矣。〔註180〕

長洲崔學古強調讀書句讀時，須逐字逐句點讀明白，並適時稍加停頓，吟誦
詩文則「*毋*增，*毋*減，*毋*複；*毋*高，*毋*低，*毋*疾，*毋*遲，最可恨者，興致則
如罵詈、如蛙鳴；興衰如蚤吟、如蠅鳴，凡此須痛懲之。」〔註181〕吟誦之聲
調過於高昂則如罵聲、蛙鳴，過於低沉則如蚤吟、蠅鳴，皆無法適切的表現
吟誦詩文的真諦。文人汪繼美喜愛購書藏於書樓，凡於風雨閒暇時，「即登樓，
手搋卷帙，咿哦自快。」〔註182〕華亭夏士文將其書室「書聲齋」作為教育宗
族的子弟讀書習字之所，時而望見童子雁次，蚤夜諷誦，聲徹行路。〔註183〕
無論是文人吟詠之聲，或是幼童咿唔之音，在專注的讀書聲中，使生活起居
充滿雋雅的氣息，「而讀書聲則喜不可勝言」。〔註184〕

　　文人讀書常於閱讀詩文玄妙處時，即有所感懷，甚至引發詩興。長洲文
徵明在文集中描寫不少讀書閒居的詩作，曾於時值歲暮雪晴，因在家中讀到
謝皋羽詩句，頓時感受其詩文精妙，於是引發詩興而即興作小詩十首：

　　老眼視茫然，時時手一編。未能忘習氣，聊復遣餘年。倚枕山窗下，
　　篝燈細雨邊。誰應知此味？自結靜中緣。〔註185〕

這是居家率性讀書的一種休閒閱讀體驗，而生活周遭事物，無不可怡性悅情，
要在超脫而已。所謂：「山棲是勝事，稍一縈戀，則亦市朝；書畫賞鑑是雅事，
稍一貪癡，則亦商賈；詩酒是樂事，少一徇人，則亦地獄；好客是豁達事，
一為俗子所撓，則亦苦海。」〔註186〕

　　讀書之時，時而小酌半醺、聽琴玩鶴，時而焚香煮茶、寓意弈棋，不啻
為生活樂趣與怡情的要旨。其中焚香品茗可說是讀書時醒神的一帖良藥，華
亭莫是龍（1537～1587）認為：「人生最樂事，無如寒夜讀書，擁爐秉燭，兀

〔註180〕《王陽明全集》，卷二，〈傳習錄・語錄二・教約〉，頁89。
〔註181〕清・崔學古，《幼訓》（《叢書集成續編》六一冊，臺北：新文豐出版公司，1989
　　　　年7月，據檀几叢書本排印），〈念書〉，頁8上。
〔註182〕明・李日華，《恬致堂集》（《明代藝術家集彙刊續集》，臺北：國立中央圖書
　　　　館，1971年10月初版，據國家圖書館藏明末刻本影印），卷二五，〈汪愛荊
　　　　居士傳〉，頁18下～19上。
〔註183〕《崇禎・松江府志》，卷四六，〈宅第園林〉，頁32下。
〔註184〕《枕中秘》，《讀書觀》，頁1。
〔註185〕《文徵明集》，卷六，〈觀書〉，頁119。詩題序文云：「歲暮雪晴，山齋肆目，
　　　　偶閱謝皋羽詩，窮冬疑有雨，一雪卻成晴，喜其精妙，因衍為韻賦小詩十章。」
〔註186〕《醉古堂劍掃》，卷一，頁11。

然孤寂，清思徹人肌骨。坐久，佐一甌茗，神氣益佳。爾時聞童子鼻息，足
當數部鼓吹。或風生竹樹間，山鳥呼囀，倦魔都盡，往往徘徊達曙。」〔註187〕
寒夜讀書可以寧靜思徹，而孤寂清思之際，一杯香茗溫潤入喉，更令人神氣
益佳。崑山張大復（1554～1630）的讀書生活更結合書卷、茶、花等享受樂
趣：

> 一卷書，一麈尾，一壺茶，一盆果，一重裘，一單綺，一奚奴，一
> 駿馬，一溪雲，一潭水，一庭花，一林雪，一曲房，一竹榻，一枕
> 夢，一愛妾，一片石，一輪月，逍遙三十年。然後一芒鞋，一斗笠，
> 一竹杖，一破衲，到處名山，隨緣福地，也不枉了眼耳鼻舌身意隨
> 我一場也。〔註188〕

焚香、品茗本為二種清雅的生活態度，但兩者合一，兼以清談，則被明代文
人視為賞心樂事的上選，而香、茗亦被譽為物外高隱：

> 香、茗之用，其利最溥，物外高隱，坐語道德，可以清心悅神。初
> 陽薄暝，興味蕭騷，可以暢懷舒嘯。晴窗搨帖，揮麈閑吟，篝燈夜
> 讀，可以遠辟睡魔。青衣紅袖，密語談私，可以助情熱意。坐雨閉
> 窗，飯餘散步，可以遣寂除煩。醉筵醒客，夜語蓬窗，長嘯空樓，
> 冰絃戛指，可以佐歡解渴。品之最優者，以沉香、岕茶為首。第焚
> 煮有法，必貞夫韻士，乃能究心耳。〔註189〕

如果品茗可以令人醒神益氣，飲酒便可讓人慷慨激昂。雖然讀書與飲酒，表
面上似乎不甚搭配，但是兩種迥異性質的交融，更能顯示出無窮的樂趣。華
亭陳繼儒即提出：「快讀，當學蘇子美下酒法」，〔註190〕而張琯在金門山萬竹
之中讀書時，時有酒醉聲徹不休的狂放姿態：

> 負雪懷風，就花待月，聲徹昏曉不休，興到則呼酒澆之一斗，亦醉
> 有時，閉關下捷，每旬月不飲一葉。取所藏書，縱觀之，見所新較
> 善本，急取而相訂，猶記二十年間得吳興《楚辭》一種，乃為陸仲
> 昭、周孟侯評註，擊節歎賞，此時有此下酒物，真一斗不足多也。

〔註187〕《筆塵》，頁 4 上～下。
〔註188〕《聞雁齋筆談》，〈戲書〉，頁 2 上～下。
〔註189〕《長物志》，卷一二，〈香茗〉，頁 1 上～下。
〔註190〕明・陳繼儒，《晚香堂集》（《四庫禁燬書叢刊》集部六六冊，北京：北京出
　　　　版社，2000 年 1 月第一版，據明崇禎刻本影印），卷四，〈聚書樓記〉，頁
　　　　18 上。

〔註191〕
觀雪賞月、飲酒歡樂，尚能校訂藏書，情緒激昂之時，則擊節歎賞，難怪張珺直呼：「此時有此下酒物，真一斗不足多也」，可見其別具特色的疏狂生活趣味。

　　明代文人深得酒趣之樂，因此飲酒以助閱讀是歷來文人喜好的讀書方式，然而讀書佐酒雖令人激昂，然而飲酒太過，未免傷身，於是晉江黃景昉（1596～1662）遂提出折衷的論調：

> 午前從不飲酒，惟晚刻稍酌數杯自娛。有人勸余勿飲晚酒，云：「夜氣宜靜，或午飲乃不妨耳。」余不能從。觀宋邵堯夫安樂窩中，晡時輒飲酒三四甌，微醺便止，不使至醉。知亦嘗得趣，于是乎自春秋佳景外，夏日長晝力易倦，冬夜長夕眠難穩，微酒將何以伸縮其間。計一歲可得三百六十壺，入老子腹中，對客不論也。

〔註192〕
黃景昉的飲酒主張，春、秋稍止飲酒之外，夏日長晝力易倦，冬夜長夕眠難穩，則需飲酒自娛為樂，以季節氣候而視飲酒多寡，可謂兼得酒中樂趣與養生之道。華亭宋懋澄則認為讀書、飲酒，皆可視為養生之道，但是卻不能過度而為其所累。〔註193〕郴州何孟春（1474～1536）為弘治六年（1493）進士，認為：「春性喜讀書，然未能無飲酒，雖飲酒，然未嘗忍廢讀書。」〔註194〕讀書、飲酒兩者相兼則近道，相妨則礙生養，在於中庸取裁。無錫王問（1497～1576）既致仕歸家，足無他出門，謝絕世務，其性不好飲酒，而喜啜茗，綠蘿小徑、淨几明窗的居住環境中，「或書或畫，輒寫數十幅，如有神助，自謂徑丈大字，至老有進，凡仕宦過錫者，踵門求見，往往以疾辭，而獨好靜。」〔註195〕甚至在潔淨的小室，「置一几，陳幾種快意書，放一本舊法帖；古鼎焚香，素塵揮塵，意思小倦，暫休竹榻。餉時而起，則啜苦茗，信手寫《漢書》幾行，隨意觀古畫數幅。心目間覺灑空靈，面上塵當亦撲去三寸。」〔註196〕

〔註191〕《聖雨齋文集》，〈聖雨齋文集序〉，頁1上。
〔註192〕《屏居十二課》，〈晚酌〉，頁1下。
〔註193〕明‧宋懋澄，《九籥集》（北京：中國社會科學出版社，1984年），別集卷一，〈與陳六〉，頁251。
〔註194〕《餘冬序錄》，卷三五，頁11下。
〔註195〕《西園聞見錄》，卷二二，〈高尚〉，頁2164。
〔註196〕《醉古堂劍掃》，卷五，〈素〉，頁85。

處此香煙杳渺的情境，隨心觀畫、信手臨帖，如同身處在絕塵的清靈之氣。因此無論是飲酒、賦詩、書畫，向為傳統文人所雅尚並追求的生活情趣，皆可謂之賞心樂事。

三、與友共享

　　明代文人的讀書生活，雖然大多選擇謝絕賓客，以便靜心研討學問。然而若得相知相惜的同志師友，則可藉由相互論道，作為增添讀書生活的樂趣，因此對於選擇相與研討、共賞奇書的師友也格外重視。此外，相伴共讀也可分享奇詩妙文，共嚼詩文韻致，所謂：「晨夕素心人，奇文共欣賞。」〔註197〕在嚴謹的閱讀生活之餘，與知交好友共享詩文中的妙趣，可為讀書生活，帶來不同品味的生活樂趣。在靜默研讀外，與友可以歌詠、可以談論，使讀書生活更具活潑生動。

　　讀書貴在「致用」，與三兩好友共讀，互為切磋，相互啟發，以文會友，其樂無窮，同時讀書不僅應當心眼並用，更當精取與博收書中知識，融會貫通，方能領悟讀書生活的真味。無錫安桂坡（1481～1543）常於閒暇時與友徜山水之間，「時而酒酣興劇，乃取李白〈遠別離〉、〈蜀道難〉等篇，蘇長公〈赤壁〉諸賦歌之，音調清遠，流風洒洒，四座悄然傾聽，如神遊崑閬，不自知其在塵宇也。」〔註198〕取古人之詩，與客吟唱，頗具懷古之幽情。明初崑山顧阿瑛築有「玉山草堂」，為江南地區文人匯集之處：

> 少輕財結客，豪宕自好，年三十始折節讀書，益購古書、名畫、彝鼎、珍玩，築別業于茜徑，日夜與客置酒賦詩。其中文學四方之士，若河東張翥、會稽楊維楨、天台柯九思、永嘉李孝光，方外之士若張伯雨、于彥成、琦元璞，與凡一時名士，咸主其家。其園池亭榭之盛，圖史之富，與夫餼館聲伎，並鼎甲一時，而才情妙麗，與諸公亦略相當。風流文雅著稱東南。〔註199〕

文人樂於廣結友好，延請為客，於居家的園池亭榭中，賦詩飲酒，各展妙才，極具風雅。

〔註197〕明・段為袞撰、劉文琦編，《搶榆館集》（臺北：漢學研究中心景照明萬曆四七年序刊本），卷八，〈共賞編小序〉，頁25下。

〔註198〕明・王廷相，《王廷相集》（北京：中華書局，1989年9月第一版），《內臺集》，卷五，〈明故桂坡安徵君墓碑銘〉，頁986～987。

〔註199〕《西園聞見錄》，卷二二，〈畸人〉，頁19。

　　自古文人喜好清談，而文人閒居鄉里山野之處，必有同道同志之士，相與往來，相以為樂。鉛山費元祿認為讀書生活之中，若能得良朋益友或雅客文人，相與清談論道，更是閒居之中的樂事：

> 良朋勝于佳節，清話可抵家書。韻士過從，朗朗玉山在側；玄言滿坐，霏霏木屑當前。譚空說有間及鬼神，引古證今不關朝市；奇文共賞喜彈射為常，軟語相遺涉寒溫而已。……若乃益以奇香，資以苦茗，往來玄詣，雖達旦而未疲，賓主情深，每逢餐而必輟。搜尋話柄，演說稗官。〔註 200〕

費元祿相當重視與友清談的生活意涵，甚至認為：「門中如此客，當許頻來」，可說是與良友一席話，更勝讀十年書。黃景昉居於鄉里，或因居遠或因務繁，故而鮮少交遊，偶有「一二佳友，可與賞奇文析疑義，其人亦復經旬不一相造。」讀書需清幽獨居，但與友論道讀書則能互有所得，兩者之間實難取捨，因此黃景昉感嘆道：好客難招，談何容易。〔註 201〕讀書生活能得一益友，實為人生中難得際遇。

　　對酒賦詩、評花詠月，藉由物外之趣，使文人之間產生內心性靈上的交融。袁仁世居陶庄，自築室于亭橋之滸，「讀書撫景，徜徉自適，客至則對酒賦詩，評花詠月，陶然有忘世之趣。」〔註 202〕湖州費玲，家世豐饒，時時好哦詩，好接待賓客，年至五十而築「投老園」自樂，時而「日攜賓客琴弦弈棋，樗蒲六博，相與宴酣于其中，而不醉無歸者也。」〔註 203〕除了賦詩之外，讀書清談，與朋友論道辯駁、高談性命，更有身處清幽飄渺的意境，屠隆頗好清談，每與知己焚香啜茗，更覺是人生之真樂事：

> 所最好者，二三知己聚于一室，清夜張燈，焚香啜茗，高譚性命，
> 剖析玄微，參三氏之異同，窮九流之要渺，間以世法旁及神怪。
>
> 〔註 204〕

即使知道徹夜清談，多言數窮，損精耗氣，但卻「退而未嘗不悔，悔而迄不能改」，仍舊樂此不疲，幾乎是喜好清談成癡。蘇州邢量，簡陋屋舍三間，

〔註 200〕明・費元祿，《轉情集》（臺北：漢學研究中心景照明萬曆四六年序刊本），卷上，〈清譚〉，頁 81 上～下。
〔註 201〕《屏居十二課》，〈朋友〉，頁 5 上～下。
〔註 202〕《一螺集》，卷一，〈家居八景賦有序〉，頁 1 下。
〔註 203〕《茅坤集》，卷二〇，〈費處士墓阡記〉，頁 626。
〔註 204〕《白榆集》，卷九，〈與李觀察〉，頁 16 上～下。

青苔滿壁，室中唯有古書披覽，「客至清淡，不設湯茗，有奇彥數人，每謁之必挾鈔以往，午則買食他處，復就談焉。」〔註205〕新建李鼎認為：「掩關山中，閴然無偶。既戒綺語，絕筆長篇。興到輒成小詩，附以偶然之語，亦云無過三行，蓋習氣難除。」〔註206〕其中皆俊語清言，在在都反映文人在讀書之餘，皆好與師友論道、清談論學的時代現象與生活哲學。（參見：圖3-4）

紹興王畿好與士子談理清言，與周順之於會稽山中相與論學，因而同遊「探禹穴、蹕龍山，沿迴鑑湖之曲，覓梅隱之故墟，尋蘭墅之遺跡。倘徉浹旬，相觀彌切，而順之依依默默，若超然於名利之外，不以所履者為已足，而以其所造者為末至，方自視歉然也。復送之西遊，延訪隱淪，將窮三江五湖之勝，翛然遐覽，寄興益幽，蓋非區區山水間而已。」〔註207〕王畿認為藉由山水遊興，談理論道，確有超然於名利之外。因此，講會、清言於山水間，是明人生活中的時代文化現象，更是精神昇華的生活實錄。

休寧吳繼美，「託蹤泉石，絕意珪組，閒居暇日，焚香瀹茗，流覽古今，時時招勝侶，圍棋把酒以自愉快。」〔註208〕莫秉清則自以為生性慵懶，卻喜愛結交雅士，每相約歌詠於林壑之間，「乃三十年來，無以滿十人，而匏哉道人，其十之一也。匏哉坦率自放，多飲不亂而更嗜茶，與予性合。其茶室頗高，級而登，欄以衛之，即可坐茶，晨夕不輟。或晝寢未醒，客自煮對啜，君出就之，欣然浹也。」〔註209〕無錫華復，家藏書甚富，有才名善為詩，以貢授應天訓導，與盛仲交相友善。〔註210〕盛仲交以「蒼潤軒」藏書著名，而兩人的性情、志向相近，易結為莫逆至交。文人之間的焚香品茗，主客皆能自怡共樂，不但恬養怡情，表現出瀟灑士君子的精神象徵，更是作為時代生活文化的共通現象。綜觀明代文人讀書生活的開展，不難感受到當時文人勤讀的景象，亦反映出時代士風的生生不息。

〔註205〕明・黃姬水《貧士傳》（《百部叢書集成・廣百川學海》，臺北：藝文印書館，1965年），卷下，頁20下。

〔註206〕明・李鼎，《偶譚》（《百部叢書集成・寶顏堂秘笈》，臺北：藝文印書館，1965年），頁1上。

〔註207〕明・王畿，《王龍谿全集》（臺北：華文書局，1970年5月初版，據清道光二年刻本景印），卷一六，〈別言贈周順之〉，頁10上～下。

〔註208〕《嫩真草堂集》，卷二六，〈吳伯實先生傳〉，頁9上。

〔註209〕《傍秋菴文集》，卷一，〈張匏哉遺草序〉，頁17上。

〔註210〕明・朱孟震，《玉笥詩談》（臺北：廣文書局，1971年9月初版），卷上，頁17上～下。

圖 3-4：松蔭清話圖

資料出處：明‧姚綬〈松蔭清話圖〉，取自國立故宮博物院編輯委員
會編輯，《海外遺珍‧繪畫》（臺北：國立故宮博物院，1990 年 5 月初
版），頁九二。文人在松林之間高談性命、論道辯談，深深陶醉在清
幽及與世無爭的意境中，儼然超然脫俗於塵世之間。

第四章　讀書生活與圖書

　　訪書、購書、借書、鈔書、校書、藏書、刻書，是讀書生活不同層次的範疇與歷程。訪、購、借、鈔、校、藏、刻，都必須歷經閱讀的程序而衍生的文化活動。訪、購是讀書生活與圖書的第一層關係，借、鈔是第二層關係，藏、校、刻則是第三層關係。明代由於城市與經濟的發展，刺激圖書的流通與消費；鬆綁的出版文化政策，為書籍問世提供了良好的環境，也因此產生多樣的著作。隨之而起是日常用書的需求，使得各類著作大量出現，此時印刷術技術的提昇，造成圖書出版事業的繁榮昌盛，為讀書生活、藏書活動與文化傳播提供有利的條件。〔註1〕明人喜愛讀書而引發藏書的風氣，為歷代之最，雖然涵蓋官方藏書與文人雅士，但仍由民間社會私人藏書引領風騷，進而廣泛帶動時代讀書的風氣。當代著名藏書家有：宋濂、劉基、葉盛、楊循吉、王世貞、趙琦美、毛晉、項元汴、胡應麟、范欽、錢謙益等，其中又以毛晉、范欽、錢謙益等人，對明代藏書文化事業貢獻最大。〔註2〕

　　明代藏書風氣的盛行一時，致使藏書、購書、訪書的文化活動應運而生，文人不惜奔波跋涉、曠時費日，為求「書」承受著精神上的折磨與挑戰。訪書的活動不僅在成就文人藏書的意志，同時藉由文人費心的訪查，使得不少散失亡佚的典籍得以重現；斷簡殘編的詩文得以復原，對於古籍整理與文化保存，確實具有相當的貢獻與意義。

　　對於喜愛閱讀的明代文人而言，珍藏的圖籍是其一生重要的心血結晶。所藏圖書借予他人與否，一直都是有所困惑。即使借出之後，又怕他人隨意

〔註 1〕　韓文寧，〈明清江浙藏書家的主要功績和歷史侷限〉，頁 141。
〔註 2〕　曹正文，《書香心怡──中國藏書文化》，頁 53。

損壞書籍，或是遲不歸還。若是一味窮追討還，恐又破壞讀書雋雅之意，為此不少藏書家多採取「惜借」的態度，甚至誓言不以示人。但持相反立場的文人而言，在積書之餘，若能將自身藏書作為彼此流通、交換，對於書籍保存更具有更深遠的意涵，同時藉由彼此傳鈔，更可作為保存文獻、傳播知識的雙重作用，遂產生相互借鈔規約的出現。

　　文人的鈔書活動，是伴隨著一生的閱讀生活，無論在鈔寫時的字跡、校對，或底本的篩選、鑑賞，甚至於鈔寫紙張的使用，無不費盡心思，仔細打量，在明代文人的鈔書活動中，逐漸興起獨特的「個性化」風格。另外，不少藏書家不僅大加蒐購書籍典藏，更將蒐羅到的善本精校，不惜巨資予以刊刻印行，[註3]正因為文人投入古籍的刊刻與出版，為明代保留了豐富的文化資產。

第一節　讀書與訪書、購書

一、不辭辛勞，尋訪書籍

　　知識分子的文人階層其讀書生涯規劃，必須是平日養成嗜好閱讀群籍、翻閱藏書目錄、熟悉書市行情，才有訪書、購書的實際行動，此係讀書生活與圖書的第一層關係。明人喜愛藏書，認為：「善積者，與積寶玩，寧積食衣藥；積食衣藥，無寧積書也。」[註4]這種愛書蒐藏，購書成痴的行為，說明了明代文人樂於享受坐擁書城，飽覽古今圖籍的精神享受與滿足。由於明代中晚期出版事業發達，除了傳統典籍之外，丹鉛、星曆、方技、怪譚等書籍內容，無一不吸引文人關注，然而這些奇書祕籍與宋元精刻版本，礙於年代久遠而散失，或以戰亂、災異等其他因素而損壞，或藏匿於鄉野之間，使得文人必須多方搜尋購置，方能有所獲。誠如蘭谿胡應麟（1551～1602）所言：「唐、宋浮沉之業，遺裔之所世藏，往往鈔錄傳摹，人所吝泏，間有刻本，率寡完篇，摧殘市肆，蠹齧民家，輾轉流亡，什九煨燼。」[註5]為此，即使擁有資產萬貫，若無耗費許多的心血與精力，實在難以獲得珍寶。因此，許多明代文人想要蒐藏奇文祕冊，勢必勤於訪求，親訪師友之間，足跡遍及市

〔註3〕邱澎生，〈明代蘇州營利出版事業及其社會效應〉，頁143～144。
〔註4〕《西園聞見錄》，卷八，〈藏書〉，頁68下。
〔註5〕明・胡應麟，《少室山房筆叢》（臺北：世界書局，1980年5月再版），卷四，〈甲部・經籍會通四〉，頁54。

肆，而為求訪書與購書，不惜深入窮鄉僻壤。〔註 6〕甚至有些文人「聞有異本，即僻巷環堵，必徒步相訪」，〔註 7〕其不畏勞苦的精神，足以跨越地域上的各種限制，克服層層難關，泰半終能如願以償。

　　訪求書籍最佳且便捷的方法，是往訪當地著名的文人處所直接借閱書籍，武進徐常吉於宦遊京師之際，手中無書，便向其座師許維楨（1527～1596）友人孫太史等人借閱書籍。〔註 8〕華亭顧清（1460～1528）於弘治年間（1503～1505）中進士，初授翰林之職，耳聞京師藏書之家頗多異書，即投刺京師仕宦居宅，表明欽慕之意，請求借書一觀。〔註 9〕有時借閱的人太多，必須按照順序輪流，往往耽誤不少時間。無錫姚咨（1495～？）曾向某友人借閱《蜀鑑》一書，當時書籍正在其他文人手上，等到姚咨借得《蜀鑑》時，此書至少已歷經李開先、范欽、顧起經等人，輾轉假錄，逾二十餘年，姚咨「始得手鈔，凡六踰月乃畢。」〔註 10〕為求借閱一書，致使等待數十個寒暑依然懇切不止，確實耗費不少時間。

　　此外，若無法親自到達遠地購書，則委託親友、子孫代為蒐購所欲買之書籍。歸安茅坤（1512～1601）即因其子入朝為官，便以家書囑咐代為尋找有關兩直隸十三省的郡縣志，與當地的名士文集。〔註 11〕秀水馮夢禎（1546～1605）亦曾請友人代為覓得一部郡志，並願以佛書數種予以酬贈。〔註 12〕倩請朋友代為蒐購書籍，不僅可以節省時間，更可以減少尋書時的一時疏漏。

　　文人訪求書籍的行為，往往足跡踏過窮鄉僻壤，翻山越嶺穿越各地市鎮，在跋山涉水之後，不遠千里才到達目的，是極為耗損體能與精神心力。丘濬字仲深，瓊山人。幼孤，母李氏教之讀書，過目成誦。家貧無書，嘗走數百

〔註 6〕 楊柏榕，〈關於中國古代藏書家評價問題〉，頁 62。

〔註 7〕 《藏書紀事詩》，卷三，〈包檉芳子柳〉，頁 176。

〔註 8〕 明・徐常吉，《新纂事詞類奇》（《四庫全書存目叢書》子部一九八冊，臺南：莊嚴文化事業有限公司，1995 年 9 月初版，據明萬曆周曰校刻本影印），〈事詞類奇敘語〉，頁 8 上～9 上。

〔註 9〕 明・顧清，《東江家藏集》（臺北：中央研究院藏明嘉靖間華亭顧氏家刊本），卷二五，〈與友人借書書〉，頁 2 下～3 上。

〔註 10〕 清・王士禛，《池北偶談》（《清代史料筆記叢刊》，北京：中華書局，1997 年 12 月第一版），卷一六，〈談藝六・蜀鑑〉，頁 395。

〔註 11〕 明・茅坤，《耄年錄》（《四庫全書存目叢書》集部一○六冊，臺南：莊嚴文化事業有限公司，1997 年 6 月初版，據上海圖書館藏明萬曆刻本影印），卷八，〈諭仲兒約〉，頁 20 上。

〔註 12〕 《快雪堂集》，卷四一，〈報李友龍書〉，頁 8 下。

里借書，必得乃已。〔註13〕愛書之癖，不得而知。人在訪求書籍的過程中，
關心古籍的存留情形，時時流連於書坊、書攤之間而不知歸返，可想而知其
所投注的時間、金錢與心血，付出的「成本」，都是無法估計的。也由於所喜
好的書籍並非隨時可見，若是珍貴刻本更是可遇不可求，所以文人在訪求書
籍時必須有過人的毅力與恆心，甚至是數年、數十年之後，才能實踐其願望。
無錫姚咨，為訪求宋刻本《南唐書》，前後費時近二十年，最後終於嘉靖二十
年（1541）4月借得此書，甚至不惜抱疾鈔錄：

> 正德辛巳（十六年，1521），余聞江陰葉潛夫云，靖江朱先生藏有宋
> 刻馬令《南唐書》，許借未往，迄今二十餘年，但往來於懷。今年春
> 得主洛川張君家塾，暇日乃出馬令《南唐書》觀之，云是從先公官
> 閩時所錄，余曰：「此余二十年前求之未獲者也。」遂抱疾錄一過，
> 藏諸篋笥。〔註14〕

嘉興李日華（1565～1635）也曾為尋訪《楊南峰逸稿十種》一書，而費時三
十年之久，自謂：「《楊南峰逸稿十種》，內金、遼二小史，余十五六時見之吳
閶一友家，覓之三十年，今始得之，甚快。」〔註15〕如此獲得珍貴圖籍的欣
喜心情，不言可喻。

　　相較於姚咨與李日華，為尋求圖書而費時二十年、三十年之久，已是文
人內心最深層的洗鍊與突破。而長興臧懋循（？～1621）為求訪書，更斷斷
續續歷時五十年之久，其過程如同傳奇故事一般而富有戲劇性。臧懋循性好
蒐藏小說、戲曲等圖籍，為此四處尋訪蒐集，至老不輟。曾於年少時，聽聞
耆老談及明初浙江諸暨楊維楨（1296～1370）著有《仙遊錄》、《夢遊錄》、《俠
遊錄》、《冥遊錄》四種，實為元人創作彈詞之先河，之後遂於書肆之間，留
心此四種書的下落，然而長期以來並未尋得任何相關的線索。但是在相隔四
十年之後，於偶然機緣之下，在鄉里之中的蠶嫗家獲得《仙遊錄》、《夢遊錄》
二書，欣喜之餘隨即校刻印行。又經過十年後，因採茶而過訪壽聖寺，寺中
有「毘陵閣」，遂與隨行童僕登閣眺望，童僕不小心跌落閣中，臧懋循乃知閣
中藏書甚多，但因無人管理，書籍盡為蟲鼠恣意嚙咬，遂命童僕撿拾整理，
竟意外發現《俠遊錄》一書，當下極為高興，並在此書卷末題跋：

〔註13〕 《明史》，卷一八一，〈列傳六十九·丘濬〉，頁4808。

〔註14〕 清·瞿鏞，《鐵琴銅劍樓藏書目錄》（《書目叢編》，臺北：廣文書局，1989年
　　　　 7月再版，據清原刻本影印），卷一○，〈南唐書三十卷〉，頁20下～21上。

〔註15〕 《味水軒日記》，卷一，頁33。

　　　讀其書，校前二錄小異，而豪爽激烈大過之，摹寫當時劍仙諸狀，

　　　若抵諸掌，誠千古快事。〔註16〕

臧懋循所謂的：「千古快事」，不僅是《俠遊錄》內容摹寫劍仙的精彩，更是為了尋訪心目中珍貴古籍，輾轉、曲折歷時五十年之久，最後如獲至寶的心情寫照。文人在所珍藏的書籍的卷首或卷末，不乏以題跋的方式，來記錄書籍的內容摘要、訪求的經過，甚至是心得感想，更將原本單調的書籍經過潤飾，增添些許文人內心的情感抒發，更成為藏書題識史上的重要文獻記錄。（參見：圖4-1）

圖 4-1：王肯堂鬱岡齋鈔本圖

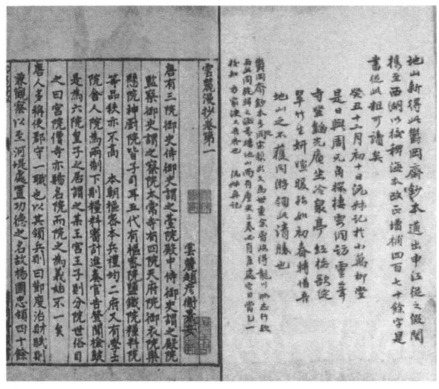

資料出處：趙前，《明本：插圖珍藏本》（《中國版本文化叢書》，南京：江蘇古籍出版社，2003 年 8 月第一版），頁八九。此《雲麓漫鈔》為王肯堂鬱岡齋鈔本，右為後人的硃筆評點。

〔註16〕　明·臧懋循，《負苞堂詩選文選》（《四庫全書存目叢書》集部一六八冊，臺南：莊嚴文化事業有限公司，1997 年 6 月初版，據明天啟元年刻本影印），文選卷三，〈俠遊錄小引〉，頁 54 下。

　　無論是經過多少寒暑，文人一旦尋獲夢寐以求的書籍時，其內心喜悅與成就感，遠遠超越任何物質的價值，即如挫折煩惱或身染疾病，都會因此暫時忘卻。上海陸深（1477～1544）以藏書著稱，其庋藏圖書滿架，惟欠《白齋集》一書，早年曾於京師任官之際，偶失購買此書的機會，自此每於友人家見到《白齋集》便有所垂涎。之後因政事貶官歸家，隱居於鄉里之間，卻因緣際會而併得續集，內心感到極為欣喜，甚至忘卻貶官之憂，直呼：「快事！快事！向晚到手，自有滋味。」（參見：表4-1）

　　有些文人為求蒐集古籍，即使身處危難的局勢，也能秉持讀書、藏書的熱忱。仁和吳任臣（1628～1689）在任官翰林之前，以家境貧窮而教授里中，當時因明亡兵亂，江南大姓皆四處竄匿，當時里中少年載其書叫賣，以一錢易一篋，吳任臣遂以其微薄的束脩，盡數購得書籍。〔註17〕吳任臣在短時間內獲得為數相當可觀的藏書，之後不僅刻苦攻讀，成就自身的學識涵養，更直接保存可能遭毀棄的古籍圖書。嘉靖年間（1522～1566）朝廷抄沒權臣嚴嵩的家產，內有《晏元獻集》一部，約十餘帙，皆為鈔本。主其事者為博雅之士，當時陸深竟欲前往借鈔，後慮其生謗議而止。〔註18〕只是為求一睹珍貴的古籍，陸深竟想親自身歷險地，最後因有所顧忌而不得不放棄。可見明代文人為訪圖籍，不辭辛勞而四處奔波，甚至身處困頓，猶不願輕易放棄訪書、讀書的生活，其精神確實令人敬佩。

表4-1：訪書流程示意表

```
訪書 ┌ 購書 — 讀書 ┐
     │            ├ 藏書— 校書 編書 著書— 刻書
     └ 借書 — 鈔書 ┘
```

二、千金散盡，為求購書

　　由於宋元以來印刷技術的發達，使得圖書的交易情形日趨普遍，加上書坊刻書所獲得的利益頗為可觀，書坊刻書事業至明代更是蓬勃發展，無論官方或私家刻書數量與種類之繁多，已經遠遠超越宋元時期，當時新興的書籍販賣中心則有：南京、北京、蘇州、徽州與湖州等地，尤其以江浙地區為最。

〔註17〕清‧丁申，《武林藏書錄》（《中國目錄學名著》第一輯，臺北：世界書局，1980年10月四版），卷下，〈吳託園先生〉，頁56。
〔註18〕《少室山房筆叢》，卷三，〈甲部‧經籍會通三〉，頁51。

〔註 19〕舉凡經史子集、通俗小說戲曲、各種叢書、類書等，皆有刊刻，對於讀書、購書或藏書，提供極為方便的環境。因此，以購買圖書的方式而獲得藏書，成為文人常見的蒐藏圖籍方法。〔註20〕

由於書肆的大量出現，促成彼此之間的商業競爭，使得明代圖書的發行與種類也就愈趨多樣化、複雜化，甚至在特定的市鎮，皆有固定的店鋪、書攤、集市、草市來販售圖書。當時文人也提及明代書籍的流通市場，確實比唐宋以前來得興盛：

> 今文人所急者，先秦諸書。詩流所急者，盛唐諸書。舉子所急者，宋世諸書。大約數百家，弘雅之流，稍加博焉，錄經之閏者，史之支者，子之脞者，集之副者，又無慮數百家，悉世所恆有，好而且力，則無弗至也。〔註21〕

明代書籍市場廣大，能因應文人、舉子等各類不同身分的各項需求，書籍種類多，只要願意耗費鉅貲，就能夠將各類圖籍蒐購到手。秀水馮夢禎屢次與友人結伴前往書肆買書，曾於萬曆十六年（1588）7月二十四日，因好友前來九山寓居，遂與之同往市肆買書，興之所至，大手筆購得宋陳子兼《捫蝨新話》等舊鈔本、刻本書共數十種，總計將近百餘卷。〔註 22〕可見，在書籍市場的流通與刺激之下，促使文人們沉醉於藏書的蒐集、讀書的樂趣。

在市場充足供應的條件之下，交通工具亦日漸發達，於是不少水鄉澤國的地區，開始利用水道運銷的優勢，採用「書船」作為販售圖書的工具，明代的販書船載著書籍，透過水道販銷四方，甚至直接將圖籍送到購書者手中。例如在浙江湖州府烏程縣的書商，就是藉由書船連結各地圖書市場，在嘉興縣地區更可以看到販書船沿著河道巡迴販書。〔註 23〕不僅打破地理空間的限制而開拓圖書市場，更象徵文化的繁榮發展。為求擴大販售圖書的市場，不少書商直接前往文人或藏書者家中進行求售，李日華即曾遇到書賈載新鐫諸書來求售。〔註24〕秀水朱彝尊（1629～1709），曾因事暫留吳下，即遇書賈攜帶長洲吳寬（1435～1504）的手鈔本求售，「書法精楷，卷首識以私印，書肆

〔註 19〕張秀民，〈明代南京的印書〉，《文物》，1980 年一一期，頁 78。
〔註 20〕任繼愈，《中國藏書樓》（瀋陽：遼寧人民出版社，2001 年 1 月第一版），頁 79～80。
〔註 21〕《少室山房筆叢》，卷四，〈甲部・經籍會通四〉，頁 54。
〔註 22〕《快雪堂集》，卷四八，〈戊子〉，頁 24 上～下。
〔註 23〕陳學文，〈論明清江南流動圖書市場〉，頁 110。
〔註 24〕《味水軒日記》，卷三，頁 190。

索直三十金。」〔註25〕顯然此鈔本字跡精妙，書商索價也確實高的令人咋舌。

　　由於販售圖書的市場獲利頗豐，致使不少鄉里生員或不第舉人，利用本身的既有的文化知識，轉而投入販售圖書的市場。如杭州新安項寵叔，原為杭州府學生員，但因屢試不第，遂隱居西湖，開設店肆，内雜置書籍畫卷、盆花竹石，索價頗為昂貴。〔註26〕特別是在士商階級觀念薄弱的明代中晚期，書商開始利用自己交遊廣泛、訊息掌握、專業知識嫻熟等優勢，針對文人藏書的各種需求，分別予以謀求。同時書商又具有別於一般商賈的文化素養，往往受到文人的稱許，而部分書商的服務作風，正可滿足文人藏書的需求，解決圖書徵集時的長途奔波之苦，同時書商也主動將珍藏的善本書親自奉上，以滿足文人藏書的渴望。〔註27〕

　　文人與書商之間的良好互動關係，也連帶刺激圖書市場的流通。海鹽胡彭述，性好讀書，「見異冊至，典質買之不靳，吳興書賈每一來，欣然予之飲食。有一賈病疫舟中不能歸，命老蒼頭搖櫓送歸去，人以為咲，弗顧也。」〔註28〕明代文人與書商之間的深厚情感與情誼，宛如舊友一般。元末明初崇德貝瓊（1314～1379），也十分讚賞王氏書商的專業素養：

> 金陵王舉直氏鬻書於市，復顏其堂曰：「勤有」，取昌黎韓子詩語也，余嘗過而異之。蓋一時善賈，視時廢居，惟珠玉錦繡為上。而舉直以經史子集益於人者，大多畜善本，不趐珠玉錦繡，非特徵十一之利，旦示人必盡其力，又可知其賢也。〔註29〕

這位金陵書商王舉直，取唐代韓愈（768～824）詩文，以作為居家廳堂之名，顯然具有相當的文化涵養。在一般商人競相以珠玉錦繡享樂的物慾風氣下，尚能以蓄善本圖書，頗具鑑賞眼光，也懂得推銷圖籍，可知其人賢而智，無怪乎貝瓊對其另眼相待並為之記。

　　雖然明代圖書的印刷與生產，較之宋元時期發展蓬勃，然而書籍的價格，

〔註25〕清・朱彝尊，《曝書亭集》（《中國文學名著》第六集，臺北：世界書局，1989年4月再版），卷四三，〈書尊前集後〉，頁521。

〔註26〕明・李日華，《六研齋筆記三筆》，卷三，頁19上。

〔註27〕吳平，〈古代書商的經營作風──宋明清諸朝代淺析〉，頁70～71。

〔註28〕明・樊維城、胡震亨等纂修，（《天啟・海鹽縣圖經》，（《四庫全書存目叢書》史部二○八冊，臺南：莊嚴文化事業有限公司，1997年6月初版，據明天啟刻本影印），卷一四，〈人物・文苑〉，頁20上。

〔註29〕明・貝瓊，《清江貝先生集》（《四庫叢刊初編》集部八一冊，臺北：臺灣商務印書館，1965年8月臺一版，上海商務印書館據烏程許氏藏明洪武本縮印），卷一八，〈勤有堂記〉，頁78上。

仍是屬於較為昂貴的消費，並非一般平民或者微薄收入的文人所能負擔。不少喜好蒐藏書籍的文人，往往是在節衣縮食，或變賣家產的情況下，持續進行傳承文化的志業。元末明初的無錫倪瓚（1301～1374）家境豐饒，然平生無其他嗜好，惟「嗜蓄古法書名畫，持以售者，歸其直累百金無所靳。」〔註30〕同樣，武進陳濟（1363～1424）購書也從不惜耗費鉅貲，嘗過錢塘，以多數家產蒐購圖籍，逐「口誦手鈔十餘年，盡通經史百家之言。」〔註31〕至於在購書的過程中，山陰祁承㸁曾對後人提及個人獨到的購書技巧：「購書無他術，眼界欲寬，精神欲注，而心思欲巧。」〔註32〕這種見解所涵蓋的不單是表面購買書籍的方法，更是內在涵養、鑑賞的整體訓練。

　　對於擁有相當經濟力的明代文人而言，為求購書更是不惜一擲千金。其中尤以華亭朱大韶（1517～1577）太倉王世貞（1526～1590）的事例最為著名。前文所載朱大韶為求換售宋刊本的《後漢紀》，竟不惜以美婢交換，事後卻又因為懊悔而抑鬱以終；〔註33〕而王世貞則是於南京任官時，在途中見書商求售宋刻本《兩漢書》，版刻極為精妙，一見傾心，甚至願以一座莊園換取《兩漢書》。〔註34〕王世貞之所以甘願以莊園的高價換取宋刻本，正是以表明其珍藏古籍的精神，可見即使耗費千金亦不悔的癡狂態度，足見文人沉溺於此間的樂趣。

　　此外，仁和郎瑛（1487～1566）的個性篤志好古，凡遇奇書異帙無不蒐購，以致於原本富裕的家境，幾近日貧。〔註35〕海鹽胡憲仲（1514～1553），亦不惜以舉債的方式，借錢來滿足購書的樂趣。〔註36〕更有時人為搜奇索隱，得古人一言一論而魂牽夢縈：

〔註30〕　元・倪瓚，《倪雲林先生詩集》（《四庫全書存目叢書》集部二三冊，臺南：莊嚴文化事業有限公司，1997年6月初版，據明萬曆十九年倪珵刻本影印），附錄，周南老〈故元處士雲林先生墓誌銘〉，頁2下。
〔註31〕　《明史》，卷一五二，〈列傳四〇・陳濟〉，頁4193。
〔註32〕　《澹生堂藏書約》，〈藏書訓略・購書〉，頁17上。
〔註33〕　明・吳翌鳳，《遜志堂雜鈔》（《叢書集成續編》一八冊，臺北：新文豐出版公司，1989年7月，據槐廬叢書影印），卷七，〈庚集〉，頁3上～下。
〔註34〕　曹正文，《書香心怡——中國藏書文化》，頁16。
〔註35〕　明・郎瑛，《七修類稿》（北京：文化藝術出版社，1998年8月第一版），陳仕賢〈原序一〉，頁14：「（郎瑛）篤志好古，遇奇書異帙，輒購求之，至傾貲罔惜。故學富而家日貧，幽憂抑郁，惟典籍是適，雖至屢空，而搜誦不輟，其種積之富有自哉！」
〔註36〕　《國朝獻徵錄》，卷四七，馮皋謨〈胡主事憲仲傳〉，頁89上。

> 藏書者無問冊帙美惡，惟欲搜奇索隱，得見古人一言一論之秘，以
> 廣心胸未識未聞，致於夢寐嗜好，遠近訪求，自經、書、子、史、
> 百家、九流、詩文、傳記、稗野雜著、二氏經典，靡不兼收。故常
> 景耽書每見新異之典，不論價之貴賤，以必得為期，其好亦專矣。
> 故積書充棟，類聚分門，時乎開函攤几，俾長日深更，沉潛玩索，
> 恍對聖賢，面談千古，悅心快目，何樂可勝。〔註37〕

文人認為遠近訪求，盡得百家諸書的珍本異冊，得以與古人聖賢，神交千古，如此賞心悅目，確實是人生至樂。

　　文人的購書行為，不僅止於自身，甚至會以家訓方式傳承給子孫，以培養讀書、愛書的家風。劉鈗，自號真樂翁，為明代中葉人士，平日燕居時，輒令子孫誦說書史：

> 翁故貧，尚儉，獨購書不費之，愛也。每燕居，令子孫誦說書史。
> 會意，便欣然喜曰：「古之言不難知，難于行耳。誦之而不行，猶不
> 誦也。」諸子孫環拱曰：「唯唯！」翁顧之，笑曰：「樂乎！」遂自
> 稱真樂翁。〔註38〕

修武劉鈗一生貧儉，獨以書香傳家，享受與子孫共同讀書的燕居之趣。文人嗜好購書往往積書如山，遂造成搬遷的困難，長樂謝肇淛（1567～1624）一生仕宦在外，歷官各省區，曾自嘲這種搬書之苦：「宋晏叔原聚書甚多，每有遷徙，其妻厭之，謂之乞兒搬漆碗。余壯年從仕，亦有此癖。聚書常數萬卷，每有移徙載必兼兩，且懷薏苡之懼，每憶叔原事，為之一笑。」〔註39〕

　　只要能得到所求書籍，即使花費再多的金錢，他們都願意付出。秀水馮夢禎曾委託友人代為覓訪陸放翁舊志，甚至在信中特別告知，願意不惜以良價得之。〔註40〕經濟能力不足或貧窮的寒士，雖無力投注大量金錢，但仍舊為了讀書與購書而不遺餘力，顏叔夏也是家貧無他好，唯喜讀書，「其讀書也，衣被寒窗，灰中藏火，晝鈔夜校，廢箸操錐」，因此庋藏不少書籍。〔註41〕華

〔註37〕明‧高濂，《遵生八牋校注》，頁535～536。
〔註38〕明‧李夢陽，《空同先生集》（《明代論著叢刊》，臺北：偉文圖書出版社有限公司，1976年5月），卷四二，〈真樂翁墓碑〉，頁11上。
〔註39〕明‧謝肇淛，《文海披沙》（《四庫全書存目叢書》子部一○八冊，臺南：莊嚴文化事業有限公司，1995年9月初版），卷七，〈聚書〉，頁14。
〔註40〕《快雪堂集》，卷三五，〈與王叔駿名驥德〉，頁9下～10上。
〔註41〕明‧王思任，《王季重十種》（杭州：浙江古籍出版社，1987年8月第一版），〈顏叔夏先生文集序〉，頁91。

亭何良俊（1506～1573）少好讀書，遇有異書，「必厚貲購之，撤衣食為費，雖饑凍不顧也。」〔註42〕這些讀書文人雖身處貧窮困境，仍不吝於買書。越中十子之一的徐渭，生性狂誕不羈，「死之日，至無以葬，獨餘書數千卷、浮磬二、研劍圖畫數，其所著詩若文若千篇而已。」〔註43〕

　　古來藏書最重訪書，文人為求訪書，歷盡千辛萬苦，所蒐羅的書籍自然要倍加珍藏，一遇祕籍異書更是視若珍寶。當知識分子看淡世事炎涼，隨性而絕意仕途，轉而終日與書籍為友，追求恬淡閒適的生活態度，在訪書、購書的行程中顯露無遺。同時，從書籍中獲得的知識泉源外，還有一種相惜相伴的情感，也反映出文人雅士對書籍愛護與珍惜的情懷。

第二節　讀書與鈔書、借書

一、文人鈔書的原因

（一）書籍流通不便與限制

　　古代文人在訪書無著落、購書無貲財的窘境下，借書而讀、鈔書而藏，成為一時風尚，是讀書生活與圖書的第二層關係。傳統中國地域廣大，因此書籍的印刷與生產，受限於地區不同、交通不便等因素，造成文人購書藏書的許多困難。自印刷術發明以來，鈔書之所以仍然是文人獲得藏書手段的原因，大致有三：一、由於空間限制，交通不發達等因素而無法隨意購買書籍；二、部分書籍刊刻品質低劣，錯誤百出，不如以較好版本鈔寫；三、部分書籍無法購得，只好借書鈔錄。〔註44〕文人對於一些不能購有的書冊，須藉鈔寫才能得以蒐藏，手鈔本遂成為中國歷代藏書的一個重要組成部分。〔註45〕而居家所積的大量藏書，也須加以整理與校對，基於此種景象，故發展出伴隨讀書生活而附屬出現的鈔書與校書等生活型態。

　　文人為求增加藏書，卻因家貧而不能購買，則往往採取手自鈔寫的方式。〔註46〕為了嗜好讀書、蒐集圖籍，以堅持的毅力勤奮鈔書，精心護書，豐富

〔註42〕《四友齋叢說》，〈初刻本自序〉，頁5。
〔註43〕明・徐渭《徐渭集》（北京：中華書局，1983年4月第一版）《徐文長三集》，卷二六，〈自為墓誌銘〉，頁639。
〔註44〕劉意成，〈私人藏書與古籍保存〉，《圖書館雜誌》，第三期，1983年9月，頁33。
〔註45〕曹正文，《書香心怡——中國藏書文化》，頁85。
〔註46〕明・陳繼儒，《白石樵真稿》（《四庫禁燬書叢刊》）集部六六冊，北京：北京出

讀書生活內涵，也為保存文化典藏做出了貢獻。在印刷術發明以前，圖書流通的方式主要靠鈔寫，為了獲得書籍來讀書，許多讀書種子都有鈔書的艱苦經歷。因此，為渴求讀書而勤奮鈔書的事例不勝枚舉，明代風氣尤盛，鈔書成為明代文人蒐集圖書的重要手段之一。蘭谿胡應麟（1551～1602）曾記載當時書籍流通的情形：

> 今海內書，凡聚之地有四：燕市也，金陵也，閶闔也，臨安也，閩、楚、滇、黔，則余間得其梓。秦、晉、川、洛，則余時友其人，旁取閱歷，大概非四方比矣。兩都、吳、越，皆余足跡所歷，其賈人世業者，往往識其姓名。〔註47〕

其中北京為全國政治、經濟的中心，成為聚書集中之地；而南京為明代的留都，也是文化薈萃之地；蘇州、杭州更是江南的文化奧區。就胡應麟所言，全國圖書不僅主要集中於四個地方，而書價也高於其他地方。一般的文人，受限於經濟能力，無法購買圖書，如惠安黃孔昭家貧，「閒從積書家借讀之，晝閉戶，夜焚膏，若諸生治舉子業者。」〔註48〕同時由於交通條件的因素，也不可能隨心所欲的四處蒐購，鈔書實為一種另類增加書籍的實際方法。

元末明初戰亂之際，刻書事業停滯，文人藏書的方式，大多是藉由鈔錄謄寫作為主要方法。如浦江宋濂（1310～1381）的藏書，主要是假借於藏書主人之家，借出之後親自筆錄，再如期歸還：

> 余幼時即嗜學，家貧，無從致書以觀，每假借於藏書之家，手自筆錄，計日以還。天大寒，硯水堅，手指不可屈伸，弗之怠。錄畢，走送之，不敢稍逾約。以是人多以書假余，余因得遍觀群書。既加冠，益慕聖賢之道，又患無碩師名人與遊，嘗趨百里外，從鄉之先達執經叩問。先達德隆望尊，門弟子填其室，未嘗稍降辭色。余立侍左右，援疑質理，俯身傾耳以請。或遇其叱咄，色愈恭，禮愈至，不敢出一言以復。俟其欣悅，則又請焉。故余雖愚，卒獲有所聞。
> 〔註49〕

版社，2000 年 1 月第一版，據明崇禎刻本影印），卷一，〈答費無學〉，頁 33 下。
〔註47〕《少室山房筆叢》，卷四，〈甲部‧經籍會通四〉，頁 55。
〔註48〕明‧黃克晦，《黃吾野先生詩集》（臺北：漢學研究中心景照清乾隆二五年序刊本），卷五〈黃孔昭詩稿序〉，頁 4 下～5 上。
〔註49〕明‧宋濂，《宋學士續文粹》（臺北：國家圖書館藏明建文辛巳浦陽鄭氏義門

宋濂為求如期歸還借書，皆親手鈔錄，即使到天寒地凍的時節，導致手指凍僵而不能屈伸，依舊不敢懈怠，因此獲得書籍主人的認可，願意借閱，宋濂才能遍觀群書，成為明初著名的文人領袖。

　　鑒於書籍流通不便，定期市集的書肆、書攤，遂成為文人流連忘返之處，甚至是競相找尋秘笈珍本的地方。明末清初山東新城王士禎（1634～1711）別號漁洋山人，當時有某文人數次拜訪而不遇，最後才在慈仁寺附近的書攤見到王士禎：

　　　　昔在京師，士人有數謁予（王士禎）而不獲一見者，以告崑山徐尚
　　　　書健庵，徐曰：「此易耳，但值每月三、五，於慈仁寺市書攤候之，
　　　　必相見矣。」如其言，果然。廟市賃僧廊地鬻故書小肆，皆曰攤也。
　　　　〔註50〕

對此，山東孔尚任也有相同的感受，並賦〈燕臺雜興〉詩：「彈鋏歸來抱膝吟，侯門今似海門深。御車掃徑皆多事，只向慈仁寺裏尋。」詩末自注：「漁洋龍門高峻，人不易見，每於慈仁廟市購書，乃得一瞻顏色。」〔註51〕王士禎徘徊並鍾情於書攤之間，搜尋古今圖書的身影，如此好書、愛書的精神，被時人稱頌不已，而王士禎自己亦對此事頗感自豪。

　　在書籍流通不便的環境限制之下，鈔書是古人經常運用的讀書方法之一，而明代知識階層更盛行鈔書的風氣。雖然明代刻版印刷已經比較前代發達，但是當時的文人還是喜歡自己鈔書，其主要原因有以下幾點：一是所鈔書籍很多是宋元時期的刻本、鈔本或傳世孤罕的祕籍，不易得到，只能靠親自鈔成副本蒐藏；二是鈔書者雖然識文斷字，但經濟條件有限，不得不通過鈔書來節約開支，增加無力購買但又需要的書籍；三是鈔書者通過鈔書加強記憶，是讀書學習的一個好方法。另外，文人蒐集圖書的經歷與故事，幾乎都與鈔書有不解之緣，同樣也被後人所崇敬。〔註52〕

　　鈔書是中國傳統文人獲得書籍的主要手段之一，也是撰書的一種方式。明末清初崑山顧炎武（1613～0682）曾作《鈔書自序》提及：

　　　書塾刊本），卷二，〈送東陽馬生序〉，頁 7 上～下。
〔註50〕清・王士禎，《古夫于亭雜錄》（《清代史料筆記叢刊》，北京：中華書局，1988
　　　年），卷三，〈慈仁寺攤〉，頁 68。
〔註51〕《藏書紀事詩》，卷四，〈王文簡士禎〉，頁 382～383。
〔註52〕趙前，《明本：插圖珍藏本》（《中國版本文化叢書》，南京：江蘇古籍出版社，
　　　2003 年 8 月第一版），頁 79。

「先祖曰：著書不如鈔書。凡今人之學，必不及古人也。今人所見
之書之博，必不及古人也。小子勉之，惟讀書而已。」〔註53〕

在顧炎武祖父看來，「著書」必須以學問超越前人為前提的，而學問超過前人，
又是以讀書多於前人為條件的。既然讀書不博於前人，學問不及於前人，「著
書」也就無能為力，而只能退而求其次──鈔書。顧炎武從小受祖父之教，
說「著書不如鈔書」，他畢生學問都從鈔書入手，可以說以鈔書為著書。明清
改朝換代之際，家中圖書散佚者十之六七，在不走仕進路之後，讀書便成了
他不計功名的主要生活。

（二）書籍的珍貴性與特殊性

除了交通、經濟等因素而造成鈔書的可能性，另外因為書籍本身的珍本、
異本、罕見等性質，既無其他刊本，而且購置不易，持有者的本身也不願意
出借；若遇到這種難得罕見之書，或因藏家不肯出讓，即使藏家願意出讓，
但無法籌措鉅額的書款，此時惟有採用鈔錄而藏的方法。〔註54〕

傳統中國圖籍雖然浩瀚如煙，但是幾經戰亂、災異，毀去甚多，特別是
時間越古老的書籍更是稀少。於是隨著古版書籍日漸流失，加上明代好古、
尚奇的風氣所致，古籍的價值性與蒐藏性越高，成為文人彼此之間互相競尚
標榜的文化象徵。即如明代海鹽姚士粦（1561～？）所言，漢魏六朝的文人
著作在當時確實極為少見：

漢魏六朝文集，靖康間悉為金虜輦去，今按《通考》所載，自宋玉至
顏之推，僅三十種耳！今所見惟董仲舒、蔡中郎、陳思王、嵇康、陸
機、陸雲、陶靖節、鮑參軍、謝宣城、江淹、庾開府十餘集。〔註55〕

漢魏六朝的文人著作，因南宋初期的戰亂而散失，根據《通考》所載的目錄
尚有三十餘種，然而到了明代，竟只剩下十餘種。雖然這種說法，可能只是
代表姚士粦的個人見聞與觀察，但是卻也適時反映出圖籍散失、亡佚情形的
嚴重。而刊印古籍的價格往往偏高，如一部宋版《太平御覽》一百本，動輒
要價百金以上，〔註56〕非一般人所能支付。

〔註53〕 清・顧炎武，《亭林詩文集》（香港：中華書局，1976 年 4 月，據上海涵芬樓
景印康熙本），卷二，〈鈔書自序〉頁 30。
〔註54〕 楊柏榕，〈關於中國古代藏書家評價問題〉，頁 62。
〔註55〕 明・姚士粦，《見只編》（《叢書集成新編》一一九冊，臺北：新文豐出版股份
有限公司，1985 年元月初版），卷上，頁 67。
〔註56〕 《味水軒日記》，卷二，頁 105。

　　由於部分書籍的特殊性質，需要採用鈔寫的方式才能獲得，例如朝廷珍藏或官府公牘，都不是一般人所能看見與蒐集，是極為獨特而隱密的圖籍。秀水馮夢禎供職翰林院之職，初入館時，即向熟識的朋友借得舊館刻本，並加以繕寫珍藏。〔註 57〕然而此類書籍通常是不得流通於市面，甚至朝廷時有例禁，不得隨意洩露官府文書檔案。為求得此類圖籍，公開借閱似乎風險極高，因此部分文人改採用轉述口錄的方式，以免違反禁例。如上海王圻（1529～1612）曾藉居官之便，「從臺臣之後，凡六曹文牒暨諸先賢奏牘，咸口誦手錄，得什一于千百。」〔註 58〕雖然所獲得的檔案不及原來的十分之一，但藉由口誦手錄的方式，確實可以兼得明哲保身與蒐藏史料的雙重效果。

　　鈔書雖為文人增加藏書的手段，但鈔書的方式大致分為兩類：一為親自鈔錄，二為僱人代鈔。親手逐本鈔寫曠時費日，部分有財力的文人，則折衷採取僱人代鈔的方式，此時遂出現「書傭」的特別行業。〔註 59〕公安袁中道（1570～1624）曾閉門閱讀《稗海》一書，並命小童與傭書者隨閱隨鈔。〔註 60〕而嘉興包檉芳（1534～1596）凡借得圖書，「則分命左右傳寫，手自摘錄，垂丙夜不休。」〔註 61〕無錫秦柱（1536～1585）則是將所借得的秘書奇策，「購得輒加繕寫，侍史常數十人。」〔註 62〕這些童僕或鈔書手的努力謄鈔，減輕不少文人繕寫書籍的繁重工作。

　　文人鈔書在品質要求之下，選擇較好的底本，較完整的內容有時也因而保存下來。如秀水曹溶（1613～1685）「靜惕堂」蒐藏的鈔本，有嘉靖年間（1522～1566）鈔錄《皇華集》五卷，其內容甚至比當時流通於市面上的刊本還多出四分之一，這些鈔本確實有其價值存在。〔註 63〕借鈔他人的藏書以增加自身的學問與藏書，是減輕大量購書所帶來的龐大經濟壓力。嘉興李日華曾提及：「鏤板書始於楊行密、孟昶，而南唐為盛。蘇子瞻（1037 ～1101）手鈔漢

〔註 57〕　《快雪堂集》，卷二，〈刻歷代詞林館課序〉，頁 4 下。
〔註 58〕　明‧王圻，《續文獻通考》（北京：現代出版社，1986 年 11 月第一版，據藏明萬曆年間刻本影印），〈續文獻通考凡例〉，頁 1 下。
〔註 59〕　沈津，〈明代坊刻圖書之流通與價格〉，《國家圖書館館刊》，1996 年 7 月，頁 117。
〔註 60〕　明‧袁中道，《游居柿錄》（上海：上海遠東出版社，1996 年 12 月第一版），卷七，頁 151。
〔註 61〕　《藏書紀事詩》，卷三，〈包檉芳子柳〉，頁 176。
〔註 62〕　《松石齋集》，卷一二，〈中書舍人秦君汝立墓表〉，頁 23 上。
〔註 63〕　葉樹聲等，《明清江南私人刻書史略》（合肥：安徽大學出版社，2000 年 5 月第一版），頁 95。

書，自謂貧兒暴富。」〔註 64〕對喜好讀書的文人而言，雖不能購得如此珍貴的書籍，但能以手鈔的方式取得副本，稱之為文化知識的「暴富」實不為過。

（三）作為以文會友與讀書的方法

明人以讀書、鈔書、校書、編書、著書、藏書等來衡量文人的文化素養與社會地位，因此多以廣蓄圖籍相標榜。藏書既然以為珍寶來蒐藏，自然不輕易借給他人，除非是至交。如「萬卷樓」書齋主人呂江峰，收貯先古以來百氏之書，其中李開先「為同年腑肺交，家所藏本，公必蒐而副之。」〔註65〕不少文人還將鈔書當作增進記憶的讀書方法，透過手鈔一遍加深印象，而達到事半功倍的閱讀效果，鈔寫既是求知、博學的基本手段，更是文獻整理的基本功夫。〔註66〕

對於鈔寫可以作為求知、博學的方法，復社吳應箕（1594～1645）即特別強調鈔書的三種益處：

> 余亦嘗謂手鈔有三益：先經鈔一遍，於記誦亦易，益一也。可以校書之訛誤，收己之放心，益二也。常鈔，則手法亦熟，即以當學字，益三也。今時讀書，有力者必雇倩傭史，其或不得已而鈔，又潦草成行；
> 而其貧者，又直諉於無書可鈔。手鈔之益，今之不解也久矣。〔註67〕

藉由鈔書可以達到幫助記誦、校正訛誤、熟練學字等三大益處。此外，手鈔本特別是名家的鈔本，必是經過文人專業的鑑定，選擇罕見書籍或是傳錄較好的版本，所鈔寫的版本多為善本。〔註68〕鈔本往往代表著文人對藏書活動所付出的心血，同時鈔書的底本多採用孤本、善本，因此文人鈔本的價值，歷來為後人所珍藏與重視。

鈔書可增加藏書的蒐藏量，校書更可使藏書更具價值與可讀性，身為藏書家皆不憚其煩地從事此類工作。內江陰秉衡，隱居於潦園，構築「文翰樓」，貯書數千卷，手不停披，口不輟吟，引以自娛；吳縣錢穀（1508 ～1578）好讀書與藏書，聞有異書，雖病必起觀看，手自鈔寫，窮日夜校勘，至老不衰。〔註69〕

〔註64〕 《恬致堂集》，卷三六，〈書後漢書後〉，頁 5 下～6 上。
〔註65〕 《茅坤集》，卷二○，〈萬卷樓記〉，頁 616～617。
〔註66〕 李瑞良，《中國古代圖書流通史》（上海：上海人民出版社，2000 年 5 月第一版），頁 363。
〔註67〕 《讀書止觀錄》，卷一，頁 7 上。
〔註68〕 昌彼得，〈談善本書〉（收入《版本目錄學論叢》一，臺北：學海出版社，1977年 8 月初版），頁 19。
〔註69〕 陳香，〈藏書家列傳（四）──彙介歷來的藏書家及私人書目〉，《書評書目》，三一期，1975 年 11 月，頁 75。

另外，常熟孫樓（1515～1583）為嘉靖三十二年（1553）進士，曾任浙江湖州府推官，致仕退歸即閉門校讎，晝夜不輟，著有《孫氏校讎箚記》、《孫氏藏書目》；上海秦嘉楫，曾官至南京工部主事，聚書數千，多自校輯鈔錄，著有《鳳樓書目》。〔註70〕這些文人皆孜矻於校書、鈔書的讀書生活，不僅提高藏書的質量，更增長自身淵博的學識。

　　鈔書時可以藉由鈔寫的過程，默記或背誦書中內容，成為流行文人間的一種共同經驗的讀書方法。元末明初松江華亭孫道明（1297～1376），原本職業只是鄉里間一位默默無聞的屠戶，但因喜好讀書，每次向人借書則一邊閱讀，一邊以小字楷書鈔寫，於是積寫至千餘本。其鈔書時，「手鈔書數百卷，皆小楷齊截」，字體極為平穩整齊。〔註71〕正因為努力不懈的讀書與鈔書，使自身增加不少學養，因而擠身為知識階層，成為華亭縣著名的藏書家。

　　文人鈔書之時，往往精於讎對，上海陸深（1477～1544）認為名家手鈔本不乏精校的善本。〔註72〕秀水曹溶更認為鈔本之書容易以訛傳訛，唯有在鈔寫時逐字改正、校勘，才能避免此類錯誤：

　　　　鈔本之書，訛以傳訛，至有不可模寫字句，此全仗鈔手之淹通，一
　　　　一改正，而較勘良朋，幸無靳濡筆焉。〔註73〕

精心鈔寫雖可改正、校勘，避免訛字的錯誤，但所耗費的時間頗多，加上鈔寫書籍，需選擇卷帙相當的書籍，如果書籍的卷數過於龐大，不僅曠時費日，且單憑一人之力實難完成。如秀水朱彝尊原欲鈔錄宋本《易經傳集解》，但因高達三十六卷之多，以致於有感「卷帙繁重，傳鈔者難」，最後也只能無奈放棄鈔寫此書的想法。〔註74〕

　　由於文人的鈔書活動，伴隨著一生的讀書生涯，無論在鈔寫時的字跡、校對，或底本的篩選、鑑賞，乃至於鈔寫紙張的使用，極為重視，因此明代文人的鈔書活動，逐漸興起獨特的「個性化」文人風格。首先，文人對於鈔書時的字體書寫頗為講究，並要求字跡工整清晰，以免訛誤。曹溶畢生竭力鈔書，「手校眉批，不獨其鈔本可珍，其手跡尤足貴。」〔註75〕孫道明手鈔書

〔註70〕　陳香，〈藏書家列傳（三）〉，頁115。
〔註71〕　《藏書紀事詩》，卷二，〈孫道明明叔〉，頁67。
〔註72〕　《儼山外集》，卷八，〈金臺紀聞下〉，頁6上～6下。
〔註73〕　《學海類編》，〈輯書大意〉，頁7下。
〔註74〕　《曝書亭集》，卷四二，〈書林氏周易經傳集解後〉，頁509～510。
〔註75〕　清・葉德輝，《書林清話》，卷一○，〈明以來之鈔本〉，頁13下～14上。

幾千卷，當時尚有流傳，好事者皆以重價購之。〔註76〕而著名的文人如項元汴（1525～1590）陳繼儒（1558～1639）李日華（1565～1635）等人，皆有精妙的手鈔本傳世。〔註77〕文人自身極為注重書跡（參見：圖 4-2），就另一種角度而言，書跡所代表的不啻為文人書藝的一種表現：

> 秦鳳樓嘉楫，手鈔書甚多，嘗見《吳冢志》三卷，楷法學吳興，卷尾八分小字，二行尤工。宋幼清懋澄題其後曰：「此秦侍御手書，蓋先輩之惓惓於文獻者。」按所書年月隆慶壬申（六年，1572），是入御史臺後筆。〔註78〕

上海秦鳳樓為嘉靖三十八年（1559）進士，自幼即喜好讀書，亦頗愛鈔書，任官期間手鈔不輟，其楷法字跡學習元代書家趙孟頫（1254～1322），因此楷書頗為精妍流暢。

其次，對於鈔寫時所用的紙張，則使用專屬格式的式樣。明代文人的鈔本，多半先刻印框欄行格，並且在版心處或格欄外，標記其書齋或書室的名稱，然後再自鈔或是僱人代鈔，而框欄有固定的範圍，以便於鈔寫及校勘。〔註79〕如姚咨的鈔本形式，據清人瞿鏞（1794～1836）跋其《南唐書》鈔本云：「此嘉靖辛丑（二十年，1541）茶夢主人姚咨，從洛川張氏鈔本手錄，蓋出自宋本也，葉心有『茶夢齋鈔』四字」。〔註80〕其中「茶夢齋」即為姚咨的書齋名稱。

其三，文人鈔書的目的主要是著重於閱讀並汲取前人智慧，對於內容的鈔錄，有時則依個人興趣、側重的偏好不同，採用節錄的方式來鈔寫自己喜歡的內容。華亭陳繼儒（1558～1639）就曾提出：「鈔本書如古帖，不必全帙」的論調；〔註81〕而上海陸深晚年垂老衰病之時，特好鈔錄藥方，治牙、醫目之法，無一不鈔錄，〔註82〕這種率性鈔書與讀書的生活，更兼具有實用的價值。

〔註76〕《四友齋叢說》，卷一六，〈史十二〉，頁 136。
〔註77〕清‧孫從添，《藏書紀要》（臺北：新文豐出版股份有限公司，1984 年 6 月初版），〈鈔錄〉，頁 14 下。
〔註78〕清‧應寶時等，《同治‧上海縣志》（《中國方志叢書》華中一六九冊，臺北：成文出版社有限公司，1975 年臺一版，據清同治十一年刻本影印），卷三二，〈雜記三‧遺事〉，頁 15 下。
〔註79〕李清志，《古書版本鑑定研究》（臺北：文史哲出版社，1986 年 9 月初版），頁 263～264。
〔註80〕《鐵琴銅劍樓藏書目錄》，卷一〇，〈南唐書三十卷〉，頁 20 下。
〔註81〕明‧陳繼儒，《巖棲幽事》，頁 14 下。
〔註82〕《儼山集》，續集卷五一，〈為己方序〉，頁 5 上。

圖 4-2：沈與文野竹齋鈔本圖

資料出處：趙前，《明本：插圖珍藏本》（《中國版本文化叢書》，
南京：江蘇古籍出版社，2003 年 8 第一版），頁 88。此《畫鑑》
為沈與文的野竹齋鈔本，並有其精心校勘，從鈔寫內容的字體而
言，楷書整齊平穩，十分穩重。

二、鈔書家舉要

　　明代文人讀書的堅毅精神，使得文人「鈔書」成為當時讀書風尚的指標，
鈔書不僅是求知、博學的基本手段，更是文獻整理的重要功夫。因此明代各

家文人的鈔本，各有其特色，逐漸興起獨特的「個性化」文人風格；於是明代文人的精妙手鈔本傳世，無論是書跡、版心書齋名稱、或專用紙張與式樣，皆為時人所推崇。（參見：表 4-2）茲將各家鈔本的特色、書齋主人的生平介紹如次：

表 4-2：明代文人鈔本式樣表

姓　名	字　號	籍　貫	齋室名	用紙、版欄及附記
吳寬	匏庵	長洲	叢書堂	用紅格紙，版心有「叢書堂」三字。
葉盛	興中	崑山	賜書樓	用綠墨二色格紙，版心有「賜書樓」三字。
文徵明	衡山	長洲	玉蘭堂	格欄外有「玉蘭堂錄」四字。
王肯堂	宇泰	金壇	鬱岡齋	版心有「鬱岡齋藏書」五字。
沈與文	辨之	吳縣	野竹齋	欄外有「吳縣野竹齋沈辨之制」九字。
楊儀	夢羽	常熟	七檜山房	版心有「嘉靖乙未七檜山房」八字，或「萬卷樓雜錄」五字。
姚咨	舜咨	無錫	茶夢齋	版心有「茶夢齋鈔」四字。
秦四麟	酉巖	常熟	致爽閣	版心有「致爽閣」三字，或「玄覽中區」四字。
祁承爍	爾光	山陰	澹生堂	版心有「澹生堂鈔本」五字。
毛晉	子晉	常熟	汲古閣	版心有「汲古閣」三字，格欄外有「毛氏正本汲古閣藏」八字。
謝肇淛	在杭	長樂	小草齋	版心有「小草齋鈔本」五字。
馮班	定遠	常熟	空居閣	格欄外有「馮氏藏本」四字。
馮舒	已蒼	常熟	空居閣	格欄外有「馮氏藏本」四字。
馮知十	彥淵	常熟	空居閣	格欄外有「馮氏藏本」四字。
錢謙益	牧齋	常熟	絳雲樓	版心有「絳雲樓」三字。
錢曾	遵王	常熟	述古堂	格欄外有「虞山錢遵王述古堂藏書」十字，或「錢遵王述古堂藏書」八字。
錢謙貞	履之	秀水	竹深堂	版心有「檇李曹氏倦圃藏書」八字。
葉樹廉	石君	常熟	樸學齋	版框外有「樸學齋」三字。
徐乾學	健庵	崑山	傳是樓	版心有「傳是樓」三字。
朱彝尊	竹垞	秀水	潛采堂	用毛泰紙，無格欄。

資料出處：劉兆祐，《認識古籍版刻與藏書家》（臺北：臺灣書店，1997 年 6 月初版），頁62～64。

（一）葉鈔

葉盛（1420～1474）字與中，號蛻庵，蘇州府崑山縣人。正統十三年（1448）進士，歷任兵科給事中、山西參政、兩廣巡撫、吏部左侍郎等官，卒後諡文莊。葉盛生平愛書，宦遊時必攜鈔手自隨，遇奇書異本必購之或鈔錄，又精於校讎，博覽群籍。所鈔書的首尾二紙皆親自手錄，書成之後則用官印蓋於卷端，所鈔書版心則有「賜書樓」三字，葉盛任官終吏部左侍郎，以皇帝時有賜書之舉，故以名樓。葉盛鈔本現有《梁公九諫》、《張乖崖集》、《李元賓文集》、《畫上人集》等。清代黃丕烈（1763～1825）曾云：

> 《梁公九諫》一卷，賜書樓藏舊鈔本。……今此本有賜書樓圖記，字跡又舊，則其為述古堂物元疑。賜書樓，未知誰氏，余所藏《張乖崖集》宋闕鈔補者，每葉版心皆有「賜書樓」，所鈔字跡，察是明人書，未知即此家否？〔註83〕

錢大昕（1728～1804）亦云：「文莊藏書之富，甲於海內，聚書數萬卷。」其長孫葉恭煥，字伯寅，為嘉靖二十五年（1546）舉人，亦好藏書，傳承葉氏藏書的家風。

（二）吳鈔

吳寬（1435～1504）字原博，號匏庵，蘇州府長洲縣人。成化八年（1472）會試、廷試皆第一，遂以狀元授修撰，歷任侍讀學士、禮部尚書，卒贈太子太保，諡文定。吳寬的家族經濟財力充沛，為官的數十年間，四處蒐求珍本，使「叢書堂」藏書日益豐富，每遇有佳本而不肯出售者，即親自鈔錄成冊，因此藏書之中不少為其親手鈔錄，版心有「叢書堂」字樣，是為「叢書堂」鈔本。朱彝尊（1629～1709）記吳寬鈔本的精妙：

> 康熙辛酉（二十年，1681）冬，予留吳下，有持吳文定公手鈔本告售，書法精楷，卷首識以私印，書肆索直三十金。〔註84〕

吳寬鈔本的筆法字跡精妙，神采奕奕，被譽為明代眾多文人鈔本之首。錢曾（1629～1701）所藏吳鈔本《孟子注疏》十四卷，即稱讚：「《孟子注疏》是叢書堂錄本，簡端五行，為匏翁手筆。古人于注疏，皆命侍史繕寫，好書之

〔註83〕清・黃丕烈，《士禮居藏書題跋記》（《續修四庫全書》史部九二三冊，上海：上海古籍出版社，1997年版，據清光緒十年滂喜齋刻本影印），卷二，〈梁公九諫一卷〉，頁15下～16上。

〔註84〕《藏書紀事詩》，卷二，〈吳文定寬〉，頁127。

勤若是。間以監本、建本對校，躕繆脫落，乃知鮑翁鈔此為不徒也。」〔註85〕此外，毛扆（1640～？）《汲古閣珍藏秘本書目》亦載吳氏叢書堂鈔本有：《裔孫謀夏錄》、《春明退朝錄》、《國初事蹟》、《大唐傳載》、《賓退錄》等書。
〔註86〕

（三）文鈔

文徵明（1470～1559）初名壁，一作璧，別號衡山，蘇州府長洲縣人。八試舉人不第，以監生曾官翰林院待詔，參與修纂實錄，以畫名重於當世，家中藏書甚富。文徵明的鈔本上有「玉蘭堂錄」四字，據葉德輝所言：文鈔傳世的本子絕少。〔註87〕

（四）姚鈔

姚咨（1495～？）字舜咨，一字潛坤，號茶夢主人、皇山人等，常州府無錫縣人。性喜藏書，有「茶夢齋」藏書處，遇善本常手自鈔寫，姚咨所鈔書，版心有「茶夢齋鈔」四字，所鈔有宋呂大圭《春秋五論》、明唐寅《漫堂隨筆》、馬令《南唐書》、《唐闕史》、《續談助》、《甘澤謠》等。黃丕烈藏有姚鈔《續談助》的影宋鈔本，此書上有姚咨嘉靖壬戌（四十一年，1562）的手批識語，可見即使至晚年，姚咨仍舊鈔書不輟：

> 《續談助》五卷，宋刻本，為故友秀水令江陰徐君子寅家藏，子寅歿後，其家人售于秦汝立氏。汝立乃余門人汝操之弟，青年癖古，儲蓄甚富，亦友于余。假而手錄，閱三逾月，始訖事，惜乎斷簡缺文，未敢謬補，藏之茶夢閣，以候善本云。嘉靖壬戌（四十一年，1562）之秋 8 月二日，皇山人姚咨識，時年六十有八。〔註88〕

而瞿鏞得其《南唐書》，底本源自於宋刻本，書版葉心有「茶夢齋鈔」四字。〔註89〕黃丕烈極為欣賞姚咨鈔本的筆跡流暢，除《續談助》之外，又陸續搜得《貴耳錄》、《稽神錄》兩書，而並稱為「三絕」。

〔註85〕 清・錢曾，《讀書敏求記》（《叢書集成新編》二冊，臺北：新文豐出版公司，1985 年），卷一，〈孟子註疏〉，頁 13。
〔註86〕 清・毛扆，《汲古閣珍藏秘本書目》（《叢書集成新編》二冊，臺北：新文豐出版公司，1985 年，據士禮居叢書本排印），頁 1～24。
〔註87〕 《書林清話》，卷一〇，〈明以來之鈔本〉，頁 14 上～下。
〔註88〕 《士禮居藏書題跋記》，卷四，〈續談助二本〉，頁 3 上。
〔註89〕 《鐵琴銅劍樓藏書目錄》，卷一〇，〈南唐書三十卷〉，頁 20 下。

（五）祁鈔

祁承㸁（1563～1628）字爾光，號夷度，又號曠翁、密園老人，浙江紹興府山陰縣人。萬曆三十二年（1604），曾任官山東、南直隸、江西、河南等地，官至江西布政使司右參政。祁承㸁鈔本版心有「澹生堂鈔本」五字，而澹生堂以其鈔工、校勘精細，紙墨潔淨，而為時人所推崇敬重。澹生堂鈔本多為藍格竹紙，所存有：《勿軒先生文集》、《周益公集》二百卷、《聞過齋集》四卷、《廣筆疇》一卷，《許白雲先生文集》四卷、《澹生堂藏畫譜》八冊、《藏書訓略》二卷等。祁氏所鈔書，多為藍格竹紙，原本每葉十六行。

（六）毛鈔

毛晉汲古閣影宋鈔本，毛晉鈔書甚多，人稱：「家蓄奴婢二千指」，「入門僮僕盡鈔書」。毛晉酷愛宋本，曾在門外張貼：「有以宋案本至者，門內主人計葉酬錢，每葉出二百。」其蒐藏秘冊自經史、詩詞、戲曲、小說等，無所不收。〔註 90〕宋本書世所罕見而不能得者，毛晉則請名家鈔手以佳紙墨影鈔，所鈔書有古今絕作之譽，字畫、紙張、烏絲、圖章追摹宋刻，與宋刻本無異，稱影宋鈔。〔註 91〕毛晉所鈔書版心有「汲古閣」三字，有些鈔本格闌外有「毛氏正本汲古閣藏」八字。據毛康《汲古閣珍藏秘本書目》所載有：

《李鼎祥易解》十本，宋板影鈔。

《繫辭精義》二本，宋板精鈔。

《五經文字》三本，宋板影鈔。

《九經字樣》一本，宋板精鈔。

《唐明皇禦注孝經》一本，宋板影鈔。

《皇宋書録》一本，影宋精鈔。

《文房四譜》二本，宋本精鈔。

《張狀元孟子傳》八本，影宋精鈔。

《江南野史》一本，宋版影鈔。

《孝史》五本，宋版影寫。

〔註 90〕　《靜志居詩話》，卷二二，頁 693。

〔註 91〕　傅璇琮等，《中國藏書通史》（寧波：寧波出版社，2001 年 2 月第一版），頁 677～678。

《元經薛氏傳》二本，宋版影鈔。

《蜀鑒》二本，宋版影鈔。

《愧郊錄》二本，宋版影鈔。

《酒經》一本，宋版精鈔。

從《書目》之中可看出毛晉所鈔宋板書，多有「宋板影鈔」、「宋板精鈔」、「影宋精鈔」、「宋本精鈔」、「宋板影寫」等方法。

（七）謝鈔

謝肇淛（1567～1624）字在杭，福建福州府長樂縣人。萬曆二十年（1592）進士，曾任湖州推官、南京刑部主事、兵部主事，又調任兵部郎中、雲南參政、廣西按察使等官，為明代著名的文人學者，凡每至一地任官，即致力於搜羅古籍圖書，尤以宋刊本為多。謝肇淛藏書頗豐，建書樓「小草齋」蒐藏，「小草齋」除宋版藏書之外，謝肇淛亦以善鈔聞名，版心有「小草齋鈔本」五字，常借書手自鈔寫，冬日常清霜呵凍，十指如槌而不輟，《竹友集》題跋上寫到：

> 時方冱寒，京師傭書甚貴。需鈴京邸，資用不贍，乃手自鈔寫。每
> 清霜呵凍，十指如槌，幾二十日始竣。萬曆己酉（三十七年，1609）
> 12月二十四日。〔註92〕

謝氏鈔書喜用黑格稿紙，版心下刊「小草齋鈔本」五字。謝氏之鈔書有《武夷新集》、《古靈集》、《竹友集》、《寓簡》、《小畜集》等鈔本。〔註93〕

明代鈔本對於文化的流傳發揮了重要作用，無論是官方或民間，鈔書之例仍屢見不鮮，在防止古書之佚，奇文異書及珍本之保存，確實具有相當的貢獻。

三、借書心態與借書規約

（一）借書與否的堅持

文人的購書與鈔書，除了自身讀書、沉浸於浩瀚知識之海，尚有珍藏古籍的意味。文人藏書多是深鎖樓閣，自我賞玩而已，其間或有借閱他人，但

〔註92〕《藏書紀事詩》，卷三，〈謝肇淛在杭〉，頁269。

〔註93〕有關謝肇淛鈔本，詳見沈祖牟，〈謝鈔考〉，《福建文化》，一卷一期，1941年3月，頁17～20；方品光，〈明代福建著名鈔書家—謝肇淛〉，《福建省圖書館學會通訊》，1981年第三期；吳智和，〈謝肇淛的史學〉，《中央研究院第二屆國際漢學會議論文集》，1989年6月，頁23～49。

因動輒有借書不還，借書與否的困擾問題，往往成為藏書家所面對的一個現實課題。

文人在藏書與讀書生活之下，自唐代便有：「借一痴、與二痴、索三痴、還四痴」的說法，〔註94〕即使願借書他人也要借得其所，因人性有所差異，借書時需先明瞭此人的品性操守，方能有借有還，能珍愛借書，方是可借之人，在借書之前尤應慎重行事。明代崑山陸容（1436～1497）卻對此提出質疑的看法，他認為：

> 積書不能盡讀，而不吝人借觀，亦推己及人之一端。若其人素無行，當謹始慮終，勿與可也。世有「借書一痴，還書一痴」之說，此小人謬言也。痴本作瓻，貯酒器，言借時以瓻為贄，還時以一瓻為謝耳。以書借人，是仁賢之德，借書不還，是盜賊之行，豈可但以痴目之哉！〔註95〕

陸容並不反對借書給他人，同時也強調以書借人為仁賢之德，但若借書不還則是盜賊之行。從海鹽朱同生藏書被借不還的事例來看，確實有不肖者惡意侵占他人書籍情形：

> 朱祚有孫同生，家多書，即祚所世積也。別有繭紙宋板杜註《左氏春秋》，為朱晦翁手硃筆旁注釋者，裝為八冊，裹以宋錦，方四尺許，如一幅帊，最世珍重。好事者嗾以重值，同生不許。忽有借鈔，始一冊去，并欲圖七而齎值以償者，同生怒，索不應，至忿縊其門幾斃，始懼而還之。〔註96〕

由於祖父朱祚是以讀書傳家，朱氏三代累世所積的藏書頗為可觀，其中更不乏珍貴的圖籍，於是招致不肖者的覬覦，難怪不少文人會將借書他人視為畏途。

既然借書予人是一種美德，但借書者遲不歸還，甚至有意侵占，便使得不少明代文人對借書產生疑慮，產生惜借、誓不借人的心態，甚至以規約、家訓來訓誡子孫：「鬻及借人為不孝」的藏書觀念。山陰祁承㸁（1563～1628）

〔註94〕此說最早見於唐代李匡乂的說法，參見：唐・李匡乂，《資暇集》（《景印文淵閣四庫全書》八五○冊，臺北：臺灣商務印書館，1983年3月），卷下，頁2上。

〔註95〕明・陸容，《菽園雜記》，卷九，頁116。

〔註96〕清・王彬等，《光緒・海鹽縣志》（《中國方志叢書》華中二○七冊，臺北：成文出版社有限公司，1975年臺一版，據清光緒二年刻本影印），卷末，〈雜記〉，頁21下。

的《澹生堂藏書約》,即對家藏書籍訂下嚴格的管理辦法,其中有:「子孫取讀者就堂檢閱,閱竟即入架,不得入私室」、「正本不得出密園外」等禁約。〔註 97〕而周拱辰在寄予兒孫的家書內曾一再告誡道:「切勿借書,不便翻閱」,並鼓勵子孫多積書、多藏書。〔註 98〕也間接反映出藏書擁有者的擔憂──借書者是否會愛惜,或污損所借之書。

　　文人對於將珍藏的藏書借予他人與否,一直都是抱持著困惑而猶豫的態度,即使借出之後,又懼怕他人不懂得愛惜書籍而損壞,或是遲不歸還。若是一味窮追討還,恐又破壞他人讀書雋雅之意,為此不少藏書家多採取惜借的態度,甚至誓不以示人。但持另一立場的文人認為,在積書之餘,能將自身藏書作為彼此流通、交換,對於書籍保存更具有更深遠的意涵,同時藉由彼此傳鈔,更可作為保存文獻、傳播知識的雙重作用。〔註 99〕

　　（二）互借藏書規約的形成

　　雖然借書不還的現象,讓不少文人藏書家因護書、惜書心切,而不願將書籍借予他人,甚至以規約與家訓強化此種觀念。然而書籍的相互傳鈔,可藉以保存古代文獻,因此不少有志於文化傳承的文人,一反私家藏書祕不示人的態度,反而積極提倡藏書互鈔、共讀的想法。

　　文人的藏書雖多,但未必皆能盡讀,其中所常用的書籍,通常只佔藏書的一小部分,即「漢高取天下,屬意者關中耳。」〔註 100〕若能將其他書籍借人閱讀,分享書中知識的寶庫,是相當具有意義。寧夏胡侍（1492～1553）認為:

　　　近代士大夫積書之富,莫過於尤延之,嗜書之篤亦莫過於尤延之。
　　　嘗謂:饑讀之以當肉,寒讀之以以當裘,孤寂而讀之,以當友朋,
　　　幽憂而讀之,以當金石琴瑟。余博雅,雖遠不及延之,而亦頗有嗜
　　　書之癖。三世之積書,亦不少。辛未之夏,不戒於火,皆為煨燼。
　　　迄今勤搜遍括,尚未半於舊藏。關中非無積書之家,往往束置庋閣,
　　　以飽蠹魚,既不觸目,又不假人,至有舁之竈下,以代薪蒸者,余

〔註 97〕 《澹生堂藏書約》,頁 6～7。
〔註 98〕 明‧周拱辰,《聖雨齋集》（臺北:漢學研究中心景照清初刊本）,卷二,〈與己兒〉,頁碼不詳。
〔註 99〕 吳哲夫,〈古代藏書家的胸襟〉,《故宮文物月刊》,六卷一期,1988 年 4 月,頁 40。
〔註 100〕 《刻徐文長先生秘集》,卷七,〈談芬〉,頁 29。

每自恨不及蠹魚也。〔註 101〕

胡氏嗜書成癖，願以書籍為朋友、衣裳，更時常感慨不少藏書者，只將書冊置之高閣，卻不願借於他人，隨意讓蠹蟲蛀食，甚而有自身不如蠹魚之嘆！高濂更批評某些積書之家，雖富而好書，卻不喜讀誦，「務得善本，綾綺裝飾，置之華齋，以具觀美，塵積盈寸，經年不識主人一面，書何逸哉？」〔註 102〕將書籍當作古玩器物，而忽略書籍傳播知識的重要意涵。所以借書予人，是使書籍得以廣為流傳，以免淪落蒙塵或蠹蝕的命運。

江陰李如一（1557～1630），性好藏書，對於斷簡殘編、古今圖籍皆窮寐訪求，並親手鈔錄不輟，以致於藏書達萬餘卷。〔註 103〕李如一雖然藏書萬卷，卻不因此而將這些書籍視為私人珍藏，對於書籍的出借與流通，觀念反而極為開放，並不吝嗇將藏書與人共享，認為：「其與人共也，遇秘冊，必貽書相問，有求假必朝發夕至。」〔註 104〕這種樂於助人借閱傳鈔的觀念，開始在部分文人的內心思想中逐漸形成為時代的共識。

明末清初秀水曹溶（1613～1685）開始提倡類似「鈔書社」的團體，並制訂社約來規範社員之間的相互傳鈔，曹溶組成「鈔書社」的想法，固然是由前人相互傳鈔藏書的文化傳承思想，更重要的是因常熟錢謙益（1582～1664）「絳雲樓」大火之後，所帶來的內心省思。錢謙益早歲科名，交遊滿天下，晚年盡得各家珍藏圖書，「絳雲樓」之命名取意於晚年迎娶柳如是，稱其「絳雲仙姥下降，仙好樓居」而得名。〔註 105〕「絳雲樓」所庋藏之數量，可比皇家內府，並於「紅豆山莊」之內，整理畢生所藏書籍，區分類聚，置於「絳雲樓」之上，自云：「我晚而貧，書則可云富矣。」末及十餘日，其幼女夜晚與乳嫗嬉戲於樓上，不慎將剪燭落於紙堆之中，遂起大火。錢謙益自樓下驚起，烈焰張天，已不及救書，只得倉皇出走，頃刻之間樓與書俱被焚燬。〔註 106〕錢謙益晚年與曹溶頗有交往，曾對曹溶感嘆：「古

〔註 101〕明‧胡侍，《墅談》（《四庫全書存目叢書》子部一○二冊，臺南：莊嚴文化事業有限公司，1995 年 9 月初版），卷一，頁 12～13。

〔註 102〕《遵生八牋校注》，卷一四，〈燕閒清賞牋上‧論藏書〉，頁 536。

〔註 103〕《牧齋有學集》，卷一八，〈李貫之先生存餘稿序〉，頁 785。

〔註 104〕明‧李鶚翀，《江陰李氏得月樓書目摘錄》（《明代書目題跋叢刊》下冊，北京：書目文獻出版社，1994 年元月第一版），繆荃孫〈李如一傳〉，頁 2上。

〔註 105〕劉兆祐，《認識古籍版刻與藏書家》，頁 193～194。

〔註 106〕《藏書紀事詩》，卷四，〈謙益受之〉，頁 335。

書不存矣。」然而曹溶雖驚駭「絳雲樓」大火焚書一事,卻不禁也私下批評道:

> (錢謙益)每及一書,能言舊刻如何,新板若何,中間差別幾何,驗之纖悉不爽,蓋於書無不讀,去他人徒好書束高閣者遠甚。然大偏性,未為深愛古人者有二端:一所收必宋元版,不取近人所刻及鈔本,……一好自矜嗇,傲他氏以所不及,片楮不肯借出。僅有單行之本,燼後不復見於人間。〔註 107〕

正因為錢謙益過於祕藏圖籍,不願借予他人傳鈔,以致於不少罕見的祕本著作,經此大火之後,不復存於人世。曹溶經此事件之後,開始省思在私人藏書之外,更重要的文化傳承與延續議題,於是著手組織「鈔書社」,並設立書籍傳鈔的規約:

> 予今酌一簡便法。彼此藏書家各就觀目錄,標出所缺者,先經註,次史逸,次文集,次雜說。視所著門類同,時代先後同,卷帙多寡同,約定有無。相易則主人自命門下之役精工繕寫,較對無誤,一兩月間,各齎所鈔互換。此法有數善,好書不出戶庭也,有功于古人也,己所藏日以富也,楚南燕北皆可行也。〔註 108〕

這種流傳書籍的提議與舉動,受到不少文人的響應,先藉由各文人的藏書目錄,標出所缺者,然後各自借鈔繕寫,校對無誤,一兩月之間,再將所鈔書籍互換,可使書不出戶庭,也可以流傳於各地。曹溶所制訂的傳鈔書約,使得書籍傳播範圍更廣,也保存更多的文獻圖書。

　　文人之間的相互傳鈔,有助於增加藏書的功能,但是彼此借鈔有時必須等待相當長的時間,於是也有以正本鈔錄之後,再將正本歸還,或將正本與鈔本同時分別借給其他人鈔寫,〔註 109〕如此即可加快鈔錄速度。此外,除了鈔寫自身所缺少的書籍以增加藏書量之外,也有部分文人是將自家重要的圖籍,予以鈔錄副本,仁和郎瑛(1487～1566)曾擔心所藏的宋濂詩集會因年久而失傳,於是「今特錄置于稿,則又傳遞一番,彰者眾矣。」〔註 110〕

〔註 107〕 明・曹溶,《絳雲樓書目題詞》(臺北:國家圖書館藏清咸豐三年刻本),頁 1上。

〔註 108〕 明・曹溶,《流通古書約》(收入《知不足齋叢書》二冊,臺北:興中書局,不注出版年月),頁 2 上。

〔註 109〕 《味水軒日記》,卷三,頁 186。

〔註 110〕 《七修類稿》,卷三五,〈宋戴遺詩〉,頁 437～438。

以鈔錄副本的形式，作為保存、延續書籍的方法。

第三節 讀書與藏書、校書

一、對於藏書的珍惜保護

　　書籍日積月累，藏書漸豐、校讎已精，或基於好事，或由於門風，擇其中善本精校刊刻於世，則是讀書生活與圖書的第三層關係。藏書向為文人讀書生活的一環，在明代文人興起一股藏書風潮之下，影響所及文人皆以蒐藏圖籍為樂事，即使官員亦藏書頗豐。如：南京兵部主事孫交，公餘獨自退居一室，默坐觀書，更喜藏書，〔註111〕歸德沈鯉（1531～1615）在宦遊京師之後，感於藏書的重要性，開始蒐羅古今書籍數千卷，並收儲納於「存蠹齋」之中。〔註112〕而徐𤊻的書齋名為「綠玉齋」，更自署所居之前云：「不讀數千卷書，不得入此室」，〔註113〕一時之間，蒐藏古今圖籍成為文人之間重要的文化活動。但是藏書只是蒐集圖書的基本功夫，如何來保護、珍惜、閱讀書籍，才是讀書生活更重要的文化意涵。

　　文人基於愛書、惜書的觀念，在閱讀之際時常告誡：「勿捲腦，勿折角，勿以爪侵字，勿以唾揭幅，勿以作枕，勿以夾紙，隨損隨修，隨開隨掩，則無傷殘。」〔註114〕惜書的態度就如同珍重珠寶名器一般，故而在藏書時，尤重保存之法，使書軸珍本存蓄在最完善的狀態下。雖然文人百般愛護書籍，但不免因為天災人禍等因素，而使書籍遭到破壞，於是明代文人歸納出藏書可能的九厄，以作為警惕：

> 昔人言藏書八厄：水一也，火二也，鼠三也，蠹四也，收貯失所五也，塗抹無忌六也，遭庸妄人改竄七也，為不肖子鬻賣八也。
>
> 周吉甫言：「里中謝家小兒，喜聞裂書聲，乳媼日抱至書室，恣裂之，以招嬉笑。此當為藏書九厄。」〔註115〕

藉由避免藏書的數厄，並妥善注意藏書環境，即能減少對書籍的毀壞。「天一閣」為范欽（1505～1585）的藏書樓，其對於防火、防潮、防蠹等保護

〔註111〕《皇明名臣言行錄》，卷一七，〈陳茂烈〉，頁9上。
〔註112〕《亦玉堂稿》，卷七，〈存蠹齋記〉，頁10上～下。
〔註113〕《鼇峰集》，〈壽徐興公先生六十一序〉，頁14上～15上。
〔註114〕《蕉窗九錄》，〈書錄〉，頁21。
〔註115〕《客座贅語》，卷八，〈藏書〉，頁253。

圖書的措施，極為重視；為了防火，「天一閣」四面臨水，書樓內皆用磚瓷而減少使用木料建築。在書櫃下放置石英以吸取濕氣，避免在潮濕之處貯放圖書、書櫥內放置芸草以防蠹蟲、書樓多設窗戶以利通風，〔註116〕可見范欽對於圖書保存的重視程度。

　　不獨范欽如此愛護書籍，明代文人也都各自擁有護書的方法。如藏書的方法在防水方面，於梅雨季之前將書晾曬，並存於櫃中密封，不使其受潮。在防鼠、防蠹方面，可置芸香、麝香、樟腦等以避免鼠囓蟲蛀。華亭陳繼儒所藏萬卷異書，多「襲以異錦，薰以異香，茅屋蘆簾，紙窗土壁。」〔註117〕而「古人藏書多用芸香辟蠹，即今之七里香是也。麝香收書櫥中，亦可辟蠹，一法用樟腦亦佳。」〔註118〕長樂謝肇淛更是主張只要經常翻閱書籍，自然就能使其通風，則蛀蟲、鼠囓就無法破壞書籍。〔註119〕（參見：圖4-3）

　　書籍最忌祝融之災，因此在防火方面，文人尤其重視。藏書者必須對火極其謹慎，周如磐（1466～1525）曾言道：

> 世業零替，子孫不能守先人之籍，重以壬戌（嘉靖四十一年，1562）
> 倭變，一舉灰燼，其僅存者直十之一二耳。吁！惜哉！吾兄爾修
> 君，悲舊業之已荒，懼後人之莫考，歲庚子（萬曆二十八年，1600），
> 讀書山中，遂以歷覽之暇，取章林岩藏稿重訂之，彙為若干帙，
> 因付諸梓，授余卒業焉。〔註120〕

弘治年間的歷城邊貢（1476～1532），曾任太常博士、兵科給事中等官，晚年喜蒐書即因藏書樓遇火，面對祝融肆虐後的一片灰燼，畢生心血付諸流水，不禁仰面痛哭，遂抑鬱至極而長辭於世。〔註121〕書籍是極為易燃的物品，惟有多加謹慎注意，才能防止星星之火，燬去一生心血的努力。

〔註116〕王美英，〈試論明代的私人藏書〉，《武漢大學學報》哲學社會科學版，1994年四期，頁118。

〔註117〕《巖棲幽事》，頁5下。

〔註118〕明・不著撰者，《居家必用事類全集》（《四庫全書存目叢書》子部一一七冊，臺南：莊嚴文化事業有限公司，1995年9月初版，據明刻本影印），〈戊集・收書〉，頁66。

〔註119〕張民服，〈明清時期的私人刻書、販書及藏書活動〉，1993年五期，頁102。

〔註120〕明・周如磐，《澹志齋集》（臺北：漢學研究中心景照明萬曆四七年序刊本），卷四，〈刻章林岩藏稿序〉，頁30下。

〔註121〕展望之，《居室雅趣：中國裝飾文化》，頁168。

圖 4-3：秋園讀書圖

資料出處：
明・蔣嵩〈秋園讀書
圖〉，取自中國美術
全集編輯委員會
編，《中國美術全
集・明代繪畫上》（北
京：人民美術出版
社，1988 年 10 月第
一版），頁 203。休
息山頭，文人靜心捧
讀，行吟山澤間，神
態悠閒，怡然自得。

　　在書籍整理、貯書空間上，需高爽通風之處，可避免水、蠹等諸厄，這也是藏書適合的收儲空間。文人常為居家的藏書處，精心佈置與安排，極具匠心雅意。〔註122〕華亭張鼐在《枕中秘》更仔細說明如何規劃書房、藏書室、會客室，以及書籍的分類擺放：

> 潔一室，穴南牖，八窗通明。廣榻、長几各一，几勿多陳，書、筆、墨、硯田楚楚。旁一小几，置素箋百幅。小架陳得意書數種，古帖一本，讀則取之，讀已仍還架。心目間常空洞無物，則意思灑灑多靈。別二室，一室藏書，書分十二部，部分十二架，曰制書部、曰經部、曰史部、曰子部、曰集部、曰文部、曰政部、曰類部、曰說部、曰騷部、曰性部、曰禪部；一室供面壁達摩，陳古爐鼎，茶具一、酒一壺、古窯杯一具，讀倦則浮白以助其氣；別設一榻，客至焚沉水，品茶相對坐也。〔註123〕

書籍雖然容易受到自然因素的損害，但是遭到書傭俗儒肆意的塗抹、竄改，乃至於不肖子孫的賤賣，更是令人懊惱與難忍的「人禍」。此外，尚有堆積不閱讀、秘本不肯流傳等缺失：

> 聞里中故家子有分書不計部數，以為不均，每遇大部，兄弟平分，各得數冊者。有藏書不庋篋笥，狼籍大米桶中，或為人踐踏者。此其厄，視梁元帝、南唐黃保儀之焚毀，又何如哉！至若為庸夫作枕頭，為村店糊壁格，為市肆覆醬瓿，為婢嫗夾鞋樣，比於前厄差降一等。其它如堆積不曉披閱，收藏不解護持，秘本悋惜不肯流傳，新刻差訛不加讎校，書之眾厄，又有未易枚舉者矣。〔註124〕

江寧顧起元（1565～1628）所言書籍遭到踐踏毀棄、糊貼門壁等諸事，句句讀來，皆令人扼腕與嘆息。明人甚至將這些書籍恣意遭到的破壞舉動，列舉出十八項，稱為「屈辱十八事」，當中包含：俗子妄肆雌黃、達者一覽便擲、憸夫攘為己有、拘儒塗抹更改、游閒手卷作笥、學究破句點讀、林沙強瀏敷陳、惡客豪哦嗤誚、憨人狼籍作踐、市井聚談擾溷、仕途包封書帕、巷內路傍粘帖、窗下障風代枕、酒肆茶坊膾炙、措大裱梢裏書、內人挾冊裁剪、酒肆書頭上帳、傭書胡寫亂鈔。〔註125〕以上都是不愛護書籍者的隨意舉措，進

〔註122〕陳冠至，《明代的蘇州藏書——藏書家的藏書活動與藏書生活》，頁178～181。
〔註123〕《枕中秘》，張鼐，《二六時令》，頁4上。
〔註124〕《客座贅語》，卷八，〈藏書〉，頁253。
〔註125〕《枕中秘》，《護書》，〈屈辱十八事〉，頁2上。

而造成對書籍的污損破壞。

相對於書籍遭到無端的損壞，明代文人也提出愛書、護書的高雅情操。如：淨几名香展對、韻士宴會賞鑒、名飲揭置座右、野老晴雨較量、同心登眺提攜、空谷時當足音、良辰美景稱說、可兒錦囊懷袖、佳人知趣把玩、馴僕拂晒蒐藏、奇石彝鼎相傍、趣人珍護送還。〔註 126〕由文人讀書之際，需佳人、韻士隨側，伴以淨几名香、奇石美景，即使歸還書籍還要遣專人護送，足見文人惜書之深情，書籍若能得文人雅士的護持，方可不致遭逢諸厄。此外，鑑於人謀不臧的弊端，部分明代文人提出：

> 古人珍重書籍，家藏率皆精好。……然不肖子孫，蕩產如風掃籜，
> 即萬語諄諄，安能禁使不鬻哉？但得鬻於賞鑒之家，代我珍藏，尤
> 勝於無賴子，架上鼠囓雀汙，揩几和泥也。〔註 127〕

文人一生珍藏的圖籍，落入不肖子孫的手中，將使書籍遭受莫大的損害，此時若能轉手鬻予善於賞鑒者、嗜讀書，將尤勝於不肖子孫的敗壞，從客觀的立場而言，確實對圖籍的保存與傳播具有正面的意義。

藏書是傳統中國文化的一個組成部分，古人認為文人生平第一要事就是藏書，藏書是學問的根本。藏書家的樂趣，不僅僅在讀書生活中的閱讀、鈔書、校對、考證上，更重要是欣喜於獲得鍾愛圖書的心境，隨手批註、鈐上藏書印章，都表達文人的個性情志，而歷來古今藏書家多為性情中人，從追尋圖書的蹤跡，到愛護書籍的專注，都透露出喜愛讀書的典雅深邃、逸靜閒適的悠然氣息。明代文人藏書的目的是為了自己閱讀使用方便，他們也同樣強調讀書的重要性。〔註 128〕的確，藏書本身也是文人讀書生活中必修的功課，但藏書家本身亦希望能充分利用自己的藏書之便多讀些書，因此許多知識階層都特別強調藏書一定要與讀書結合起來。〔註 129〕

二、文人校書的讀書生活

文人校書基本上是以自家藏書為校勘對象，或孤軍奮戰、或相互切磋，長年累月地進行無休止的校書工作，是文人普遍也是最艱鉅最乏味的日常工作之一。

〔註 126〕《枕中秘》，《護書》，〈宜稱十二事〉，頁 1 下。
〔註 127〕《文海披沙》，卷八，〈藏書〉，頁 1 上。
〔註 128〕江慶柏，〈圖書與明清蘇南社會〉，《中國典籍與文化》，1999 年三期，頁 49
　　　　 ～50。
〔註 129〕江慶柏，〈圖書與明清蘇南社會〉，頁 51。

　　明代考據學風興起，主要源自於明代中葉的學術環境，既由心學諸家
與復古運動相激盪而行成。其因素包括：一為理學內部之要求；二為廢學
之反動；三、復古運動之影響；四為楊慎之提倡；五為刻書之興盛。〔註 130〕
由於文人藏書、刻書的風行，致使明人對於考證的層面，涵蓋經學、史學、
文學、戲曲、小說、金石等範圍，並以嚴謹、博正、客觀等態度為發展方
向。〔註 131〕古典文獻等藏書在傳鈔、傳刻過程中，時常會出現脫文、訛字、
倒字、重文、疊字、缺頁，誤改甚至妄刪、假托偽造等，須經過校勘、辨
偽，以更正補訂，方便閱讀。〔註 132〕校書工作雖然繁重，有謂：「魚豕之
訛，非獨殘斷者難辨；校讎之苦，若非忍耐者不堪。」〔註 133〕但對於文獻
的保存，實具有深遠的意義，故而讀書家皆願勞心勞力，專注無畏地從事
此項艱辛的工作。有些人甚至認為是讀書著述生活中的樂趣，反而不以為
苦：

> 山人既以誦讀為業，凡書亡不積，不可買者，必抄得之。每春秋二
> 時，及暑月早涼，寒冬燈底，筆硯在前，丹鉛不去，手遇訛字，必
> 考其本旨、察其文氣，及以其他日之說，或酌以時勢之宜，十可得
> 其七八。若無可參悟，及一時未了者，亦必明註其訛，以須異日方
> 其展轉思索。真聖人所云：忘食比其得之而樂可知也。書閣無事，
> 大半以此往來，胸中自笑此一蠹魚之有靈性者耳，乃舍此，又無它
> 務，奈何！〔註 134〕

文人讀書本質在於手遇訛字時，考其本旨、察其文氣，兩相參悟之下，方能
明辨學問是非。

　　明代文人對於圖書從形式到內容的完美追求，主要表現在對於圖書的愛
護，並針對圖書內容作一校勘補正，以及對殘缺圖書的搜訪補齊等方面。〔註 135〕
而整理研究古籍包括：章句、校勘、訓詁、今釋、輯佚、編纂、補缺等形式，
不管以上任何一種形式的整理，都是一種學術文化活動，也都需要參閱眾多的

〔註 130〕林慶彰，《明代考據學研究》，（臺北：臺灣學生書局，1883 年 7 月初版），頁
　　　　　22～25。
〔註 131〕南炳文等著，《明代文化研究》（北京：人民出版社，2006 年 6 月第一版），
　　　　　頁 166～168。
〔註 132〕韓文寧，〈明清江浙藏書家的主要功績和歷史局限〉，頁 143。
〔註 133〕《小窗自紀》，卷一，〈雜著〉，頁 38 上。
〔註 134〕《燕居功課》，卷一五，〈冗事・校書〉，頁 2 上。
〔註 135〕蕭東發等，〈中國古代的官府藏書與私人藏書〉，頁 51～53。

相關參考典籍。〔註 136〕中國古代從事校讎工作者，不只要對照不同版本的字句訛異，還要旁徵博引，考據其典故來源，多方引證之後，才能確定其正誤。〔註 137〕校勘訂正典籍是一項堅苦耐勞的工作。校書之人必須嚴謹而博學。〔註 138〕因此，一般認為校書有五難：一、不偽不漏之難；二、資料不備之難；三、資料太多之難；四、無資料可憑之難；五、資料是否可信之難。〔註 139〕

　　明代文人擁有豐富的知識以及充棟的藏書，並且具有專業的經驗，所以在從事這一方面的工作時，自然較之一般人更為得心應手。如明末清初仁和吳任臣（1628～1689），以薦舉授翰林院檢討一職，據《武林藏書錄》載：

> 既入翰林，十年不遷，會詞曾奉命校書，多謬誤，每奉詰責。眾懼，競以書致，乞代校，迫於情，竭四十晝夜乃終卷，而心疾作。迨中允之命下，而託園（吳任臣）以先一日死，年六十二。〔註 140〕

其他詞臣皆因校書被責，只有仁和吳任臣因而升遷，任臣後雖因此而過勞死，但亦可見翰林文人在校讎工作上優於一般文人之處。

　　除校讎工作以外，若要維護圖書內容的完整以及外觀的整潔耐用，便須加以補訂。〔註 141〕明代文人在讀書之餘，對於日常的補訂工作非常重視且必須經過長時間的耐心綴補，才可以完成的。如上海陸深說：

> 余家窮鄉，又故農也，素無遺書。迨余又力薄，故其致書比於他難也。十五、六時喜讀蘇氏書，側聞先儒悉謂蘇實原於戰國，因訪諸友人，得以斷簡，蓋〈齊策〉至〈楚策〉凡十卷，受而讀之，其事至不足道，而其文則至奇，時恨未睹其全也。壬戌（弘治十五年，1502）之春會試南宮始購得之，猶非善本，下第南還，避谷亭者幾兩月，始伏讀之，然殘闕者多，未免遺憾。……正德改元，余第進士之明年始於同館徐子容（徐縉）借得繕本，手自補校，而余之所有《戰國策》者乃僅可

〔註 136〕嚴佐之，〈目錄學對古籍整理的功用〉，《圖書館雜誌》，1982 年四期，頁 20。
〔註 137〕李家駒，〈我國古代藏書樓的典藏管理與利用（下）〉，《教育資料與圖書館學》，二五卷二期，1987 年 12 月，頁 221。
〔註 138〕陳冠至，《明代的江南藏書——五府藏書家的藏書活動與藏書生活》，頁 268。
〔註 139〕王叔岷，〈論校書之難〉收入《文史論叢》（九龍：中華書局香港分局，1974 年 3 月港版，頁 247～254。
〔註 140〕《武林藏書錄》，卷下，〈吳託園先生〉頁 56。
〔註 141〕陳冠至，《明代的江南藏書——五府藏書家的藏書活動與藏書生活》，頁 277。

讀。於是竊嘆夫學欲及時，而淵源不可少云。〔註142〕

《戰國策》在上海陸深手裡，從斷簡殘篇乃僅可讀，其間歷經十餘年的光陰，才得以補正，讀書之不易由此可證；同時也必須是極端愛書護書的人，才能有此恆心及毅力，終底於成。文人一心一意要將藏書補全，必須得到善本作為補全的依據，間或求之不得，心中焦慮往往形之於色，其苦心孤詣也實在令人同情。

明代文人基於愛護圖書的心意，即使是別人的圖書，只要在自己的手裡見到破損，都必須立刻加以補訂。如華亭陳繼儒便曾呼籲：

> 借人典籍皆須愛護，先有缺壞，就為補治，此亦士大夫百行之一也。
> 濟陽江祿讀書未竟，雖有急速，必待整齊，然後得起，人不厭其求假。或有狼藉几案、分散部帙，多為童幼婢妾所點污、風雨犬鼠所毀傷，實為失德。〔註143〕

要求愛護典籍之心，絕不可分彼此，尤其是借來的書，更必須加以愛惜，不可任意毀損，這是基本做人處事的道理，凡是愛書人皆必須遵守。

烏程沈節甫（1532～1601）酷好讀書，基於愛書之心，凡書有殘破之處，必親手補綴以成完帙。海鹽胡震亨家富藏書，對於圖書破損遺缺的內容，必盡力蒐羅群籍加以補全。「藏書萬卷，日夕搜討，凡秘冊僻本、舊典佚事，遺誤魯魚漫漶不可句讀者，無不補綴揚搉，稱博物君子。」〔註144〕秀水曹溶曾憂心古人詩文集日漸亡佚，便在讀書、藏書之餘，努力加以補綴完全。曹溶說：

> 予又念古人詩文集甚夥，其原本首尾完善、通行至今者不過十二三，自宋迄元，其名著集帙者，及今不為搜羅，將遂滅沒可惜。故每從他書中隨所見惕出，補綴成編，以存大概。如孫復明、劉原父、范蜀公等，頗可觀。……使人盡此心，古籍不亡，斷自今日始矣！〔註145〕

許多殘缺的古籍，便在文人如此不厭其煩地從其他典籍當中，一字一句加以挑出補綴，才成為今日所見的傳世善本。對於古代中國文化事業的傳承，確實提供了相當重要的助益。

〔註142〕《陸文裕公行遠集》卷一二，〈書戰國策後〉，頁31下～32上。
〔註143〕陳繼儒，《珍珠船》，（《四庫全書存目叢書》子部一四八冊，臺南：莊嚴文化事業有限公司，1995年9月初版，據清華大學圖書館藏明萬曆繡水沈氏刻寶顏堂祕笈本影印），卷四，頁29下～30上。
〔註144〕《光緒‧海鹽縣志》，卷一五，〈人物一〉，頁60上。
〔註145〕《絳雲樓書目題詞》，頁2下～3上。

考證、考據風氣的興起，固然是受到文學復古運動的影響與文人讀書、藏書刻書的風行，然而現實環境書坊作偽濫惡的盛行，更是導致文人藏書校訂的活動。〔註146〕泰和楊士奇（1365～1444）曾就元人楊鐵崖（1296～1370）《三史正統》一書仔細研讀，發現「其間多闕誤，頗為正之」，又取崇德貝廷臣（1314～1378）著〈鐵崖傳〉校之，發現「此編又有表，表謬誤尤多。」而校讀《兩漢詔令》時，又考辨出其中頗有脫誤，對缺漏之處進行補錄。崑山歸有光（1506～1571）也曾從其友人周孺允家借書校對：「余友周孺允家多藏書，予嘗從求《星槎集》以校家本，孺允并以此書見示，蓋二人同時入番，可以相參考。」〔註147〕

校書既然需要具有考證、考據的學問功夫，因此必須嚴謹而博學，若只是隨意敷衍，則不如不校。陸深曾提及其友人邢子才，好藏書卻不甚讐校，見人校書常笑曰：「何愚之甚！天下書至死讀不可遍，焉能始復校此且誤書，思之，更是一適。」〔註148〕校書不精，對於知識有負面的作用，明代部分文人受到當時學風空疏的影響，學問既不廣博，又好隨意妄改古書，以致於清初以來的學者對此深為批評，甚至有：「刻書而書亡」的感嘆。崑山葉盛（1420～1474）曾記載以下事例：

> 近代雜書著述，考據多不精。如《翰墨全書》以彭思永為明道母舅、《事文類聚》以「閽門要路一時生」為「侯門要路一時生」之類，至傳寫刊刻皆然，所謂《氏族大全》尤甚。湯公讓指揮以博學強記自許，一日，劉草窗家偶及趙明誠，湯以為趙抃之子。予偶記抃之子凱，明誠則宰相挺之子也。湯大以為不然。徐元玉（徐有貞）在座，亦不能決，曰：「明日當考書，負者作東道耳。」湯退，既詳考得實，乃攜《氏族大全》叫呼而來，曰：「本子誤我矣。」近考廣州十賢，李朝隱一作李尚隱，因訛而為李商隱，亦出《氏族大全》云。
>
> 〔註149〕

〔註146〕《七脩類稿》，卷四五，〈書冊〉，頁554～555。
〔註147〕明·歸有光，《震川先生集》（臺北：源流出版社，1983年4月初版），卷五，〈題瀛涯勝覽〉，頁115。
〔註148〕明·陸深，《春風堂隨筆》（《筆記小說大觀》一三編五冊，臺北：新興書局，1976年7月版），頁1下。
〔註149〕明·葉盛，《水東日記》（《元明史料筆記叢刊》，北京：中華書局，1997年12月第一版），卷五，〈氏族大全多誤〉，頁53～54。

正因為《氏族大全》刻本內容的錯誤，導致湯讓在史實的記憶上造成錯誤。
而秀水馮夢禎（1548～1605）在校書之際，也曾為同樣事件所困擾，與其子
校讀《東坡集》時，讀至〈趙清獻神道碑〉，記載有子二人皆名「屼」，馮夢
禎發覺當中必有錯誤，但是查閱另外兩本皆記載相同，最後是友人黃端甫
（1523～1573）恰有《監懲錄》一書有所記載，才得知其長子名「屼」，次子
名「屼」，於是馮夢禎有所感：「以此知校書之難，而事亦有適然者。」〔註150〕
文字訛誤不僅只是字體上的錯誤，更是知識錯誤的傳播，加上書商或編者蓄
意刪改字句、書名、卷次，都是造成圖書亡佚問題的嚴重性。〔註151〕

　　校讎與補訂，校讎即校對書籍，以證誤謬。補訂是要維護圖書內容的完
整以及外觀的整潔耐用，故二者常被傳統中國讀書文人視為不可或缺的基本
功夫；而校讎更是以書籍為對象的「治書」之學，既然治書是以書籍為根據，
若書本內容不真，則學問必有膚淺誤繆之處。〔註152〕正因為能追求書中內
容的謹慎、正確態度，所表現出的個人涵養必定是誠信無欺，時人所謂：「校
書能闕疑者，其平生口無誑語可知也」即是此理。〔註153〕然而校讎並非易
事，需要具備長時間的恆心與毅力方能完成，明代文人讀書生活中認為校讎
如同掃落葉、塵埃一樣，一面掃，一面生，即使已經三、四校，仍有脫繆之
處。〔註154〕馮夢禎即曾邀請友人姚士粦一同校對《宋書》，歷時三個月的時
間，參照《南北史》、《通典》、《通志》等諸書，「凡補舊闕七十字，增一百
九十餘字，正一千一百餘字，餘點畫差訛而改正者，約數千字。」最後校刊
時又有闕誤多處，於是馮夢禎始信校讎的難處，並稱道：「古人諭之掃塵，
愈掃愈有，果然！」〔註155〕

　　反覆再三的校改書籍，固然需要耗費不少精力，但確有不少明代文人自
少至老，樂於沉溺其間。如明初無錫倪瓚（1301～1374），「清閟閣」之中藏
書萬千卷，亦喜好校書，書籍多經其手勘定。〔註156〕無錫周子義（1529～1586）

〔註150〕《快雪堂集》，卷三一，〈書監懲錄後〉，頁1下～2上。
〔註151〕傅杰，〈明代以前的古籍校勘述略〉，《福州大學學報》哲學社會科學版，一四
　　　　卷三期，2000年7月），頁89。
〔註152〕胡樸安等，《校讎學》（臺北：臺灣商務印書館，1990年7月臺二版），頁2。
〔註153〕《巖棲幽事》，頁12。
〔註154〕明·李如一，《水南翰記》（《筆記小說大觀》三八編四冊，臺北：新興書局，
　　　　1985年1月版），頁1上。
〔註155〕《見只編》，卷中，頁126。
〔註156〕《列朝詩集小傳》，甲前集，〈雲林先生倪瓚〉，頁28。

篤好藏書，舉凡家中所藏書籍，必親手校讎補訂。〔註157〕而上海董宜陽（1510～1572），更是生平嗜好書史、古刻名帖，經常日坐室內，往往校勘至深夜而不休。〔註158〕而上海陸深更對訛誤的讀本，抱持努力不懈的態度，最後終能貫通全篇：

> 深在史館日，嘗於同年崔君子鍾（崔銑，1478～1541）家獲見《史通》寫本訛誤，當時苦於難讀也。年力既往，善本未忘。嘉靖甲午（十三年，1534）之歲，參政江西，時同鄉王君舜典以左轄來自西蜀，惠之刻本，讀而終篇，已乃采為會要，頗亦恨蜀李之未盡善也。
> 明年乙未（十四年，1535），承乏於蜀，得因舊刻校之，補殘刋謬凡若干言。乃又訂其錯簡，還其闕文，於是《史通》始可讀云。〔註159〕

對於《史通》寫本訛誤，陸深雖以難讀而一度放棄，後獲得蜀本舊刻加以訂正，終能讀通《史通》內文，這也說明傳本的訛誤確實會造成閱讀理解上的阻礙。〔註160〕華亭陳繼儒（1558～1639）精於校讎、刻書，對於校讎之事更有深刻體會，所謂：「校過復抄，抄後復校，校過付刻，刻後復校，校過即印，印後復校，然魯魚帝虎，百有二、三。」〔註161〕足見校讎之難。

華亭何良俊（1506～1573）對於校讎的工作極為喜愛，甚至提出校讎乃其前世的「宿業」，以致於動輒校讎而不知寒暑：

> 古人云：「校書如拂几上塵。」言旋拂旋有也。余前身或是雕蟲所化，每至長夏，置棐几於前榮，橫陳一冊，朱白不去手，則是日不知有暑，不然則煩悶欲死，乃知此固其宿業也。又古人言誤書，思之亦是一遭，苟適其適，又何憚焉！故見者雖或嗤誚之，不置也。〔註162〕

何良俊認為也正因為校書的「宿業」，讓他得以在酷熱煩悶的夏季之中，心靈能有所寄託，不知不覺中暑過寒來。嘉興高承埏（1602～1647）喜好校讎，嘗多至數萬卷，寢處其中，校勘不倦。〔註163〕而無錫秦汴（1511～1581）對校書之喜好，也不亞於何良俊、高承埏，時常「校讎披閱，朱墨狼籍痕，胸

〔註157〕《弇州山人續稿碑傳》，卷六七，〈周文恪公傳〉，頁20上。
〔註158〕《皇明詞林人物考》，卷一一，〈董子元〉，頁53上。
〔註159〕《儼山集・續集》，卷八六，〈題蜀本史通〉，頁1下～2上。
〔註160〕有關明代知識分子對史評、史部書籍的討論與發展，詳參：錢茂偉，《明代史學的歷程》（北京：社會科學文獻出版社，2003年第一版），頁1～503。
〔註161〕《巖棲幽事》，頁12。
〔註162〕《四友齋叢說》，卷三六，〈考文〉，頁325。
〔註163〕《國朝耆獻類徵初編》），卷四六一，〈隱逸一・高承埏〉，頁24上～下。

衷為滿。」〔註 164〕比起何良俊的「宿業」說，秦汴更以校書所帶來的朱墨盡
沾胸前衣襟而感到自豪。

　　即使年邁病痛，文人對於讀書、校書依然念念不忘，體現明代文人對知
識文化的執著態度。嘉興周履靖（1542～1632）以年老眼花，以致無力審校
書籍，即曾感嘆道所藏圖書徒飽蠹魚之腹。〔註 165〕更有一些文人在臨終之前，
仍然懸念校書之事，如崇德呂留良（1629～1683）即是一例：

　　　某衰病日深，支骨待死，……醫事久已謝絕，惟點勘文字則猶不能
　　　廢，平生所知解，惟有此事。即微聞程朱之墜緒，亦從此得之，故
　　　至今嗜好不衰，病中賴此，摩挲開卷，有會時一欣然覺。〔註 166〕
雖然年老昏花、患病日深，但病中藉由開卷校讀，確實能帶來精神上一時的
舒暢快意。

　　隨著文字內容校讎訂正的專精，逐漸發展到鑒別書籍真偽的層次，如山
陰祁承爍（1563～1628）即對於鑒別書籍的真偽，歸納出：審輕重、辨真偽、
核名實、權緩急、別品類等五項論點。「審輕重」，在於經、史、子、集四類
之中，以經書為最重要，以其能垂於古而不能續於今者，所以在分類次序上，
則以經書為首，史書重於子書，子書重於集部。「辨真偽」，認為經史子集之
中，經不易偽，史不可偽，集不必偽，所以偽書多出現在子部書籍，並勸誡
子孫在購書、讀書時需要多加以鑒別。「核名實」，是針對藏書之中經常遇到
的名實不符的書籍，有些「實同而名異者，有名亡而實存者，有得一書即可
概見其餘者，有得其所散見而即可湊合全文者，又有本一書也，而故多析其
名以示異者」，面對這種拆裂、拼湊的情形，惟有專心研讀之後，方能瞭解精
要之處。「權緩急」，則認為藏書的最重目的在於經世致用，其中史部相較於
子部、集部書籍為重要，以其能汲取前人經驗；而史部書籍之中，則以正史
為要，霸史、雜史次之，因此在這種前提之下，特別著重於國朝典故、街談
巷議的資料蒐集。「別品類」，則是祁氏對分類編目的獨特見解。〔註 167〕

〔註 164〕《賜餘堂集》，卷一一，〈中憲大夫雲南姚安軍民府知府次山秦公墓表〉，頁
　　　　　12 上。
〔註 165〕《梅顛稿選》，卷一八，〈夷門廣牘序〉，頁 1 下～2 上。
〔註 166〕《呂晚邨文集》，卷一，〈答葉靜遠書〉，頁 28 上。
〔註 167〕明・祁承爍，《澹生堂藏書約》（《叢書集成新編》二冊，臺北：新文豐出版公
　　　　　司，1985 年元月，據《知不足齋叢書》本影印），〈藏書訓・鑑書〉，頁 43～
　　　　　61。

　　不少圖籍流傳既久，加上屢經鈔寫刊刻，內容難免異文錯誤。為了校讎工作的正確性，善本與異本的取得參考，則是讀書校讎工作的重要步驟，以便發現各版本之間文本的差異性，而加以適時的訂正，然而這些條件都必須建立在知識博學的基礎上。如退歸鄉里的支如玉，認為里中士人知識多集中於經學，對於經學之外的學問多不甚瞭解，難以談論其他各項學問：

> 會丙戌（萬曆十四年，1586）歸里中，暇繙故籍，而問欲有所雌黃，出邑內購他本，無論不得，即不能舉其名。邑人士自經學數種外，問語典墳百子、玉笠貝葉之文，則大齚舌以為欺我，即諸頂進賢而韋帶者，迄白首憒憒如面墻也。倘有輶軒觀風者至，吾何以應之？〔註168〕

校書之時既難取得他本參照，又無法與同道論析，將對校書造成不少的困擾。對於改正刻本錯字的方法，可用蒸粉與楮樹汁調和，若無楮汁亦可用膠和麵糊，然後塗抹紙上；〔註169〕或是以刮洗、紙貼，以及塗抹雌黃，皆能達到相同的功效。〔註170〕

　　秀水馮夢禎（1548～1605），家富藏書，也喜好校勘書籍。居官時，不因公務纏身而廢止校讎之業，反而常常利用公暇之餘，校勘書籍。他在任職國子監祭酒時曾經告訴友人說：

> 監務希少，得校閱史書謬誤，授之剞劂。端陽前後，《三國志》成；涉秋，《史記》亦成矣！此國子先生日課也，一笑。〔註171〕

馮夢禎篤好藏書，把校書當成是日常的課程之一，真不愧其為當代藏書家之名。而校書雖然在一般人看似枯燥乏味，但是對於作為一個文人而言，卻是相當有趣的工作。正如華亭莫是龍（1537～1587）所言：「蓄一古書，須攷校譌誤，及耳目所不及見者，真似益良友。」〔註172〕校書之樂，文人常能銘心感受。

〔註168〕《半衲庵筆語》，文集卷三，〈題孫終和藏書記〉，頁 18 上～下。
〔註169〕《巖棲幽事》，頁 1。
〔註170〕《水南翰記》，頁 1 上。
〔註171〕《快雪堂集》，卷四四，〈與朱修吾〉，頁 11 下。
〔註172〕《藏書紀事詩》，卷三，〈莫雲卿廷韓〉，頁 154。

第五章　讀書到編著立言

　　讀書的最終目的，除了純粹閱讀樂趣之外，絕大多數的知識分子都將讀書的目標朝向編著立言傳諸後世。傳統中國以「讀書」為志業的知識分子多奉行儒家思想，其中的處世之道則以「立德」、「立功」、「立言」三不朽為處世的最高準則。〔註1〕「立德」、「立功」需要高標準的行為典範，並非所有的讀書文人都能達到，相較之下「立言」就顯得容易多。加上自《史記》作者司馬遷以「成一家之言」作為史家的要務，於是更激勵不少知識分子投入著書立說的行列，以作為個人思想的傳遞與傳統文化的發揚。

　　中國文化內在有種源遠流長的經典解釋傳統，透過經典的闡釋以表達思想、溫故知新，而形成學術文化發展的方式，這個經典解釋傳統，本自於孔子所謂「述而不作，信而好古」的一種文化關懷；〔註2〕同時，這種「述而不作」的觀念，並不是只「述」不作，而是寓「作」於「述」，強調對傳統經典的重視。〔註3〕此後，司馬遷《史記》更以「成一家之言」視為文人價值的重要要務。於是，著書是以流傳個人思想為目的，「述而不作」有別於著作，並非以紀錄個人思想的目的，而是以先賢的智慧為基礎，予以彙整統合與紀錄，是具有傳承傳統文化的重要意涵。於是在此一思想之下，不少知識分子除著

〔註1〕根據《左傳》襄公二十四年記載：「太上有立德，其次有立功，其次有立言，雖久不廢，此之謂不朽。」詳參見：張學智，〈儒家文化的精神與價值觀〉，《哲學與文化》，第二七卷三期，2000 年 9 月，頁 852〜861。

〔註2〕李景林，〈孔子「述、作」之義與文化的繼承性〉，《天津社會科學》，2002 年六期，頁 111〜115。

〔註3〕高瑞春，〈從「述而不作」看孔子的寫作觀〉，《曲靖師範學院學報》，二二卷一期，2003 年 1 月，頁 79〜81。

述自身思想作品之外，同時也以鈔錄、札記、闡述等形式，以匯集前人智慧結晶。因此，傳佈個人思想的學術著作，與匯集前人智慧的編纂，都成為文人讀書生涯規劃並行不悖的思想準則。

　　明代文人讀書需要靜謐的環境，神寧氣定，邊讀、邊賞析、邊思考。從書裡到書外，充分感受閱讀的美妙，以便專心致力於知識學問的追求，體驗孤獨、寂靜的意境。然而離群索居的孤悶，有時仍會藏於文人內心，渴望與志同道合的同伴互動，所以部分文人轉而強調朋友群聚的重要性，藉由朋友相聚可以講經論道、砥礪學問，如何慎選良友、群聚論道，則成為文人讀書生活重要的先決條件。明代文人在讀書之餘也喜好結社、講學，結社、講學的目的在於尋找數人或幾十人以上志同道合的文友，組成詩文社、讀書社、講學會，一同對文章思想進行討論與批評，藉由這種文會過從的方式，使文友之間的思想與感情更為緊密。因此，必須建立在具有共同信仰的基礎上，甚至以盟誓、社約的形式來實踐對結社、講會關係的約束。在文人設會結社、講學吟詩、著書立說下，創作無數感嘆人生、抒情言志、藏諸名山的作品，成為後世極為寶貴的精神資產及智慧泉源。

第一節　讀書與著述生活

一、專心著述，成一家言

　　傳統中國讀書的知識分子「立言」的目標，經由司馬遷「成一家之言」，激勵不少知識分子投入著書立說的行列。明代文人經常在閒居讀書之餘，多從事於學術或詩文的著述，以成就金匱石室之功。歙縣汪道昆在《太函集》自序中提及：「余少而好古，長受民事，蒞戎行，用志既分，卒鮮專一之效；壯而遊方之內，乃始有聞；強而方外遊，乃始自覺。要之，聞則攖心，什五而離，什五而合。幸而家食，將成一家之言，命曰《太函》，釐為三卷：上之則道術之辨，性命之原；中則經國之程；下則經世之業。」〔註4〕仁和郎瑛（1487～1566）不僅藏書豐厚，更博綜藝文，肆意探討，在寧靜無擾的環境下，撰寫出不少重要的思想著作：

　　　　嘗為文學弟子，家故餘財，自奉親外，一以購書。所藏經籍、諸子
　　　　史、文章、雜家言甚盛。至他人所無，奇記、逸篇、古圖畫、金石

〔註4〕《太函集》，卷一二六，〈太函集自序〉，頁2上。

之刻，浸以益富，所資日以貧，瑛無所顧。獨敞大屋，樹高廈，列
置數几，危坐諷讀其中。攬要獵華，刺抉眇細，摘瑕指纇，辨同異
得失，而著為書凡數種數十百篇。〔註5〕

郎瑛有《七修類稿》傳世，藉由清幽的環境，文思靈感湧現，讀書著述獨
處時即成為最佳的休閒排遣。江寧焦竑（1540～1620）也曾因性情疏直不
能迎合權貴，在遭到同僚排擠之後，貶謫退歸鄉里閉門隱居，專意從事著
述。〔註6〕不少文人是在罷官歸鄉之後，方能有更多閒暇時間，專注於文字
與思想上的創作，如《客座贅語》所記載沈越著書專注的情形：

前輩士大夫致政在林下者，類杜門謝交游，郡邑大夫至終任多不識
面。曾聞沈侍御越罷官歸，日坐樓上寫書，以三錢雞毛筆抄至數十
百冊，親友亦不數相見。〔註7〕

沈越在罷官歸隱後，閉門謝絕一切交遊，專心著書竟能高達百冊，足見其讀
書用功的程度。秦約（1316～？）博學強記，不妄交遊，喜好隱居讀書著述，
吟誦詩文。〔註8〕蘭谿胡應麟（1551～1602）於萬曆四年（1576）舉於鄉，
此後久不登進士第，遂「築室山中，搆書四萬餘卷，手自編次，多所撰著。」
〔註9〕而濟南李攀龍（1514～1570），少孤家貧，稍長嗜詩歌，已益厭訓詁學，
日讀古書，里人共目為狂生。家有「白雪樓」藏書，「每屬文將起草，即登
之，去其梯，不脫稿，終不下，亦不飲食便溺也。」〔註10〕文人著作時的專
注程度，不僅摒棄一切交遊，甚至有時不食不飲，其專注之精神確實令人敬
佩。

李時珍（1518～1593），字東璧，晚年自號瀕湖山人。湖北蘄州人，好讀
醫書、醫家本草。〔註11〕是明代最著名的醫學家及藥學家之一。李時珍自學
成才，一靠親自進行藥物調查，拜能者為師；一靠發奮忘食地刻苦讀書。李
時珍為了編寫新的藥典，翻閱了八百餘家的醫學著作和其他古代書籍，他結
合人自己平時蒐集的資料，對編寫的藥典進行修改。在寫書過程中，他動員
了全家的力量，兒子，孫子和他的學生都參加了校對、鈔寫和繪圖等工作。

〔註5〕　《西園聞見錄》，卷二二，〈畸人〉，頁34下。
〔註6〕　《玉堂叢語》，〈行誼〉，頁1。
〔註7〕　《客座贅語》，卷七，〈沈侍御〉，頁238。
〔註8〕　《菽園雜記》，卷一三，頁163。
〔註9〕　《明史》，卷二八七，〈文苑三〉，頁7382。
〔註10〕《文海披沙》，卷八，〈精思亭〉，頁3。
〔註11〕《明史》，卷二九九，〈列傳第一百八十七‧方技〉，頁7653。

經過將近三十年的努力，萬曆六年（1578），李時珍終於完成了不朽的巨著《本草綱目》，為中國醫藥史上的經典著作。影響後世深遠，他不斷的擴充自己的知識，認真地鑽研了大量的古代學術著作，為能提高自己的思想。所讀的書有千種之多。他的讀書方法有三個特點：1.廣泛涉獵 2.依類專攻 3.勤寫筆記。博學深思，邊讀邊記，這正是李時珍專心著述、自學成才，攀登科學高峰的成功經驗。〔註12〕

明代藏書家中，以戲劇創作而聞名於世的人頗眾，而其中有部分人之所以成為戲劇理論家、劇作家，明顯地是得益於所藏戲曲作品的影響和滋養。如章丘李開先〈張小山小令後序〉提及：

> 既登仕籍，書可廣求矣。惟詞書難遇，以去元朝將二百年鈔本刻本多散亡。洪武初年，親王之國必以詞曲一千七百本賜之。對山高祖名汝楫者，曾為燕邸長史，全得其本。傳至對山，少有存者。人言憲廟好聽雜劇與散詞，搜羅海內詞本殆盡。又武宗亦好之，今宜詞曲而小山者更少也。京師積書家如李蒲丁、沈竹東，詞書成編者不過十餘部。〔註13〕

李開先所言：「洪武初年，親王之國必以詞曲一千七百本賜之」，使後人能對明初朱權、朱有燉兩位藩王藏書家之所以能成為著名戲曲家，從中找到原因。李開先不僅是一位大藏書家，也是一位著名的戲曲作家，他一生作有傳奇《寶劍記》、《登壇記》、《斷發記》和院本《園林午夢》；其他著作尚有《山東鹽法志》四卷、《中麓畫品》一卷、《中麓集》十二卷等，其中以《寶劍記》成就最高，在中國戲曲上有重要的地位。另臨川湯顯祖，少善屬文，為明代最偉大的戲曲家，也是一位藏書家、文學家。著述甚富，有《紫簫記》、《紫釵記》）《牡丹亭》（又名還魂記）《南柯記》、《邯鄲記》，詩文《玉茗堂四夢》、《玉茗堂文集》、《玉茗堂尺牘》、《紅泉逸草》、《問棘郵草》，小說《續虞初新志》等，其中《牡丹亭》是思想和藝術價值最高的一部。保持不少有文獻價值的珍貴史料，這和他們豐富的藏書生活是密不可分的。〔註14〕

〔註12〕 唐明邦，《李時珍評傳》（南京：南京大學出版社，1991 年 3 月第一版），頁 51～55。

〔註13〕 明・李開先，《李中麓閑居集》（《四庫全書存目叢書》集部九二冊，臺南：莊嚴文化事業有限公司，1995 年 9 月初版，據南京圖書館藏嘉靖至隆慶刻本影印），頁 104。

〔註14〕 傅璇琮等，《中國藏書通史》2 月第一版），頁 706。

　　在歸隱的休閒居家生活中，讀書著述除更可以作為抒懷情感的舉動，如山陰張岱（1597～1679）記其友人周宛委的起居，即是家居無事，輒浩歎長吁，並寄託於詩文的寫作之中：

　　　　余嘗造其廬，先生見余至，必倉忙扶杖而來，袖其所著書，出以示余。余捧讀之，皆殘編斷簡，惡楮毛書，竄改塗抹，煙煤敗黑，微有字形，余不能句。先生尋行覓字，為余誦之，讀至刻畫深沉，翻駁痛快，則握拳透爪，齧齒穿齦，讙唶咨嗟，唾洟滿面。聽其奇論，真動地驚天，自午至酉，連讀數秩，雖舌敝耳聾，不以為疲也。〔註15〕

著作最能表達自身的想法與思維，周宛委讀書寫作之餘，又好與朋友相互議論，以致於讀至隨性之處，動輒齧齒穿齦、唾洟滿面，即使是舌敝耳聾也不以為疲憊。在明代中晚期個人意識高漲的時代大環境裡，文人藉由著作盡情抒發內心的感受，同時也為當代豐沛思想累積可觀的成果。

　　清閒自在是明代文人讀書寫作常需要的生活情境，也是一種自我滿足，內心無所企求的精神狀態，跳脫於世俗社會的牽絆與束縛，以追求個人精神的自我解放。公安袁宏道（1568～1610）即曾在寫給友人的書信中提到，身處官場之外還有令人值得追尋的人生快樂，在其所謂五種「真樂」的快意生活之中，其中一項就是著述寫作：

　　　　篋中藏萬卷書，書皆珍異。宅畔置一館，館中約真正同心友十餘人，人中立一識見極高，如司馬遷、羅貫中、關漢卿者為主，分曹部署，各成一書，遠文唐宋酸儒之陋，近完一代未竟之篇，三快活也。……士有此一者，生可以無愧，死可不朽矣。若只幽閒無事，挨排度日，此最世間不緊要人，不可為訓。古來聖賢，如嗣宗、安石、樂天、子瞻、顧阿英輩，皆信得此一著，此所以他一生受用。不然，與東鄰某子甲蒿目而死者，何異哉！〔註16〕

袁宏道所謂的著述，不僅在於隨意鈔錄文章而已，而是具有「遠文唐宋酸儒之陋，近完一代未竟之篇」的新意與創見，如此才能展現出個人思想的精髓與內涵。

　　長樂謝肇淛認為著述之目的在於善用珍藏書籍，汲取書中知識以為我所用：

〔註15〕　《瑯嬛文集》，卷五，〈周宛委墓誌銘〉，頁142。
〔註16〕　《袁中郎尺牘》，〈龔惟長先生〉，頁2。

> 少時讀書，能記憶而苦於無用，中年讀書，知有用而患於遺忘。故
> 惟有著書一事，不惟經自己手筆可以不忘，亦且因之搜閱簡編，遍
> 及幽僻，向所忽略今盡留心，敗笥蠹簡皆為我用。〔註17〕

鑑於讀書僅知記憶而不知活用，或容易遺忘等缺失，惟有勤加閱讀著述，才
能活用書籍並牢記不忘書中的內容。嘉興沈嗣選字仁奉，號果庵，生平勤於
聚書，嘗認為《昭明文選》以後各有文章選輯，唯獨南宋缺漏，因此編輯《南
宋文選》百卷。〔註18〕郎瑛更是憑藉家中豐富藏書，日惟涉獵著述為書，凡
數種數十百篇。〔註19〕

著書以流傳個人的思想，期望能傳誦千古，既然是文人的重要的「立言」
目標，於是為此自期沉浸其中者不在少數。然而著書立說之前，必須先具備
廣博的學問以充實知識的涵養，於是蒐集圖書遂成為第一要務。歸安茅坤
（1512～1601）即曾為求著書立言而感嘆道：

> 我以此欲為別秉鉛槧，然恨不能遍讀正德、嘉、隆以來《實錄》，併
> 兩直隸十三省之郡縣誌，與世之名公文集而參互之，如何！如何！
> 孔子不云乎：「文獻不足故也，足則吾能徵之矣！」〔註20〕

圖書文獻的徵集，是茅坤著作之前首要的前提工作。吳縣都穆（1459～1525）
博綜才藝，尤擅長鑒古，所藏書籍甚豐，其中頗多秦漢石刻，凡有錯誤闕疑
之處，皆予以補訂考證，晚年更以著書為事：

> 先生為郎，數奉使必遊，遊必凌幽險，探奇勝，攷究掌故，迺金石
> 古文，摹搨抄錄，亡少掛漏。歸老之日，門無雜賓，灶不突煙，意
> 澹如也，惟日以讎討著述為事。〔註21〕

對於書籍考證補訂，江寧焦竑（1540～1620）認為需具備知識淵博的背景，
兼涉經學、文學、子學、史學、目錄學、金石學等各項知識，同時這種「小
學」即是基礎的研究功夫，其最終目標則是為了經世致用與明心見性。〔註22〕
而都穆年輕時喜好遊歷奇勝幽境，又鍾情於石刻文字，而以摹寫鈔錄為樂，

〔註17〕《五雜俎》，卷一三，〈事部一〉，頁271。
〔註18〕《光緒‧嘉興府志》，卷五一，〈嘉興文苑〉，頁44上。
〔註19〕《西園聞見錄》，卷二二，〈畸人‧郎瑛〉，頁34下。
〔註20〕明‧茅坤，《耄年錄》，卷八，〈諭仲兒約〉，頁20上。
〔註21〕明‧王兆雲，《皇明詞林人物考》（《明代傳記叢刊》，台北：明文書局，1991
　　　　年元月初版），卷九，頁371～372。
〔註22〕李劍雄，《焦竑評傳》（南京：南京大學出版社，1998年12月第一版，頁193
　　　　～223。

晚年後則歸於平淡，隱居鄉里，惟以校讎著述作為生活的樂趣。有些明代的文人對於書籍的態度，不僅認為書籍是知識的來源，更是思想泉源的來源，因此極為尊崇有加。如吳縣黃省曾（1490～1540）自幼天資聰慧，刻苦好學，為求蒐集古今圖籍而不遺餘力，時常勸誡人：「三日不觀書，即不能作文」，甚至以嗜書之故，每遇朔望必陳列五經而拜。〔註23〕

　　楊慎（1488～1559）字用修，號升菴，新都人，廷和子。正德六年（1511）廷試第一，授修撰。不甘為天地之蠹，埋頭著述，楊慎自幼好學，博覽群書，勤於著述。入滇前，他就編著《風雅逸編》、《選詩外編》、《石鼓文音釋》、《升菴集》卷二、《升菴遺集》卷十等著作，入滇後，謫戍生活也沒有改變他讀書的愛好。他曾言：「白首投荒瘴海邊，猶耽傳癖與書淫」，在移居安寧最初的幾年裡，生活孤寂，心情苦悶，他即以書為伴。尤其可貴的是，他在謫戍雲南途中，還特別留意中州到雲南的行程及沿途的山川風物，「休旅之暇，猶不忘性習」，寫成了地理專著《顚侯記》，至雲南後，他「感其異候，有殊中土，輒籍而記之」，又寫成了氣候專著《滇候記》卷二，他經過幾年的苦悶、徘徊，雖身處逆境，但並沒有因個人的不幸而沉淪，虛度歲月。〔註24〕除了上述著作外，楊慎另轉注《古音略》五卷、《古音叢目》五卷、《古音獵要》五卷、《古音附錄》五卷、《古音餘》五卷、《古音略例》一卷、《六書練證》五卷、《六書索隱》五卷、《古文韻語》二卷、《韻林原訓》五卷、《奇字韻》五卷、《韻藻》四卷等；〔註25〕尚有《丹鉛總錄》二十七卷、《續錄》十二卷、《餘錄》十七卷、《新錄七卷》、《閏錄》九卷、《卮言》四卷、《談苑醍醐》九卷、《藝林伐山》二十卷、《墐戶錄》一卷、《清暑錄》二卷；〔註26〕《墨池瑣錄》一卷、《書品一卷》、《斷碑集》四卷、《徐獻忠金石文》一卷〔註27〕；《素問糾略》三卷；〔註28〕《莊子闕誤》一卷；〔註29〕《禪藻集》六卷、《禪林鉤玄》九卷；〔註30〕《楊慎文集》八十一卷、《南中集》七卷、《詩》五卷、《詞》四卷；〔註31〕《古雋》

〔註23〕 明・牛若麟，《崇禎・吳縣志》（《天一閣藏明代方志選刊續編》一九冊，上海：上海書店，1990年12月初版，據明崇禎刊本影印），卷四七，頁48上。
〔註24〕 丰家驊，《楊慎評傳》（南京：南京大學出版社，1998年12月第一版），頁103。
〔註25〕 《明史》，卷九六，〈志七十二・藝文一〉，頁2327。
〔註26〕 《明史》，卷九八，〈志七十四・藝文三〉，頁2433～2434。
〔註27〕 《明史》，卷九八，〈志七十四・藝文三〉，頁2445。
〔註28〕 《明史》，卷九八，〈志七十四・藝文三〉，頁2447。
〔註29〕 《明史》，卷九八，〈志七十四・藝文三〉，頁2451。
〔註30〕 《明史》，卷九八，〈志七十四・藝文三〉，頁2453。
〔註31〕 《明史》，卷九九，〈志七十五・藝文四〉，頁2473～2474。

八卷、《尺牘清裁》十一卷、《古今翰苑瓊琚》十二卷、《風雅逸編》十卷、《選詩外編》九卷、《五言律祖》六卷、《近體始音》五卷、《詩林振秀》十一卷、《明詩鈔》七卷、《經義模範》一卷;《升菴詩話》四卷〔註32〕等,楊慎投荒多暇,書無所不覽,明世記誦之博,著述之富,推為第一,詩文外雜至一百餘種,並行於世。楊慎幼警敏,能詩擅文,十一歲能詩。十二擬作《古戰場文》、《過秦論》,長老驚異。入京,賦《黃葉詩》。茶陵李東陽(1447~1516)見而嗟賞,令受業門下,〔註33〕其著作之才華,多采的讀書生活可想而知。

明代文人的讀書著述有時並非單一種類,而是涵蓋各式各樣的書品。以無錫周子義的讀書著述生活而言,種類繁多而廣博,例如:所訂正的書有:《周禮》、《史記》、《五代史》,所編輯之書則有:《子彙》、《綱目纂要》、《史漢類纂》,所評選之書則有:《左傳》、《國語》、《唐詩》等,所撰著則有:《殼語》、《日錄》。〔註34〕海鹽胡震亨(1569~1645)讀書著述更是相當可觀,嘗輯唐人詩集並旁鈔諸名山之志,而臚列為《唐音統籤》一千卷,另有:《祕冊彙函》、《海鹽圖經》、《續文選》、《文獻通考纂》、《靖康盜鑒錄》等著作。〔註35〕

有時卷帙礙於能力所及,無法獨自完成時,文人也會尋找志同道合的書友,共同協助著述。海鹽姚士粦(1564~?)與其友人呂兆禧相互合作,「欲從史傳、文選及諸類書、地記、子襪盡錄古人文集,所就者有東方朔、潘岳、潘尼、傅玄、傅咸、孫楚、孫綽、夏侯湛、顏延之、任昉、梁簡文、梁元帝十一種」,合力彙集散佚失傳的書籍,再予以刊刻。〔註36〕而上海黃標與陸楫(1515~1552)更是合力彙集編成《古今說海》,內容達一百四十二卷:

> 凡古今野史、外記、叢說、腔語、藝書、怪錄、虞初、稗官之流,
> 其間有可以裨名教,資政理,備法制,廣見聞,考同異,昭勸戒者,
> 靡不品騭抉擇,區別匯分,勒成一書,列為四部,總而名之曰:《古
> 今說海》,計一百四十二卷,凡一百三十五種。〔註37〕

為求著述具有新意與獨特議論,不少文人撰述時則以此最高原則,而仁和吳

〔註32〕 《明史》,卷九九,〈志七十五‧藝文三〉,頁2494~2500。
〔註33〕 《明史》,卷一九二,〈列傳八十‧楊慎〉,頁5082~5083。
〔註34〕 《朱文懿公文集》,卷六,〈周文恪公傳〉,頁4上~下。
〔註35〕 清‧陳田,《明詩紀事》(《明代傳記叢刊》一三冊,臺北:明文書局,1991年10月初版),卷一八,〈庚籤‧胡震亨〉,頁158~159。
〔註36〕 《見只編》,卷上,頁67~68。
〔註37〕 明‧陸楫等,《古今說海》(成都:巴蜀書社,1996年12月第一版),唐錦〈古今海引〉,頁3。

任臣（1628～1689）以家藏圖書，窮盡心力所著的《十國春秋》，時人盛稱此書采輯古今書籍，無慮數百種，所述絕無臆說杜撰，生平著作等身，足見參見徵引書籍之多，以及學識之淵博。〔註38〕明代文人的著述有時並非單一種類，而是涵蓋經部、史學、諸子、詩文集等各式各樣的著作，與當時著述傳世的學風有一定的關聯。

二、隨手札記，匯集成卷

　　著書是以流傳個人思想為目的，然而在古代中國傳統思想之中，除了司馬遷以「成一家之言」作為人生要務之外。孔子所提倡「述而不作」的觀念，是有別於著作的型態，並非完全以紀錄個人思想的目的，而是以先賢的智慧為基礎，予以彙整統合的加以紀錄。於是在此一思想原則之下，不少知識分子除創作著述自身思想作品之外，同時會以鈔錄、札記等形式，以匯集前人智慧結晶。

　　明代文人隨手箚記的時代現象極為普遍，有時累積數十年功力，達到積數巨帙的書冊內容。長洲錢同愛（1475～1549）喜好聚書，每次皆以重金購得書籍，因此積書非常豐富，「諸經子史之外，山經地志，稗史室小說，無所不有，而亦無所不窺。尤喜左氏及司馬班揚之書，讀之殆遍，偶有所得，隨手入記，積數巨帙。」〔註39〕金壇于景素在謫官之後遂閉門讀書，往往隨手札記，累積成不少卷帙。〔註40〕陳甯受父祖喜好藏書的家風影響所及，也好鈔書，自少博學，「遇異書，輒手自鈔寫，積數十冊。」〔註41〕公安袁中道（1570～1624）更記載道自己讀書札記的經過：

　　　閉門閱《稗海》，命小童及一傭書者隨閱隨鈔。可效法者為一集，事
　　　關因果助發道心者為一集，救妄者為一集，可懲戒者為一集。〔註42〕
袁中道的家境富饒，僱請小僮及書傭鈔錄書中內容，所採用的方法是將原本卷帙龐大的《稗海》，根據自己喜好的項目，分類予以鈔出，這種類似「鈔撰」的方式，不僅可以加深讀書內容，更能根據自身喜愛的課題而增加閱讀效率。

〔註38〕　《武林藏書錄》，卷下，〈吳託園先生〉，頁57。
〔註39〕　《國朝獻徵錄》，卷一一五，頁84下，〈錢孔周同愛墓志銘〉。
〔註40〕　《光緒‧嘉興府志》，卷五三，〈秀水文苑〉，頁39上。
〔註41〕　《高子遺書》，卷一，〈願學齋箚記序〉，頁16下～17上。
〔註42〕　明‧袁中道，《游居柿錄》（上海：上海遠東出版社，1996年12月第一版），
　　　　卷七，頁151。

　　在進行閱讀同時加以鈔寫的方式，久而久之累積內容，於是鈔寫編撰逐漸等同於著述。〔註 43〕上海陸深（1477～1544）著名的《金臺紀聞》一書，即是以鈔錄的方式寫成，書中不少內容是直接鈔錄前人所論述的文章，如論及古書手鈔的問題時，即直接引錄不少宋人葉夢得的論點：

　　　　古書多重手抄，東坡於〈李氏山房〉記之甚辨。比見《石林》一說，云：「唐以前凡書籍皆寫本，未有模印之法，人不多有，而藏者精於讎對，故往往有善本。學者以傳錄之艱，故其誦讀亦精詳。五代時，馮道始奏請官鏤板印行。國朝淳化中，復以《史記》、《前後漢》付有司摹印，自是書籍刊鏤者亦多，士大夫不復以藏書為意，學者易於得書，其誦讀亦因滅裂。然板本初不是正，不無訛謬，世既一以板本為正，而藏本日亡，其訛謬者遂不可正，甚可惜也。」其說殆可與坡並傳。〔註 44〕

陸深首先明白指出葉夢得（1077～1148）《石林燕語》的看法以為佐證，再夾雜論述自己的心得觀點，於是匯集成一本著作。事實上這種鈔撰的方式，頗有考證論述的意味，因此在言必有徵的原則下，便可以博覽群書，進而旁徵博引。〔註 45〕

　　藉由鈔錄書中內容，不僅可以節錄出自己喜歡的課題與項目，同時在一邊閱讀、一邊鈔書，逐字逐句的對照下，往往容易發現書中內容有缺漏與疑問之處，於是文人都會適時的予以補正。陸深在讀過《水經》一書之後，曾提出幾點疑問：

　　　　予覽之有三疑：桑欽著書，能成一家言，後漢文苑何不為立傳？欽之名姓，又別無考見，一疑也。《水經》所具，至到源委，徧及夷夏，非一人一生所可窮極，一疑也。所稱酈道元注，道元後魏時人，其書該洽浩博，後來引用者，但稱出《水經注》而已，不知經注，復何所出，又一疑也。偶覽《通典》，亦載《水經》郭璞注三卷，酈道元注四十卷，皆不詳撰者名氏，亦不知何代之書，但謂是順帝以後纂序也。且云所作詭誕，全無憑據，疑於《吳越春秋》、《越絕》之

〔註 43〕曹之，〈古代鈔撰著作小考〉，《河南圖書館學報》，第一九卷第二期，1999 年 6 月，頁 25。

〔註 44〕《儼山外集》，卷八，〈金臺紀聞下〉，頁 6 上～6 下。

〔註 45〕嵇文甫，〈晚明考證學風的興起〉，《鄭州大學學報》人文科學版，1963 年三期，頁 2。

流，亦不知有桑欽。君卿博洽之儒，其論當可信，與《漢書》〈孔安國傳〉載徐敖以《毛詩》傳輝子真，子真傳桑欽君長，此當是西漢末人，與《水經》同乎否？〔註46〕

陸深所論，處處見其用心與專業特性，較諸於其他專家所見，往往只著重文字、聲韻考證，來得更有思想內涵。

　　長洲朱存理（1444～1513）自幼好學不倦，工於大篆、楷書，為人風雅寬厚，素好群經諸史，乃至稗官小說、地志，無所不窺，無所不有，平時家居之際則手自謄錄書籍，至鈔錄前輩詩文達百餘家之多，為蘇州府地方上博學高節的文士。〔註47〕上海陸伸（？～1508）為陸深之子，受其父喜愛藏書的風氣影響，亦以著書札鈔為樂事：

> 縱覽群書，過目不忘，日以修學著書為事。自先世積書數萬卷，悉按鄭（樵）馬（端臨）二氏例，類分四部，編為目錄。每書必書其概下方間，有考計亦隨筆之，人以書惠必記諸籍，籍名嘉惠，蓋以表其所好在此，雖車馬金玉弗嘉也。〔註48〕

泰和羅欽順（1465～1547）也在〈困知記序〉提及閱讀時札記、抄錄的情形：

> 山林暮景，獨學無朋，……每遇病體稍適，有所尋繹，輒書而記之。少或數十言，多或數百言，……積久成帙，置之座間，時一披閱，以求其所未至。……記分為上下兩卷，通百有五六十章，名以「困知」，著其實爾。〔註49〕

而長洲錢同愛（1475～1549）居於山林之中，則常招賓客至家中，陳列圖籍，滿座談論，時而釃賦詩，依屋而歌，亦喜率性讀書，「尤喜左氏及司馬、班、揚之書，讀之殆遍，偶有所得，隨手箚記，積數巨帙。」〔註50〕

〔註46〕 明‧陸深，《傳疑錄》（《筆記小說大觀》四編六冊，臺北：新興書局，1974年7月版），頁4上～下。

〔註47〕 《明分省人物考》，卷二二，〈南直隸蘇州府五〉，頁45上～46下。

〔註48〕 明‧周士佐修、張寅纂，《太倉州志》（《天一閣藏明代方志選刊續編》二〇，上海：上海書店，1990年，據明崇禎二年劉彥心重刊本影印），卷七，〈人物‧陸伸〉頁39上～下。

〔註49〕 明‧羅欽順，《困知記》（北京：中華書局，1990年8月第一版），〈困知記序〉，頁1。

〔註50〕 明‧焦竑，《國朝獻徵錄》（《中國史學叢書》，臺北：臺灣學生書局，1965年元月初版，據明萬曆四十四年錢塘徐氏刊本影印），卷一一五，頁84上。

在古代的文人讀書生活中，著述、札記是其智慧的結晶，許多文人終生筆耕不輟，甚至廢寢忘食，日以繼夜，為後人留下大量的傳世之作。正如同崇仁吳與弼（1391～1469）所謂：「懼學之不繼也，故特書於冊，冀日新又新，讀書窮理，從事於敬恕之間，漸進於克己復禮之地。此吾志也，效之遲速，非所敢知」〔註51〕，明代文人的知識分子從讀書到編著立言，常以先賢的智慧遺產為基礎，以文章著述鋪陳其對前人的景仰及傳承，甚至在顛沛流離的著述生活中，創作出當代豐碩的思想成果，也對讀書的著述生活有了更深切的了解與感受。

第二節　讀書與編纂生活

一、彙編叢類諸書

（一）編纂叢書與類書

有明一代史籍編纂頗盛，比較而言官修不如私修。在這些史書的編纂中，明代文人們作出了應有的貢獻，如宋濂修《元史》、王世貞的《弇山堂別集》與《弇州史料》、何喬遠的《名山藏》、焦竑的《國朝獻徵錄》、鄭曉的《無學編》、張萱的《西園見聞錄》等文人的著作，由於史料豐富，價值頗高，他們作出了重要的貢獻，這與他們充分利用自己藏書是分不開的。〔註52〕王世貞利用所藏典籍從事學習與寫作，並利用藏書作為編輯書籍。王世貞為胡應麟作《二酉山房記》，謂胡應麟藏書至四萬二千三百八十四卷。且稱讚胡應麟不僅藏書多，而且藏書能發揮作用，即聚與讀者相結合。王世貞認為：「世有勤於聚而倦於讀者，即所謂聚天下書，猶亡聚也。有侈於讀而儉於辭者，即謂讀天下書，猶亡讀也。」〔註53〕可以代表當時正確的藏書主張。

明代的文人除了讀書、藏書、鈔書、校書、著書之外，還利用雕版印刷的普及，刊刻大量的歷朝或當代的叢書與類書。由於歷代刊刻叢書的總數之中，明代所刊刻的叢書即約占二分之一以上，後世研究者多盛讚明代叢書與類書的大量刊刻。例如三代遺書、漢唐子集等罕見書籍，原以為若隱若亡，

〔註51〕 清・黃宗羲《明儒學案》，卷一，〈崇仁學案一・聘君吳康齋先生與弼・吳康齋先生語〉，頁19。
〔註52〕 傅璇琮等，《中國藏書通史》，頁706。
〔註53〕 《少室山房筆叢正集》，卷二，頁22～24。

經明人刊刻之後，幸賴以得存，其對於文化保存之功不可勝量。〔註 54〕明代叢書與類書的刊刻與編輯，對於書種延續、傳播文化具有重大的時代意義。

在叢書的編纂方面：由於文人本身學識涵養與豐富藏書，在處理歷代叢書的刊刻與編輯時，對於底本的選擇要求較高，所以影響層面更大。顧元慶（1487～1565）字大有，號大石山人，蘇州府長洲縣人，有「夷白堂藏書樓」，內藏圖書萬卷，正德年間（1506～1521）擇其所藏的珍貴善本而彙刻之，即傳世的《陽山顧氏文房》叢書，〔註 55〕此書四十種四十七卷，所刻多以宋刻翻雕，在當時即被視為極罕見的祕籍。長洲黃丕烈（1763～1825）盛讚：「唐朝小說，尚有《太真外傳》、《梅妃傳》、《高力士傳》，皆刊入《顧氏文房小說》，向藏《梅妃傳》亦顧本，《太真外傳》別一鈔本，《高力士傳》竟無此書，安得盡有顧刻之四十種耶？以明刻而罕秘如是，宜毛氏珍藏於前，而余亦寶愛於後也。」〔註 56〕可見，長洲顧元慶耗費心力所蒐羅唐朝傳奇小說，如此珍貴古籍難怪皆為後人所鍾愛。

明代文人致力於編纂叢書者不乏其人，如「天一閣」藏書主人范欽（1506～1585）曾在嘉靖年間（1522～1566）刊刻所藏秘本為《范氏奇書》二十一種，內容多為歷代諸家解《易》之作。海鹽胡震亨（1569～1645）於萬曆年間輯刻的叢書《秘冊匯函》，收錄不少當時四部之中罕見書籍，但此書未刻全而書版毀於火，後殘版歸毛晉所有，而毛晉（1599～1659）素以「汲古閣」刻書名聞當代，此時更根據《秘冊匯函》殘版擴而增之，加刻部分而成《津逮秘書》。〔註 57〕

杭州胡文煥所編輯的《格致叢書》，更是明代刻叢書之中影響最為深遠。胡文煥字德甫，號全庵，「文會堂」為其藏書與刻書之所。其人博學多才，所編輯的《格致叢書》收書一百八十餘種，內容廣泛，有經翼、史外、居宮、法家、訓誡、子餘、尊生、時會、農事、藝術、清賞、說類、法苑等等，充分體現出薈萃群書的特點。此書當時名人賢達多為之序跋，足見其影響之大，後人稱其貢獻為：

〔註 54〕 謝國禎，《明清筆記叢談》（上海：上海古籍出版社，1981 年版），頁 205。
〔註 55〕 清·潘介祉，《明詩人小傳稿》，卷七，頁 251。
〔註 56〕 清·黃丕烈，《士禮居藏書題跋記》（《續修四庫全書》史部九二三冊，上海：上海古籍出版社，1997 年版，據清光緒十年滂喜齋刻本影印），卷四，〈開元天寶遺事二卷〉，頁 33 下～34 上。
〔註 57〕 王重民《中國善本書提要·子部》（上海：上海古籍出版社，1983 年版），頁 423。

仁和胡文煥，字德甫，號全庵，一號抱琴居士，嘗於萬曆、天啟間，
構文會堂藏書，設肆流通古籍，刊《格致叢書》至三四百種，名人
賢達多為序跋。〔註58〕

胡文煥所刻叢書除《格致叢書》外，尚有《壽養叢書》、《百家名書》、《儒門
珠算》、《古今原始》、《全庵胡氏叢書》、《胡氏粹編》等。此外，明代藏書家
所刊刻的叢書尚有沈節甫《紀錄彙編》等、明末清初秀水高承埏（1602～1647）
有「稽古堂」所藏輯刊《稽古堂叢刊》，其所刊刻之書被譽為「明人刻書之精
品」，足見明代藏書家所刻叢書保存文獻、有功文化，並對清代藏書家熱心刊
刻叢書有積極的影響，其意義殊為深遠。

另外，歸安茅坤精善古文，遂以唐宋八大家為宗，編撰《唐宋八大家文
鈔》凡一百六十四卷，以藉由唐宋八大家而上窺西漢文學，乃至於六經思想，
〔註59〕而此書一出，盛行海內，以致「唐宋八大家」之說無人不曉，且自此
成為定論，對後代的影響可謂至深且鉅。〔註60〕山陰祁彪佳（1602～1645）
以家藏戲曲作品甚多，乃根據呂天成的《曲品》加以增補，並依其體例編纂
成《遠山堂曲品》，〔註61〕所收錄作品達四百六十六種，而《遠山堂劇品》則
是專門收錄明人雜劇共二百四十二種，對於戲曲資料的保存具有極重大的意
義。

江陰李如一（1557～1630）為李詡（1505～1593）之孫，其所編輯的說
部叢刊，則是蒐羅當地名賢之著作：

集邑人說部，刊《藏說小萃》、湯大理沐之《公餘日錄》、張司訓誼
之《宦遊紀聞》、張學士袞之《水南翰記》、朱太學承爵之《存餘堂
詩話》、徐山人充之《暖姝由筆》、《汴游集》、唐貢士震龍之《延州
筆記》，而其祖《戒庵漫筆》附焉。〔註62〕

〔註58〕清・丁申，《武林藏書錄》（《叢書集成續編》五冊，臺北：新文豐出版公司，
1989年7月，據武林掌故叢編排印），卷中，〈文會堂〉，頁23下。
〔註59〕明・茅坤，《茅鹿山先生集》（《續修四庫全書》集部一三四四冊，上海：上海
古籍出版社，1997年版，據明萬曆刻本影印），卷一四，〈唐宋八大家文鈔總
序〉，頁648～649。
〔註60〕傅璇琮等，《中國藏書通史》，頁712。
〔註61〕明・祁彪佳《遠山堂曲品》（《續修四庫全書》集部一七五八冊，上海：上海
古籍出版社，1997年版，據明刻本影印），〈序〉，頁1上～下。
〔註62〕明・李鶚翀，《江陰李氏得月樓書目摘錄》（《明代書目題跋叢刊》下冊，北京：
書目文獻出版社，1994年元月第一版），繆荃孫〈李如一傳〉，頁2下～3上。

時人稱其能收合先輩之遺編，補殘訂訛，有功於一鄉之文獻。〔註 63〕海鹽湯紹祖則以喜好駢麗之文，於閒居之時，訂定編輯《續文選》三十二卷。〔註 64〕

　　秀水曹溶於致仕以後的家居生活，則是杜門著述，彙集唐、宋、元、明以來祕鈔之本三百餘種，而手輯《學海類編》，〔註 65〕此書之編輯完成，亦有賴不少同好、同志的多方覓購文獻，方能續成此一巨帙。〔註 66〕武進徐常吉曾任職中書舍人，時有秘閣藏書可供閱讀的機會，於是開始稍加輯錄成卷：

　　　　吏散鴉啼，了無事事，得借觀中秘，旁及稗野，附以居恆簾窺壁聽，

　　　　不忍自棄，稍稍輯錄成帙，題曰：《事詞類奇》。〔註 67〕

其實無論是《學海類編》、《夷門廣牘》、《紀錄匯編》等叢書編纂，顯示明代文人對於叢書的編輯活動極為重視，同時更保存了文獻之重要價值。〔註 68〕明代的考據、考證風氣盛行，校書工作亦隨之興起，校書是一項艱難的任務，不僅要能審輕重、辨真偽、核名實、別品類，更需具備廣博的知識，聚精會神，仔細研讀才能勝任，在校其訛誤後，才能體現「辨章學術，考鏡流源」的真諦，眾多叢書的編纂、刊刻，也體現此種時代精神。

　　在類書的編纂方面：類書是以輯錄文獻中的眾多材料，然後按照類別或按韻而編排，方便於檢索與徵引的特色，現今有關於類書的研究甚多，有助於對傳統類書內容的探討。〔註 69〕關於類書的成形，最早見於三國時期魏文

〔註 63〕　《晚香堂集》，卷二，〈藏說小萃序〉，頁 48 上。

〔註 64〕　明・湯紹祖，《續文選》（《四庫全書存目叢書》集部三三四冊，台南：莊嚴文化事業有限公司，1997 年 6 月初版，據明萬曆三十年希貴堂刻本影印），〈續文選序〉，頁 1 下。

〔註 65〕　清・李集等，《鶴徵前錄》（《清代傳記叢刊》一三冊，臺北：明文書局，1985 年 5 月初版），卷一，頁 34 上。

〔註 66〕　《學海類編》，〈輯書大意〉，頁 7 下～8 上。

〔註 67〕　明・徐常吉，《新纂事詞類奇》（《四庫全書存目叢書》子部一九八冊，臺南：莊嚴文化事業有限公司，1995 年 9 月初版，據明萬曆周曰校刻本影印），許維楨〈新纂事詞類奇序〉，頁 2 下～3 上。

〔註 68〕　崔文印，〈明代叢書的繁榮〉，《史學史研究》，1996 年三期，頁 62。

〔註 69〕　關於類書研究的著作，可參考：陳一弘，〈類書的體式、編輯作用、侷限與普遍性〉，《國立編譯館館刊》，二九卷一期，2000 年 6 月，頁 285～301。高千惠，〈先民智慧的結晶——談我國古代的叢書與類書〉，《故宮文物月刊》，一八卷一〇期，2001 年 1 月，頁 22～27。王正華，〈生活、知識與文化商品：晚明福建版「日用類書」與其書畫門〉，《中央研究院近代史研究所集刊》，四一期，2003 年 9 月，頁 1～85。吳蕙芳，〈「日用」與「類書」的結合——從《事林廣記》到《萬事不求人》〉，《輔仁歷史學報》，一六期，2005 年 7 月，頁 85～124。

帝敕諭群臣所編纂的《皇覽》，此後的《太平御覽》、《太平廣記》、《冊府元龜》等，皆仿其體例而來，體現儒家思想之中「信而好古」的核心思維。而類書的編纂，從凡例、門類、篇目、編排次序，內容增改、刪節，以及選擇材料的原則、範圍等皆相當重視。明代類書編纂之中以《永樂大典》最具代表性，此書在編撰之初，永樂皇帝告諭侍讀學士解縉等人時，特別強調「凡書契以來，經、史、子、集百家之書，至於天文地志、陰陽醫卜、僧道技藝之言，備輯為一書，無厭浩繁。」〔註70〕類書的出版印刷，也受到書坊的注意，以致南京、江蘇等地多有巨帙類書的出版。〔註71〕

此外，以小說合刊彙集的類書編輯型態，在明代中晚期逐漸出現，這種通俗讀物一般分為上下兩層，彙集詩詞曲賦、疏判章表以及逸聞、趣事、笑話、謎語、話本和中篇文言小說等，此種彙集的類型，學者稱為「通俗類書」。現知最早的通俗類書就是吳敬所編輯，金陵書坊萬卷樓刊刻的《國色天香》，初刻於萬曆十五年（1587），上層標目為「珠淵玉圃」、「搜奇覽勝」、「戞玉奇音」等，記有為詩詞賦和疏判等雜錄；下層的中篇文言小說計有七篇，分別為《龍會蘭池錄》、《劉生覓蓮記》、《尋芳雅集》、《雙卿筆記》、《花神三妙傳》、《天緣奇遇》和《鍾情麗集》，而此書編輯目的，只是在於文人將記載逸事，作為一種娛樂的方式。〔註72〕

由於此書以雅俗共賞的形式受到極大歡迎，於是萬卷樓於萬曆二十五年再度重版該書，同時其他各地書坊，也陸續推出相同類型的通俗類書，如金陵「世德堂」彙輯的《秀谷春容》、建陽余象斗《萬錦情林》與《燕居筆記》、金陵書林李澄源《重刻增補燕居筆記》等，滿足了社會大眾對於文學上的需求與寄託。〔註73〕可見通俗類書的型態，不僅受到時人的喜愛，更是書籍出版上的一大創新。

類書在編纂方面的特色上，大多參考相當龐大的資料，然後予以鈔錄與彙編，內容的目次編排則有以類分、韻編、數目編錄等方式，同時對於資料摘錄的出處，通常會予以標明，因此類書的編纂態度頗為嚴謹，有助於備覽

〔註70〕 王利偉，〈儒家文化對類書編纂之影響〉，《圖書與情報》，2004 年 4 月，頁 32 ～34。

〔註71〕 《少室山房筆叢》，卷四，〈甲部・經籍會通四〉，頁 54：「吳會、金陵，擅名文獻，刻本至多，巨帙類書，咸會萃焉。」

〔註72〕 汪燕崗，〈明代中晚期南京書坊和通俗小說〉，《南京社會科學》，2004 年一○期，頁 55～59。

〔註73〕 石昌渝，《通俗小說源流論》（北京：三聯書店，1995 年 10 月第一版），頁 20。

參考的重要價值。〔註74〕

　　（二）編纂藏書目錄

　　除了對歷代或當代的叢書、類書，進行輯佚與編纂的工作之外，明代文人對於自身的藏書，也會予以整理編目。藏書編目不但整齊美觀便於查閱，更可以藉由藏書編目的過程中，對書籍全面通盤的瞭解，所以明代文人除了沉浸在坐擁書城的感受裡，對於書本的應用、檢索而言，藏書編目是一生讀書生活中必需的工作。常熟毛晉（1599～1659）在擁有極大量的藏書之下，編有《汲古閣書目》，對藏書加以整理，還寫有題跋一五二篇，有的考證書籍源流，有的辨別書的真偽，有的敘述書的要點。〔註75〕對於目錄學上有極大的貢獻。永嘉王叔杲（1517～1600）林居之暇，對於所藏之書也加以編次。〔註76〕

　　明代文人藏書，又編纂藏書書目的情形極為普遍，如蘭谿胡應麟（1551～1602）於萬曆四年（1576）舉於鄉，此後久不登進士第，遂「築室山中，搆書四萬餘卷，手自編次，多所撰著。」〔註77〕嘉靖進士楊儀，構「萬卷樓」蒐藏圖書，其中多宋、元善本，乃編纂《楊氏書目》，傳播士林之間。顧元慶則以「夷白堂」為藏書萬卷之所，不僅擇其善本予以雕刻，另編有《夷白堂書目》。此外，蘇州俞弁（1488～？）號守約居士，好古而能詩，聚書達八千餘種，惟以閉門讎勘自樂，撰有《俞氏書目甲乙丙三集》。同為嘉靖進士的孫樓，歷官湖州府推官，後致仕歸家，好讀書且杜門校讎，晝夜不輟，所藏逾萬卷，略無脫誤，著有《孫氏校讎筆記》、《孫氏藏書目》。上海秦嘉楫，致仕家居，聚書數千櫃，恒自校輯鈔錄，亦編有《鳳樓書目》。〔註78〕可見當時文人，皆於讀書、藏書之外，旁及編目所藏圖書作為讀書生活的樂趣。

　　崑山葉盛（1420～474）編輯書目的動機，在於認為書籍難聚而易散，為使後人知道前人藏書不易，於是編輯《菉竹堂書目》。〔註79〕早在葉盛之先祖開始，已陸續累積藏書，而後葉盛在成化年間（1465～1487）完成《菉竹堂

〔註74〕 劉春華，〈《四庫全書·子部·雜家類·雜纂之屬》與《四庫全書·子部·類書類》之比較〉，《淮北煤炭師範學院學報》，二八卷三期，2007年6月，頁16～18。
〔註75〕 王美英，〈試論明代的私人藏書〉，頁118。
〔註76〕 《半山藏稿》，卷一二，〈家誡論一〉，頁7上。
〔註77〕 《明史》，卷二八七，〈文苑三〉，頁7382。
〔註78〕 陳香，〈藏書家列傳（三）──彙介歷來的藏書家及私人書目〉，頁115～117。
〔註79〕 明·葉盛，《菉竹堂書目》（《叢書集成新編》二冊，臺北：新文豐，1985年版，據粵雅堂叢書本排印），〈序〉，頁1。

書目》的編纂，此書目仿元代馬端臨（1254～1323）《文獻通考》為體例，對每部書逐一考辨，記載卷數和版本異同，從其自序來看，所擬編的六卷書目，並非完全以經、史、子、集分類，除經書類之外，另分經濟、子書、子雜、詩集詞、類書、政書等類別，此外在書目之前增添聖制類，將朝廷賜書列於前，以示尊崇。葉盛所編寫的《菉竹堂書目》並未全部完成，《粵雅堂叢書》所收《菉竹堂書目》六卷本，大抵是葉盛平時藏書，按類編排的簿錄。不過，葉盛編輯書目仍有勸勉子孫之目的，從其「書櫥銘」所謂：「讀必謹，鎖必牢，收必審，閣必高，子孫子，唯學斅，借非其人亦不孝」，〔註80〕更顯出珍藏圖書的精神與表現。

　　編輯書目不單只是登錄書名而已，其背後更涵蓋藏書主人的思想。山陰祁承㸁（1562～1628）曾於明萬曆四十八年（1620）對所藏書進行整理，並作《庚申整書小記》和《庚申整書略例四則》。祁氏圖書分類是以「架插七層，籍分四部」為原則，四部之下又分目，如此「目以類分，類以部統，暗中摸索，惟信手探囊，造次取觀，若執鏡而照物。」〔註 81〕而祁承㸁更提出的「因、益、通、互」分類編目原則，以為個人特殊的管理圖書辦法：「因」是指因襲經、史、子、集的傳統分類法，並以部有類，類有目，若絲之引緒，若網之就綱，井然有條，雜而不紊。「益」是在四部下設置條目，並舉叢書為例說明增加條目有助於旁搜博采之功。「通」是指流通於四部之內，以《文選》為例，蕭統的《文選》與五臣注及李善補注，原本各為一集，今世者則並刻為一部，如此就能得三書之用，因此將此類性質書籍，皆悉為分載，特明注原在某集之內，以便簡閱。「互」即是互見於四部之中，在書目分類之中，往往會出現同一本書，似乎應歸入某類，若互見於他類，則便於查閱。〔註 82〕

　　祁承㸁所撰《澹生堂藏書目》十四卷，又名《澹生堂藏書目錄》，〔註 83〕書成於萬曆四十八年（1620）。祁承㸁（1562～1628）字爾光，浙江紹興人，

〔註 80〕　《菉竹堂書目》，〈書櫥銘〉，頁 1。

〔註 81〕　明・祁承㸁，《庚申整書小記》（《續修四庫全書》史部九一九冊，上海：上海古籍出版社，1997 年版，據清宋氏漫堂抄本影印），頁 1 下～2 上。

〔註 82〕　《庚申整書小記》，〈例略四則〉，頁 4 上～8 下。

〔註 83〕　明・祁承㸁，《澹生堂藏書目》（《叢書集成續編》第三冊，臺北：新文豐出版公司，1989 年，據紹興先正遺書排印）。關於祁承㸁生平介紹與讀書生活，詳請參見：嚴倚帆，《祁承及澹生堂藏書研究》，臺北：花木蘭文化工作坊，2005年 6 月。

出身書香門第，自幼喜愛讀書，自幼即見父親祁汝霖廣蒐圖書，遂得以沉浸於書香之中，及長亦沉酣於典籍，嘗手錄古今圖籍匯集成書，致卷以千計，萬曆二十五年（1597）因不慎失火，先世遺書與所藏之書盡毀於一旦，此後仍極力四處訪求書籍：

> 癸丑（萬曆四十一年，1613）偶以行役之便，經歲園居，復約同志，互相裒集，廣為搜羅。夏日謝客杜門，因率兒輩手自插架，編以綜緯二目，總計四部。其為類者若干、其為帙者若干、其為卷者若干，以視舊蓄，似再倍而三矣。夫余之嗜書，乃在於不解文義之時，至今求之，不得其故，豈真性生者乎？〔註84〕

經歷數年的蒐羅與蒐藏，至《澹生堂藏書目》編纂完成時，所收書籍已達九千餘種，近十萬餘卷。

《澹生堂藏書目》分類大抵承襲宋代鄭樵（1103～1162）《通志・藝文略》與焦竑《國史經籍志》的體例，但在部分的細目上則較鄭樵、焦竑二家更為詳盡。〔註85〕此書目按經、史、子、集四部分類，各部之下分類，類之下分目，總計經部十一類六十三目，史部十五類六十八目，子部十三類八十一目，集部八類三十二目，所著錄內容有書名、卷次、作者、出處與版本。由於《澹生堂藏書目》在鄭樵、焦竑的書目體例上，就部以下又析分為類、目等層次，使圖書分類更為條理分明。

《脈望館書目》不分卷，為常熟趙琦美（1563～1624）所編著，趙琦美的父親為趙用賢（1535～1596），隆慶年間進士，萬曆五年（1577 年）曾因彈劾張居正被杖歸里，〔註86〕遂居家以校勘自任，復官後歷任吏部侍郎、侍讀學士，以「松石齋」名室並蒐羅書籍。趙琦美受父親藏書風氣所影響，就原有「松石齋」藏書萬冊，另多方購求、借鈔，藏書多至五千餘種，二萬餘冊，並加題識勘誤，讎校增補，錢謙益（1582 ～1644）稱其：「欲網羅古今載籍，甲乙銓次，以待後之學者」、「好之之篤摯，與讀之之專勤，近古所未有也。」〔註87〕萬曆三十七年（1609 年），趙琦美曾借得焦竑所藏《東皋子集》錄副，遂與梅鼎祚、焦竑共締「鈔書會」，以三年為一集，互鈔異書。

〔註84〕 明・祁承㸁，《澹生堂藏書約》（《叢書集成新編》二冊，臺北：新文豐出版公司，1985 年元月，據知不足齋叢書本影印），〈序〉，頁 4～5。

〔註85〕 劉兆祐，《中國目錄學》（臺北：五南圖書公司，1998 年 7 月初版），頁 312。

〔註86〕 《明史》，卷二〇，〈本紀第二十・神宗一〉，頁 265。

〔註87〕 《藏書紀事詩》，卷三，〈趙文毅用賢〉，頁 255。

　　趙琦美所編《脈望館書目》，是將畢生心血所藏編目以待後世來者，〔註88〕而書目是以《千字文》：「天地玄黃，宇宙洪荒」為序列來分類藏書，在書目內著錄書名、作者、冊數以及書籍存佚情形。並於類名下用小字標明庋藏處所，如：「天字型大小」為經部總類、易經、尚書、毛詩等書籍，藏於後書房西間朝西大櫥；「地字型大小」經部春秋左傳、禮記、周禮、儀禮、大學、中庸、論語、孟子、四書、孝經、爾雅等書籍，藏於後書房西間朝東紅櫥；「玄字型大小」為史部正史類書籍、「黃字型大小」史部雜史、職官、起居注等，藏於後書房西間朝東大櫥。

　　《脈望館書目》主要是以經、史、子、集四部為分類，對於無法歸類的書目則附於書目之末。據其卷末「呂字型大小」內有《續增書目》並注，得知書目於萬曆四十六年（1618）9月；還有陸續增補書目，如「本年十1月十二日兩兒從常州帶回續增書目」、「本月二十日衛奎帶歸續增書目」等字，說明趙琦美對於增補書目極為持續不懈。〔註89〕

　　陳第（1541～1617），福建福州連江縣人，平生儲書極富，其後人所輯《世善堂書目》二卷，多為唐、五代遺書，皆當世所未見之刊本。〔註90〕從其書目題詞可看出陳第愛書之癡：

> 吾性無他嗜，惟書是癖，雖幸承世業，頗有遺本，然不足以廣吾聞
> 見也，自少至老足跡遍天下，遇書輒買，若惟恐失，故不擇善本，
> 亦不爭價值，又在今陵焦太史、宣州沈刺史家，得未曾見書，抄而
> 讀之，積三四十餘年，遂至萬存餘卷。〔註91〕

陳第雖有先人所遺留的書冊，但卻並不以此為滿足，更致力於蒐羅藏書以增廣見聞，因此無論善本與否皆予以蒐藏的態度，使其藏書逐漸豐富，更匯集不少唐、宋以來世間罕本。《世善堂書目》編於萬曆四十四年（1616），其書目分為上、下卷，上卷收錄經部類、四書、諸子百家及史部類，下卷則收集部類與各家類。書目編目方式先分以六大類：經部類、四書類、史部類、集部、各家類，每類之下再詳細分門別類，著錄內容有書名、卷次、作者。整體而言，《世善堂書目》的編纂上與收錄圖籍的標準並不嚴格。

〔註88〕　《牧齋初學集》，卷六六，〈刑部郎中趙君墓表〉，頁738。

〔註89〕　許媛婷，《明代藏書文化研究》（臺北：中國文化大學中國文學研究所博士論文，2002年6月），頁178。

〔註90〕　《靜志居詩話》，卷一四，〈陳第〉，頁416。

〔註91〕　明・陳第，《世善堂藏書目錄》（《叢書集成新編》第二冊，臺北：新文豐，1985年，據知不足齋叢書本排印），〈題詞〉，頁1。

　　徐𤊹（1570～1645）《徐氏家藏書目》四卷，福州閩侯縣人，出生於官宦書香門第，自幼十分喜歡讀書、愛好藏書，性嗜古聚書至萬卷，所居鼇峰麓，竹間入環堵，其考據精核，自樂府至歌行及近體無所不備。徐𤊹曾謂：「人生之樂，莫過閉戶讀書。得一僻書，識一奇書，遇一異事，見一佳句，不覺踴躍，雖然竹滿前，綺羅盈趣，不足喻其快也。」〔註92〕甚至還說可無衣，可無食、不可以無書，田宅易購，美書難逢。〔註93〕這種喜好藏書的精神，更反映在其蒐集書籍的過程：

　　　　予少也賤，性喜博覽，閒取父書讀之，覺津津有味然未知載籍無盡，
　　　　而學者耳目難周也。既長，稍費編摩，始知訪輯，然室如懸磬，力
　　　　不能舉群有也。會壬辰、乙未、辛丑，三為吳越之遊，庚子又有書
　　　　林之役，乃撮其要者購之，因其未備者補之，更有罕睹難得之書，
　　　　或即類以類，或因人而乞，或有朋舊見貽，或借故家鈔錄，積之十
　　　　年，合先君子先伯兄所儲，可盈五萬三千餘卷，存之小樓，堆林充
　　　　棟，頗有甲、乙次第，鉛槧暇日，遂仿鄭氏藝文略、馬氏經籍考之
　　　　例，分經史子集四部，部分眾類，著為書目四卷，以備稽覽。〔註94〕

同時，徐𤊹認為著書、藏書的最重要目的在於傳佈，因此其所藏之書皆讓人借閱，隨其鈔錄：

　　　　書亦何可不借人也！賢哲著述，以俟知者。其人以借書來，是與書
　　　　相知也。與書相知者，則亦與吾相知也。何可不借！來借者或蓄疑
　　　　難，或稽異同，或補遺簡，或搜奇秘。至則少坐供茶畢，然後設幾
　　　　持帙，恣所觀覽，隨其抄謄。請主客無相妨，尋常供具不為添設，
　　　　絕不置酒，恐緣酒而狼戾書帙。夫如是，或竟日，或數日，或十數
　　　　日，予俱不厭，客亦無猜。〔註95〕

《徐氏紅雨樓書目》為徐𤊹家藏圖書的目錄，是仿照宋代鄭樵（1104～1162）《藝文略》體例，分經、史、子、集四部，每部下又設若干類門：經部十三類，史部二十一類，子部十八類，集部十五類，而該書目收錄地方志、傳奇小說頗多。徐𤊹不僅在藏書編目、著作方面表現優異，同時在當時福建地區，

〔註92〕　《筆精》，卷七，〈讀書樂〉，頁241。
〔註93〕　《筆精》，卷七，〈聚書十難〉，頁240。
〔註94〕　明・徐𤊹，《徐氏紅雨樓書目》（《書目類編》二八冊，臺北：成文出版社，1978
　　　　　年，據民國四十六年排印本影印），〈序〉，頁244。
〔註95〕　《筆精》，卷七，〈借書〉，頁241。

更是文壇上的代表人物之一。〔註96〕

　　黃虞稷（1629～1691）字俞邰，福建泉州晉江人，曾參與纂修《明史‧藝文志》，並整理典籍文獻欲為《明史‧藝文志》初稿，但未獲見用，於是以《千頃堂書目》刊行，故內容專錄明代著作為主。〔註97〕《千頃堂書目》著錄極其詳細，包括著者的字型大小、爵里、科第等資料，每書目之下均有敘錄，註明書名、作者小傳、卷次、並說明此書刊刻與流傳情形。《千頃堂書目》共分三十二卷，黃虞稷其父黃居中為萬曆（1573～1620）舉人，官至南京國子監丞，愛好典籍，構築「千頃齋」，藏書多達六萬餘卷。黃居中死後，黃虞稷承繼藏書並竭盡全力守先世之書，同時亦四處訪求購書、鈔錄，經過數年積累，藏書增至八萬餘卷。此後又精心整理，排比考訂，費十年之力編成《千頃堂書目》三十二卷，著錄一萬六千多種圖籍，按經、史、子、集排列：經部十一類、史部十八類、子部十二類、集部八類。

　　《千頃堂書目》的分類仍舊依循四部分類法，《四庫全書總目》對其評價為：

> 史部分十八門，其《簿錄》一門，用尤袤《遂初堂書目》之例，以收錢譜、蟹錄之屬古來無類可歸者，最為允協。至於「典故」以外，又立「食貨」、「刑政」二門，則贅設矣。子部分十二門，其墨家、名家、法家、縱橫家並為一類，總名「雜家」，雖亦簡括，然名家、墨家、縱橫家傳述者稀，遺編無幾，並之可也。併法家刪之，不太簡乎？集部分八門，其「別集」以朝代科分為先後，無科分者則酌附於各朝之末。視唐宋二志之糅亂，特為清晰，體例可云最善。〔註98〕

雖然在部分類門上似顯累贅，但整體而言書目分類擺脫唐、宋藝文志的雜亂，體例堪稱完善。由於黃虞稷撰此書目，本為《明史‧藝文志》而作，所以載錄的明代著作最為廣博，因此後世學者欲研究有明一代的思想著作，多徵引此書目，如朱彝尊（1629～1709）《經籍考》、《明詩綜》，杭世駿（1696～1773）《兩

〔註96〕《明史》，卷二八六，〈文苑二‧鄭善夫〉，頁七三五七：「閩中詩文，自林鴻、高𪧐後，閱百餘年，善夫繼之。迨萬曆中年，曹學佺、徐𤊹輩繼起，謝肇淛、鄧原岳和之，風雅復振焉。」

〔註97〕喬衍琯，〈論千頃堂書目經義考與明志的關係〉，《國立中央圖書館館刊》，新一○卷一期，1977 年 6 月；周彥文，《千頃堂書目研究》，（臺北：東吳大學中國文學研究所博士論文，1985 年 1 月）。

〔註98〕清‧永瑢、紀昀等奉敕撰，《四庫全書總目提要》（上海：商務印書館，1993 年，據萬有文庫版本印行），史部類第四三四冊，〈千頃堂書目提要〉，頁 1。

浙經籍志》與《四庫全書總目》等，皆以此書為重要且極為可信的資料。〔註99〕

從上述明代叢書、類書以及藏書目錄的編輯，事實上都反映出明代文人對於讀書生活結合編纂的熱衷，同時就編輯的背後意識而言，表現出編纂者對於榮耀家族門楣、闡明個人志向、展現典雅風尚等目的，同時藉由編輯書籍的方式，保存書籍與文化的永續傳承。

二、文人參與刻書事業

明代書坊集中於建陽、金陵、蘇州、杭州、三衢、新安、台州、湖州、武進、北京等地，其中尤以建陽、金陵、杭州及蘇州等地最為興盛。明代書坊就現今可考見者共計有四百零五家（不包括毛晉、華氏、安氏等），其中福建省一百五十一家，刻書五百六十種；浙江省（包括杭州、三衢、新安、湖州、台州、穀州）五十家，刻書二百零四種；廣東省三家，刻書三種；北直隸（只有北京一地）九家，刻書三十五種；南直隸（包括金陵、蘇州、武進、新安、歙縣等地書坊）一百三十一家，刻書三百四十三種；此外，尚有一些書坊未能考證其地點者共六十一家，刻書八十七種。總計書坊刻書共有一千一百三十二種。另毛晉刻書共六百五十餘種，〔註100〕華埕《尚古齋》十五種，華堅《蘭雪堂》五種，華氏（未詳何人）二種；安國《桂坡館》十種，〔註101〕總計一八○九種之多。〔註102〕

（一）文人參與刻書的背景

由於書籍流通與市場需求，刊刻書籍成為明代重要的文化事業，各地陸續出現刻書的機構，前文胡應麟指出當時刻書之地，集中在江南、東南的吳、越、閩三地，揚州地區也有為數不少的刻書事業。〔註103〕而中晚期以後的刻

〔註99〕 《四庫全書總目提要》稱：「然焦竑《國史經籍志》既誕妄不足為憑，傅維鱗《明書經籍志》、尤侗《明史藝文志稿》，尤冗雜無緒。考明一代著作者，終以是書為可據，所以欽定《明史‧藝文志》頗採錄之，略其舛駁而取其賅贍可也。」對其評價極高。《四庫全書總目提要》，史部類第四三四冊，〈千頃堂書目提要〉，頁2。

〔註100〕 周彥文，《毛晉汲古閣刻書考》（臺北：東吳大學中文研究所碩士論文，1980年6月），頁1。

〔註101〕 林品香，《我國歷代活字版印刷史研究》（臺北：中國文化大學史學研究所碩士論文，1981年6月），頁177~181。

〔註102〕 陳昭珍，《明代書坊之研究》（臺北：國立台灣大學圖書館研究所碩士論文，1984年7月），頁7。

〔註103〕 王澄編著，《揚州刻書考》（揚州：廣陵書社，2003年8月第一版），頁11~52。

書重鎮，則以福建建陽地區的各家書坊最為蓬勃，萬曆以後更躍昇為全國刻書量之冠，刻書事業更趨重要。〔註104〕

建陽書坊從宋元以來一直都為刊刻書籍的中心，以後陸續有刻書世家的參與，至嘉靖、萬曆以後，建陽地區的刻書事業進入鼎盛時期，出現書鋪林立的繁榮景象。其中的刻書世家有：余氏刻書、劉氏刻書、熊氏刻書、葉氏刻書、鄭氏刻書、楊氏刻書、詹氏刻書、陳氏刻書等數十家，內以余氏刻書的刻書數量最大，傳播最廣。余繼安為余氏刻書的創始人，並設立「雙峰堂」從事刊刻事業，傳至孫子余象斗，使余氏刻書事業更為發達。

余象斗，字文台，號仰止山人，福建建陽縣人，承襲祖父的「雙峰堂」，又另創「三台館」。由於早年儒業不售，遂放棄舉業，從事圖書刊刻的事業，並以自身所擁有的知識，實際參與編纂，甚至自編自刻書籍，刻書的數量龐大，書坊的經營規模日趨壯大。余象斗刻書始於萬曆年間（1573～1620），終於明末，所刊刻書籍種類遍及經史子集、野史小說等，現存於世者約近四十餘種。余象斗在書籍的推銷與宣傳上，也將類似廣告宣傳方式，直接刊印在書籍卷首，如余象斗在《新例三台明律招判正宗》（或稱《明律正宗》）的廣告說明：

> 坊間雜刻《明律》，然多沿襲舊例，有瑣言而無招擬，有招擬而無告判，讀律者病之。本堂近錄此書，遵依新例，上有招擬，中有音釋，下有告判瑣言，井井有條，鑿鑿有據，閱者了然，買者可認三台為記。雙峰堂余文台識。〔註105〕

書坊在宣傳時先暗指坊間雜刻品質的低下，特別強調版本的新穎，增加瑣言、招擬、告判等內容，井井有條，使閱讀者容易理解。余象斗之後陸續有余氏家族成員參與刻書事業，造就建陽余氏的刻書成就，甚至被譽為自宋代以來刻書之盛，首推閩中建安的余氏為最。〔註106〕

除此之外，福建建陽地區還有劉氏「翠岩精舍」、「日新堂」、「慎獨齋」等刻書；熊氏「種德堂」、「宏遠」刻書；葉氏「廣勤堂」刻書；鄭氏「宗文堂」、「輝聯堂」刻書；楊氏「清江書堂」、「歸仁」刻書等數十家書坊，競爭

〔註104〕蕭東發，〈建陽余氏刻書考略〉，頁230～247。
〔註105〕明・余員註招、葉仫示判，《新刻御頒新例三台明律正宗》（臺北：國家圖書館影照日本內閣文庫藏明雙峰堂余氏刊本），卷首，頁1。
〔註106〕《書林清話》，卷二，〈宋建安余氏刻書〉，頁5下。

　　頗為激烈。〔註107〕其中劉氏「翠岩精舍」刻書，在明初時期的刻書事業，還曾凌駕過余氏刻書，成為建陽書坊的第一世家，其後刻書事業轉趨消沉，傳至劉洪的「慎獨齋」，才使劉氏刻書事業再度中興。劉洪字弘毅，號木石山人，自幼喜讀史書，頗注重史籍的刊印，〔註108〕由於「慎獨齋」刻工的精細與專業校正，頗得當時士人之間的好評，不少地方官府多委由其刊刻書籍，高濂曾稱讚「慎獨齋」刻書細字，似亦精美。〔註109〕甚至有正德時期（1506～1521）的「慎獨齋」《文獻通考》細字本，遠勝元人舊刻，大字巨冊，頗為壯觀，〔註110〕其經營事業的興隆情況，可與余氏刻書一較長短。

　　基於各地書坊的商業競爭，為求獲得更高的利潤，不少書坊開始注重刊刻科舉應試之書、民間日常實用之書、通俗文學等書籍種類，對於通俗文化的推動與蓬勃發展，確實具有相當的重要性。但是在惡性競爭之下，部分書坊開始以宋元刊本作偽，或假託名人著作，或剽竊他人著作為能事，〔註111〕甚至因為建陽書坊的版本字體過於荒謬錯誤，嘉靖五年（1526）還曾一度引起官府的重視與禁令。〔註112〕面對書坊在經濟考量之下，所出現刻本浮濫、訛誤、作偽等弊病，衝擊傳統文化的延續，因此身為知識分子的明代文人開始思考參與刊刻圖書的文化事業。

（二）文人參與刻書的成果

　　有鑑於明代中期以來出版事業的發達，雖然促進書籍快速流通，卻也造成刻本浮濫與仿古作偽的現象。福建地區號稱刻書重鎮，但卻專以貨利為計，凡遇到各地所刻好書，一聞價高即便予以翻刊，卷數目錄雖相同，內容篇章竟多所刪減，一部書僅需原價的一半，以致於人人爭購，從中謀取高利。仁和郎瑛（1487～1566）即感嘆此舉猶如秦火焚書：

　　　　嗚呼！秦火燔而六經不全，勢也。今為利而使古書不全，為斯文者
　　　　寧不奏立一職以主其事，如上古之有學官，或當道于閩者，深曉而

〔註107〕謝水順，《福建古代刻書》（福州：福建人民出版社，1997年6月第一版），頁262～333。
〔註108〕張秀民，《中國印刷史》（上海：上海人民出版社，1989年），頁386～387。
〔註109〕《遵生八牋校注》，卷一四，〈燕閒清賞牋上‧論藏書〉，頁537。
〔註110〕《書林清話》，卷七，〈元刻書多用趙松雪體字〉，頁2上。
〔註111〕謝水順，《福建古代刻書》，頁341～347。
〔註112〕清‧梁章鉅，《歸田瑣記》（北京：中華書局，1997年12月第一版），卷三，〈麻沙書板〉，頁53。

懲之可也。〔註 113〕

另外，明代文人興起偏好宋板書的時代風氣，由於宋板書年代較久遠，存世日少，加上宋刻書的校讎精良，錯誤較少，是極佳的本子其文化價值很高。由於明代文人過度喜好蒐購宋板書的「佞宋」心態，〔註 114〕讓宋板書的價值不斷增加，不少書商開始仿作宋板書的偽書，藉以牟求鉅利：

> 近日作假宋板書者，神妙莫測，將新刻模宋板書，特抄微黃厚實竹紙，或用川中蠒紙，或用糊扇方簾綿紙，或用孩兒白鹿紙筒捲，用槌細細敲過，名之曰刮，以墨浸去臭味印成。或將新刻板中殘缺一二要處；或濕黴三五張，破碎重補。或改刻開卷一二序文年號；或貼過今人注刻名氏留空，另刻小印，將宋人姓氏扣填兩頭角處。或妝茅損，用砂石磨去一角；或作一二缺痕，以燈火燎去紙毛，仍用草烟熏黃，儼狀古人傷殘舊迹。或置蛀米櫃中，令虫蝕作透漏蛀孔；或以鐵線燒紅錘書本子，委曲成眼，一二轉折，種種與新不同。用紙裝襯綾錦套殼，入手重實，光膩可觀，初非今書，仿佛以惑售者，或扎夥囤，令人先聲指為故家某姓所遺。百計瞽人，莫可窺測，多混名家，收藏者當具有真眼辨證。〔註 115〕

這些書商的宋板書作偽手段高明，可分為兩部分：

1. 製作方法的精細

從紙張的選取、墨色，以及刮痕、破補等細節，一一予以仿作，為求逼真還以草煙燻黃，彷彿古書殘舊破迹之狀；又將紙張故作缺痕，或至於蛀米櫃令蟲蛀蝕，如此種種細膩的手段，皆為求仿造古書殘舊的外表。

2. 宣傳手段的技巧

古書雖然殘舊，但是要如何誘使他人購買？書商於是將這些古書置於綾錦套襯，藉以顯示此書被珍貴蒐藏的景象，又刻意先行令人宣揚，此書曾為故家某姓所有，然後散遺在外，營造出此書既古且貴、曾經存在的假象，誆騙購書者上當。正因為部分不肖書商的作偽古書高明，也驅使明代文人在古

〔註 113〕《七脩類稿》，卷四五，〈書冊〉，頁 554～555。

〔註 114〕《書林清話》，卷一〇，〈藏書偏好宋元刻之癖〉，頁二七下。葉德輝曾批評明代文人過於喜好收購宋板書，曰：「此則佞宋之癖，入於膏肓，其為不情之舉，殆有不可理論者矣。」

〔註 115〕《遵生八牋校注》，卷一四，〈燕閑清賞牋上・論藏書〉，頁 537。

籍圖書的賞鑑上更為講究與專業，甚至成為文人必須具備的專業素養與學問。〔註116〕

　　除了作偽、造假之外，直接刪改或剽竊原作者的內容，也是不少以利益掛帥的書坊所作之舉動。明末清初的文人李漁（1611～1680），以創作詞曲、戲劇而聞名，曾寫出相當膾炙人口的作品，但卻也引來不肖書坊的浮濫翻刻，李漁曾為此商請官府出面嚴禁，仍舊無法遏止此種歪風。從其寫給友人的書信內容，可看出李漁對此事的氣憤與無奈：

　　　　弟之移家秣陵也，只因拙刻作祟，翻版者多。故違安土重遷之戒，
　　　　以作移民就食之圖。不意新刻甫出，吳門貪賈即萌覬覦之心，幸弟
　　　　風聞最早，力懇蘇松道孫公出示禁止，始寢其謀。乃吳門之議才熄，
　　　　而家報倏至，謂杭人翻刻已竣，指日有新書出貿矣。〔註117〕

即使官府出面禁止蘇州地區書坊的翻刻，但另一處杭州書坊卻又已經翻刻完畢，實在防不勝防，最後李漁親自在南京開設書鋪取名「芥子園」，專以刊刻精美書籍取勝，希望藉此以稍稍抵制不肖書坊的翻刻行徑。

　　明代文人參與刻書之可能原因，一方面是為增加自己藏書，另一方面則是將所刻之書用以贈送、出售或交流。同時基於延續傳統文化的考量，藉由本身的專業素養，參與校對考證或刻工要求，以提高書籍刊刻的品質。有明一代藏書家所刻書最多是毛晉，時有「毛氏之書走天下」的說法，〔註118〕由於不少文人參與校書、刻書的活動，促使書籍無論是在品質或校勘方面，都獲得一時品質的提昇，在文獻學、版本學皆具有極高的價值。因此在不少文人的刻書之中，許多被時人目為精品，受到當時和後代藏書家的特別重視。

　　由於出版事業的發達，所引起的刻本浮濫與作偽等劣質現象，讓古籍的保存一度遭受到破壞，於是不少有志於文化傳承的文人，開始投入刻書的事業，藉由自身精於古籍與校讎的專業學識，嘗試扭轉這些不良的風氣。文人參與校書、刻書的活動，並非完全基於營利的考量，因此所刻的書籍種類與

〔註116〕 金炫廷，《明人的鑑賞生活一江南文人的鑑賞活動與鑑賞自娛》（台北：中國文化大學史學研究所博士論文，2004年6月），頁222～225。
〔註117〕 清・李漁，《一家言文集》（《四庫禁燬書叢刊》補編八五冊，北京：北京出版社出版，2005年，據清康熙刻本影印），卷一三，〈尺牘上・與趙聲伯文學〉，頁27下～28上。
〔註118〕 《藏書紀事詩》，卷三，〈毛晉子晉〉，頁308。

數量都相當有限，但是究其品質內容而言，確實比坊間書肆、書坊的本子來得精美、專業，內容訛誤之處較少，所以頗具蒐藏的價值。明代文人刻書家列舉如次：

1. 沈與文「野竹齋」刻書

沈與文，字辨之，號姑餘山人、野竹居士，喜愛藏書，每遇異本輒親手鈔錄，人稱沈鈔，家有「野竹齋」與「繁露堂」，盡力蒐羅書以致藏書甚多。〔註119〕又喜好刻書，凡所刻之書以「野竹齋」為名，由於刻工之精細，甚至被不少藏書家誤認為是元刻本，所存沈與文所參與的刻書圖籍有：

《韓詩外傳》十卷，漢韓嬰撰。嘉靖沈與文「野竹齋」刊本，內有「吳郡沈辨之野竹齋校雕記」牌記。

《西京雜記》六卷，晉葛洪撰。嘉靖元年（1522）沈與文「野竹齋」刊本，卷六後有「吳郡沈與文野竹齋校勘翻雕」兩行牌記。

《何氏集》二十六卷，明何景明撰。嘉靖三年（1524）沈與文「野竹齋」刊本，書口下方有「野竹齋刊」四字。

《鍾嶸詩品》三卷，梁鍾嶸撰。嘉靖沈與文「繁露堂」刊。

《近言》一卷，明顧璘撰。嘉靖「繁露堂」刊，卷一後有「吳郡沈氏繁露堂雕」牌記。

2. 葉氏「菉竹堂」刻書

「菉竹堂」為蘇州崑山葉盛藏書樓名，生前未建，後由其玄孫葉恭煥承先人遺志而建。葉恭煥字伯寅，號括蒼山人，嘉靖二十五年（1546）舉人。喜好藏書，繼承其曾祖父葉盛數萬卷藏書後，並訪求各地圖書有所增益，為當時著名藏書家。現存葉恭煥「菉竹堂」所刊刻書籍有：

《雲仙雜記》十卷，唐馮贄撰。隆慶五年（1571）葉恭煥「菉竹堂」刊，卷十後有「王峰葉氏菉竹堂中繡梓」牌記。

《清異錄》二卷，宋陶穀撰。隆慶六年（1572）葉恭煥「菉竹堂」刊。

3. 安國「桂坡館」刻書

安國（1481～1535）字民泰，號桂坡，常州無錫人。家產豐饒，個性喜好古書畫及鼎彝，多藏異書，所藏之書鈐有「大明錫山桂坡安國民太氏書畫印」、「桂坡安國賞鑒」等諸印，所刊刻書籍種類繁多，另有以銅活字本刊印

〔註119〕范鳳書，《中國私家藏書史》，頁254。

《顏魯公集》、《初學記》等書。〔註120〕其現存書籍有：

《石田詩選》十卷，明沈周撰。正德年間（1506～1521）安國刊本。

《顏魯公文集》十五卷、《補遺》一卷，唐顏真卿撰；《年譜》一卷，宋留元剛撰、《附錄》一卷。嘉靖二年（1523）安國銅活字本，此書半頁十三行，每行二十六字，書口上方有「錫山安氏館」五字。

《吳中水利通志》十七卷。嘉靖三年（1524）安國銅活字本，半頁八行，行十六字，注文雙行，行字同，單魚尾，卷十七後有「嘉靖甲申錫山安國銅版刊」一行。

《左粹類纂》十二卷，明施仁輯。嘉靖年間（1522~1566）錫山「安國弘仁堂」刊，序後有「錫山安國刻於弘仁堂」牌記。

《初學記》三十卷，唐徐堅撰。嘉靖十年（1531）錫山「安國桂坡館」刊。書口上方有「安桂坡館」四字。

4. 袁褧「嘉趣堂」刻書

袁褧（1495～1573），字尚之，號謝湖，蘇州吳縣人。諸生，工詩文，善書畫，喜藏書，有「石磐齋」、「兩庚草堂」藏書處，「嘉趣堂」為其刻書之所，現存所刻之書有：

《六家文選注》六十卷，梁蕭統編，唐李善、張鏡、呂延濟、劉良、呂向、李周翰注。嘉靖二十八年（1549）袁褧「嘉趣堂」刊本，根據袁褧自序云：「余家藏書百年，此本甚稱精善，因命工翻雕。匡郭字體，未少改易，計十載而完，用費浩繁，梓人艱集。今模拓傳播海內，覽茲冊者，毋徒日開卷快然也。」袁褧翻刻《文選》以刻工精細著稱，在當時即被視為珍品，藏書家競相蒐購。〔註121〕

《大戴禮記注》十三卷，北周盧辯撰。嘉靖十二年（1533）袁褧「嘉趣堂」刊本，是書有「嘉靖癸巳吳郡袁氏嘉趣堂重雕」字。

此外，袁褧所刊刻書籍尚有：《楚辭集注》、《世說新語注》、《國寶新編》、《夏小正戴氏傳》、《金聲玉振集》、《奉天刑賞錄》等。

5. 王延喆「恩褒四世之堂」刻書

王延喆，字子貞，蘇州吳縣人，曾任山東兗州府推官。藏書多善本，精於校書，所刻之書極為精緻。根據史料記載，曾有人持宋板《史記》求售，

〔註120〕《書林清話》，卷八，〈明安國之世家〉，頁 10～11 下。

〔註121〕《明本：插圖珍藏本》，頁 113～112。

索價三百金，王延喆要求書暫留其家此處，約 1 月後再來取書款，售書人離去之後，王延喆即讓工匠依照原書宋本摹刻。待一個月後，售書人如期而至索款，王延喆以摹本還之，售書人經過一段時間才因紙張低劣而發覺有誤，足見王延喆所刻宋版書，與原版無異，幾可亂真。〔註122〕葉德輝認為此事未免言過其實，並予以駁斥：

> 按此說最不可信。以如許巨帙之書，斷非 1 月所能翻刻完竣，且既欲仿刻以欺鬻書者，則其事當甚秘密，如其廣召刻工，1 月藏事，鬻書人豈有不向其索還之理，此可斷其必無之事。〔註123〕

王延喆現所存的刻書有：《史記集解索隱正義》一百三十卷，漢司馬遷撰、南朝宋裴駰集解、唐司馬貞索隱、張守節正義，嘉靖四年（1525）震澤王延喆恩褒四世之堂刊，序後有「震澤王氏刻於恩褒四世之堂」十二字隸書雙行牌記，扉頁有「震澤王氏刻梓」六字。此《史記》刻本與王諒刻本、秦藩刻本被譽為嘉靖年間重要的《史記》三家注合刻本。〔註124〕

《本草單方》八卷，明王鎣撰。嘉靖五年（1526）古吳王延喆刊。

6. 高承埏「稽古堂」刻書

高承埏（1602～1647）字澤外，號寓公，晚號鴻一居士，浙江秀水人。高承埏於崇禎十三年（1640）中進士，曾任遷安、寶城、涇縣知縣，南明時期曾任工部主事，明亡後隱居不出，以藏書、校勘為樂，家藏圖書七萬餘卷。史稱高承埏雖值干戈紛擾之際，猶吟哦不輟，其藏書之豐，足以與項氏「萬卷樓」媲美。〔註125〕稽古堂所刻書籍有：

《稽古堂叢刊》十一種，四十三卷，明高承埏編。崇禎八年（1635）秀水高承埏稽古堂刊本，其中此書所收：《雲仙散錄》十卷，唐馮贄撰；《劇談錄》二卷，唐康駢撰；《隋唐嘉話》三卷，唐劉悚撰；《劉賓客嘉話錄》一卷，唐韋絢錄；《友會談叢》三卷，宋上官融撰；《南部新書》十卷，宋錢易撰；《史剡》一卷，宋司馬光撰；《梁溪漫志》十卷，宋費袞撰；《平江紀事》一卷，元高德基撰。另刻有陳繼儒《灌畦暇語》一卷、《續倪曝談餘》一卷；袁宏道《吳中遊歷》等。

〔註122〕《池北偶談》，卷二二，〈談異三・王延喆〉，頁536。
〔註123〕《書林清話》，卷一○，〈明王刻史記之逸聞〉，頁12上。
〔註124〕趙前，《明本：插圖珍藏本》，頁103～109。
〔註125〕《靜志居詩話》，卷一九，頁583。

　　明代坊刻事業十分活躍，也由於文人的相繼投入，著作不斷的問世，刺激書坊、書肆亦隨之活絡起來，許多民間大眾讀物多由這些書坊刻印出版。反映民間生活、社會風俗、文人生活的資料，也可從這些書中找到所需。相對的，這種景象也間接帶動造成市場的繁榮與閱讀的風氣，在普及文化、教育方面的貢獻亦是不容抹煞的。

第三節　讀書與講學生活

一、師友間的互動關係

　　講學是一生讀書、思考、心得的累積歷程，化作另一種形式的「立言」。講會活動盛行於嘉靖年間（1522～1566），特別是與陽明學派的建構和發展有關。由於陽明學派的學術活動，在初期的發展上並不屬於官方學術立場所認可，於是陽明學派藉由文人結社、作會等普遍文人社交活動，進行學術思想的傳遞。晚明地方社會中存在著許多文人組成的定期性講會組織，會中進行著祭祀、歌詩、靜坐、默想、論學、散步、省過等注重身體力行的各式活動，不僅講授、實踐、傳播陽明學，也連絡地方精英。這類具有地方草根性的講會，同時也塑造了像紹興王畿（1498～1583）餘姚錢德洪（1476～1574）等周遊各地講學的新名師風範，又因為地緣關係，講會成員對地方公共建設與教育、風俗也有重大的影響。許多講會都是書院建構的前身，講學和書院興建的過程，也多有地方官員和鄉紳的主導和資助。因此就某一意義而言，陽明講會不僅是學術性活動，更直接參與地方公共事務與政治的活動。〔註126〕陽明講會是地方鄉紳文人的定期的學術交友活動，在性質上與文人結社相近，是故，地方講會的興盛，促進了書院的興修，而書院的興修是鄉紳和地方官員共同合作的結果。而王守仁與湛若水（1466～1560）是先後推動明代書院講學興盛的重要人物之一，王守仁以「致良知」為學術宗旨；而湛若水主張「隨處體認天理」。〔註127〕他認為文人應該由「讀書、親師友、酬應，皆隨體認天理。」〔註128〕湛若水字元明，號甘泉，廣東增城人。從學於白沙，自四十歲以後的五十多年內，無日不授徒

〔註126〕呂妙芬，《陽明學士人社群：歷史、思想與實踐》（臺北：中央研究院近代史研究所，1992年初版），頁297～298。
〔註127〕《明儒學案》，卷三七〈甘泉學案一・文簡湛甘泉先生若水〉，頁876。
〔註128〕《湛甘泉文集》，卷七，〈答陽明〉，頁18下。

講學。以致於《明儒學案》稱其「平生足跡所至，必建書院以祀白沙，從遊者殆遍天下。」〔註129〕湛若水的著作很多，論述範圍極廣，久位高官，生平所建書院頗多，從學弟子甚眾，據江西羅洪先（1504～1564）所撰《湛甘泉墓表》記載，達三千九百人之多。〔註130〕王守仁與湛若水的思想都是從心學的前驅陳獻章思想發展而來。〔註131〕

　　講會不僅是地方社會中一種屬於家族血緣外的社團活動，而講會成立的目的，又再藉志同道合的朋友切磋問學以進德修業。因此，朋友、師長之倫對其組織存在的正當性自然格外重要，而在實際的生活裡，同志講會所提供的師友聯屬的情形，則透過精神上的倚靠，物質上的資助，尋求學友的理想下，熱衷參與講會的生活型態。

　　所謂：「獨學而無友，則孤陋寡聞」，讀書生活的實踐與思想內涵之間的緊密關聯，清楚反映在獲得學友的重要性。當文人論及朋友的重要時，也多強調參與講會的重要，所以強調友倫的主要目的，便促成講會活動興盛的主因。王陽明曾說：「學問之益，莫大於朋友切磋，聚會不厭頻數也。」〔註132〕王艮（1483～1541）也認同師友共同講學論道的重要：

　　　　道義由師友有之，不然鞏所為雖是，將不免行不著，習不察，深坐

　　　　山中，得無喜靜厭動之僻乎？肯出一會商確千載不偶。〔註133〕

羅洪先則說參與講學效用，「非徒敘朋友契闊，實益風化不少，近來與同郡諸君相聚首始覺會友之樂。」〔註134〕王畿更直指：「學於朋友如魚之於水，一日相離便成枯渴，每月定為月會，縱有俗務相訪，亦須破冗一會，虛心相受，共成遠業。」〔註135〕以「如魚之於水」的緊密關係，來形容讀書與朋友之間的重要性。明代文人在論及朋友對講學的重要時，並非只是強調朋友對道德修養的重

〔註129〕朱漢民，《中國的書院》（臺北：臺灣商務印書館，1993 年 10 月初版），頁 59 ～60。

〔註130〕呂士朋，《明代史》（臺北：國立空中大學，2006 年 12 月初版），頁 323。

〔註131〕呂士朋，《明代史》，頁 321～323。

〔註132〕《王陽明全書》二，〈與朱守忠〉，頁 25。

〔註133〕明・王艮，《重鐫心齋先生全集》（東京：高橋情報，據日本內閣文庫藏明萬曆間耿定力等刊本影印，1990 年），卷四，〈與俞純夫〉，頁 1 下。

〔註134〕明・羅洪先，《石蓮洞羅先生文集》（東京：高橋情報，據日本內閣文庫藏明萬曆四十五年跋陳于廷校梓刊本影印，1993 年），卷七，〈與蔡督學〉，頁 40 上～下。

〔註135〕《龍谿王先生全集》，卷二，〈桐川會約〉，頁 39 下。

要，更包含聚講與討論的活動而言。對於強調朋友的重要性，除了反應當時文人讀書時求友心切的生活方式，更有使文人對於讀書產生崇高化的效果。

朋友一倫對於喜好讀書的文人而言，是一種重要的精神依賴與知識交流的對象。周衝（1485～1532）曾提及他對朋友相聚講習之間的精神契合情形：「若三五日不得朋友相講，便覺微弱，遇事便會困，亦時會忘。」〔註136〕同樣的感受也出現在羅洪先的書信當中：

> 弟賴諸公初有知識，居今之世，孤陋獨立，固知其不可，故旬日不
> 見友人，則皇皇不自寧，有以諸公片言至即倒履走奉。〔註137〕

周衝與羅洪先的看法，表達出能與朋友相聚講學的喜悅之情，若是少了朋友的參與講學，似乎就在精神上若有所失、不能集中的心理狀況。如此強烈地表達對朋友倚賴的心理，不僅是他們意識到朋友對於修身成德的重要，更是反映他們樂於參與師友之間讀書、論學、教學相長的生活經驗。

明代文人對於師友之間相聚論學的快樂與喜悅之情，往往有很細膩而生動的描繪。羅汝芳認為：「師友談論，胸次瀟灑，則是心開朗，譬之冰遇暖氣消融成水，清瑩活動，亦勢所必至也。」〔註138〕體驗到師友之間如春風般的感染力，可以使人襟懷開懷，洗滌內心思慮，這種朋友講聚時的精神流動，生意盈然，絕非獨自靜坐讀書可比擬。張元忭也說到自己與安福鄧德涵（1538～1581）黃安耿定向（1524～1596）等人共同講學的助益：「吾之燥心日以平，慾心日以釋，」他更說自己能得此數君子與之共學，是上天的厚意：「天亦有以厚我，而將使之不終于無成耶！」〔註139〕海門周汝登喜愛參與講學的讀書生活，更有深刻的感動：

> 余一生全得友樂，全得友力，少時習舉，八九為群，肝膽相對，形
> 骸盡忘，寧可終歲不問田園，而必欲當時相聚書舍；寧可半載不近
> 房室，而不可一日不見友朋。中年慕道則有道友，孚合談証，趣味
> 尤為不淺。花時、月時、風雨時，必得道友談道斯慰；愁時、苦時、
> 病時、寂寞時、昏憒時、過懊時、沉溺時，一得道友談道乃開。後
> 遇宗門之友更自奇特，或以微言相挑，或以峻語相逼。一日問予如

〔註136〕《王陽明全書》一，〈傳習錄中・啟問道通書〉，頁47。
〔註137〕《念菴文集》，卷三，〈答王龍溪〉頁26上。
〔註138〕《盱壇直詮》，卷上，頁64下。
〔註139〕《鄒聚所先生外集》，頁27下～29下。

何是心，予以訓語相答，喝之曰：奴才話；數日又問，予不敢答，止曰：尚未明白，又喝之曰：為人不識自心，狗亦不直，時大眾中面為發赤而心實清涼，無可奈何，而意實歡喜。歸來，終夜不寐，參求不得，辛苦徬徨，而次日下床又惟恐其會之不早集，語之不加厲也，余得友之樂如此。〔註140〕

周汝登的言論說明，與學識程度相當的朋友相聚，可以心無旁騖，專心一致的讀書論學，而這正是文人所尋求最高的讀書境界，一生讀書體驗藉由談論的精微深奧，同時標舉著追求儒學聖道的崇高理想。

群聚讀書論學之際，除了朋友之間精神心靈上的契悟與啟發外，在實際生活上與物質層次上，更應相互的資助和提攜，才是算是理想的交友之道，也就是所謂的「責善、輔仁、規過、通財，古人之交。」〔註141〕例如「蓬萊會」的會約中就申明：

吾輩素分守禮，諒無一朝之患，或變生不測，有意外欺凌，非所自取者，凡我同盟，務相體諒，維持保護，弗令失所，此一體休戚之情也。〔註142〕

南直隸寧國府涇縣的「赤山會約」也論及到資助之事，希望鄉里中的富者平時即能捐穀，幫助極貧的宗鄉。〔註143〕關中地區文人的會約中也規定，對於年老無子或有子而貧甚者，以及士大夫之後極貧乏者，應由眾士大夫分擔，資助其金錢和糧食，遇到喪故時，也要資助辦理喪事。〔註144〕這些都是體現明代文人「民胞物吾」的崇高情懷。

講學的同志、學友之間情誼，從讀書學問的探索與追求，有時更會轉而成為緊密的友誼。〈冬日記〉曾記載講會將散之時的離別之情，甚至有相送至百里而返的舉動：

先師（羅汝芳）平生將有所適，則同志預戒以待，及其至也，輒數十人在同寢食矣，次日多至百人，少亦不下五六十人，再過一二日

〔註140〕 《周海門先生文錄》，卷四，〈題友人書札〉，頁 10 下～12 下。
〔註141〕 明‧聶豹，《雙江聶先生文集》（《四庫全書存目叢書》集部七二冊，臺南：莊嚴文化事業有限公司，1995 年 9 月初版，據明嘉靖四十三年吳鳳瑞刻隆六年印本影印），卷四，〈送李子歸寧都序〉，頁 11 下。
〔註142〕 《龍谿王先生全集》，卷五，〈蓬萊會籍申約〉，頁 3 下。
〔註143〕 《赤山會約》，頁 16 下。
〔註144〕 明‧馮從吾，《馮少虛集》（蘭州：古籍書店，1990 年），卷五，頁 1。

則二三百人，此其常也。其去也，相信者依依不忍別，常送至二三
百里而後返。〔註145〕

如此深厚不捨的情感，反映出講學社群成員之間親密的友誼，或許也正因為
這種對志同道合的朋友相聚論學的嚮往之情，更吸引許多明代文人精英不遠
千里的參與。

　　此外，學友之間私人的幫助與贈予，更是屢見不鮮。例如王艮講學的「東
淘精舍」，即是由王艮私自出資，提供一所舊園和三間堂屋，再由門人林東城
出銀十兩，與門下諸友將其整建，又由巡鹽察院洪桓（1532 進士）出官銀九
十兩增蓋講堂和掖房而成。〔註146〕閒居在家的羅洪先，生活貧困，屢有友人
主動贈金分財，欲以幫助維持家計生活，〔註147〕其間雖然多為羅洪先所婉拒；
不過，羅洪先在之後的修建「石蓮洞」，作為讀書論學場所時，仍受到臨海王
宗沐（1523～1591）和永新尹臺（1506～1579）等朋友的資助。〔註148〕被定
罪充軍貴州的何心隱，不僅靠朋友程學顏的奔走而獲釋，在後來逃難的日子，
更是多方寄居朋友門下，遭難之後又靠朋友收其骸骨安葬，其與程學顏之間
的深摯友誼表露無遺。〔註149〕另外，還有羅汝芳對顏均不遺餘力的生活幫助，
〔註150〕這些都說明講學的師友之間，不僅能提供學問精神上的滿足，更能在
實際的金錢物質上作互相的幫助。這種文人之間贈予資助的行為，可視為明
代朋友讀書生活的特色，除了提供學問與精神的支持之外，在實際物質上和
社交上的幫助也是不可忽視的時代現象。

二、內在的自我省察

　　明代文人對個人內在的自我省察，所採取的行止，或避居山水園林、或
寄情於古玩奇器、或求仙問道，無非欲使生命自在自得的情境，得以脫棄桎
梏，而愉懌心志，華亭陸樹聲（1509～1605）在〈適園記〉便提及：

〔註145〕《盱壇直詮》，下卷，頁 73 下。
〔註146〕《重鑴心齋王先生全集》，卷一，〈祠堂始末事狀〉，頁 25 下。
〔註147〕《念菴文集》，卷四，〈與吳蒻塘邑令〉，頁 37 下～38 下；卷四，〈答王克齋
　　　　都憲〉，41 上～42 下。
〔註148〕《念菴文集》，卷四，〈答尹洞山〉，頁 59 下～60 下。
〔註149〕明・何心隱，《何心隱集》（北京：中華書局，1960 年 9 月第一版），容肇祖
　　　　〈何心隱集序〉，頁 1～3；《何心隱集》附錄，鄒元標〈梁夫山傳〉，頁 120
　　　　～121。
〔註150〕《明儒學案》，卷三四，〈泰州學案三〉頁 761。

余方倦游，思去煩以息靜也，故得之若以為適者，然以余之苦於驅疾病以事奔走也，既休吏鞅返初服以便取息，則求以愉懌心志，寄耳目之適者，寔借是焉。故余每憩是也。於泉石渟結、雲物往來、花目喬秀、禽魚之下上飛泳者，日與之接，耳目所遇，皆樂其為己有也，凡余之所為適者若此。〔註 151〕

仕夫於宦途倦游之時，便思去煩擾、驅疾病、了奔走，故脫卻朝服冠帽之贅累，退居林下，悠遊於泉石飛瀑、花鳥禽魚、閒雲空谷之中，以息奔競之心、滌塵俗之情，而享自得之樂。

讀書講學的環境，通常是靜肅嚴整的風貌，以一種著重在自我內心處省察與修持，避免虛談妄說，塑造出嚴謹氣氛的講會風格。由於講學的明代文人，或從各地聚集一處會講，因此常有彼此交換意見、印證學問的行為，對於彼此的疑惑與提問，則需以默思為準則。例如〈西原會規〉的規定：

學貴潛心，勿恃言說。凡同志共聚一堂，務在凝神習靜，切己體認。果有所見或疑而未明欲質問者，從容呈吐以請裁正。若問答之際，彼此意見不同，姑默而再思，以俟功深之後，自將融釋，不必競相執辨，徒恣口耳，且長勝心。

會時宜肅容斂氣，毋□側、毋褻侮、毋戲謔、毋誼譁、毋忿詞遽色、毋談鄉邑是非及一切浮泛之事、毋身在席間而心馳宮牆之外、毋以赴會為姑應故事而雖聞理義竟無悅心之味。大抵此會只以靜肅受益為主。〔註 152〕

會規規定講學時需凝神習靜，切己體認，若有疑問欲提出時，則需以從容態度詢問，即使彼此意見不同，則先靜坐默思，切不可以競相爭辨，以免流於情緒化的口舌之爭。此外，講會中除了義理的講明和辨析，也有祭祀、靜坐、歌詩、反省等活動，強調身體上的實踐工夫。

另外，從「白鷺洲書院」的會條也可特別強調類似的靜肅氣氛。安福王時槐（1522～1605）在「白鷺洲書院」續寫的會條規定：「凡赴會，正坐宜自

〔註 151〕 明・陸樹聲，《適園雜著》（《四庫全書存目叢書》子部一六三冊，臺南：莊嚴文化事業有限公司，1995 年 9 月初版，據中央黨校圖書館上海圖書館藏明萬曆刻本），卷一一，〈適園記〉，頁 1 下～2 上。

〔註 152〕 明・王時槐，《塘南王先生友慶堂合稿》（《四庫全書存目叢書》集部一四四冊，臺南：莊嚴文化事業有限公司，1997 年 6 月初版，據清光緒三十三重刻本影印），卷六，頁 17 下。

思平日此心放逸，何以收攝。此心昏昧，何以開明。素行有缺，何以修飭。……默默內省，即圖自勉。」「會日以靜坐澄心，操存涵養為主，勿身在會堂，心馳會外；勿閑談俗事、虛費光陰；勿漫爾隨群，視為故事，不加體認；……倘平日於學有得，可請印證；於學有疑，可請裁決，不妨從容質問。即酬答不契，姑默而靜思，勿恣浮辨。」〔註 153〕

顧憲成（1550～1612），字叔時，號涇陽，因創辦東林書院而被人尊稱為「東林先生」，無錫涇皋裏人。顧憲成把講學看作是文人的合法權利：「夫士之於學，猶農之於耕也」，力圖說明自由講學的合理性，顧憲成親擬對聯：「風聲雨聲讀書聲聲聲入耳，家事國事天下事事事關心」，由讀書、講學、議政而歸結到對天下事的關心。在東林書院展開的這種與議政相結合的自由講學活動，吸引了諸多有志之士。顧憲成、高攀龍等東林人士打破禁錮，爭取自由講學，在某種程度上，有反對封建思想文化專制的積極意義。〔註 154〕

儒家修身的最高標準是聖人的道德，浦江宋濂不僅講求「內聖外王」之道，而且以此教導後學。並向朱元璋講授「帝王之學」。另寧海方孝孺為宋濂的門生，其講學不同於一般鄉塾先生，以背功為法，而是串講，尤以文義為法，與諸生談道不倦。其教學思想，正是引動四方，求學問學者日眾的原因之一。〔註 155〕

有些講學則標榜的朋友以直諒相規的作風，如「會中同志或有過失，不必對眾面斥，在我既失忠厚，在彼亦或難堪。君子忠告善道，相愛相成，不當如是也。惟娩詞勸諷，或於僻處密相規戒，庶為得之。」〔註 156〕隱人之惡、揚人之善的作風，皆屬於人情世故，但是文人一生讀書旨在追求學問與道理的探索，所以應擺脫世俗作風，直指彼此的病痛與弊端，以便尋求知識的真理。

文人的讀書講學有時不限於一地，而是採取周遊各處的講學生活，黃安耿定向（1524～1596）曾描述鄒守益（1491～1562）勤於周遊講學的讀書樂趣：

> 若越之天真、閩之武夷、徽之齊雲、寧之水西，咸一至焉；至境內之青原、白鷺、石屋、武功、連山、香積，歲每再三至，遠者經年，近者彌月；常會七十，會聚以百計，大會凡十，會聚以千。〔註 157〕

〔註 153〕《塘南王先生友慶堂合稿》，卷六，〈續白鷺洲書院正學會條三條〉，頁 43 上。
〔註 154〕步近智、張安奇，《顧憲成、高攀龍評傳》（南京：南京大學出版社，1998 年 12 月第一版，頁 164～165。
〔註 155〕王春南、趙映林，《宋濂、方孝孺評傳》（南京：南京大學出版社，1998 年 12 月第一版，頁 76～351。
〔註 156〕《塘南王先生友慶堂合稿》，卷六，〈西原會規〉，頁 18 上。
〔註 157〕明‧耿定向，《耿天臺先生文集》（臺北：文海出版社，1970 年，明萬曆二六

山陰張元忭（1538～1588）自言身在浙江不足以盡天下之士，因此「自束髮以來，嘗孳孳求友于四方，聞其名，聞其名則識之，過其地則造而訪之，遇其人不以為不知也，而急欲與之合。」〔註158〕在這種周遊四方以為讀書講學的理想，最顯著反映在杜蒙的言論，他說：「吾東西南北人也，若厪則不能遍游四方，親師友以求益也。」〔註159〕這種以「東西南北人」自況的觀念，正是說明文人熱衷講學、交友的讀書生活型態。

　　不過，由於文人喜好讀書講學，甚至經常遠遊各地，少或旬月多則經年，如此經年累月的離家遠遊，雖然專注於知識學問或性命之學的追求，但必然對於家庭有所忽略，對於重視家庭生活的儒家倫理，無疑是一大缺憾，此時的家庭倫常維繫，更需依賴家人的諒解與相助。〔註160〕胡直（1517～1585）在〈王氏冠山墓記〉中提及好友王有訓的生活寫道：

> 有訓從先師學，取友四方，遠越數千里，近或百里，多至踰年・少
> 或踰月浹旬，蓋不知其幾。而孺人為縫衣崎，脫卸珥珥，亦不知其幾，
> 咸未嘗有怨色詬言。故有訓得內繫孝友，外獲有天下士。〔註161〕

文人在實踐讀書與講學求友的理念而遠遊各地時，這些立志高遠的文人背後，確實需要仰賴家人與妻子在精神和物質上的支持與配合。王畿曾在其妻張氏所寫的哀辭中說道：「予性疎慵，不善理家，安人纖於治生，拮据綢繆，終歲勤動，料理盈縮，身任其勞，而貽予以逸，節費佐急，豐約有等，家政漸裕，不致蠹敗渙散，安人成之也。」〔註162〕可見在為求知識學問的文人內心，對於家庭生活之中兒子、丈夫和父親的角色扮演，的確存在著衝突與糾葛。然而對於熱衷講學的文人來說，這些仍無法改變追求讀書知識的理念，

　　　　年刊本），卷一四，頁 27。

〔註158〕《鄒聚所先生外集》，頁 27 下～28 上。

〔註159〕明・楊起元，《太史楊復所先生證學編》（《四庫全書存目叢書》子部九○冊，臺南：莊嚴文化事業有限公司，1995 年 9 月初版，據明萬曆四十五年余永寧刻本影印），卷三，〈明逸儒黃峰杜先生墓誌銘〉，頁 42 上，另外羅汝芳亦曰：「余亦思賦遠遊而為東西南北之人矣。」見明・羅汝芳，〈書取益四方卷〉，《羅明德公文集》（東京高橋情報據日本內閣文庫藏明崇禎五年序刊本影印，1994 年），卷五，頁 47 下～48 上。

〔註160〕呂妙芬，〈婦女與明代理學的性命追求〉（羅久蓉主編，《無聲之聲：近代中國的婦女與文化，1600～1950》，臺北：中央研究院近代史研究所，2003 年），頁 133～172。

〔註161〕《衡盧精舍藏稿》，卷一二，〈王氏冠山墓記〉，頁 14 下～15 上。

〔註162〕《龍谿王先生全集》，卷二○，〈亡室純懿張氏安人哀辭〉，頁 110 上～下。

以年逾八旬仍出遊講學的紹興王畿為例，他就十分重視講學遊歷的經驗，並
實際於各地參與講學（參見圖5-1、5-2），更強調男子應以天地四方為志：

> 時常處家與親朋相燕昵，與妻奴佃僕相比狎，以習心對習事，因循
> 隱約，固有密制其命而不自覺者。讒離家出遊，精神意思便覺不同，
> 與士夫交承，非此學不究，與朋儕酬答，非此學不談。晨夕聚處，
> 專幹辦此一事，非惟閑思妄念無從而生，雖世情俗態亦無從而入，
> 精神自然專一，意思自然沖和，教學相長，欲究極自己性命，不得
> 不與同志相切相觀法。同志中因此有所興起，欲與共了性命，則是
> 眾中自能取益，非吾有法可以受之也。男子以天地四方為志，非堆
> 堆在家，可了此生。吾非斯人之徒而誰與，原是孔門家法，吾人不
> 論出處潛見，取友求益，原是己分內事。〔註163〕

王畿對於讀書的方法，是強調得其精華之要而淘汰其滓穢，因此「讀書時，
口誦其言，心繹其義，得其精華，遣其粗穢，反身體究，默默與聖賢之言相
符，如先得我心之同然。不為言詮所滯，方為善讀書。」〔註164〕同時，也注
重讀書講會的重要性，認為進德修業比家庭更為重要，更藉由「精神專一，
意思沖和，教學相長」，「眾中自能取益」等論述，把讀書講會塑造成一個文
人知識交流的學術場域。

　　在文人的內在意識之中，朋友之間的砥礪心志、追求學識言行，是比家庭
生活更崇高而且必要的行為。《明儒學案》記載劉秉堅（正德三年，1508進士）
的事例來說，當劉秉堅匹馬、奚童往來山谷之間的講會，儉約如寒士，他母親
問：「兒孝且弟，何必講學？」他回答道：「人見其外，未見其內，將求吾真，
不敢不學。」〔註165〕此外，海寧董澐（1458～1534）雖年至七十，仍襆被而出，
雖家人不可止之，並且與王陽明（1472～1528）守歲予書舍；太平周怡（1506
～1569）於「海內凡名王氏學者，不遠千里，求其印證」；臨川陳九川（1494
～1562）在致仕後，「周流講學名山，如台宕、羅浮、九華、匡廬，無不至也」；
戚袞「往來出入，就正於師友者，凡七、八年」。山東的張後覺（1503～1578）
不僅於各地結友作會，更慕名而遠就證於「水西會」；薛侃也曾遠遊江浙、青原

〔註163〕《龍谿王先生全集》，卷五，〈天柱山房會語〉，頁28上～下。
〔註164〕方祖猷，《王畿評傳》（南京：南京大學出版社，2001年5月第一版），頁294
　　　　～296。
〔註165〕《明儒學案》，卷一九，〈江右王門學案四〉，頁444。

山、入羅浮，講學於永福寺，前後九年而還家。〔註166〕以上事例，正是說明在明代文人內心的意識中，重視朋友之間的論交，能夠稍解愁苦、疾病與寂寞之情，能夠開釋昏憒、沉溺的心靈。因此，就重視內在心靈領域的探索而言，在明代文人的生命之中，與朋友講學確實是讀書生活中極為重要的核心價值，也是一種讀書生活向外延伸的一種立言形式。

圖 5-1：王畿講學活動圖一

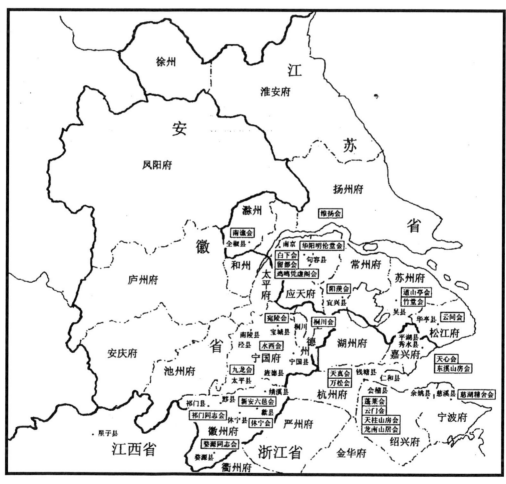

資料出處：方祖猷，《王畿評傳》（南京：南京大學出版社，2001 年 5 月第一版），頁序；譚其驤，《中國歷史地圖集‧元明時期》第七冊（北京：中國地圖出版社，1996 年 6 月第一版），〈王畿的講學活動〉。

〔註166〕《明儒學案》，卷一四，頁290；卷一九，頁457；卷二五，頁457；卷二九，頁637；卷三〇，頁657。

圖 5-2：王畿講學活動圖二

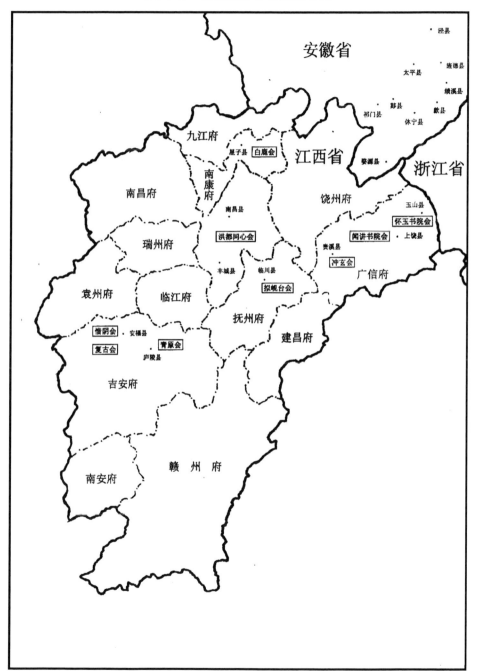

資料出處：方祖猷，《王畿評傳》（南京：南京大學出版社，2001 年 5 月第一版），
頁序；譚其驤，《中國歷史地圖集‧元明時期》第七冊（北京：中國地圖出版社，
1996 年 6 月第一版），〈王畿的講學活動〉。

第六章　讀書典範與樂趣

　　讀書生活是傳統中國知識階層的主體生活方式之一，而讀書樂趣則是知識階層生活文化的主軸之一。明代文人對於讀書生活與讀書樂趣的取向，有其時代典範的象徵意義，所謂的讀書「典範」，主要是呈現文人對於讀書好學不倦的勤學態度。讀書生活的具體表現在手不釋卷、專注閱讀，甚至是避居靜謐之地，謝絕一切人事的打擾，其終極關懷皆在於如何享受讀書所帶來的無限樂趣。這種孜孜不倦的讀書形象，堪稱為明代文人讀書的最佳時代典範。

　　明代知識階層藉由個人讀書生活的典範、體驗之外，經由個人與群體的互動關係，而延伸成結社活動形式，也就是藉由邀集志同道合的文友學侶，組成各類的社集，一同對文章或思想、德性進行討論與批評。透過這種論道講學與文會過從的互動方式，使文友之間的思想與感情更為緊密，更增添讀書之外精神層次的樂趣。在明代多元的文化發展之下，文人各有其適合自我個性的讀書生活典範，或徜徉園林山水，或沉浸賓朋歡愉，或隱居如高士，或群聚以講學。有時則鍾愛讀書時的幽雅意境，以磐石置彝鼎器，焚香點茶，悠然讀書；有時則不與外事相聞，專注於自我閱讀的性靈世界。無論是何種的讀書生活典型，都著重於讀書的樂趣與體驗，而多樣的讀書文化風氣，更豐富了明代整體的社會生活風貌。

第一節　讀書生活的典範

一、好學不倦的勤學態度

　　對於讀書生活的樂趣追求，就歷來喜愛讀書的文人而言，自然是一種妙不可言的喜悅與享受。這種樂趣自然反映在各種型態上，而作為知識分子的

文人，所具有的獨特個人風格，例如：日以繼夜的閱讀、徜徉於山水風情的閱讀、專注而廢寢忘食的閱讀，或喜好獨坐、或長嘯吟誦、或群聚論學等，各種型態繁多不勝枚舉，其目標皆在彰顯讀書的樂趣。然而在明代的文人讀書型態之中，對於表現讀書生活樂趣的方式，固然有其個人獨特的行為與偏好，然而一種時代風格的讀書生活型態，更是反映出當代文人共同的價值態度，遂形成一種文人爭相仿效的「典範」。

讀書生活的典範，是指文人對於讀書的好學態度，所形成一種適合文人自我個性的讀書生活類型。在明代社會多元的閱讀文化發展之下，衍生出文人各類的讀書典範，不僅豐富整體的社會讀書生活風貌，同時更成為一種時代的共識與價值態度。例如上海朱察卿於「舊雨軒」的讀書生活，「寶尺璧於分陰，焚蘭膏以繼晷，訂同異於縹緗，鉤玄微於鉛槧，業就則青紫可拾，器成而瑚璉斯貴，雨軒之燕貽也。」〔註1〕如此焚膏繼晷的生活，完全是為了沉浸在讀書與校讎的樂趣之中。錢塘江元祚建「書樓」，廣儲圖史，鎮日讀書吟詠其中，「年三十八，即高擷博士，不願備弟子員，將盡讀樓中書，以自得其樂。」〔註2〕新會陳獻章，「舉正統十二年鄉試，再上禮部，不第。從吳與弼講學，居半載歸，讀書窮日夜不輟。築「陽春臺」，靜坐其中，數年無戶外跡。」〔註3〕朱、江、陳三氏即是明代文人讀書生活的典範代表人物之一。

無錫秦汴（1511～1581）雅好讀書，雖然晚歲老病纏身，「猶列諸經史床下，時引手探卷縱觀，當其會心，率口占賦詠，一童子疾書之，往往成帙，公蓋自少至老未嘗一日去書，迨其病且十餘年，亦不以晏寢自廢，其於書固天性然也」；〔註4〕而陽城張貔山則是特別喜好九經等內典，常日坐枯想，深究於學問之要。〔註5〕上海潘恩（1496～1582）雖然曾位列顯宦，但「性雅嗜書，一日未嘗手釋卷，若經生然。」〔註6〕泰和羅欽順於嘉靖六年（1527），堅辭禮部尚書、吏

〔註1〕 明・潘恩，《潘笠江先生集》（《四庫全書存目叢書》集部八一冊，臺南：莊嚴文化事業有限公司，1997 年 6 月初版，據明嘉靖至萬曆刻本影印）。近稿卷九，〈舊雨軒銘〉，頁 21 下。
〔註2〕 《武林藏書錄》，卷中，〈江邦玉〉，頁 54。
〔註3〕 《明史》，卷二八三，〈儒林二〉，頁 7261。
〔註4〕 明・趙用賢，《松石齋集》，三六卷，《四庫禁燬書叢刊》集部四一冊，北京：北京出版社，2000 年 6 月初版，據明萬曆刻本影印），卷一二，〈秦太守墓碑〉，頁 18 下～19 上。
〔註5〕 清・談遷，《棗林雜俎》（北京：中華書局，2006 年 4 月第一版），頁 154。
〔註6〕 明・何三畏，《雲間志略》（《四庫禁燬書叢刊》史部八冊，北京：北京出版社，2000 年 6 月初版，據明天啟刻本影印），卷一二，〈潘恭定笠江公傳〉，頁 9

部尚書之召，里居二十餘年，足不入城市，潛心於學術研究，著有《整菴存稿》、《整菴續稿》，而《困知記》是他一生勤學窮究之力而成於晚年的著作，其家居之際「每平旦正衣冠，升「學古樓」，群從人，揖敘畢，危坐觀書，雖獨處無惰容。食恒二簋，居無臺榭，燕集無聲樂」，是一位恪守儒家規範的高官。〔註7〕蘇州蔣洨讀書的專注精神，更反映在閱讀時的圈點：「有《通鑑綱目》一部，每閱一過，即以一色筆圈誌之，凡數閱，五色皆備。所批字畫精謹，深可寶玩。此不惟見前賢操履清貞，矯矯人外，即其終身學古，無它耆好，亦當時醇樸寡欲之一端也。」〔註8〕以顏色區分來計算閱讀《通鑑綱目》的次數。無論身分地位之高低，能夠喜好讀書而手不釋卷，皆由天性使然。對於古人讀書不懈的崇敬之意，明代文人也將其性格反映在自身讀書生活之中。

　　對於讀書的執著與用功，也反映在文人的閱讀態度上。太倉張溥（1602～1641），自幼好學不倦，為了能夠熟記書中內容，凡所讀之書必親自手鈔，鈔過再朗誦一遍，然後焚稿又鈔，如此反覆七遍之多，終於以淵博學識獲得鄉里的讚賞，與同邑張采（1507～1556）齊名，號為「婁東二張」，而讀書之處「七錄齋」，更成為後世文人所敬仰與仿效。海鹽胡震亨（1569～1645）更是喜愛讀書，每次披卷閱讀時，最擔心客人造訪，破壞讀書的情境與樂趣。〔註9〕讀書對文人而言，確實是精神上的重要依託良方。武進徐問，字用中，號養齋，學者稱「養齋」先生，弘治十五年（1502）進士，授廣平推官。「清節自勵。居官四十年，敝廬蕭然，田不滿百畝。好學不倦，粹然深造，為士類所宗。」〔註10〕徐問好學不倦的勤學態度，堪為文人讀書生活的典範。

　　文人好讀書而不可讀，轉而鼓勵他人勤於讀書，然而每遇善積書而不愛護書籍，或善積書而不讀書，總有深刻的感嘆：「挾累世之藏而弗能讀，散為烏有者，又比比皆然，可嘆也。」〔註11〕惟有藏書而能讀能用，才能發揮書籍的最高價值。時人所謂：「夫書之能藏者不難，能讀者難；能讀者不難，能用者難也。書藏而不讀，與無書等；而不用與不讀等。」〔註12〕陽城張慎言

　　　　上。
〔註7〕　《明儒學案》，卷四七，〈諸儒學案中一・文莊羅整菴先生欽順〉，頁1108。
〔註8〕　《客座贅語》，頁236。
〔註9〕　明・胡震亨，《讀書雜錄》（《四庫全書存目叢書》，子部一○九冊，臺南：莊嚴文化事業有限公司，1995年9月初版），卷上，頁3。
〔註10〕　《明史》，卷二○一，〈列傳八十九〉，頁5315～5316。
〔註11〕　《少室山房筆叢》，卷四，〈甲部・經籍會通四〉，頁61～62。
〔註12〕　明・楊維楨，《東維子集》（《景印文淵閣四庫全書》集部一二二一冊，臺北：

（1577～1645） 甚至將讀書生活，視為等同日常飲食一樣的重要：

> 人之讀書，如用飲食也。一日不再食則飢，乃彌年經月束書不觀何
> 也？予悔壯而不知讀，雖讀而無用。今纔知讀書是須臾不可離之物，
> 然老而眊，又不能讀。利害禍福趨避之念，迫切無已，方乃讀此而
> 未也。得之則生，失之則死，不止于死而已。非喜而讀，是懼而不
> 得不讀也。喜而讀，欲罷不能。此中人以上，未易幾及。予中人以
> 下，但是懼而不得不讀耳。〔註 13〕

有鑑於當時「士或徒矜充棟，目不及窺；或記誦雖勤，身心無得。」〔註 14〕
或是「儲書充棟盈室，然終歲手不一披閱，雖有藏書之名，而無其實。」〔註 15〕
這些都僅止於崇尚虛名的作風，只是虛有其表，不能稱之為真正的讀書人。《五
雜俎》更記載當時所謂好書之人的三大弊病：其一，好浮慕時名，徒為架上觀
美；其二，廣收遠括，半束高閣；其三，自謂博學多識，流於記誦。〔註 16〕此
三大弊病的根源，皆導源於不喜讀書。武進薛應旂（1500～1576）藏書豐厚，
秀水朱彝尊（1629～1709）曾批評道：

> 方山（薛應旂）以帖括擅長，既負時名，遂專著述。所《續通鑑》，
> 孤陋寡聞，如王偁、李燾、楊仲良、徐夢莘、劉時舉、彭百川、李
> 心傳、葉紹翁、陳均、徐自明諸家之書，多未寓目，并《遼》、《金》
> 二史，亦削而不書，惟道學宗派特詳爾。《憲章錄》一編，似未覩觀
> 實錄而成者；若《浙江通志》簡略太甚，俾後之欲知前事者，漫無
> 考稽。文獻不足徵，是誰之過？與昔劉仲原父謂可惜歐九不讀書，
> 覽方山遺編，頗同此恨。詩其餘藝，不必論也。〔註 17〕

正由於薛應旂讀書未廣，於是連同其《憲章錄》、《浙江通志》等著作，也遭
到朱彝尊的質疑。文人體認到認真閱讀的困難性，於是有「積之非難，守之

臺灣商務印書館，1983 年 3 月，據國立故宮博物院藏本影印），卷二一，〈讀
書堆記〉，頁 7 上～下。

〔註 13〕 《棗林雜俎》，頁 163。

〔註 14〕 明・曹于汴，《仰節堂集》（《景印文淵閣四庫全書》集部二三二冊，臺北：台
灣商務印書館，1986 年 3 月初版），卷四，〈婺源朱氏藏書樓記〉，頁 2 下。

〔註 15〕 明・胡廣，《胡文穆公文集》（《四庫全書存目叢書》集部二八冊，台南：莊嚴
文化事業有限公司，1997 年 6 月初版，據復旦大學圖書館藏清乾隆十五年刻
本影印），卷一，〈崇書樓記〉，頁 37 上。

〔註 16〕 《五雜俎》，卷一三，〈事部一〉，頁 263。

〔註 17〕 《靜志居詩話》，卷一二，〈薛應旂〉，頁 28 上～下。

為難，讀之尤難」的論調。〔註 18〕然而為了鼓勵與提倡讀書的樂趣，時人仍作〈書架銘〉來不時勸勉。〔註 19〕

　　明代文人既嚮往讀書生活，有時嗜好之篤，宛如生員日課一般勤奮。海鹽吳昂（1470～？）性好讀書，「及歸老，誦讀不廢，如書生然。」〔註 20〕平湖沈懋孝一生非常喜歡讀書，「里居三十年，戶外事絕不與聞，朝夕苦吟，不減諸生時。」〔註 21〕此外，博覽群書，廣泛吸收知識則是文人讀書的另一種樂趣。歸安茅坤「於書無所不讀，於文特嗜班馬歐蘇，人為詮次品藻。」〔註 22〕歸安姚翼（1540～1609）更是盡攬先秦至明代以來的各家著述，〔註 23〕其尚博與好讀的態度，為個人讀書生活的特色，嘗自稱：「余藏書千卷，朝夕偃仰其中，非疾不入內寢，非傳經於人，未嘗出遊外境。」〔註 24〕華亭張弼，字汝弼，成化二年（1466）進士，自幼穎拔，善詩文，工草書，與李東陽、謝鐸善。嘗自言：「吾平生，書不如詩，詩不如文。」東陽戲之曰：『英雄欺人每如此，不足信也。』鐸稱其好學不倦，詩成一家言。」〔註 25〕對於讀書的執著與熱情，確實令人敬佩。

　　明代文人讀書典範中，以李贄（1572～1602）的〈讀書樂〉一篇前引談及其讀書心境，形容最為精采而有深意：

　　　夫以四分五裂，橫戈支戟，猶能手不釋卷，況清遠閒曠哉一老子耶！
　　　雖然，此亦難強。雖然，此亦難強。余余蓋有天幸焉。蓋有天幸焉。
　　　天幸生我目，雖古稀猶能視細書；天幸生我手，雖古稀猶能書細字。
　　　天幸生我目，雖古稀猶能視細書；天幸生我手，雖古稀猶能書細字。
　　　然此未為幸也。然此未為幸也。天幸生我性，平生不喜見俗人，故

〔註 18〕明・方鵬，《矯亭存稿・續稿》（《四庫全書存目叢書》集部六一冊，臺南：莊嚴文化事業有限公司，1997 年 6 月初版，據南京圖書館藏明嘉靖十四年刻十八年續刻本影印），卷三，〈家藏書目序〉，頁 21 上～下。

〔註 19〕明・黃訓，《黃潭先生文集》（臺北：中央研究院藏明嘉靖三十八年新安黃氏刊本），卷七，〈書架銘〉，頁 11 下～12 上。

〔註 20〕明・唐樞，《國琛集》（《明代傳記叢刊》一一五冊，臺北：明文書局，1991 年 10 月初版），卷下，〈吳昂〉，頁 32 上。

〔註 21〕《明分省人物考》，卷四五，〈沈懋孝〉，頁 32 下。

〔註 22〕《明分省人物考》，卷四六，〈茅坤〉，頁 25 下。

〔註 23〕《國朝獻徵錄》，卷八九，茅坤〈廣濟令海屋姚君翼傳〉，頁 89 下。

〔註 24〕明・姚翼，《玩畫齋雜著編》（《四庫全書存目叢書》集部一八八冊，臺南：莊嚴文化事業有限公司，1997 年 6 月初版，據明隆慶萬曆間自刻本影印），卷一，〈玩畫齋記〉，頁 18 下。

〔註 25〕《明史》，卷二八六，〈列傳第一百七十四〉，頁 7342。

自壯至老，無有親賓往來之擾，得以一意讀書。天幸生我性，平生不喜見俗人，故自壯至老，無有親賓往來之擾，得以一意讀書。天幸生我情，平生不愛近家人，故終老龍湖，倖免俯仰逼迫之苦，而又得以一意讀書。天幸生我情，平生不愛近家人，故終老龍湖，倖免俯仰逼迫之苦，而又得以一意讀書。 然此亦未為幸也。然此亦未為幸也。天幸生我心眼，開卷便見人，便見其人終始之概。天幸生我心眼，開卷便見人，便見其人終始之概。夫讀書論世，古多有之，或見皮面，或見體膚，或見血脈，或見筋骨，然至骨極矣。夫讀書論世，古多有之，或見皮面，或見體膚，或見血脈，或見筋骨，然至骨極矣。縱自謂能洞五臟，其實尚未刺骨也。縱自謂能洞五臟，其實尚未刺骨也。此余之自謂得天幸者一也。此餘之自謂得天幸者一也。天幸生我大膽，凡昔人之所忻豔以為賢者，餘多以為假，多以為迂腐不才而不切於用；其所鄙者、棄者、唾且罵者，餘皆的以為可託國托家而托身也。天幸生我大膽，凡昔人之所忻豔以為賢者，餘多以為假，多以為迂腐不才而不切於用；其所鄙者、棄者、唾且罵者，餘皆的以為可託國託家而託身也。〔註26〕

其中「四言長篇」詩句，更是細描讀書樂趣的情境：

龍湖卓吾，其樂何如？四時讀書，不知其餘。四時讀書，不知其餘。讀書伊何？會我者多。會我者多。一與心會，自笑自歌。 一與心會，自笑自歌。歌吟不已，繼以呼呵；慟哭呼呵，涕泗滂沱。歌吟不已，繼以呼呵；慟哭呼呵，涕灑滂沱。歌匪無因，書中有人；我觀其人，實獲我心。 歌匪無因，書中有人；我觀其人，實獲我心。哭匪無因，空潭無人；未見其人，實勞我心。哭匪無因，空潭無人；未見其人，實勞我心。棄之莫讀，束之高屋。怡性養神，輟歌送哭。棄之莫讀，束之高屋。怡性養神，輟歌送哭。何必讀書，然後為樂？ 何必讀書，然後為樂？乍聞此言，若憫不穀。束書不觀，吾何以歡？怡性養神，正在此間。〔註27〕

好學的讀書生活典範，更可以從李卓吾的讀書態度表現出來。

文人讀書內容的多寡，雖不必像日課一般規定份量，然而浸淫在閱讀樂

〔註26〕 明‧李贄，《焚書》（臺北：河洛圖書出版社，1963年臺景印初版），卷六，〈讀書樂〉，頁228。

〔註27〕 《焚書》，卷六，〈讀書樂〉，頁229。

趣的感受中，能夠越廣博吸收知識，對文人而言也是一種樂趣。華亭何良俊的讀書計畫，規定：「尺璧之陰，常以三分之一治公家，以其一讀書，以其一為棋酒，公私皆辦矣。」〔註28〕仁和王暐（1637～？）的讀書生活規劃，則是每讀一書，必首尾貫穿始去，晚年則居於「牆東草堂」，「堂內設量書尺，每歲積四方投贈詩文，於除夕量之，準以六尺上下。」〔註29〕餘杭嚴沆（1617～1678）更於居官之際，利用閒暇之餘來讀書，凡「旦起治事畢，下關危坐，日閱一寸書以為常。」〔註30〕上海陸深的讀書原則，是將有關「朝廷典故及可備郡乘闕遺者，另錄以藏。」〔註31〕由此可見，無論各種類型的讀書方法為何，皆反映出讀書生活對於文人而言，確實是生活與生命中相當重要而有趣的文化活動，也為後世讀書人樹立典範。

二、靜謐自然的環境偏好

在文人思維中讀書可以使心情和暢快樂，若配合上靜謐自然的幽雅環境，更能增添讀書的情趣。錢塘錢士鰲自言家居讀書之樂，可以坐臥長吟，至讀書有所得時，更起步空庭，一幅歡欣自樂之情。〔註32〕若因故無暇讀書，在文人的內心往往萌生出極為沮喪、失落的強烈感受。官至太僕寺少卿的李日華，則嚮往與好友共坐竹林之下，嘯詠終日，即使清寒亦覺快意：

> 僕非久於游宦者，終當買湖田與足下同隱，飲澹酒，看閑書，樹陰竹蔭，潦倒無拘，其樂寧可量耶？。〔註33〕

鍾情於退隱讀書的理想，普遍地存在喜好讀書的文人心目中，而嘉善姚綬（1422～1495）退歸山林之日，居十之九，家有園池之勝，室廬靚深，花竹秀野，所蓄古圖書器物，不下乙品，左右陳列，鑒賞評騭，樂以忘世。〔註34〕（參見：圖6-1）特別是因公務繁忙纏身，而無暇享受閒人般讀書樂趣，以致於有避世隱居的想法產生。〔註35〕

〔註28〕 《四友齋叢說》，卷三〇，〈求志〉，頁279。
〔註29〕 《清史列傳》，卷七〇，〈文苑傳一・王暐〉，頁11上～下。
〔註30〕 《國朝耆獻類徵初編》，卷四九，〈補錄・卿貳九・嚴沆〉，頁3上。
〔註31〕 《儼山集・續集》，卷九五，〈與黃甥良式十二首〉，頁17上。
〔註32〕 《錢麓屏先生遺集》，卷三，〈烹茶問業序〉，頁19上～下。
〔註33〕 《恬致堂集》，卷三一，〈與陳良卿〉，頁42上。
〔註34〕 明・姚綬，《穀庵集選》（臺北：臺灣學生書局，1973年3月景印初版），卷七，〈序號〉，頁1上～3下。
〔註35〕 《快雪堂集》，卷三八，〈報甘子開年兒〉，頁一四下：「積書亦不下萬卷，日

　　一般而言，文人喜愛讀書的生活環境，通常以「山居取靜」作為理想。以山陰張元忭（1538～1588）為例，其科舉讀書、養病、文章創作，幾乎與山居取靜的讀書生活緊密結合。張元忭為張岱（1597～1686）曾祖父，歷官翰林院修撰、侍讀，遷左諭德，為政清廉頗有聲譽，﹝註36﹞個性喜好山居讀書的樂趣，因此其讀書生活並不拘泥於書齋之中，時常進入山中享受讀書的野趣。萬曆二年（1574），張元忭即以養痾山中，並於讀書之餘，取元代編纂《雲門集》的舊存殘本，予以校讎改訂，同時並增補相關傳記文獻，增補內容至五卷之多，然後將舊志之名改為《雲門志略》。﹝註37﹞在此處讀書時，不僅有山居春雨當戶，竹弄晴烟滿床的情趣，更有「殘編理罷月初白，更抱孤琴到上方」的心境。﹝註38﹞

　　在山居林間之中，幽靜的氣氛更增添許多讀書的雅趣，而在雨後避暑消夏於村莊時，張元忭即感受塵世之外的清閒，並賦詩道：「卻歸松關靜，讀書隨樹陰。哪知塵世裏，得見古人心。物外情俱遣，閒中樂自尋。爐香纏一柱，笑指亦輪沈。」﹝註39﹞寺廟山居、禪堂錯落，讀書之際不僅口邊吟誦經典，耳邊也會伴隨讀經之聲，兩者相互交錯，使人心曠神怡：

　　　　我昨縶塵纓，夢遊屨在野。予告尋初盟，栖遲借蘭若。小閣藏永書，
　　　　澄流引支馬。聽經集沙彌，出徑逢樵者。振衣秦望巔，千仞不能下。
　　　　冷然一長笑，四大詎難捨。碌碌寰中人，何時悟真假。歸來石橋路，
　　　　颯颯溪風灑。怡此清和辰，狂歌慕點也。﹝註40﹞

時而舟遊山水之中，享受「湖光當檻出，遊于盪舟頻；更向沙彌說，無留寶鏡塵」的樂趣。﹝註41﹞

　　　　杜門焚香，隨意披閱，自喜不減南面王。方憂一官為贅，一旦為我決而去之，德不貲矣！」

﹝註36﹞ 關於張元忭的生平行誼、著作論述，詳請參見：呂允在，〈明代浙江山陰世家張元忭的文人生活與著述〉，《藝術學報》，三卷二期，2007 年 10 月，頁 249～272。

﹝註37﹞ 明・張元忭，《雲門志略》（《四庫全書存目叢書》史部二三〇冊，臺南：莊嚴文化事業有限公司，1996 年 6 月初版，據明萬曆二年刻本影印），〈雲門志略序〉，頁 1 上～下。

﹝註38﹞ 明・張元忭，《張陽和先生不二齋文選》（《四庫全書存目叢書》集部一五四冊，臺南：莊嚴文化事業有限公司，1997 年 6 月初版，據明萬曆張汝霖張汝懋刻本影印），卷七，〈讀書雲門〉，頁 17 上。

﹝註39﹞ 《張陽和先生不二齋文選》，卷七，〈雨後避暑村莊雜興〉，頁 10 下～11 上。

﹝註40﹞ 《張陽和先生不二齋文選》，卷七，〈初到雲門言志用孟浩然韻〉，頁 5 下～6 上。

﹝註41﹞ 《張陽和先生不二齋文選》，卷七，〈寶石山房夜坐感歸〉，頁 10 下。

圖 6-1：寒林讀書圖

資料出處：明‧姚綬〈寒林讀書圖〉，取自故宮博物院編著，
《故宮博物院藏畫精選》（香港：讀者文摘亞洲有限公司，
1981 年），頁 188。居寒林寂境，非人跡所至處，兩袖清風，
閒適自娛。

　　吳道行（1560～1644）字見可，一號嵝山，長沙善化人，為張元忭在「岳麓書院」擔任山長時的學生。張元忭與其交往甚密，在杜轄巖訪問吳道行時，即提到：「栖心老氏書，結廬武夷側。晴峰萬點青，雲溪幾條白。玄關夾長松，丹房架危壁。巖頭露可飡，巖下芝可摘。猿鶴時為群，車馬踏難即。我本方朔徒，聊作金門客。烟霞夙同好，出處偶殊迹。」〔註42〕山居之中，青峰白雲的景致，亦有猿鶴時同群，特別是復以烟霞環繞，更令人喜不自禁。如同張元忭詩中所述：

　　　　並有烟霞癖，相看坐夕曛。樵歌中谷應，僧磬下方聞。海畔懸孤月，
　　　　山腰絕片雲。百年猶旦暮，何事日紛紛。〔註43〕

這種喜愛「烟霞」之癖好，確實令張元忭十分享受山居樂趣。山林之中除了讀書樂趣之外，更可以偕同友人遊山玩水，若遇好友千里而來，夜晚盡情對談，甚至訂約來年享受寒泉。〔註44〕

　　張元忭不僅閒居讀書，即使於公務繁忙之時，也會翻閱典籍，在任職翰林院修撰時，即至秘閣之中，點檢皇室藏書，從玉軸牙籤之中，亦飽覽古人詞賦。〔註45〕即使到了晚年，張元忭亦讀書不輟，更喜以讀書日課子孫為樂，嘗作日課詩以勉勵子孫勤讀：

　　　　古人惜三冬，茲辰乃其始。晨與展六籍，課爾二三子。糟魄非虛陳，
　　　　千聖瀝精髓。豈伊粗浮腸，可晰淵徵旨。勖哉日沈潛，貫通庶可擬。
　　　　敷詞取達意，慎勿競夸靡。乘此風日佳，焚膏足繼晷。明師臨爾前，
　　　　自棄豈無恥。丁寧望爾曹，毋墮前人美。〔註46〕

張元忭不僅勸勉子孫珍惜光陰、勤於讀書，期望從中汲取古人知識的精髓，更間接說明張元忭醉心於讀書的生活樂趣。從山居讀書、交友論學，乃至於日課子孫讀書，時而以詩文吟唱作為內心情懷的抒發，這些都說明張元忭善於享受讀書生活的箇中樂趣，實為明代文人讀書的另一種生活典範。

〔註42〕　《張陽和先生不二齋文選》，卷七，〈杜轄巖訪吳公度〉，頁6下。
〔註43〕　《張陽和先生不二齋文選》，卷七，〈7月十四日偕康洲雲石再登秦望三首〉，
　　　　頁10下。
〔註44〕　《張陽和先生不二齋文選》，卷七，〈德清許敬菴蘭谿胡如川姚江宋蓮塘同祭
　　　　天真畢因過虎跑再宿次大蘇韻二首〉，頁二〇下：「菊蕋萸房漏路香，踈林瑟瑟
　　　　勳微涼。已知野外紅塵遠，更覺山中白日長。千里乘風來異地，幾宵對日夜
　　　　同方。寒泉好訂他年約，未許僧家獨自嘗。」
〔註45〕　《張陽和先生不二齋文選》，卷七，〈讀中祕書有述〉，頁16上～下。
〔註46〕　《張陽和先生不二齋文選》，卷七，〈10月朔日課兒曹勉之以詩〉，頁6上。

　　秀水馮夢禎（1548～1605）以能閱讀所藏圖書為生活至樂，自言：「獻歲雨雪，談藝諸生多休沐未至，又不能出遊。日坐竹窗焚香瀹茗，擁萬卷為樂，古人所謂不減南面百城，真不虛也。」〔註47〕嘉善陳于王（1554～1615）晚年居於巴蜀之地，「奔命萬里，拂衣一辭而素位居易，正己勿求，六十年如一日，非善讀書者不逮是。」〔註48〕其子陳山毓（1584～1621）受父親陳于王的影響，特好藏書與讀書，認為書籍並非只有典藏而已，必須閱讀後心領神會，能夠學以致用，方為真讀書。〔註49〕所謂：「藏書滿閣，古人糟粕；積書滿箱，今人鼠薑。誦言忘味，萬卷奚貴？一字有得，行之不息。」〔註50〕嘉興李日華（1565～1635）專注於讀書的熱情，可以為了閱讀《宋史》而前後花費二年的時間，而海鹽湯紹祖為了讀書謝絕人事，「每日以舫載書，杕著水中央讀之，薄暮歸以為常。」〔註51〕如此勤於讀書，足見其樂於沉浸在讀書樂趣之中。〔註52〕

　　華亭陳繼儒讀書寫作環境偏好靜謐自然，以飽讀經典、山居隱逸形象示人，另一方面，繼儒復以談清說玄的清談家身分廣為人知，「草色花香，遊人賞其真趣；桃開梅謝，達士悟其無常」，〔註53〕「竹外窺鳥，樹外窺山，峰外窺雲，難道我有意無意；鶴來窺人，月來窺酒，雲來窺書，卻看他有情無情」，〔註54〕「斜陽樹下，閒隨老衲清談；深雪堂中，戲與騷人白戰。」〔註55〕透過遊人、達士賞悟與窺境描寫，及深山老衲、詩人騷客相清談、相戲，表達神遊自然與世外之感，凸顯自身飄逸清雅的高士讀書生活面貌。

　　明代文人讀書的生活典範，既然是指文人對於讀書的好學態度，所形成適合普遍文人的讀書生活型態，同時作為「典範」的讀書生活，更是多數文人所共同追求的價值。而明人對於讀書的態度，表現在手釋不卷、專注閱讀，乃至於避居靜謐之地，謝絕一切人事的打擾，所求都是為了享受讀書所帶來

〔註47〕　《快雪堂集》，卷四○，〈答李生憲可〉，頁 24 下。
〔註48〕　明‧陳山毓，《陳靖質居士文集》（《四庫禁燬書叢刊》集部一四冊，北京：北京出版社，2000 年 6 月初版，據明天啟刻本影印），卷五，〈陳氏藏書總序〉，頁 9 下。
〔註49〕　《陳靖質居士文集》，卷五，〈陳氏藏書總序〉，頁 9 上～10 上。
〔註50〕　明‧李濂，《李氏居室記》（臺北：漢學研究中心藏明嘉靖十二年李氏家刻本），卷四，〈書架箴〉，頁 3 下。
〔註51〕　《天啟‧海鹽縣圖經》，卷一四，〈文苑〉，頁 14 上。
〔註52〕　《味水軒日記》，卷六，頁 380。
〔註53〕　《小窗幽記》，卷一，〈醒〉，頁 21。
〔註54〕　《小窗幽記》，卷三，〈峭〉，頁 48。
〔註55〕　《小窗幽記》，卷三，〈峭〉，頁 52。

的無限樂趣，而這種好學不倦的讀書形象，確實成為明代文人讀書生活的最佳典範。

第二節　讀書與生活結合

一、清閒樂趣的追求

　　明代文人的讀書生活，首重環境的清閒與樂趣，以古代隱居高士的生活型態為最高理想。元末明初無錫倪瓚在「清閟閣」的讀書體驗，凡「書數千卷，悉手所校定，經史、諸子、釋老、岐黃、紀勝之書，盡日成誦；古鼎彝、名琴，陳列左右，松、桂、蘭、竹、香、菊之屬，敷紆繚繞。而其外則喬木修篁，蔚然深秀，故自號雲林。每雨止風收，杖履自隨，逍遙容與，詠歌以娛，望之者識其為世外人。客至輒笑語留連，竟夕乃已。」〔註56〕於清雅環境中與賓客談天論道，校讎讀書，儼然如隱居的高士生活，令人印象深刻。這種望如高士隱居的讀書樂趣，最為明代文人所推崇，無錫邵寶《容春堂集》也有如是記載：

> 既有樓閣園亭之勝，而古物充貯其間，所過賓客，又多清人逸士。
> 君古衣冠，從容日夕，城府俗事，不惟不屑，亦不暇，論者謂尚古
> 之號，於是為稱。〔註57〕

無錫華埕（1438～1514）隱居的生活是僅交結清客逸士，不問世事，甚至穿著古代衣冠，從容日夕，作為具體實踐懷古、好古的讀書生活。而吳江史鑑（1434～1496）更是以古人自居：「於書無所不讀，而熟於史。家居水竹幽茂，亭館相通。客至，陳三代、秦、漢器物，及唐、宋以來書畫，相與鑒賞，好著古衣冠，曳履揮塵，望之者以為列仙之儔也。」〔註58〕此外，華亭徐獻忠（1483～1559）以奉化知縣致仕歸家之後，「五柳雙桐，偃蹇技門，踈櫺淨几，奇書古文，間以金石三代之器，葛巾羽氅，徜徉其間。客至，則留小飲，聽去。舂容寂寥，隨取而足。」〔註59〕甚至以孤舟與漁童樵青於山林，難尋其蹤跡所在。

　　獨居與獨坐也是一種內心隱逸的情感表現，無錫張復（1434～1510）的讀書之樂頗好園林家居，「既老而傳，即後團搆一亭，植竹數竿，獨坐自適。

〔註56〕《倪雲林先生詩集》，附錄，周南老〈故元處士雲林先生墓誌銘〉，頁 2 上～下。
〔註57〕《容春堂集》，卷四，〈明故光祿寺署丞進階文林郎華君墓誌銘〉，頁 13 上。
〔註58〕《藏書紀事詩》，卷二，〈史鑑明古〉，頁 124。
〔註59〕《明書列傳》，卷一四八，〈徐獻忠〉，頁 447～448。

間與客坐，竟日不及酒。」〔註 60〕張復以讀書生活與園居搭配，偶有客訪則相對靜坐，為讀書增添一份隱逸的韻味。上海董宜陽（1510～1572）在讀書時，惟「日坐一室，校勘摩研不休，詩人衲子過從，僅一掩卷。」〔註 61〕熱衷校讎的讀書活動，與談藝論文的文會過從，則是董宜陽生活的重要部分。松江莫是龍（1537～1587）更認為：「讀書夜坐，鐘聲遠聞，梵響相和從林端來，洒洒窗几上，化作天籟虛無矣！」〔註 62〕

　　江陰孫柞（？～1375）的讀書樂趣則在於古琴音韻的繚繞，時則撫琴而奏，「為太古之音，歌南風之曲，嘷嘷焉！吾不知誰之子也，象帝之先如是，而庶幾太古之民歟！」〔註 63〕孫柞的撫琴高歌，更是超脫於精神上的樂趣，作為好古的情境樂趣，以此自適。秀水項元忭（1525～1590）的「天籟閣」即是蒐藏珍貴古琴所刻有天籟字樣而得名。〔註 64〕華亭章仁正於溪濱建「書樓」以藏群書，構成「書樓」後的次年，「得一古琴，其陰有澄懷字，迺置諸樓中而取以名其樓。」〔註 65〕古琴為中國傳統樂器，琴音低沉渾厚、緩慢規律，頗有恬澹簡雅的風格，歷來被視為文人自娛的樂器，因此文人書齋的清供擺設，多放置古琴以表現自身高雅之趣。

　　除了仿效高隱雅士的讀書生活樂趣之外，不少文人則採取反璞歸真的讀書生活型態，藉由親近鄉里鄰居的樸質環境，享受讀書之餘的恬淡心境。上海吳昂（1470～？）曾官至福建右布政使，致仕之後返回故鄉，「既老而傳，時時扁舟訪舊，道古規今尤然。終日或徒步市井，混迹漁農，怡色坦懷，賢愚欣附。」〔註66〕武進鄒柷（1432～1514）亦好結客交友，「晚謝家事，始就逸暇。所居西為蓉溪，東為蠡溪，各選勝為亭館，時與賓客遊之，有懷故舊，無遠近必貽問焉！」〔註67〕華亭顧中立（1459～1562）也是崇尚退隱後的讀書生活，告歸後「所居有別院，幽然靜寄以養其神，若不與人間事者。性好客，客至其廬，即

〔註60〕　《容春堂集》，卷七，〈玉亭處士張公墓誌銘〉，頁 21 下。
〔註61〕　《朱邦憲集》，卷一〇，〈董子元先生行狀〉，頁 10 下。
〔註62〕　明・李紹文，《皇明世說新語》（《明代傳記叢刊》二二冊，臺北：明文書局，1991 年 10 月初版），卷五，頁 29 下。
〔註63〕　《滄螺集》，補遺，〈太古軒記〉，頁 2 上。
〔註64〕　清・許瑤光等，《光緒・嘉興府志》（《中國方志叢書》華中五三冊，臺北：成文出版社有限公司，1970 年 8 月台一版，據清光緒五年刻本影印），卷五三，〈秀水文苑〉，頁 35 上。
〔註65〕　《崇禎・松江府志》，卷四六，〈宅第園林〉，頁 34 上。
〔註66〕　《端簡鄭公文集》，卷五，〈南溪先生傳〉，頁 8 下。
〔註67〕　《容春堂集》，卷四，〈明故承事郎鄒君墓誌銘〉，頁 22 下。

置酒相樂，竟日夕不去，亦未嘗厭客多少。」〔註68〕華亭何良俊（1506～1573）
的園居生活，猶不忘與讀書相互揉合，更饒富趣味，自稱：

> 何子性放曠，每日挾一冊，命童子提胡床，坐樹下，視蒼頭鋤地種
> 蔬，則一日快暢。〔註69〕

華亭何良俊的讀書生活美感而寫意，從園居植藝、讀書展玩、品茗鬥茶等活
動，堪稱為明代文人讀書的典範。因此，無論是徒步市井、混迹漁農，或鋤
地種蔬，或是盡情招來賓客，都顯示出一種不同於廣結交遊之讀書生活型態。

明代文人清言著作中常言及山居取閒的描述，對山居清閒的樂趣與境界
多所推崇，山居可免塵俗之拘礙、炎涼之囂雜，隨意而自得。〔註70〕華淑於
《閒情小品》的自序中提到：

> 夫閒，清福也，上帝之所吝惜，而世俗之所避也。一吝焉，而一避
> 焉，所以能閒者絕少。仕宦能閒，可撲長安馬頭前數斛紅塵，平等
> 人閒，亦可了卻櫻桃籃內幾番好夢。蓋面上寒暄，胸中冰炭。忙時
> 有之，閒則無也；忙人有之，閒則無也。昔蘇子瞻晚年遇異人呼之
> 曰：「學士昔日富貴，一場春夢耳。」夫待得孟醒時，已忙卻一生矣。
> 名璠利鏖，可悲也夫！〔註71〕

華淑以現世的利害為關注點，呼籲世人轉忙為閒，莫為名利所欺，能閒則無「面
上寒暄，胸中冰炭」的人事衝突，人我之間可以相安共存。陸紹珩在《醉古堂
劍掃》也提及：「累月讀處，一室蕭然，取雲霞為侶伴，引青松為新知。或稚子
老翁，閒中來過，濁酒一壺，蹲鴟一盂，相共開笑口，所談浮生閒話，絕不及
市朝。客去關門，了無報謝，如是畢吾生足矣。」〔註72〕閒與靜成為退隱追求
的情境後，文人遂縱身於山水間，友雲霞青松、聽風韻泉聲、觀草光雲影、酌
酒說笑、來去瀟灑的自在生活，以愉悅主體的情性，在日常活動的安排中，充
分享自由自在的空間，清幽閒靜成為營造讀書生活樂趣的性靈境界。

清閒自適態度的構築，是明代文人普遍的讀書生活趨向。在清閒樂趣的
追求中，「衡門終閉日，銷洒樂幽居；竹下堪斟酒，窗前好讀書。看山閒聽鳥，

〔註68〕 《長谷集》，卷七，〈顧左山六十壽序〉，頁7下。

〔註69〕 《何翰林集》，卷一五，〈四友齋記〉，頁7下。

〔註70〕 鄭幸雅，《晚明清言研究》（嘉義：中正大學中國文學研究所博士論文，2000
年6月），頁325。

〔註71〕 明‧華淑，〈題閒情小品序〉，收入陳萬益，《性靈之聲──明清小品‧書序篇》，
（臺北：時報文化出版社，1981年6月初版），頁28～29。

〔註72〕 《醉古堂劍掃》，卷四，頁94～95。

臨沼靜觀魚。塵事心無累，清吟樂有餘。」〔註 73〕充分表現出有自適、自我遣懷的閒情樂趣。

二、寫意感受的營造

幽雅意境的感受是文人讀書時所企望，而如此的感受是需要透過用心的經營。莫是龍特別鍾愛讀書時的幽雅意境，曾謂：「古梅花放時，以磐石置彝鼎器，焚香點茶，開内典素書讀之，正似共百歲老人，捉塵談霞外事。」〔註 74〕著重意境的生活態度，更影響到其讀書方法，莫是龍讀書不注重解經章句，而在於是否能心領神會：

> 讀書須凝神定思，勿以俗事關其肺腑，則所得一行半字皆為吾益。不然，縱盡日端然危坐，隨得隨失，譬若盲道人聽禪僧作棒喝語，全不相關，何由入道？昔人言晚而好學，如秉燭之光，雖未能揚日于中天，其視終日坐暗室之中不見光景者，則大異矣！故讀書者其所謂昏衢之巨燭，幽壑之玄珠也。第讀書時不求解悟，澄理得心，而徒留意章句，便成俗學。從此悟入有得，則一字勝人萬卷，一日勝人三冬者，吾黨不可不知也。〔註 75〕

藉由凝神定思的專注，方能澄理於心靈，書中知識才能夠轉化為内涵氣質，排除功利性質的讀書態度，才能適時獲得精神上的價值與趣味。誠如時人所言：

> 今世以文程士，士抱咫尺之裁以希尊顯，其程試之文，流傳海内，轉相誦讀，剽其字句以為己有，用之無誤，問之不知其所從，一獲登進，視之如遺透焉！日夕鰓鰓，非為顯名，即為厚實。其問學古求道，知重書者，百不獲一。〔註 76〕

華亭陳繼儒（1558～1639）認為：「大抵文章大業與經生不同，齒欲少，游欲達，藏書欲博，取材欲精，交道欲廣，應酬欲簡，起居欲適，興飲豪，神欲淡，而著述欲富，闕一則名不附。」〔註 77〕這種讀書取樂的意識，強化文人對於自我閒適的精神依賴，形成為休閒趣味而讀書的導向。明代文人的審美快感本質是

〔註 73〕明・朱銖，《魯藩別乘》（臺北：漢學研究中心景照明刊本），卷四，〈幽居〉，頁 2。
〔註 74〕《藏書紀事詩》，卷三，〈莫雲卿廷韓〉，頁 154。
〔註 75〕《南湖舊話錄》，卷上，〈人物考〉，頁 14 下～15 上。
〔註 76〕《陳眉公先生全集》，卷二三，〈聚書樓記〉，頁 24 上。
〔註 77〕《甲秀園集》，書前，陳繼儒〈甲秀園集序〉，頁 1 下～2 上。

情感上、精神上的愉悅和提高，而審美快感的機制，在於審美主體與審美對象的心神交會，於是讀書成為文人不可或缺的一種活動，乃至於也要求要有一個合適優美的環境，以保持心情的和暢，獲得美感的享受。〔註78〕

　　何良俊對讀書生活的營造極為用心，家中藏有周秦彝鼎數種，法書與古今名畫更達百餘軸，屋後林繁茂，時則負鋤灌溉，每天清早即起讀書，便開始一天的生活樂趣：

> 每晨起盥櫛了當，輒散帙讀道書一二卷，自瀹鼎煮陽羨鬥品，連啜三四甌。有時撫弄彝鼎，展玩卷冊。時則暫起行散林中，既而群鳥畢集，相和數百許語，雖不能如昔人就掌取食，亦庶幾入群不亂行矣。迾如此，便了一日，自以為有生之樂，過此不復有須。倘有方外之賓，略區中之事，便當披襟散髮，把臂入林，形跡既忘，主賓俱暢。苟或責其苛禮，猶復剔嬲不休，則豈但於諸君鮮懽，亦乃違余本性。〔註79〕

何良俊自早起盥洗之後，讀書、鬥茶、賞玩古物、散步林中，既忘形跡之所在，確實堪稱為人生至樂。相較於何良俊的閒適清雅，華亭朱大韶寫意與悠閒的讀書生活亦不遑多讓：

> 公晨起即料頭，坐「快閣」上，用五色筆批點古書數葉，侍兒進清茶一甌，點心一二品，即下樓梳洗。梳洗畢，進早膳，小菜亦多佳味，所盛碟皆宣窯、成化窯。膳畢，始出「燕超堂」見賓客，凡四方遊士挾屬牘而來，及以古玩綺幣諸物求售者，公一一應之，各厭所欲而去。至午，中飯後即把翫古彝鼎，展名畫法書，或臨帖，或賦詩，或書扇，或遊覽後園，視兒童澆花灌竹，如是者率以為常。至下午，則設席欸客，盛陳厚玉酒具于筵前，令家樂演戲登場，艷舞嬌歌，無所不備。雖性不能飲，而喜人飲，流連徹夜，終不見其倦色惰容也。即是日偶不設客，而清士騷人至，亦未嘗不為欸留，真所謂座上客常滿，尊中酒不空者矣！〔註80〕

朱大韶也是黎明即起，先是隨手校書數頁，然後才梳洗早膳、接待賓客，中午之後把翫古物書畫，或遊園澆花，至晚則宴會演戲與賓客同歡。而上海顧斗英

〔註78〕 夏咸淳，《晚明士風與文學》，頁 85～86。
〔註79〕 《何翰林集》，卷一六，〈書屏示客〉，頁 12 上～下。
〔註80〕 《雲間志略》，卷一五，〈朱司成文石公傳〉，頁 18 上～下。

個性磊落不羈，讀書之外，甚喜賓客，宴游無虛日。〔註81〕朱大韶、顧斗英的讀書生活，除了騷人雅士清閒的優雅之外，更增加不少華麗的宴樂活動。

　　秀水馮夢禎的讀書生活則詳細規劃每日應做的細則，而提出所謂的「書室十三事」，這十三件事涵蓋：隨意散帙、焚香瀹茗、品泉、鳴琴、揮塵習靜、臨摹法書、觀圖畫、弄筆墨、看池中魚戲、或聽鳥聲、關卉木、鼓奇字、玩文石。另外，還有數日所行者四事：登眺山水、尋僧、訪知舊、有花時看花。起居之外，經月必行者一事：范村虎跑展墓。經時或半歲必行者四事：祀先抽園；了故鄉諸緣；省墳墓；隨宜收買奇書或法書、名畫。五十前必勾當者三事：遊天台、雁蕩諸名山；置湖莊；定山中隱居所。〔註82〕從馮夢禎所規定的家居五事、書室十三事、數日一行者四事、經月必行者一事、半歲必行者四事，甚至五十歲前必做者三事，以上諸類定制化的規範，說明其對讀書生活規劃之用心，也代表明代文人對讀書生活的重視，以及精神涵養極致表現。

　　華亭陸樹聲（1509～1605）字吉興，號平泉，嘉靖二十年（1541）會試第一，歷官太常卿，掌南京祭酒事，嚴敕學規，著教條以勵諸生。致仕後，雖以閉關習靜，但日與筆硯為伍，偶有意會或門生故舊相過，相與評論古今天下事而有得者，為免耆耄健忘，便逐日加以劄記，久而成帙不忍棄去，故將之付梓，於客至之時，便可以取書讀玩一二品，以消永日。陸樹聲《清暑筆談》自序便道：

　　　　余衰老退休，端居謝客屬，長夏掩關獨坐，日與筆硯為伍，因憶曩初見聞積習，老並廢忘，間存一二，偶與意會，捉筆成言，時一展閱，如對客談，據以代抵掌，命之曰：《清暑筆談》，顧言多苴雜，旨涉淆訛，聊資臆說，以備眊忘，觀者當不以立言求備。〔註83〕

此處彰顯「清言」為個人讀書與生活中有所意會時，隨手摘錄之作，為個人讀書體驗的心得劄記，披露明代文人清談雋永的生活雅韻。

三、古物文玩的蒐藏

　　明代文人致力於日常閒賞雅供清玩，蒐藏題材遍及器玩、書畫、玉石、茗酒、琴奕、花草等清物之品題，一則避俗逃名，順時安處而得清閒之趣；

〔註81〕《嘉慶‧松江府志》，卷五四，〈古今人傳六〉，頁34上。
〔註82〕《快雪堂集》，卷四五，〈真實齋常課記〉，頁7下～8上。
〔註83〕明‧陸樹聲，《清暑筆談》，《寶顏堂祕笈》本，（臺北：藝文印書館，1965年初版），頁1～2。

一則彰顯個人不與人同的情性，標立獨樹一格的生活品味，進而沉緬於其中，甚或痴癖為美，形成獨特的美感情趣雅致。〔註84〕

蒐藏書畫、古物、文玩，是文人於讀書之外重要的生活寄託。秀水項元汴（1525～1590）喜好蒐藏，年逾三十五便以體弱多病為由，旋棄舉子業，「日惟酬花賞月，問水尋山，萃集法書、名畫、鼎彝、琴劍之屬，與好事者品騭古今，評論真贗，情酣而性適。」〔註85〕吳希元，「性無他嗜，獨嗜古注書、名畫、彝鼎、瑚簋之屬，閉門掃地焚香，與客摩挲鑒賞以自適，門無俗士之轍也。」〔註86〕而秀水沈啟原（1526～1591）的園居閒賞生活，則是伴隨在讀書與騷人墨客之間，時而逍遙花石林木，「間與諸騷人墨客扁舟載酒，嘯詠長溪之上以為常。性儉素，服御食飲，不事華腆。酷嗜墳籍，若古法書名畫及先代金石之遺，不惜重貲必購之，日事披閱，以此忘老。」〔註87〕不喜交友酬應，好談經史、法書。烏程王濟（？～1540）於致仕之後，一意以讀書為樂事，暇日則游心翰墨詩文，寄興於山水，每每登臨觴詠，高風自持，〔註88〕徜徉於園林山水與讀書詩文，閑情雅致的恬淡生活。

碑帖、玉石、鐘鼎等古物，凡有可以為圭寶或流傳子孫者，文人也常視為是生活品味與精神寄託。馮夢禎的「快雪堂」，則是因為獲得〈快雪時晴帖〉逸品，而極其欣賞王羲之〈快雪時晴帖〉所表現的用筆圓潤，筆鋒內斂不露，行氣結體平穩勻稱，顯示出優美流暢的韻意，因此將其視為法帖中的逸品，讀書之餘，皆予以欣賞把玩。〔註89〕吳興沈伯凝，不僅好學讀書，更勤於古鼎彝尊、金石法書的蒐集，嗜好鑑賞考古：

> 吳長洲沈伯凝氏好學，而勤於古鼎彝尊敦之器，金石法書之跡，以至於圖畫象物、珍異之玩，一見輒能別識定其久近高下、是非良否之，自湖海間號稱好古博雅者，無不歎其知鑒。〔註90〕

這種讀書與賞玩器物的生活態度，被當時文人視為一種高雅的象徵。此外，

〔註84〕 鄭幸雅，《晚明清言研究》，頁262。

〔註85〕 《蕉窗九錄》，〈序〉，不注頁數。

〔註86〕 《滄園續集》，卷一六，〈徵仕郎中書舍人新宇吳君行狀〉，頁1104。

〔註87〕 《陸學士先生遺稿》，卷一二，〈明故中憲大夫陝西按察司副使霓川沈公墓誌銘〉，頁15下。

〔註88〕 《國朝獻徵錄》，卷一○一，張寰〈廣西橫州別駕王君濟行狀〉，頁118下～119上。

〔註89〕 《列朝詩集小傳》，〈丁集下·馮祭酒夢禎〉，頁620～621。

〔註90〕 《半軒集》，卷四，〈彝齋記〉，頁1下～2上。

華亭董其昌（1555～1636）獲得漢代的碧玉珪，玉上刻有「元鼎年得寶鼎」等字樣，即視為無上珍寶。〔註91〕崑山張丑（1577～1643）珍藏的米芾（1051～1107）〈寶章待訪錄〉墨跡，〔註92〕都反映出鑑賞考古的娛樂與趣味性，符合君子格物致知的道理，更能藉此砥礪自身的讀書學習精神。

　　文人蒐藏古玩器物的風氣所及，幾乎成為讀書生活中的必要條件，秀水沈德符對於古物文玩的好尚，有特別的心得，不但嗜好古物，對本朝文物也非常珍愛，「玩好之物，以古為貴。」〔註93〕因為古物珍貴稀有，明代好尚風氣鼎盛，人人皆以蒐藏古物相互誇耀，故而蒐藏對象更推及本朝文物。但因此風氣助長下，贗品充斥，鑑賞辨偽的能力，更是不可或缺。〔註94〕武康陳孝廉，「一生無別好，獨好古硯，嗜硯不止，飢嗜食，渴嗜飲，病嗜藥，偶遇一硯，當其意，即解簪脫珥，不購不已。……計孝廉一生所積硯，約二百許，果有絕奇可愛者。惜乎身後，一旦散失，無一存也。」〔註95〕古硯成為他一生積極蒐購的蒐藏品，但於身後卻盡皆散失，令人悵然，但其鍾愛古硯之舉，讓人敬佩。

　　嘉興安世鳳的斗室有圖書之玩，園亭有竹木之玩，几案有泉石之玩，惟對泉石更有特別的鍾愛：

　　　　自少至老，行山谿間，惟石之求。見一稍奇者，手拾之，囊重不可
　　　　舉，則買畜載之。故山人每游歸，石輒充庭，乃擇其佳者，疊之盆
　　　　盎間，浸以佳水，咫尺間具千峰萬岫，曉日蒸之則流雲滃浡，淒風
　　　　拂之則涼思蕭條。〔註96〕

將山谿間所尋的奇石，疊層出峥嶸峻嶺，神遊於自屬的山水世界當中。

　　也有部分明代文人常在退隱後，專心投入古物文玩的鑑賞，過著雅緻無憂的文人生活。如無錫華夏，博學好古，在太湖邊修建書房「真賞齋」，蒐藏繪畫法書鼎彝甚富，專精於鑒別，時稱「江東巨眼」。在書齋裏，終日與客隔案對坐閱看書畫古器。〔註97〕吳縣史鑑，「家居甚勝，水竹幽茂，亭館相通，

〔註91〕　明・李日華，《味水軒日記》，卷二，頁139。
〔註92〕　《四庫全書總目提要》，卷一一三，〈子部二十三・藝術類二〉，頁12下。
〔註93〕　明・沈德符，《萬曆野獲編》（《元明史料筆記叢刊》，北京：中華書局，1997
　　　　　年11月第一版），卷二六，〈玩具・時玩〉，頁653。
〔註94〕　朱倩如，《明人的居家生活》，頁190。
〔註95〕　明・蔣以化，《西臺漫紀》（《四庫全書存目叢書》，子部二四二冊，臺南：莊
　　　　　嚴文化事業有限公司，1995年9月初版），卷六，〈紀硯〉，頁18。
〔註96〕　《燕居功課》，卷二一，〈閒適・供玩〉，頁5上～下。
〔註97〕　張懋鎔，《書畫與文人風尚》（臺北：文津出版社，1989年8月初版），頁7～8。

如入顧辟疆之園。客至，陳三代秦漢器物，及唐宋以來書畫各品，相與鑒賞，好著古衣冠，曳履揮麈，望之者以為仙也。」〔註98〕家居時也喜歡與客賞觀書畫名器。

　　文人對於鑑別賞玩書畫器物，幾近痴狂心態。如新安汪道會仲嘉，少奇穎好讀書，及名賢墨蹟，古器法物，日陳几案間，摩娑研味，如親見其人然。」「所儲圖畫彝鼎，位置都雅，對客茶讌爐熏，笑談移晷，無凡語。所酬應書疏、詩章、小楷、篆籀，無凡筆。」〔註99〕在把玩書畫古物時，彷彿是場今古時空的對話，此種誘惑力對於文人來說是極為強大的，也造就其對古物的狂熱愛好與善於鑑賞。張岱也曾言及其季弟張岷，對古董書畫的癖好：

> 凡讀書多識，不專而精；不驚而博，不鑽研而透徹。見古書善本，必以重價購之，錦軸牙籤，常滿鄴架。鑒別古玩，留意收藏，凡至貨郎市肆，偶有一物，見其注目視之，必古質精款，規製出人，見無不售，售無不確。一物入手，必旦晚撫摩，光怪畢露，襲以異錦，藏以檀匣，必求名手，為之作銘。夜必焚香主茗，挑燈博覽，見詩文佳者，津津尋味，不忍釋手。〔註100〕

其精於對古物書畫的鑑賞，且遇有珍品，必以重價蒐購，早晚撫玩，錦襲珍藏。對於書畫真蹟，何良俊也是不惜重金，極力蒐藏，自述：

> 一遇真蹟輒厚貲購之，雖傾產不惜，故家業日就貧薄，而所藏古人之跡亦已富矣。然性復相近，加以篤好，又得（文）衡山先生相與評論，故亦頗能鑒別，雖不敢自謂神解，亦庶幾十不失二矣。余家法書，如楊少師、蘇長公、黃山谷、陸放翁、范石湖、蘇養直、趙松雪之跡，亦不下數十卷。然余非若收藏好事之家，蓋欲真有所得也，今老目昏花，已不能加臨池之功，故法書皆已棄去，獨畫尚存十之六七，正恐筋力衰憊，不能遍歷名山，日懸一幅於堂中，擇溪山深邃之處，神往其間，亦宗少文臥遊之意也。〔註101〕

不但蒐藏真蹟，也喜於評較書畫，在此方面文徵明與何良俊興趣相投，相互討論，相互學習。何良俊自云，每與文徵明相見，「必挾所藏以往。先生披覽盡日，先生亦盡出所畜，常自入書房中捧四卷而出，展過復捧而入更換四卷，

〔註98〕《西園聞見錄》，卷二二，〈畸人〉，頁34上。
〔註99〕《滄園續集》，卷一三，〈汪君仲嘉墓志銘〉，頁52上～53下。
〔註100〕《瑯嬛文集》，卷五，〈山民弟墓誌銘〉，頁137～138。
〔註101〕《四友齋叢說》，卷二八，〈畫一〉，頁255。

雖數反不倦。」〔註102〕

　　明代文人除了書畫，在其它器物方面，如古琴、古硯、古鐘鼎彝器、怪石、筆格、漆器、織物等，皆成為文人賞玩的對象。〔註103〕這些不但可供於玩賞，並有助於修養心性，更豐富了讀書生活的樂趣。

四、讀書心境的轉換

　　讀書生活的體驗常隨著文人的意念及心境而轉換，華亭陳繼儒認為：「凡住山，須一小舟，朱欄碧幄，明櫺短帆。舟中雜置圖史鼎彝，酒漿茆脯。近則峰泖，遠則北至京口，南至錢塘，風利道便，移訪故人，有見留者，不妨一夜話，十日飲。」〔註104〕從陳繼儒的山居讀書生活的態度，可端倪明代文人心境的轉換。

　　又如，陳繼儒常借詩文表達自身的悠閒意境，旨在呈現山居清閑與幽雅，透過閒挂、閒揮、心手無事等詩句的描寫，更能襯托內在的意境：

　　　　偶搖白羽扇，閒挂青松枝。心手多無事，況欲秋聲時。〔註105〕

　　　　閒揮白羽扇，一讀赤霄文。世外無生客，胸中有活雲。〔註106〕

　　　　吾本山中人，愛說山中話。5月賣松風，人間恐無價。〔註107〕

以上三首詩，表達繼儒對山居讀書生活的重心，是在營造閒適無憂的清閑境地以及變換讀書的心境，也顯示出繼儒山居生活的愜意與清雅心境。

　　武進唐順之（1507～1560）在辭歸故里之後，在鄉里購築「陳渡草堂」，其讀書心境的轉換則是與日常生活相結合：

　　　　近市偏逢食有魚，閉門不問出無車。牛衣聊自對妻子，蠟酒時將洽裏閭。世網幸疏如野馬，微名猶在愧山樗。亦知農圃真吾事，春至頻翻種樹書。〔註108〕

身處鄉野的唐順之，將讀種樹書的心情融入躬耕農事，甚至樂在其中。明初

〔註102〕《四友齋叢說》，卷二六，〈詩三〉，頁237～238。

〔註103〕張懋鎔，《書畫與文人風尚》，頁45～46。

〔註104〕明・王明象，《清寤齋心賞篇》（《四庫全書存目叢書》，子部一三九冊，臺南：莊嚴文化事業有限公司，1995年9月初版，據中國科學院圖書館藏明崇禎刻本），卷一，〈心賞編〉，頁40上。

〔註105〕《陳眉公先生全集》，卷二八，〈新秋・其四〉，頁4下。

〔註106〕《陳眉公先生全集》，卷二八，〈山中雜詠・其三〉，頁5上。

〔註107〕《陳眉公先生全集》，卷二八，〈山中雜詠・其四〉，頁5上。

〔註108〕《唐荊川先生文集》，卷三，〈陳渡草堂二首〉，頁2下。

無錫倪瓚（1301～1374）讀書的環境高雅清幽，不僅藏書數千卷，「古鼎法書，名琴奇畫，陳列左右。四時卉木，縈繞其外，高木修篁，蔚然深秀」，〔註109〕居所幽雅絕塵，真如同隱居高士，也是一種讀書心境的轉換。上海杜元芳的讀書景致也不遑多讓，周圍高聳樹林，更兼遠眺美景，所謂：「蒼厓碧灣，竹深荷淨，晴好雨奇」，〔註110〕如此景致，更增添讀書的趣味與雅致。皋亭山旁有位隱士王昶，所居之處皆種滿梅花，同時梅花又有歲寒而後凋之節操，深得王昶的喜愛，乃取其「凌風霜而獨秀，守潔白而不污」之意，並感嘆世人多為鑽營之徒，不如與梅花結交為友。〔註111〕桃源江盈科（1553～1605）在讀書生活之餘，更是廣植竹、蓮為樂趣，這種好竹、愛蓮的君子德行象徵，不僅內心景仰，更訴諸於實際行動，將竹、蓮種滿書齋的周圍，希望藉由不時的與竹、蓮親近，浸潤並涵養其君子之高風。〔註112〕明代文人藉由讀書、典藏、論道、講學、結社、聚會等功能，完全融入讀書生活之中，並營造高雅的讀書氣氛與品味，就是讀書心境轉換的調適。

讀書的樂趣必須具備自適、自快、自怡、自娛的前提，而內心性靈的清淨閒適，才能形成精神上超然物外的解放。因此，惟有清閒才能獨處，進而讀書自娛，所謂：「談富貴不如談清閒，清閒中自有一種富貴。」〔註113〕公安袁中道也提及：「夫處繁華之中，而不忘清淨之樂；居寂寞之中，而永斷繁華之想者，此自是一種上根上器，不易得也。若夫世樂可得，即享世間之樂；世樂必不可得，因尋世外之樂。古之高人達士，多出于是。」〔註114〕世外之樂難得則尋世樂，於是讀書可以自娛、悠閒、樂趣無窮，讓文人的讀書生活充滿無限愉悅。潘廷振自謂晚年了無一事，惟喜古詩與行草，夜晚則「兀坐一室，興至緩步微吟，倦則倚枕。有得，雖夜半必起，秉燭書之。」〔註115〕徐封翁「自少至老，嗜書不倦，牙籤萬軸，手披訂之，以是自娛。」〔註116〕

〔註109〕清・張廷玉等，《明史》，卷二九八，〈隱逸・倪瓚傳〉，頁7624。
〔註110〕明・方岳貢等，《崇禎・松江府志》（《日本藏中國罕見地方志叢刊》，北京：書目文獻出版社，1991年10月第一版，據明崇禎三年刻本影印），卷四六，〈宅第園林〉，頁23上。
〔註111〕明・劉基，《劉基集》，頁100～101。
〔註112〕明・江盈科，《江盈科集》，頁368～369。
〔註113〕明・鄧球，《閒適劇談》，卷一，頁63下。
〔註114〕《珂雪齋集》，卷二四，〈答錢受之〉，頁1025。
〔註115〕明・潘潢，《潘樸溪先生文集》（臺北：漢學研究中心景照明萬曆一二年刊本），卷六，〈顯考封中大夫江西布政使司右參政潘公行狀〉，頁22上。
〔註116〕明・顧起元，《嬾真草堂集》，卷一一，〈徐封翁七十序〉，頁24上。

沈褒中於晚年讀書展玩，閒則與後生輩商榷義理，「左琴右書，前場後圃；煙雲足以怡目，葵蔬足以供客，舟車足以代步；兒孫滿前，老年康泰，睢睢于于，如此者近百餘年，雖無炎炎隆隆之景，而身閒心安，號為隱福。」〔註117〕讀書所帶來的真趣，是藉由文人的文化素養去體驗而來。

　　除了隱居自讀或交友論學之外，部分明代文人還會將讀書生活的樂趣、心境轉移到居家日常生活之中，如海鹽鄭曉（1499～1566）的讀書生活則著重於父子之間的知識討論：

> 鄭端簡公曉既落職歸，角巾布衣徒步郊野，時時共老農論桑麻晴雨，泊如也。居家與子履淳，各一書室相對，日探討經史，方其意有所得，即呼其子詔之，父子間自為師友會。〔註118〕

鄭曉在讀書生活之外，或兼以散步訪舊，或與其子探討經史，若有所得即呼其子前來，父子之間如同師友一般共同論學，使讀書生活更增添一種親情的關懷。

　　能與學侶、朋友共同分享讀書所得，是文人讀書生活極為重要的精神價值與心境轉換。誠如王畿所謂：「終日與朋友相對，宴安怠惰之氣自無所容，精神自然充實光輝。與士夫交承，非此學不究，與朋儕酬答，非此學不談，晨夕聚處，專幹辦此一事。」〔註119〕南城羅汝芳（1515～1588）則是一位非常熱衷讀書生活的學者，閑居在家之時，常與學者朋友聚講，時人稱其：「無一時離朋友，亦無一刻廢講論。」他也曾說過：「只是講學，只是聚朋友便了，予今觀回，不見子家座上常有二、三十客，便是子學不長進矣。」〔註120〕其早年尋求讀書夥伴的經歷，更是不辭辛勞，期間投刺拜見，或通或拒皆不為意：

> 予會試告歸，寔志四方，初年游行，攜僕三四人，徐而一二人，久之自負笈行，不隨一价，凡海內衿簪之彥，山藪之碩，玄釋之有望者，無弗訪之，凡門惟以折簡通姓名，或以為星相士，或以為形家，或通或拒，咸不為意，其相晤者必與之盡譚乃已。〔註121〕

〔註117〕《珂雪齋集》，卷九，〈壽懿所沈翁七十序〉，頁441。
〔註118〕《西園聞見錄》，卷八，〈好學・鄭曉〉，頁30下～31上。
〔註119〕《龍谿王先生全集》，卷四，〈留都會記〉，頁22上。
〔註120〕明・曹胤儒編，《盱壇直詮》（臺北：中研院傅斯年圖書館善本室，明萬曆三十七刊本），卷下，頁18上～下。
〔註121〕《盱壇直詮》，卷下，頁38下。

由於對尋求讀書學友以增廣見聞，先後造訪顏鈞（1504～1596），與江西聶豹（1487～1563）羅洪先（1504～1564）鄒守益（1491～1562）等人，商榷學問，甚至遍訪各類賢能之士，以尋得真正可以談心的朋友，以轉換讀書、論學的心境，更是讀書心境轉換的最高境界。

朋友對於讀書求學的重要性之外，還涉及個人修身成德的培養。萬物一體之仁是宋明理學特殊的宇宙觀，做為儒家的終極理想並企圖與佛道二氏區別的標準，也是明代陽明學的核心。王陽明說：「仁者以天地萬物為一體，使有一物失所，便是吾仁有未盡處。」王畿也以「萬物一體之仁」來區別儒學與佛道二氏：「佛氏行無緣慈，雖度盡眾生，同歸寂滅，與世界冷無交涉，吾儒與物同體，和暢訢合，蓋人心不容已之生機無可離處，故曰吾非斯人之徒與而誰與。」萬物一體之仁不僅是儒家建構宇宙萬物應然交互的關係，也是界定人類生存於此宇宙應有的理想，更為儒家之學與道德修養立下一定的規範。在人與萬物時時感通的宇宙觀中，人是不應該、也不可能孤立於其他人與物之外，只求希冀過隱居或獨修的生活。〔註 122〕因此，明代文人反思讀書心境的轉換時，甚為注重讀書與朋友之間的聚會，所謂：「吾人不論出處潛見，取友求益，原是吾人分內事」的重要時代意涵。〔註 123〕

第三節　讀書與結社生活

一、寄情性靈的藝文創作

明代文人的讀書生活需要靜謐的環境，以便專心致力於知識學問的追求，體驗孤獨、寂靜的意境，然而離群索居的孤悶，有時仍會潛藏於文人內心，渴望與志同道合的同伴互動。時人有言：「獨兀然一室，獨倚空庭，獨餐、獨臥、獨仰於天，獨俯於地，形影相憐，情神共楚，既無家人父子之悅，遂少友朋聚合之歡，撫膺躑躅，寧無怨哉？」〔註 124〕所以部分明代文人轉而強調朋友群聚的重要性，所謂：「我不能離友朋而索居也，我不能混友朋而群居

〔註 122〕《陽明學士人社群：歷史、思想與實踐》，頁 315。
〔註 123〕《龍谿王先生全集》，卷一，頁 13 上。又如王陽明：「子夏聖門高弟，曾子數其失，則曰，吾過矣，吾離群而索居亦已久矣。夫離群索居之在昔賢，已不能無過，況吾儕乎。」徐榜：「離群索居，前賢患之，事賢友仁，為仁之利器也。」
〔註 124〕明·趙懷玉，《趙句龍先生文集》（臺北：漢學研究中心影印日本內閣文庫藏明家刊本），卷七，〈怨寂論〉，頁 15 上。

也，我將共良朋以安居也。」〔註125〕此等論調即反映出藉由朋友相聚可以講經論道、砥礪學問、共相析賞，因此如何慎選良友、群聚論道，則成為明代文人讀書生活重要的先決條件。明代文人在讀書之餘，喜好群聚結社論學，其目的在於尋找志同道合的文友，組成詩社、文社或讀書社、鈔書社，一同對文章思想、古今往事進行討論與批評，藉由這種文會過從的方式，使文友相互之間的思想與感情更為緊密。因此，必須建立在具有共同信仰的基礎上，甚至以盟誓、社約來實踐對結社關係的約束。

　　社的涵義最早可追溯至先秦時期，當時民間共同奉祀的神祇、或血緣關係的宗族村社，都可統稱為社，後來的結社保留了這種宗族村社的組織形式及其協同互助的內容。〔註126〕明代文人好結社，舉凡詩社、文社、書社、畫社、鑑賞社、珍古社、讀書社等，〔註127〕而詩社多是文人之間互相詩歌唱酬、相會課文之處。〔註128〕文人結社的社名，更是五花八門，清江敔英認為：

>　　古者士大夫閒居，必有高人韻士與之杖履，徜徉於水聲林影之間，尋幽吊古以暢冲襟，如杜少陵之於錦里先生，清蓮居士之於范野人是也。或有禪客與之爐薰隱几，散慮忘情，如坡仙之於佛印，涪翁之於黃龍、參寥是也。幸而生於多賢之邦，又有天壽平格之老，為衣冠真率之會，如睢陽、香山、洛社、耆英諸會是也。〔註129〕

明季結社風氣甚盛，以文會友，結集志趣相投之人，一起從事活動，並以固定的約期，如旬日、1月一會，遊歷湖山勝地，作詩酒唱酬，既有朋有相契的喜悅，又有砥礪詩文的效用。〔註130〕透過會約或社集作為彼此聯繫的方式，以詩、文、書、畫等作為酬遊往來的形態；以閒適、幽趣、清賞作為生活文化的內涵，焚香、品茗、賞鑑、出遊等為休閒取樂的活動。〔註131〕

　　喜好追求志趣相投的朋友，是文人結社的重要因素。明人曾言：「凡功名

〔註125〕《潛初子文集》，卷七，〈語錄〉，頁55上。

〔註126〕雷家宏，《中國古代鄉里生活》（臺北：臺灣商務印書館，1998年11月第一版），頁30。

〔註127〕有關各式「社團」的概述，請參見：陳寶良，《中國的社與會》（杭州：浙江人民出版社，1996年3月第一版）。

〔註128〕黃志民，〈明人詩社淵源考〉，《中華學苑》，一一期，1973年三期，頁33～55。

〔註129〕明‧敔英，《東谷贅言》（《百部叢書集成‧寶顏堂秘笈》，臺北：藝文印書館，1968年），卷下，頁7下～8上。

〔註130〕曹淑娟，《晚明性靈小品研究》，頁110。

〔註131〕吳智和，《明人飲茶生活文化》，頁54。

富貴，有不難滿圓人意者，而惟山水之緣，定多缺陷。」〔註132〕而隨州何宗
彥與友人，在政事纏身之餘，常相約共同讀書論道，「或就事而躬設其權衡，
或論文而指陳其歸趣，或抉疑而辨析其奧妙，競獻所長，用振不逮，日征月
邁，其益斯弘，至于陶冶性靈，詩其尚矣。」〔註133〕美景尚須佳友映襯，志
趣相投的朋友確實是文人標榜的追尋目標，而結社活動即是此種心態的具體
實踐，文人結社因成員組成不同，而分為耆舊類、隱士類、師徒類、同志類
等型態。〔註134〕因此時而三五偕行，或十百成群，同賞好山好水，清風明月，
在明代中晚期的社會是極為常見的現象。〔註135〕

　　明人崇尚自我的性靈生活，因為性靈是文人創作的源泉，也是不得志於現
世，或退守隱居的安身立命藥方之一。〔註136〕無疑更是助長結社的因素，文人
愛好群聚結社，從事藝文活動或悠游於自然山水之間，逐漸成為晚明士林文化
的一個特質。華亭莫是龍曾言：「身心俱曠，飲啄自適，放恣形骸之外。盤礴溪
之間，俯仰無累於情。」〔註137〕山陰張岱更指出與友人同遊山水的樂趣：

　　幸生岩壑之鄉，共志絲桐之雅。清泉磐石，援琴歌水仙之操，便足
　　移情；澗響松風，三者皆自然之聲，政須類劇聚。偕我同志，爰立
　　琴盟，約有常期，寧虛芳日。因以鼓吹清音；動操鳴弦，自令眾山
　　皆響。〔註138〕

透過這種「約有常期」的集會方式，共邀幾許湖山良友與弄文同好，藉著山
水清境，陶冶性情，以求身心的安適。

　　結社通常有社地、社友、社約。結社的集會場所，一般都在風景名勝之
地或為私人園林，例如西湖有紫陽、湖心、玉岑、飛來、月巖、南屏、紫雲、
洞霄等著名詩社皆是如此。以紫陽詩社為例，其社地位於「雲居山、三茅山、
青衣洞、七寶山、太虛樓、白鹿泉、元妙海、會五嶽樓、星宿閣諸勝屬焉，
九山主之。」〔註139〕社集之地，踞於湖光山色之傍，遠避塵世俗氣，成為文

〔註132〕《王季重小品》，〈淇園序〉，頁166。
〔註133〕《何文毅公全集》，卷七，〈結社小引〉，頁41上。
〔註134〕何宗美，《明末清初文人結社研究》，頁39～46。
〔註135〕曹淑娟，《晚明性靈小品研究》，頁231。
〔註136〕吳智和，《明人飲茶生活文化》，頁7。
〔註137〕明‧莫是龍，《筆塵》，頁6上。
〔註138〕《張岱詩文集‧瑯嬛文集》，卷二，〈絲社小啟〉，頁187。
〔註139〕明‧張瀚，《武林怡老會詩集》（《叢書集成續編》集部一五四冊，上海：上海
　　　　書店，1994年，據《武林掌故叢編》本影印），〈序〉，頁1上～下。

人們追尋山水性靈的一個根據地。社約則是結社成員的規範，有時連談論的主題都有適當規定：

> 一、往南山，俱湧金門外侯齊，北山昭度寺候齊，或買舟或肩輿各隨便，只一僕相隨，遲到者有罰。一、每會輪一人主之，肉食之豆三，蔬食之豆三，果餌隨設無定，品酒數行，能飲者聽之。一、舍間清談除山水道藝外，如有語及塵俗事者浮一大白。一、凡詩命題止即景物，不取遠拈，各集眾思，要在古雅貴。〔註 140〕

「西湖八社」詩帖內有約期、飲食等規定，其中還提及詩社成員清談、山水之外，不得談論塵俗鄙事，詩文創作更要以景物為題，古、雅、貴為原則，體現了逍遙高潔的文人風範。

　　文人在飽覽美景、讀書之際，往往招來同道吟詩作賦，共同享受讀書之樂。莆田鄭岳（1468～1539）於歲末寒冬招集友人，「賦詩招致于梅峰別業，合席列坐，殽不過五味，菜果羹脯不限，酒五七行，客不飲亦不強，示直率也，自是率為定規以次舉行。」〔註 141〕與會餐餚儉樸，雖有佐酒並不強飲，為其率性自適而已。峴山雅社「與會諸老凡一十有七人，起癸卯迄乙卯，凡有二十四會，諸所倡和有詩，紀述有文，規約有條件，一時勝事咸可覿記。」〔註 142〕郭亦溪更嘗與客談論，「出圖書彝鼎，相與品題少選，呼庖人進酒投轄，流連自夜達旦。」〔註 143〕仁和張瀚（1511～1593）曾言：

> 余歸休數年，始與同鄉諸縉紳，修怡老會，會幾二十人，一時稱盛集。余嘉樹里第，已而訂為四會，選勝湖山，迭為主賓，不疏不數，不豐不嗇。閒賦一詩，不必盡成事，或相妨不必盡至，陶陶然謂為山澤散人良是，謂為宦途棄置朽腐亦是。行止語默，食飲嘯歌，各率其性，效沂水之詠，尋陋巷之樂，適意放志，謂為老邁疏狂亦是。〔註 144〕

這種寄情於山水，藉由賦詩來抒發詠懷，即所謂：「士必有所聚，窮則聚於學，達則聚於朝，及其退也，又聚於社，以託其幽閒之跡，而忘乎閒寂之懷。」〔註

〔註 140〕明‧祝時泰輯，《西湖八社詩帖》（《叢書集成續編》二二三冊，臺北：新文豐出版公司，1989 年，據《武林掌故叢編》排印），〈社約〉，頁 1 下～2 上。

〔註 141〕《鄭山齋文集》，卷一二，〈逸老會圖記〉，頁 290～291。

〔註 142〕明‧徐獻忠，《長谷集》（臺北：國家圖書館藏明嘉靖四十四年袁汝是等松江刊本），卷五，〈峴山雅社集序〉，頁 19 上。

〔註 143〕《滄志齋集》，卷一一，〈郭亦溪先生暨配林孺人合葬墓誌銘〉，頁 25 上。

〔註 144〕《武林怡老會詩集》，〈序〉，頁 1 上～下。

〔註 145〕《西湖八社詩帖》，〈序〉，頁 1 上。

145）正符合文人雅致的文會過從精神，更可藉由朋友的共享藝文活動，而激發出另一種讀書生活的樂趣。

明代文人生活之中，必定伴隨詩文書畫等藝文的活動與創作，這也是文人生活的重要特質，在與朋友相聚之時，彼此在詩文創作上相互交流，因此文人常流連在各詩社、文社、書社、畫社、鑑賞社、清言社之間。晉江黃鳳翔（1545～？）「自通籍以來，蓋跧伏故園者凡六載，岑寂中無他嗜好，則與二三同志，結社賦詩。」〔註146〕徐符卿亦喜與鄉里結社清談，其閒居的讀書生活，「居嘗下帷讀書，綜理家政，暇則與同里耆宿結社，清言間一吐語，亹亹有致。」〔註147〕晉江黃景昉（1596～1662）也認為讀書時能有一二佳友，可與賞奇文、析疑義，更是生活中的極大樂趣。〔註148〕

二、適情適性的擇友依據

明代文人擇友有一定的原則，時人論道：「賞花須結豪友，觀妓須結澹友，登山須結逸友，泛水須結曠友，對月須結冷友，待雪須結豔友，捉酒須結韻友。」〔註149〕這些論述皆不離高雅、韻致等特質。而文人讀書生活最需要心意相通的朋友，所謂：「自昔士之閒居野處者，必有同道同志之士，相與往還，故有以自樂」。〔註150〕正是強調交友必須「先淡後濃、先疏後親」的漸進原則，〔註151〕同時樸質平實之友更勝於市井之交，最為難能可貴：

> 昔人謂：「山居之難，難于山友。」夫山林之交與市朝異，趨朝市者，昕滿夕虛、存往亡去，此毋足論。惟是山林之中，清福勝緣，能與有幾不厭寂寞，一難；能甘澹泊，二難；省苛禮無繆恭敬，三難；解清談語默中，四難；飲酒不罵座、不逃席，五難；不限韻賦歪詩，六難；不說是非，不談人長短，七難；不借貸，八難；不居間求田問舍，九難；不攀緣縉紳，不勤襲朝除家事，十難。〔註152〕

〔註146〕《黃吾野先生詩集》，黃鳳翔〈黃孔昭詩稿序〉，頁1上。
〔註147〕《適志齋稿》，卷六，〈壽符卿徐述齋五十序〉，頁6下。
〔註148〕《屏居十二課》，〈八朋來〉，頁5上。
〔註149〕《小窗自紀》，卷一，〈雜著〉，頁3。
〔註150〕《續自警編》，卷一六，〈適志類・閒居交遊〉，頁103。
〔註151〕明・王達撰、翟厚編，《天游文集》（臺北：國家圖書館善本室，明正統五年安定胡氏刊本），卷九，〈筆疇上〉，頁6下。
〔註152〕明・吳亮采，《止園集》（臺北：漢學研究中心景照明天啟元年序刊本），卷一六，〈山居友譜序〉，頁25下。

要尋得清雅淡泊、不問功名，適情適性的好友，確實難矣。也因此若能得「一茗一鑪，促膝並案，理圖書經史之業，暇則瞑目相向，不交一語，而神情脈脈往來，當大疑大義，一言一行為萬葉瞻仰」的「素心之友」，更令人神往與珍惜。〔註153〕而文人所謂朋友的定義與取捨，通常取高雅脫俗為標準：

> 處士以為行欲敦實，而難持久，迺名其窩「存悃」見志。窩前，花木泉石，讀書其中，所善蕩南朱公、千峰吳公、疊岩趙公、俟齋趙公、雲山金公諸詩人名士，時延之窩，論詩請益。獨不善飲，然對客雅歌、投壺，終日由由無倦色，其詩亦皆雅醇可稱。〔註154〕

文人的結社交友生活，多以詩人名士為侶，討論詩文則為聚會之目的。藉著文人間的清談、討論，將激盪出更多的靈感與趣味，將使雙方獲益不淺。所謂：「與君一夕話，勝讀十年書」，藉由朋友之間的論辯，確實在見解上有所助益。〔註155〕事實上，清談與清言都屬於內心情感與體悟的抒發，透過潛心讀書、講學論道以了悟處世思想，藉由談論與撰寫將前人與自我的體驗予以匯集，而成為雅雋的言談內容。〔註156〕山陰徐渭（1521～1593）對友人陳山人更是盛讚：「自是數過山人家，見山人對客論說，其言一氣萬類，儒行元釋，凌跨恢宏，既足以撼當世學士。」〔註157〕暢談學問，論斷古今，其議論更令座客折服，也在彼此言談中交換心得，更直接的獲得一些不同的見解；而另一位文人束恒的交友生活，則是無茶款客，惟清話而已。〔註158〕因此，朋友之間的造訪交遊，或名士儒者、或隱士山人，對於文人的生活而言，確實是不可或缺的要件之一。

　　曾任南京右都御史的武陟何瑭（1474～1543）於家居時，「廬舍不過數椽，敝衣疏食，日以觀書玩道為樂。當世達人公卿，亦罕接見，惟王浚川、呂涇野諸公至，屏從造廬，雅談終日。」〔註159〕曹從善則於閒居之際，以香爐、圖書來享受自娛的樂趣。〔註160〕而顧仲瑛所結交之人，也都是當代的才情俊

〔註153〕《燕居功課》，卷二四，〈出往・訪友〉，頁6。

〔註154〕《二谷山人鴈蕩集》，〈傳誌〉，頁4下～5上。

〔註155〕《閒情偶寄》，卷一五，〈頤養部〉，頁340。

〔註156〕鄭幸雅，《晚明清言研究》，頁155～214、349～351。

〔註157〕《青藤書屋文集》，卷二七，〈陳山人墓表〉，頁347。

〔註158〕明・于孔兼，《于景素先生山居稿》（臺北：漢學研究中心藏日本內閣文庫明萬曆40年序刊本），卷二，〈束隱君傳〉，頁26下。

〔註159〕《玉堂叢語》，卷七，〈恬適〉，頁236。

〔註160〕明・黃樞《後圃黃先生存集》（臺北：國家圖書館善本書室，明嘉靖庚戌休寧黃氏古林山房重刊本），卷四，〈東白軒記〉，頁8上。

士，極具文采的妙客：

> 年三十，始折節讀書，購古書、名畫、彝鼎，築別業於茜涇西，曰「玉山佳處」，晨夕與客置酒賦詩其中。四方文學士河東張翥、會稽楊維楨、天台柯九思、永嘉李孝光、方外士張雨、于彥、成琦、元璞輩，咸主其家。園池亭榭之盛、圖史之富，暨餼館聲伎，並冠絕一時。〔註 161〕

文人讀書生活之中，常與具有雅趣的客人飲酒賦詩。茶陵李東陽（1447～1516）退居山林野地時，「杜門卻事，掃室焚香，問往來則田父山農，計生業則硯漁筆耔，花鳥有閒曠之致，子女無喔咿之聲」的淡泊生活。〔註 162〕周季華「平居謝絕外事，一香一茗，斗室翛然。又別築小閣於湖之濱，每花明柳媚，日朗天清，未嘗不攜一二知己，雜坐劇談，領略湖山之勝，不窮日不返。」〔註 163〕而李堅字文厚，別號五峰，年四十餘，一遇秀才劉德相，便喜其俊秀好學，遂定為忘年之友，時而「詠詩、看書、栽花、種樹、或時詠歌以自適，任性靈以直往，若有得於維摩之風者。」〔註 164〕生活中若能得一二知交，更是人生中一大快事、一大幸事。無論年紀、身分、地位、只要情意相近，皆可深交為友，豐富生活。〔註 165〕明代文人好交友朋，《醉古堂劍掃》提到：「吾齋之中，不尚虛禮，凡入此齋，均為知己。隨分款留、忘形笑語，不言是非，不侈榮利；閒談古今，靜玩山水，清茶好酒，以適幽趣；臭味之交，如斯而已。」〔註 166〕然有時因時空背景不同，擇友的依據也有所不同，李東陽當國時，「其門生滿朝，西涯喜延納獎拔，故門生或朝罷或散衙後，即羣集其家，講藝談文，通日夜以為常。」〔註 167〕在朝任官時，平日交遊以門生為主，一同談文說藝到天明，是一件習以為常的事。

讀書吟詩之餘，文人通常會以茶、酒相佐，甚至藉由賞景宴會群聚好友，共享樂事，據《客座贅語》載：

> 少冶先生自罷珠崖郡歸，閉戶讀書，門無雜賓，士大夫有過訪者，

〔註 161〕《明史》，卷二八五，〈文苑一・顧德輝〉，頁 7325。

〔註 162〕《歸愚庵初學集》，卷三，〈答諸君餘敬〉，頁 15 下～16 上。

〔註 163〕《趙蟇卿文集》，卷一，〈季華周翁七十壽序〉，頁 14 下～15 上。

〔註 164〕明・查鐸，《闡道集》（臺北：漢學研究中心景照明萬曆三七年序刊本），卷九，〈處士李劉二公交情傳〉，頁 11 上。

〔註 165〕朱倩如，《明人的居家生活》，頁 231。

〔註 166〕《醉古堂劍掃》，卷七，〈韻〉，頁 118。

〔註 167〕《玉堂叢語》，卷六，〈師友〉，頁 195。

才一報謁而已。年七十餘，猶畜少艾，間賦詩寫字，與二三親友共
賞度。每花發盆盎中，必招客飲，飲中好說古詩奇句，或古僻事奇
人為令，嘲謔相錯，風流文雅，人謂有東橋先生之風，如是者十許
年如一日。〔註168〕

宴會之際或論古詩奇句，或談古今奇事，四座嘲謔相錯，一派風流文雅之情
景。而泉州黃伯善別號菊山，「每燕坐，惟掃地焚香，以圖史自娛，後又治別
業城東，倣香山故事，結里中耆碩，往來酬唱其間」。〔註169〕三兩摯友，秉燭
夜談，更顯自在風雅，如王畿憶及與友人沈永壺的談論之情：

吾昆弟同籍同官，又聯居數武之內，時時拍肩，時時促膝，談鋒所
至，龜有毛、兔有角，不知孰為雄雌？意興所倦，佐之以酒，或踏
雪而遊，或弄月而歸。爾塤我篪，爾歌我舞，樂亦何可支哉！〔註170〕

居於小室之中，時而拍肩，時而促膝，談論話題無所不至，興之所致更可以
踏雪、弄月，一切率性而為。如此聚會場景，若社員眾多則勢必人聲鼎沸，
以晚明復社為例，每聞：「復社大集時，四方士子之拏舟相赴者，動以千計，
山塘上下，途為之塞，」〔註171〕真可謂盛況空前。中國傳統文人的結社，古
已有之，然而於明為烈。在明代近三百年時間內，至今名目可考的文人社團
就有幾百個。〔註172〕明代的文人結社，在「以文會友」，「以友輔仁」的精神
下，透過會約或社集的活動，唱和詩文，思想交融，豐富了文人的讀書生活，
也推動了文人結社的長足進展。明代文人結社的興盛，無疑是明代文壇風氣
的產物，同時也對明代的文學風貌產生了顯著的影響。〔註173〕

〔註168〕《客座贅語》，卷七，〈少冶先生里居〉，頁224。
〔註169〕明‧黃伯善，《菊山詩稿》（臺北：漢學研究中心景照明萬曆二五年跋刊本），
黃汝良〈先王父菊山府君行略〉，頁4上。
〔註170〕明‧王畿，《慕蓼王先生樗全集》（《四庫全書存目叢書》集部一七八冊，臺南：
莊嚴文化事業有限公司，1997年6月初版，據清乾隆二十四年王宗敏刻本影
印），卷六，〈復沈永壺年兄〉，頁13上。
〔註171〕清‧陳去病，《五石脂》（南京：江蘇古籍出版社，1999年8月第一版），頁
353。
〔註172〕陳寶良，《中國的社與會》，頁279～291，〈明代詩文社的源流〉；何宗美，《明
末清初文人結社研究》，頁17～70，第一章：明代文人結社概說。
〔註173〕郭英德，〈明代文人結社說略〉，《北京師範大學學報》，四期，1992年4月，
頁28～34；李緒柏，〈明清廣東的詩社〉，《廣東社會科學》，三期，2001年3
月，頁122～128；劉水雲，〈明末清初文人結社與演劇活動〉，《南通師範學
院學報》，一七卷一期，2001年3月，頁52～56。

第七章　結　論

　　明代文人讀書生活的開展，開始從傳統型態的「儒家文人」跳脫出來，轉而形成以文墨為尚的「純文人」型態，同時民間社會文人群的大量出現，造成文人集團成員組成的多樣化。這些有別於官僚、縉紳階層的文人群體，以身為一代知識分子的自覺性，對於一生讀書生活的規劃投注許多的精力與關注，更促進讀書文化的風氣與深化，形成足以堪稱典範的時代價值與文化觀念。同時，受到城市經濟與商業的發展影響，在整體社會環境變遷趨勢之下，漸形成士商階層相混的時代特色，明代文人對於讀書生涯規劃不再完全是以仕途為目的，於是發展出多樣化的讀書生活特色。

　　中國傳統的文人階層大都喜歡為自己的書齋取雅致名稱，以勵其志、抒其懷、明其節。日積月累，書齋名稱成為當時的一種文化現象。著述是文人創造的精神財富，是社會文明的紀錄，亦是人類進步的象徵，古往今來，文人與書結下不解之緣。在古代中國傳統社會，不少文人終生以書為伴，視書為自己生命的一部分，他們刻苦讀書、勤奮著書、精心護書，以自己的心血和汗水推動文化事業的發展與進步。[註1] 讀書、藏書、校書、鈔書、著書，構成了明代文人一生讀書生活的重要內容。

　　讀書生活是明代文人四季皆宜、不可或缺的人生功課。作為知識階層的明代文人，對於知識的汲取與學習，視為人生生涯規劃的重要目標之一。過去傳統的中國社會價值觀念，重視以科舉考試作為身分轉換與地位取得的重要過程，然而受到明代中晚期強調性靈生活的思想影響，部分文人遂選擇跳

[註 1] 孫立群，《中國古代的士人生活》（北京：商務印書館，2003 年 12 月第一版），頁 19。

脫科舉制度下功利性質的讀書目的,開始單純尋求書中的知識,並將讀書視為生活的樂趣之一。於是有別於傳統框架的讀書性格,轉而以追求各適其適、淡泊名利、修養德性,強調讀書的自主、自修、自懺、自警與自娛、自適、自快、自在的特質。

　　明代的文人,其讀書心態為何?內心抱持何種理念與想法?事實上,從讀書環境場域外在的靜謐幽雅,以及內在心境的清靜孤獨等各種形式,都適時反映出部分文人身懷孤傲、自適的性格特色。也正因為對於讀書的執著與體驗,進而延伸到讀書生活的課程規劃、書籍選定、保存圖籍、校讎文字、編纂類叢、刊刻出版,實踐參與各類讀書環境與機會。此外,從文人之間的結社聚會,建立起文會過從的關係網絡,這些都說明文人讀書生活的體系與架構,所涉及層面極為廣泛。以下就三方向論述之,並予以總結如次:

一、讀書生活的內在思維

　　傳統中國文人多以讀書為志業,將追求科舉功名、榮登金榜等功利性質作為目標與目的。不過也有部分的文人,有別於求取功名的意圖,或因無意仕途,或因追求淡泊,其讀書之目的則在於單純的知識追求,而將讀書視為生活的樂趣之一。甚至所採取的讀書態度迥異於傳統框架,跳脫訓詁搜研、修養德性,使讀書自適、自快、自娛性質取代原本嚴肅的態度。因此,價值觀的轉變為差異也反映出明代不同時期文人讀書的志趣,進而影響個人讀書之不同目的。

　　明代文人讀書時需要靜謐的環境,從書裡的內容,乃至於書外的環境,充分地感受閱讀的樂趣,不僅專心致力於知識學問的精神層次追求,並體驗孤獨與寂靜的意境,所以讀書時的內在狀態與外在環境的選擇,直接反映出明代文人內在的精神思維。書齋作為文人與讀書、典籍、生活三者交融的空間,更是思想文化醞釀的場域,而文人在賦詩、寫作時,有時還會以書齋之命名代稱其性格的特質,其重要性並不亞於字號,因此對於書齋的署名,既不能過於簡略,又不能流於庸俗,更是格外的費盡心思,各有其不同原因與理由。

　　明代文人讀書生活崇尚典雅,環境、心境、禪境,是為讀書生活的三境。隱逸的個性也是部分文人性格之一,能安於貧賤,享受「萬般皆下品,唯有讀書高」的意境,更要耐得住寂寞,〔註2〕才能放懷自然、寄情山水。徜徉於

〔註 2〕趙映林,〈中國古代的隱士與隱逸文化〉,《歷史月刊》,九九期,1996 年 4 月,頁 34。

山光水色，令人有種遠離塵囂，達到另一境界的感覺，更是誘發藝文、思想創作題材的最佳時機。古典園林所呈現的花草、奇石、池潭、景區，被賦予不同的風流韻事，不少園林花種更被譽為隱逸、君子、典雅的德行。事實上，明代文人常以山水寄託懷抱與理想，並藉由讀書之餘，飽覽群山壯闊，作為休憩閒適的樂趣。沉醉於山水景致之中，不僅是寄託心志，更是將讀書、休閒、生活、山水相互結合的生活理念。

　　正因為文人將讀書轉化為生活的樂趣之一，錢塘于謙（1398～1457）在「觀書」詩中，把讀書的樂趣寫得真切感人：「書卷多情似故人，晨昏憂樂每相親。眼前直下三千字，胸次全無一點塵。活水源頭隨處滿，東風花柳逐時新。金鞍玉勒尋芳客，未信我廬別有春。」〔註3〕說明勤奮讀書的好處，表現文人持之以恆的精神。明代有部分文人所採取的讀書態度，迥異於入仕應考的士子，使讀書的自適、自快、自娛性取代了嚴肅性，成為文人閒居時快樂的源泉，自娛與自適都成為怡情生活的一種處世心態。明代文人讀書時強調專心一志，不為俗事雜客所擾，而寂靜之際雖有孤獨的感受，卻正是讀書的最佳契機。在獨自讀書時，便是培養毅力與定力的良方，而每當夜闌人靜，隻身獨處於孤寂的環境，更能引發文人抒發胸懷的感嘆。藉由讀書時的心神專一，不僅可以避免俗事雜客所擾，尚能怡養性情，於是閉門讀書、杜絕俗客，遂成為明代好學文人的時代性格的一種表現。讀書、習靜也與文人的生活形態相得益彰，內心的安適虛靜更是閒適內涵的要項。

　　明代文人在讀書之際，常以鈔書作為增加藏書或增進記憶的讀書方法，然而鈔書關係到底本的優劣與否，因此刻本在品質要求之下，通常會選擇較好的底本、較完整的內容，透過鈔寫謄錄的方式，同時也保存較優良的版本內容。此外，手鈔版本特別是名家的鈔本，必是經過專業的鑑賞角度，選擇罕見書籍或是傳錄較好的版本，因此所鈔寫的版本多為善本。在鈔書的過程之中，往往會發現文字內容的歧異，於是藉由校對更可以使藏書更具價值與可讀性。身為讀書家、藏書家的明代文人，在面對傳承傳統文化的責任感下，也不厭其煩地從事此類工作，並間接促進明代考證、考據風氣的興起；以及藏書、刻書的風行，因而明代文人對於考證的層面，遂涵蓋經學、文學、史學、戲曲、小說、金石等範圍。

〔註3〕　明・于謙，《于忠肅集》（《景印文淵閣四庫全書》集部一二四四冊，臺北：臺灣商務印書館，1983年3月），卷一一，〈觀書〉，頁46上。

二、讀書生活樂趣與文化

　　明代文人讀書生活的樂趣與出版文化的關係，主要是著重在明代文人對文教風氣的提振，以及出版事業的推廣。明代由於城市經濟的發展，刺激圖書的流通與消費，並提供書籍生產的良好環境，於是多元多樣的著作應運而生。由於文化市場對通俗讀物與日常用書的需求增加，使得各類著作大量出現，更造成圖書出版事業的繁榮。明人喜愛藏書的風氣為歷代之最，而私家藏書引領風騷的情形，也是帶動明代整體讀書風氣的重要因素。藉由藏書風氣的盛行，以及文人普遍的購書、訪書等文化活動，不僅體現文人追求知識的堅毅意志，同時藉由文人費心的訪查，使得不少散失亡佚的典籍得以重現，斷簡殘編的文獻得以復原，對於古籍整理與文化保存，確實具有相當的貢獻與意義。

　　對明代的文人而言，珍藏的圖書是一生重要的心血結晶，對於書籍的愛護與珍惜，更是不遺餘力。同時在讀書藏書積書之餘，將自身藏書作為流通、交換，對於書籍保存更具有深遠的意涵。而彼此傳鈔與交換，可作為保存文獻、傳播知識的雙重作用，所以明代中晚期以來，開始產生相互借鈔規約的出現。文人的藏書與鈔書活動，既是伴隨著一生的閱讀生活，無論在蒐藏、鈔寫時關於內容的校對補訂，或底本的篩選鑑賞，甚至於鈔寫紙張的使用，無不費盡心思，仔細打量，因此明代文人讀書生活中的鈔書活動，逐漸興起獨特的「個性化」風格。

　　作為中國傳統儒家的知識分子而言，受到孔子「述而不作」的思想，以及司馬遷「成一家言」的激勵，促使不少明代文人投入著書立說的行列，其目的皆在於保存個人的思想結晶。除了個人著述作品的撰寫之外，不少明代文人更將視野擴大到古籍知識，更以鈔錄、札記或彙編等形式，蒐集前人智慧的結晶，然後加以編纂成叢書、類書。所以，傳佈個人思想的學術著作，與匯集前人智慧的叢書、類書、書目，都成為明代文人讀書生活之外，體現保存文化知識，而並行不悖的行為準則。

　　明代文人對於讀書生活的取向，除了保存傳統文獻、傳播知識的價值之外，更有一種以讀書為趣味、志業的生活態度，藉由讀書生活的典範、體驗，以及結社等多樣形式，邀集志同道合的文友，組成詩社、文社、讀書社、講學會，透過這種論道講學與文會過從的互動方式，使文友之間的思想與感情更為緊密，更增添讀書之外精神層次的提昇。在明代多元的文化發展之下，

文人各有適合自我個性的讀書生活典範，或徜徉園林山水，或沉浸賓客歡宴，或隱居如高士，或群聚講學。有時則鍾愛讀書時的幽雅意境，以磐石置彝鼎，焚香點茶，悠然讀書；有時則不與外事相聞，專注於自我閱讀的性靈世界。無論是樹立何種的讀書生活典型，大都著重於一生讀書的趣味與體驗，而多樣的讀書文化風氣之下，更豐富了明代整體的社會生活風貌。

三、讀書生活與社群網絡

　　明代文人的藝文活動是結社群體生活的重要要件，藝文活動在此是指涵蓋詩文書畫以及鑑賞文玩等而言。藝文創作固然是書齋讀書生活中的主體之一，但明人書齋讀書生活中也視藝文為休閒生活中的一環，已成為一種時代的共識。讀書生活是千百年來，知識階層始終如一的生涯規劃，捧讀的心境自然沖淡平和，盎然在胸。然而明代文人在與書籍朝夕相處下，對於讀書往往也深有各自的體悟，並形之筆墨、訴諸情感，留下諸多佳辭妙句，以及內心感受的理想抱負、生活點滴等，這些明代文人讀書的精神與內涵都足以讓後人玩味品嚐。

　　明代文人讀書生活有時內心固然有離群索居的隱逸性格，然而有時仍渴望與志同道合的友伴互動，所以部分文人除了強調隱逸的自我主體性格，更強調朋友之間群聚互動的群體性格。藉由朋友相聚可以講經論道、砥礪學問，因此慎選良友、群聚交遊，則成為明代文人讀書生活重要的條件。明代文人在讀書之餘喜好結社講學，組成各類社團，社名更是五花八門，舉凡詩社、文社、書社、畫社、鑑賞社、珍古社、讀書社等，少則兩三至友，多則達數十百人聚會，其類型不勝枚舉。明代中葉以後私人講學風氣一時盛行，不少碩學名儒樂此不疲，僅《明史·儒林傳》的記載就有：梁寅、陳謨、周蕙、吳與弼、崔銑、陳獻章、湛若水、婁諒、錢德洪、王畿、羅洪先、吳悌、王時槐、鄧以讚、張元忭等二十多人。〔註4〕加以書院爭相舉辦講會，互相促進發展使明代的講會之風大興，也豐富知識階層的讀書生活內涵。〔註5〕社會風尚所及，尋求志趣相投的朋友，成為文人讀書生活之中不可或缺的重要價值，結社活動即是此種心態的具體實踐。文人結社因成員組成類型不同，約可分為：耆舊、隱士、師徒、同志等型態，晚明思想的解放，更促進結社的興起。

〔註4〕　《明史》，卷二八三，〈列傳一七一·儒林二〉，頁 7261～7294。
〔註5〕　王凱旋、李洪權編著，《明清生活掠影》（瀋陽：瀋陽出版社，2001 年 11 月第一版），頁 34～44。

　　明代文人常有：「讀未見書，如晤良友；讀已見書，如逢故人」的情懷。書吟詩之餘，文人通常也會以茶、酒相佐助興，甚至藉由賞景宴會群聚好友，共享樂事，宴會之際或論古詩奇句，或談古今奇事，展現出一派風流文人雅士的情景。文人之間的結社聚會，在「以文會友」、「以友輔仁」的精神下，透過會約或社集的活動，唱和詩文，思想交融，豐富文人生活文化，也推動文人結社的長足發展。藉由文人之間的社群文化活動，不僅對讀書生活增添樂趣，同時文人之間的知識與情感網絡也得以緊密結合，更促使學術文化的蓬勃發展。

　　綜觀明代文人的讀書生活，不論是強調內在思維、或是生活樂趣、社群網絡等，皆多少隱含精神自由與文化品味的時代追求，所以他們的生活情趣是多樣、高雅而充實，且具有其時代的特色與意義。也有不少明代文人讀書生活並非全是無憂無慮的「閒適之樂」，有些知識階層或因仕途不暢，或因在政治上遭受排擠，或因對社會現實不滿，在這樣的處境下，他們既不能實現政治抱負又不甘心就此憤懣沉淪、自暴自棄，於是轉換心境而尋求生活中的種種樂趣，與三五好友吟詩作詞、琴棋書畫、清言永日、〔註6〕茶酒怡養、〔註7〕著書立說、編刻類書。為保存、傳播圖書，勤奮訪書、購書、借書、鈔書、校書、藏書、刻書，豐富各自讀書生活的範疇與歷程。明代文人傾注歲月甚至白頭不悔的心血，「書」成為他們一生讀書生活中不可或缺的一個組成部分，也正是由於他們的努力，使中國古代許多珍貴不朽的文化典籍得以保存並流傳至今。

〔註 6〕　明代文人讀書生活以及結社往來，恆以清言永日為尚，因而有眾多的清言著述傳世。詳參：鄭幸雅，《晚明清言研究》一書中所載內容。

〔註 7〕　明代文人讀書生活各項主題變化豐富多采，其中以茶、酒怡悅養性成為文人生活典範形象之一。有關飲茶生活，可詳參吳智和，《明人飲茶生活文化》（宜蘭：明史研究小組，1999 年 8 月初版）；有關飲酒生活，可詳參：王春瑜，《明朝的酒文化》（臺北：東大圖書公司，1990 年 8 月初版）。

附圖　明人讀書生活圖繪

圖 1：廬山讀書圖

資料出處：
明・徐賁〈廬山讀書圖〉，取自故宮博物院編著，《故宮博物院藏畫精選》（香港：讀者文摘亞洲有限公司，1981 年），頁190。歷來歌詠廬山的詩文不計其數，蘇東坡的詩句：「橫看成嶺側成峰，遠近高低各不同，不識廬山真面目，只緣身在此山中。」

圖 2：湖山書屋圖一

資料出處：明・王紱〈湖山書屋圖一〉，取自中國美術全集編輯委員會編，《中國美術全集・明代繪畫上》（北京：人民美術出版社，1988 年 10 月第一版），頁 20。山湖景色，煙波浩淼，島嶼錯落，春光融融，讀書吟唱，窺見明代文人豐富而多彩的讀書生活。

圖 3：湖山書屋圖二

資料出處：明・王紱〈湖山書屋圖二〉，取自中國美術全集編輯委員會編，《中國美術全集・明代繪畫上》（北京：人民美術出版社，1988 年 10 月第一版），頁 20。山湖景色，小橋流水，煙波浩淼，島嶼錯落，春光融融，讀書吟唱，窺見明代文人豐富而多彩的讀書生活。

圖 4：竹爐山房圖

資料出處：
明・沈貞〈竹爐山房圖〉，
取自中國美術全集編輯委
員會編，《中國美術全集・
明代繪畫上》（北京：人民
美術出版社，1988 年 10 月
第一版），頁 96。山風聳立，
山岩腳下，叢竹蒼翠，清溪
喘流，雜樹錯落，山房、水
榭、庭院座落其間，竹房內
文人對坐閑談，頗得清幽之
趣。

圖 5：合溪草堂圖

資料出處：
明‧趙原〈合溪草堂圖〉，
取自中國美術全集編輯委
員會編，《中國美術全集‧
明代繪畫上》（北京：人民
美術出版社，1988 年 10 月
第一版），頁 7。溪水悠悠
之中的一座草堂，傳達出遺
世獨立的山水意境，讀書寫
作時更添靈感，披露明代文
人清淡雋永的生活雅韻。

圖 6：南湖草堂圖

資料出處：
明‧杜瓊〈南湖草堂圖〉取自故宮博物院編著，《故宮博物院藏畫精選》（香港：讀者文摘亞洲有限公司，1981 年），頁 180。和風絢日之下的雲光樹影，使人有滌盡煩囂、遠離塵囂的感覺，南湖邊盞盞荷燈點亮讀書人心中願景。

圖 7：溪山會友圖

資料出處：
明‧王一鵬〈溪山會友圖〉，取自中國美術全集編輯委員會編，《中國美術全集‧明代繪畫中》（北京：人民美術出版社，1988 年 10 月第一版），頁84。秋景山水，高峰突起，山谷清幽，山下屋前坡堤上，二人拱手相對，一童子抱琴相隨，似主人迎接來訪者。

圖 8：谿山仙館圖

資料出處：
明・文伯仁〈谿山仙館
圖〉，取自中國美術全集
編輯委員會編，《中國美
術全集・明代繪畫中》
（北京：人民美術出版
社，1988 年 10 月第一
版），頁 138。谿山勝境，
峰巒重疊，溪水潄流，
樹木鬱茂，山路曲折，
濃蔭叢中，館舍隱露，
亭閣水榭臨溪，木橋上
人物停步顧應，意態悠
然。

圖 9：積書巖圖

資料出處：
明・邵彌〈積書巖
圖〉，取自中國美術
全集編輯委員會
編，《中國美術全
集・明代繪畫下》（北
京：人民美術出版
社，1989 年 8 月第
一版），頁 48。奇峰
怪石，絕澗險岩，或
孤高特聳，或相互揖
讓，迴環起伏，變化
多端，襯以飛瀑清
泉。水邊坡石，綴以
長松雜樹、修竹疏
柳，險岩下有樓閣，
內中一人憑欄遠
眺。山坡小間道，一
老者攜杖緩行，僕童
捧書趨後，布局錯落
有致，景致清幽秀
美。

圖 10：梧桐秋月圖

資料出處：
明・宋玨〈梧桐秋月圖〉，
取自中國美術全集編輯委
員會編，《中國美術全集・
明代繪畫下》（北京：人民
美術出版社，1988 年 10 月
第一版），頁 109。皓月當
空，烟雲迷濛的秋夜，高閣
書齋內文人倚檻相晤談，四
周碧梧高聳，樹影婆娑。境
界清寂優雅，富有詩意。

圖 11：秋山高隱圖

資料出處：
明・陳裸〈秋山高隱圖〉，取自中國美術全集編輯委員會編，《中國美術全集・明代繪畫中》（北京：人民美術出版社，1988 年 10 月第一版），頁 203。秋天山林，高氣秋爽，一高士扶杖與樵夫隔溪對話，頗得山野生活情趣。

圖 12：盆菊幽賞圖

資料出處：明‧沈周〈盆菊幽賞圖〉，取自中國美術全集編輯委員會編，
《中國美術全集‧明代繪畫中》（北京：人民美術出版社，1989 年 2 月
第一版），頁 12。草亭構築於岩崖上，下臨江渚沙洲，四周雜樹繁茂挺
拔。盆菊櫛比於亭邊，亭中三人飲醉賞菊，一童子持壺侍立。

圖 13：介石書院圖

資料出處：明‧文從簡〈介石書院圖〉，取自中國美術全集編輯委員會
編，《中國美術全集‧明代繪畫中》（北京：人民美術出版社，1988 年
10 月第一版），頁 205。此書院乃是明人顧存仁捐贈一百畝田產所築，
用來祭祀春秋時吳人信偃（字子游，孔子弟子）宋人王蘋、明人顧愚從
祀。書院周圍景色幽雅，院前有松竹，一脈清泉暖流。

圖 14：清白軒圖

資料出處：
明・劉珏〈清白軒圖〉，取自
故宮博物院編著，《故宮博物
院藏畫精選》（香港：讀者文
摘亞洲有限公司，1981 年第
一版），頁 184。一人與僧對
坐，一人向林間童子招喚，林
間瞥過星爍爍，原上獨立風蕭
蕭。

徵引書目

一、古籍史料

（一）一般

1. 唐・房玄齡等，《晉書》，六六卷，臺北：鼎文書局，1980 年 3 月初版。

2. 唐・李匡乂，《資暇集》，三卷，《景印文淵閣四庫全書》八五○冊，臺北：臺灣商務印書館，1983 年 3 月初版。

3. 明・不著撰者，《居家必用事類全集》，《四庫全書存目叢書》子部一一七冊，臺南：莊嚴文化事業有限公司，1995 年 9 月初版，據清華大學圖書館藏明刻本影印。

4. 明・文震亨，《長物志》，一二卷，《叢書集成簡編》，臺北：臺灣商務印書館，1966 年 6 月臺一版。

5. 明・方學漸，《爾訓》，一八卷，《四庫全書存目叢書》子部二四一冊，臺南：莊嚴文化事業有限公司，1995 年 9 月初版，據北京圖書館藏明刻本影印。

6. 明・王世貞，《弇州山人四部稿》，一七四卷，目錄一二卷，《明代論著叢刊》，臺北：偉文圖書出版公司，1976 年，據明萬曆間世經堂刊本影印。

7. 明・王兆雲，《皇明詞林人物考》，九卷，《明代傳記叢刊》一七冊，臺北：明文書局，1991 年 10 月初版。

8. 明・王圻，《續文獻通考》，北京：現代出版社，1986 年 11 月第一版，據藏萬曆年間刻本影印。

9. 明・王明象，《清寤齋心賞篇》，《四庫全書存目叢書》，子部一三九冊，台南：莊嚴文化事業有限公司，1995 年 9 月初版，據中國科學院圖書館藏明崇禎刻本影印。

10. 明・王思任，《王季重十種》，杭州：浙江古籍出版社，1987 年 8 月第一版。

11. 明・支如玉，《半衲庵筆語》，三卷，臺北：漢學研究中心明景照崇禎間刊本。

12. 明・田藝蘅，《留青日札》，上海：上海古籍出版社，1992 年 11 月第一版。

13. 明・毛元淳，《尋樂編》，《四庫全書存目叢書》子部九四冊，臺南：莊嚴文化事業有限公司，1995 年 9 月初版，據明崇禎刻本影印。

14. 明・安世鳳，《燕居功課》，二四卷，《四庫全書存目叢書》子部一一○冊，臺南：莊嚴文化事業有限公司，1995 年 9 月初版，據山東圖書館藏明萬曆刻本影印。

15. 明・朱國禎，《湧幢小品》，北京：文化藝術出版社，1998 年 8 月第一版。

16. 明・何良俊，《四友齋叢說》，三八卷，北京：中華書局，1959 年 4 月第一版。

17. 明・何孟春《餘冬序錄》三五卷，《四庫全書存目叢書》子部一○一冊，臺南：莊嚴文化事業有限公司，1995 年 9 月初版，據明萬曆刻本影印。

18. 明・余員註招、葉仮示判，《新刻御頒新例三台明律正宗》，首卷，臺北：國家圖書館影照日本內閣文庫藏明雙峰堂余氏刊本。

19. 明・吳從先輯，《小窗自紀》，四卷，《四庫全書存目叢書》，子部二五二冊，臺南：莊嚴文化事業有限公司，1995 年 9 月初版，據明萬曆刻本影印。

20. 明・吳翌鳳，《遜志堂雜鈔》，一○卷，《叢書集成續編》一八冊，臺北：新文豐出版公司，1989 年 7 月，據《槐廬叢書》影印。

21. 明・吳應箕，《讀書止觀錄》，五卷，《四庫全書存目叢書》子部一五○冊，臺南：莊嚴文化事業有限公司，1995 年 9 月初版，據民國九年貴池劉氏唐石移刻《貴池先哲遺書》本影印。

22. 明・呂坤，《呻吟語》，六卷，上海：上海古籍出版社，2000 年 8 月第一版。

23. 明・李紹文，《皇明世說新語》，五卷，《明代傳記叢刊》二二冊，臺北：明文書局，1991 年 10 月初版。

24. 明・李日華，《六研齋三筆》，四卷，《四庫全書珍本七集》四四四集，臺北：商務印書館，1977 年。

25. 明・李日華，《味水軒日記》，八卷，上海：上海遠東出版社，1996 年 12 月第一版。

26. 明・李日華，《紫桃軒雜綴》，三卷，又綴三卷，《叢書集成續編》二一三冊，臺北：新文豐出版公司，1989 年 7 月，據《檇李叢書》影印。

27. 明・李日華等，《梅墟先生別錄》，二卷，《四庫全書存目叢書》史部八五冊，臺南：莊嚴文化事業有限公司，1996 年 8 月初版，據涵芬樓影印明萬曆刻《夷門廣牘》本影印。

28. 明・李如一，《水南翰記》，一卷，《筆記小說大觀》三八編四冊，臺北：新興書局，1985 年 1 月版。

29. 明・李廷機，《皇明名臣言行錄》，一七卷，《明人傳記叢刊》四八冊，臺北：明文書局，1991 年 10 月初版。

30. 明・李延昰，《南湖舊話錄》，上卷，《筆記小說大觀》四三編六冊，臺北：新興書局，1986 年 9 月版。

31. 明・李紹文，《皇明世說新語》，八卷，《明代傳記叢刊》二二冊，臺北：明文書局，1991 年 10 月初版。

32. 明・李樂，《見聞雜記》，四卷，上海：上海古籍出版社，1986 年 6 月第一版。

33. 明・李鼎，《偶譚》，《百部叢書集成・寶顏堂秘笈》，臺北：藝文印書館，1965 年。

34. 明・李濂，《李氏居室記》，五卷，臺北：漢學研究中心景照明嘉靖十二年李氏家刻本。

35. 明・李贄，《焚書》，卷六，臺北：河洛圖書出版社，1963 年臺景印初版。

36. 明・沈德符，《萬曆野獲編》，三〇卷，北京：中華書局，1997 年 11 月第一版。

37. 明・周履靖，《梅塢貽瓊》，六卷，《夷門廣牘》下冊，北京：書目文獻出版社，1990 年 4 月第一版，據明萬曆刻本影印。

38. 明・周履靖，《梅顛稿選》，一八卷，《四庫全書存目叢書》集部一八七冊，臺南：莊嚴文化事業有限公司，1997 年 6 月初版，據北京大學圖書館藏明刻本影印。

39. 明・祁承爜，《庚申整書小記》，一卷，《續修四庫全書》史部九一九冊，上海：上海古籍出版社，1997 年版，據清宋氏漫堂抄本影印。

40. 明・祁承爜，《澹生堂藏書約》，一卷，《叢書集成新編》二冊，臺北：新文豐出版公司，1985 年元月，據《知不足齋叢書》本影印。

41. 明・祁彪佳《遠山堂曲品》，不分卷，《續修四庫全書》集部一七五八冊，上海：上海古籍出版社，1997 年版，據明刻本影印。

42. 明・郎瑛，《七脩類稿》，北京：文化藝術出版社，1998 年 8 月第一版。

43. 明・姚士粦，《見只編》，三卷，《叢書集成新編》一一九冊，臺北：新文豐出版公司，1985 年元月初版。

44. 明・姚翼，《玩畫齋雜著編》，八卷，《四庫全書存目叢書》集部一八八冊，臺南：莊嚴文化事業有限公司，1997 年 6 月初版，據明隆慶萬曆間自刻本影印。

45. 明・胡震亨，《讀書雜錄》，二卷，《四庫全書存目叢書》，子部一〇九冊，臺南：莊嚴文化事業有限公司，1995 年 9 月初版。

46. 明・胡應麟,《少室山房筆叢》,四八卷,臺北:世界書局,1980 年 5 月再版。

47. 明・祝世祿,《祝子小言》,三卷,《四庫全書存目叢書》子部九○冊,臺南:莊嚴文化事業有限公司,1995 年 9 月初版。

48. 明・計成原著、陳植注釋,《園冶注釋》,臺北:明文書局,1982 年 6 月初版。

49. 明・唐樞,《國琛集》,二卷,《明代傳記叢刊》一一五冊,臺北:明文書局,1991 年 10 月初版。

50. 明・夏基,《隱居放言》,一二卷,臺北:漢學研究中心景照清康熙卅二年刊本。

51. 明・徐復祚,《花當閣叢談》,八卷,臺北:廣文書局,1969 年元月初版。

52. 明・徐𤊹,《筆精》,八卷,福州:福建人民出版社,1997 年 8 月第一版。

53. 明・徐常吉,《新纂事詞類奇》,三○卷,《四庫全書存目叢書》子部一九八冊,臺南:莊嚴文化事業有限公司,1995 年 9 月初版,據明萬曆周日校刻本影印。

54. 明・祝時泰輯,《西湖八社詩帖》,一卷,《叢書集成續編》二二三冊,臺北:新文豐,1989 年,據《武林掌故叢編》排印

55. 明・袁中道,《游居柿錄》,上海:上海遠東出版社,1996 年 12 月第一版。

56. 明・袁宏道,《袁中郎尺牘》,臺北:廣文書局,1989 年。

57. 明・高濂,《遵生八牋校注》,一九卷,北京:人民衛生出版社,1994 年 6 月第一版。

58. 明・高濂,《山齋志》,《廣百川學海》本,臺北:新興書局,1970 年 7 月初版。

59. 明・張大復,《聞雁齋筆談》,《中國野史集成續編》,成都:巴蜀書社,2000 年第一版。

60. 明・張元忭,《雲門志略》,《四庫全書存目叢書》史部二三○冊,臺南:莊嚴文化事業有限公司,1996 年 6 月初版,據明萬曆二年刻本影印。

61. 明・張岱,《陶庵夢憶》,八卷,《筆記小說大觀》六編六冊,臺北:新興書局,1983 年 1 月初版。

62. 明・張萱,《西園聞見錄》,一○七卷,《明代傳記叢刊》,臺北:明文書局,1991 年元月初版。

63. 明・張應文,《清閟藏》,《百部叢書集成・學海類編》,臺北:藝文印書館,1967 年。

64. 明・敖英,《東谷贅言》,二卷,《百部叢書集成・寶顏堂秘笈》,臺北:藝文印書館,1968 年。

65. 明・曹胤儒編，《盱壇直詮》，二卷，臺北：中研院傅斯年圖書館善本室，明萬曆三十七刊本。

66. 明・曹溶，《流通古書約》，一卷，收入《知不足齋叢書》二冊，臺北：興中書局，不注出版年月。

67. 明・曹溶，《學海類編》一冊，臺北：文海出版社，不注出版年月。

68. 明・莫是龍，《筆塵》，一卷，《百部叢書集成・奇晉齋叢書》，臺北：藝文印書館，1968 年。

69. 明・陳師，《禪寄筆談》，臺北：國家圖書館藏明萬曆癸巳錢塘陳氏刊本。

70. 陳繼儒，《珍珠船》，四卷，《四庫全書存目叢書》子部一四八冊，臺南：莊嚴文化事業有限公司，1995 年 9 月初版，據清華大學圖書館藏明萬曆繡水沈氏刻寶顏堂祕笈本影印。

71. 明・陳繼儒，《巖棲幽事》，一卷，《叢書集成新編》二四冊，臺北：新文豐出版公司，1985 年元月，據《寶顏堂秘笈》本排印。

72. 明・陳繼儒、程銓，《古今韻史》，一二卷，《四庫全書存目叢書》子部一四八冊，臺南：莊嚴文化事業有限公司，1995 年 9 月初版，據明刻本影印。

73. 明・屠隆，《娑羅館清言》，《晚明小品菁華》集部六六冊，上海：復旦大學出版社，1997 年 11 月第一版。

74. 明・陸可教，《陸學士先生遺稿》，一二卷，臺北：明萬曆戊申郭一鶚等浙江刊本。

75. 明・陸世儀，《陸桴亭思辨録輯要》，二二卷，《叢書集成新編》二三冊，臺北：新文豐出版公司，1985 年元月，據《正誼叢書》本排印。

76. 明・陸容，《菽園雜記》，九卷，《元明史料筆記叢刊》，北京：中華書局，1997 年 12 月第一版。

77. 明・陸深，《春風堂隨筆》，《筆記小說大觀》一三編五冊，臺北：新興書局，1976 年 7 月。

78. 明・陸深，《傳疑録》，一卷，《筆記小說大觀》四編六冊，臺北：新興書局，1974 年 7 月。

79. 明・陸紹珩，《醉古堂劍掃》，一二卷，臺北：老古文化事業公司，1995 年 5 月臺一版。

80. 明・陸楫等，《古今說海》，一四二卷，成都：巴蜀書社，1996 年 12 月第一版。

81. 明・陸樹聲，《清暑筆談》，《寶顏堂祕笈》本，臺北：藝文印書館，1965 年。

82. 明・陸樹聲，《適園雜著》，卷一一，《四庫全書存目叢書》子部一六三冊，臺南：莊嚴文化事業有限公司，1995 年 9 月初版，據中央黨校圖書館上海圖書館藏明萬曆刻本。

83. 明・項元忭，《蕉窗九錄》，九卷，《筆記小說大觀》六編七冊，部六六冊，臺北：新興書局，1983 年 1 月初版。

84. 明・彭汝讓，《木几冗談》，一卷，《筆記小說大觀》，第五編第四冊，臺北：新興書局，1980 年 1 月初版。

85. 明・游羽，《博物志補》，二卷，《四庫全書存目叢書》子部二五一冊，臺南：莊嚴文化事業有限公司，1995 年 9 月初版，據明萬曆二十八年游日陞修補本影印。

86. 明・焦竑，《國朝獻徵錄》，一二○卷，《中國史學叢書》，臺北：臺灣學生書局，1965 年元月初版，據明萬曆四十四年錢塘徐氏刊本影印。

87. 明・焦竑，《玉堂叢語》，《四庫全書存目叢書》子部二四三冊，臺南：莊嚴文化事業有限公司，1995 年 9 月初版，據中國科學院圖書館藏明萬曆四十六年徐象□曼山館刻本影印。

88. 明・黃希憲，《續自警編》，一六卷，《四庫全書存目叢書》子部一二四冊，臺南：莊嚴文化事業有限公司，1995 年 9 月初版，據清華大學圖書館藏明萬曆六年刻本影印。

89. 明・黃姬水《貧士傳》，下卷，《百部叢書集成・廣百川學海》，臺北：藝文印書館，1965 年。

90. 明・黃奐，《黃玄龍先生小品》，四卷，《四庫全書存目叢書》，子部一一一冊，臺南：莊嚴文化事業有限公司，1995 年 9 月初版，據清康熙刻本影印。

91. 明・黃景昉，《屏居十二課》，《百部叢書集成》之三十一，《硯雲甲乙編》，一卷，清・乾隆金忠輯刊道光蔡氏紫梨華館重雕本，1966 年，藝文印書館影印。

92. 明・葉恭煥，《吳下冢墓遺文續編》，一卷，臺北：臺灣學生書局，1969 年 12 月初版，據國家圖書館藏善本影印。

93. 明・葉盛，《水東日記》，五卷，《元明史料筆記叢刊》，北京：中華書局，1997 年 12 月第一版。

94. 明・馮班，《鈍吟雜錄》，四卷，《叢書集成新編》八冊，臺北：新文豐出版公司，1989 年臺一版。

95. 明・過庭訓，《明分省人物考》，一一五卷，《明代傳記叢刊》一三一冊，臺北：明文書局，1991 年 10 月初版。

96. 明・費元祿，《鼉采館清課》，上卷，《寶顏堂秘笈》本，臺北：藝文印書館，1965 年。

97. 明・楊起元，《太史楊復所先生證學編》，三卷，《四庫全書存目叢書》子部九○冊，臺南：莊嚴文化事業有限公司，1995 年 9 月初版，據明萬曆四十五年余永寧刻本影印。

98. 明・樂純，《雪菴清史》，五卷，《四庫全書存目叢書》子部一一一冊，臺南：莊嚴文化事業有限公司，1995 年 9 月初版，據明書林李少泉刻本影印。

99. 明・蔣以化，《西臺漫紀》，卷六，《四庫全書存目叢書》，子部二四二冊，臺南：莊嚴文化事業有限公司，1995 年 9 月初版，據北京圖書館明萬曆刻本影印。

100. 明・衛泳輯，《枕中秘》，不分卷，《四庫全書存目叢書》子部一五二冊，臺南：莊嚴文化事業有限公司，1995 年 9 月初版，據明刻本影印。

101. 明・鄧球，《閒適劇談》，五卷，《四庫全書存目叢書》子部八四冊，臺南：莊嚴文化事業有限公司，1995 年 9 月初版，據明萬曆十一年鄧雲臺刻本影印。

102. 明・羅欽順，《困知記》，北京：中華書局，1990 年 8 月第一版。

103. 明・謝肇淛，《文海披沙》，七卷，《四庫全書存目叢書》子部一〇八冊，臺南：莊嚴文化事業有限公司，1995 年九 9 月初版。

104. 明・謝肇淛，《五雜俎》，一三卷，上海：上海書店出版社，2001 年 8 月第一版。

105. 明・顧起元，《客座贅語》，八卷，《元明史料筆記叢刊》，北京：中華書局，1997 年 11 月第一版。

106. 清・不著編人，《清史列傳》，七〇卷，上海：中華書局排印本，1928 年。

107. 清・方以智，《文章薪火》，一卷，《叢書集成續編》二〇四冊，臺北：新文豐出版公司，1989 年 7 月，據《昭代叢書》本影印。

108. 清・王士禎，《池北偶談》，二六卷，《清代史料筆記叢刊》，北京：中華書局，1997 年 12 月第一版。

109. 清・王士禎，《古夫于亭雜錄》，三卷，《清代史料筆記叢刊》，北京：中華書局，1988 年。

110. 清・朱彝尊，《靜志居詩話》，二四卷，北京：人民文學出版社，1990 年 10 月第一版。

111. 清・李集等，《鶴徵前錄》，一卷，《清代傳記叢刊》一三冊，臺北：明文書局，1985 年 5 月初版。

112. 清・李漁，《閒情偶寄》，九卷，臺北：長安出版社，1975 年 9 月臺一版。

113. 清・徐開仕，《明名臣言行錄》，五七卷，《明代傳記叢刊》，臺北：明文書局，1991 年元月初版。

114. 清・孫從添，《藏書紀要》，一卷，臺北：新文豐出版公司，1984 年 6 月初版。

115. 清・張文嘉，《重定齊家寶要》，上卷，《四庫全書存目叢書》經部一一五冊，，臺南：莊嚴文化事業有限公司，1995 年 9 月初版。

116. 清·張廷玉等,《明史》,三三二卷,臺北:鼎文書局,1978 年 10 月再版。

117. 清·張爾岐,《蒿菴閒話》,二卷,《四庫全書存目叢書》子部一一四冊,臺南:莊嚴文化事業有限公司,1995 年 9 月初版,據清康熙徐氏真合齋磁版印本影印。

118. 清·張履祥,《淑艾錄》,一卷,《四庫全書存目叢書》子部二九冊,臺南:莊嚴文化事業有限公司,1995 年 9 月初版,據清道光吳江沈氏世楷堂刻《昭代叢書》本影印。

119. 清·張潮,《幽夢影》,不分卷,臺南:漢風出版社,1992 年 1 月初版。

120. 清·梁章鉅,《歸田瑣記》,八卷,北京:中華書局,1997 年 12 月第一版。

121. 清·崔學古,《幼訓》,《叢書集成續編》六一冊,臺北:新文豐出版公司,1989 年臺一版。

122. 清·陳去病,《五石脂》,南京:江蘇古籍出板社,1999 年 8 月第一版。

123. 清·陳田,《明詩紀事》,一八七卷,《明代傳記叢刊》一三冊,臺北:明文書局,1991 年 10 月初版。

124. 清·傅維麟,《明書列傳》,一四八卷,臺北:明文書局,1991 年初版。

125. 清·黃宗羲,《明儒學案》,臺北:華世出版社,1987 年 2 月臺一版。

126. 清·黃宗羲編,《明文海》,四八二卷,《景印文淵閣四庫全書》一四五三～一四五八冊,臺北:臺灣商務印書館,1983 年 3 月。

127. 清·葉昌熾,《藏書紀事詩》,七卷,上海:上海古籍出版社,1999 年 12 月第一版。

128. 清·葉德輝,《書林清話》,一〇卷,臺北:文史哲出版社,1973 年 12 月初版。

129. 清·褚亨奭,《姑蘇名賢後記》,《明代傳記叢刊》,臺北:明文書局,1991 年 10 月初版。

130. 清·談遷,《棗林雜俎》,北京:中華書局,2006 年 4 月第一版。

131. 清·潘介祉,《明詩人小傳稿》,一四卷,臺北:國立中央圖書館,1986 年月版。

132. 清·鄧之誠,《骨董瑣記全編》,不分卷,《文玩鑑賞叢書》,北京:北京出版社,1996 年 8 月第一版。

133. 清·錢曾,《讀書敏求記》,一卷,《叢書集成新編》二冊,臺北:新文豐出版公司,1985 年。

134. 清·錢謙益,《列朝詩集小傳》,八一卷,臺北:世界書局,1985 年 2 月三版。

135. 清·魏際瑞,《伯子論文》,一卷,《叢書集成續編》二〇四冊,臺北:新文豐出版公司,1989 年 7 月,據《昭代叢書》本影印。

（二）文集

1. 宋・蘇東坡，《蘇東坡全集》，二卷，合肥：黃山書社，1997 年 1 月第一版。

2. 元・倪瓚，《倪雲林先生詩集》，七卷，《四庫全書存目叢書》集部二三冊，臺南：莊嚴文化事業有限公司，1997 年 6 月初版，據明萬曆十九年倪珵刻本影印。

3. 明・于孔兼，《山居稿》，八卷、首一卷，臺北：漢學研究中心景照明萬曆四○年序刊本。

4. 明・于謙，《于忠肅集》，一一卷，《景印文淵閣四庫全書》集部一二四四冊，臺北：臺灣商務印書館，1983 年 3 月。

5. 明・文徵明，《文徵明集》，三五卷、補輯三二卷，上海：上海古籍出版社，1987 年 8 月第一版。

6. 明・方孝孺，《遜志齋集》，二四卷、附錄一卷，《四部叢刊》初編，臺北：臺灣商務印書館，1965 年，據明刊本影印。

7. 明・方鵬，《矯亭存稿》，一八卷、續稿八卷，《四庫全書存目叢書》集部六一冊，台南：莊嚴文化事業有限公司，1997 年 6 月初版，據南京圖書館藏明嘉靖十四年刻十八年續刻本影印。

8. 明・王世貞，《弇州山人續稿》，二○七卷，《明人文集叢刊》，臺北：文海出版社，1970 年版。

9. 明・王世貞，《弇州山人續稿碑傳》，六七卷，《明人文集叢刊》一五○冊，臺北：明文書局，1991 年 10 月初版。

10. 明・王守仁，《王陽明全集》，四一卷，上海：上海古籍出版社，1997 年 8 月第一版。

11. 明・王光美，《松鶴齋草》，臺北：漢學研究中心景照明刊版。

12. 明・王艮，《重鐫心齋先生全集》，六卷，東京：高橋情報，據日本內閣文庫藏明萬曆間耿定力等刊本影印，1990 年。

13. 明・王行，《半軒集》，一二卷、補遺一卷、方外補遺一卷，《景印文淵閣四庫全書》集部一二三一冊，臺北：臺灣商務印書館，1983 年 3 月，據國立故宮博物院藏本影印。

14. 明・王宇，《烏衣集》二卷，臺北：漢學研究中心景照明天啟四年刊本。

15. 明・王廷相，五卷，《王廷相集》，北京：中華書局，1989 年 9 月第一版。

16. 明・王叔杲，《半山藏稿》，臺北：漢學研究中心景照萬曆二八年序刊版。

17. 明・王時槐，《塘南王先生友慶堂合稿》，七卷、補遺一卷，《四庫全書存目叢書》集部一四四冊，臺南：莊嚴文化事業有限公司，1997 年 6 月初版，據清光緒三十三重刻本影印。

18. 明·王褘,《王忠文公文集》,二四卷,《北京圖書館古籍珍本叢刊》,北京:書目文獻出版社,1988 年,據明嘉靖元年張齊刻本影印。

19. 明·王達撰、翟厚編,《天游文集》,九卷,臺北:國家圖書館善本室,明正統五年安定胡氏刊本。

20. 明·王畿,《王龍谿全集》,一六卷,臺北:華文書局,1970 年 5 月初版。

21. 明·王畿,《慕蓼王先生樗全集》,八卷,《四庫全書存目叢書》集部一七八冊,臺南:莊嚴文化事業有限公司,1997 年 6 月初版,據清乾隆二十四年王宗敏刻本影印。

22. 明·王褒,《三山王養靜先生集》,一○卷,《續修四庫全書》集部一三二六冊,上海:上海古籍出版社,2002 年 3 月第一版,據明成化十年謝光刻本影印。

23. 明·朱察卿,《朱邦憲集》,一○卷,《四庫全書存目叢書》集部一四五冊,臺南:莊嚴文化事業有限公司,1997 年 6 月初版,據北京大學圖書館藏明萬曆六年朱家法刻增修本影印。

24. 明·朱銖,《魯藩別乘》,四卷,臺北:漢學研究中心景照明刊本。

25. 明·朱賡,《朱文懿公文集》,一二卷,臺北:文海出版社,1970 年 3 月初版,據國家圖書館藏明天啟間刊本影印。

26. 明·江盈科,《江盈科集》,二五卷,長沙:岳麓書社,1997 年 4 月第一版。

27. 明·汪思,《方塘汪先生文粹》,五卷,臺北:漢學研究中心景照明萬曆三年序刊本。

28. 明·沈鯉,《亦玉堂稿》,一八卷,《景印文淵閣四庫全書》集部一二八八冊,臺北:臺灣商務印書館,1983 年 3 月,據國立故宮博物院藏本影印。

29. 明·何心隱,《何心隱集》,北京:中華書局,1960 年 9 月第一版。

30. 明·何良俊,《何翰林集》,二八卷,《四庫全書存目叢書》集部一四二冊,臺南:莊嚴文化事業有限公司,1997 年 6 月初版,據明嘉靖四十四年何氏香嚴精舍刻本影印。

31. 明·何宗彥,《何文毅公全集一○卷》,七冊,臺北:漢學研究中心景印明崇禎間刻本。

32. 明·何喬新,《椒邱文集》,三四卷、外集一卷,《景印文淵閣四庫全書》集部一二四九冊,臺北:臺灣商務印書館,1983 年 3 月。

33. 明·何喬遠,《鏡山全集》,三八卷,日本東京都:內閣文庫,1980 年。

34. 明·吳文奎,《蓀堂集》,七卷,臺北:漢學研究中心景照明萬曆三二年序刊本。

35. 明·吳亮采,《止園集》,二八卷、首一卷,臺北:漢學研究中心景照明天啟元年序刊本。

36. 明・吳寬，《匏翁家藏集》，七三卷，《四部叢刊》初編，臺北：臺灣商務印書館，1965 年，據明正德刊本影印。

37. 明・岳元聲，《潛初子文集》，六卷，臺北：漢學研究中心景照明刊版。

38. 明・宋訥，《西隱文薰》，一○卷，《明人文集叢刊》第一輯，臺北：文海出版社，1970 年，據中央圖書館藏萬曆六年滑縣刊本影印。

39. 明・宋濂，《宋濂全集》，杭州：浙江古籍出版社，1999 年 8 月第一版。

40. 明・宋濂，《宋學士續文粹》，二卷，臺北：國家圖書館藏明建文辛巳浦陽鄭氏義門書塾刊本。

41. 明・宋懋澄，《九籥集》，北京：中國社會科學出版社，1984 年 8 月第一版。

42. 明・李日華，《恬致堂集》，四○卷，《明代藝術家集彙刊續集》，臺北：國立中央圖書館，1971 年 10 月初版，據國家圖書館藏明末刻本影印。

43. 明・李開先，《李中麓閑居集》，一二卷，《四庫全書存目叢書》集部九二冊，臺南：莊嚴文化事業有限公司，1997 年 6 月初版，據南京圖書館藏嘉靖至隆慶刻本影印。

44. 明・李開先，《李開先全集》，二卷，北京：文化藝術出版社，2004 年 8 月第一版。

45. 明・李夢陽，《空同先生集》，四二卷，《明代論著叢刊》，臺北：偉文圖書出版社有限公司，1976 年 5 月。

46. 明・李陳玉，《退思堂集》，臺北：漢學研究中心景照明刊版。

47. 明・李濂，《李氏居室記》，五卷，臺北：漢學研究中心藏明嘉靖十二年李氏家刻本。

48. 明・汪道昆，《太函集》，一二六卷，《四庫全書存目叢書》集部一一七冊，臺南：莊嚴文化事業有限公司，1997 年 6 月初版，據明萬曆刻本影印。

49. 明・貝瓊，《清江貝先生文集》，三○卷、詩集一○卷、詩餘一卷，《四部叢刊初編》二五○冊，上海：上海書店，1989 年，據上海涵芬樓借景烏程許氏藏明刊本重印。

50. 明・周如磐，《澹志齋集》，一一卷，臺北：漢學研究中心景照明萬曆四七年序刊本。

51. 明・周拱辰，《聖雨齋集》，一卷，臺北：漢學研究中心景照清初刊本。

52. 明・段為袞，《搶榆館集》，八卷，臺北：漢學研究中心景照明萬曆四七年序刊本。

53. 明・林弼，《林登州遺集》，二三卷、附一卷，《北京圖書館古籍珍本叢刊》九九冊，北京：書目文獻出版社，1988 年，據清康熙四十五年林興刻本影印。

54. 明・邵寶，《容春堂集》，六一卷，《景印文淵閣四庫全書》集部一二五八冊，臺北：臺灣商務印書館，1983 年 3 月，據國立故宮博物院藏本影印。

55. 明・侯一元，《二谷山人集》，臺北：漢學研究中心景照明嘉靖三七年序刊本。

56. 明・姚綬，《穀菴集選》，七卷，臺北：臺灣學生書局，1973 年 3 月景印初版。

57. 明・姚翼，《玩畫齋雜著編》，八卷，《四庫全書存目叢書》集部一八八冊，臺南：莊嚴文化事業有限公司，1997 年 6 月初版，據明隆慶萬曆間自刻本影印。

58. 明・查鐸，《闡道集》，一○卷，臺北：漢學研究中心景照明萬曆三七年序刊本。

59. 明・洪朝選，《洪芳洲公文集》，不分卷，臺北：洪福增重印，1989 年十1 月。

60. 明・胡廣，《胡文穆公文集》，二○卷，《四庫全書存目叢書》集部二八冊，台南：莊嚴文化事業有限公司，1997 年 6 月初版，據復旦大學圖書館藏清乾隆十五年刻本影印。

61. 明・耿定向，《耿天臺先生文集》，一四卷，臺北：文海出版社，1970 年，明萬曆二六年刊本。

62. 明・夏尚朴，《夏東巖先生文集》，五卷，《北京圖書館古籍珍本叢刊》集部一○二冊，北京：書目文獻出版社，1988 年，據明嘉靖四十五年斯正刻本影印。

63. 明・唐順之，《重刊荊川先生文集》，一七卷、外集三卷，《四部叢刊初編》集部，臺北：臺灣商務印書館，1965 年，據上海商務印書館縮印明刊本影印。

64. 明・孫作，《滄螺集》，六卷，《常州先哲遺書》，臺北：藝文印書館，1971 年 10 月初版，據清光緒盛氏刻本影印。

65. 明・孫樓，《刻孫百川先生文集》，一二卷，《四庫全書存目叢書》集部一一二冊，臺南：莊嚴文化事業有限公司，1997 年 6 月初版，據明萬曆四十八年華滋蕃刻本影印。

66. 明・徐𤊹，《鼇峰集》，二八卷，《續修四庫全書》集部一三八一冊，上海：上海古籍出版社，1995 年，據明天啟五年南居益刻本影印。

67. 明・徐渭，《徐文長逸稿》，二四卷，北京：中華書局，1956 年 6 月第一版。

68. 明・徐渭《徐渭集》，北京：中華書局，1983 年 4 月第一版。

69. 明・徐渭，《刻徐文長先生秘集》，一一卷，《四庫全書存目叢書》子部一二九冊，臺南：莊嚴文化事業有限公司，1995 年 9 月初版，據天津圖書館藏明天啟刻本影印。

70. 明‧徐渭，《青藤書屋文集》，二七卷，《叢書集成新編》，臺北：新文豐出版公司，1985 年初版。

71. 明‧徐獻忠，《長谷集》，一二卷，臺北：國家圖書館藏明嘉靖四十四年袁汝是等松江刊本

72. 明‧鄒德涵《鄒聚所先生外集》，六卷，《四庫全書存目叢書》集部一五七冊，臺南：莊嚴文化事業有限公司，1997 年 6 月初版，據南京圖書館藏明萬曆鄒袞鄒袞刻本影印。

73. 明‧馬駉，《紫泉文集》，一卷，臺北：漢學研究中心景照明嘉靖刊本。

74. 明‧桑悅，《思玄集》，一六卷、附錄一卷，《四庫全書存目叢書》集部三九冊，臺南：莊嚴文化事業有限公司，1997 年 6 月初版，據明萬曆二年桑大協活字印本影印。

75. 明‧烏斯道，《春草齋集》，一二卷，《叢書集成續編》一三八冊，臺北：新文豐出版公司，1989 年 7 月，據《四明叢書》本排印。

76. 明‧袁中道，《珂雪齋集》，二五卷，上海：上海古籍出版社，1989 年 1 月第一版。

77. 明‧袁仁，《一螺集》，一卷，臺北：漢學研究中心景照明萬曆二四年序刊本。

78. 明‧高攀龍，《高子遺書》，六卷，《乾坤正氣集》一七冊，臺北：環球書局，1966 年 9 月，據清道光二十八年求是齋刊本景印。

79. 明‧凌湛初，《申椒館敝帚集》，四卷，臺北：漢學研究中心景照明刊本。

80. 明‧茅坤，《耄年錄》，九卷，《四庫全書存目叢書》集部一〇六冊，臺南：莊嚴文化事業有限公司，1997 年 6 月初版，據上海圖書館藏明萬曆刻本影印。

81. 明‧茅坤，《茅坤集》，二〇卷，杭州：浙江古籍出版社，1993 年 10 月第一版。

82. 明‧茅坤，《茅鹿山先生集》，一四卷，《續修四庫全書》集部一三四四冊，上海：上海古籍出版社，1997 年版，據明萬曆刻本影印。

83. 明‧許樂善，《適志齋稿》，六卷，臺北：漢學研究中心景印明天啟五年（1625）跋刊本。

84. 明‧張元忭，《不二齋文選》，七卷、附錄一卷，《四庫全書存目叢書》集部一五四冊，臺南：莊嚴文化事業有限公司，1997 年 6 月初版，據明萬曆張汝霖張汝懋刻本影印。

85. 明‧張岱，《瑯嬛文集》，六卷，長沙：岳麓書社，1985 年 8 月第一版。

86. 明‧張岳，《小山類稿》，四六卷，臺北：漢學研究中心景照明嘉靖三九年序刊本。

87. 明‧張瀚,《武林怡老會詩集》,《叢書集成續編》集部一五四冊,上海:上海書店,1994 年,據《武林掌故叢編》本影印。

88. 明‧張翀,《鶴樓集》,臺北:漢學研究中心景照明隆慶四年序刊本卷不明。

89. 明‧曹于汴,《仰節堂集》,一四卷,《景印文淵閣四庫全書》集部‧二三二冊,台北:台灣商務印書館,1986 年 3 月初版。

90. 明‧曹學佺,《石倉全集》,臺北:漢學研究中心景照明刊本。

91. 明‧屠隆,《白榆集》,九卷,臺北:國家圖書館藏明萬曆間刊本。

92. 明‧陳山毓,《陳靖質居士文集》,六卷,《四庫禁燬書叢刊》集部一四冊,北京:北京出版社,2000 年 6 月初版,據明天啟刻本影印。

93. 明‧陳謨,《海桑集》,五卷,《文淵閣四庫全書》一二三二冊,臺北:臺灣商務印書館,1983 年 3 月。

94. 明‧陳繼儒,《白石樵真稿》,一卷,《四庫禁燬書叢刊》集部六六冊,北京:北京出版社,2000 年 1 月第一版,據明崇禎刻本影印。

95. 明‧陳繼儒,《晚香堂集》,一○卷,《四庫禁燬書叢刊》集部六六冊,北京:北京出版社,2000 年 6 月初版,據明崇禎刻本影印。

96. 明‧陳繼儒,《陳眉公先生全集》,二三卷,明崇禎年間華亭陳氏家刊本。

97. 明‧湯紹祖,《續文選》,《四庫全書存目叢書》集部三三四冊,臺南:莊嚴文化事業有限公司,1997 年 6 月初版,據明萬曆三十年希貴堂刻本影印。

98. 明‧費元祿,《甲秀園集》,《四庫禁燬書叢刊》集部六二冊,北京:北京出版社,2000 年 6 月初版,據明萬曆刻本影印。

99. 明‧費元祿,《轉情集》,上卷,臺北:漢學研究中心景照明萬曆四六年序刊本。

100. 明‧陸深,《陸文裕公行遠集》,二四卷,《四庫全書存目叢書》集部五九冊,臺南:莊嚴文化事業有限公司,1997 年 6 月初版,據明陸起龍刻清康熙六十一年陸瀛齡補修本影印。

101. 明‧陸深,《儼山外集》,八卷,《景印文淵閣四庫全書》八八五冊,臺北:臺灣商務印書館,1983 年 3 月。

102. 明‧陸深,《儼山集‧續集》,五一卷,《文淵閣四庫全書》二○七冊,臺北:臺灣商務印書館,1986 年 3 月。

103. 明‧陶安,《陶學士先生文集》,二○卷,《北京圖書館古籍珍本叢刊》,北京:書目文獻出版社,1988 年,據明弘治十三年項經刻遞修本影印。

104. 明‧章懋,《楓山章先生集》,九卷、附實紀八卷,《百部叢書集成‧金華叢書》,臺北:藝文印書館,1968 年。

105. 明・焦竑，《澹園集》，七六卷，北京：中華書局，1999 年 5 月第一版。

106. 明・焦竑，《澹園續集》，二七卷，臺北：漢學研究中心景照明萬曆三九年序刊本。

107. 明・賀燦然，《六欲軒初稿》，一九卷，臺北：漢學研究中心景照明刊本。

108. 明・馮京第，《馮侍郎遺書》，八卷，附錄三卷，《四明叢書》二集三冊，臺北：國防研究院中華大典，1966 年。

109. 明・馮從吾，《馮少墟集》，二二卷、首一卷，《中國西北文獻叢書》第六輯，蘭州：古籍書店，1990 年。

110. 明・馮夢禎，《快雪堂集》，六四卷，《四庫全書存目叢書》集部一六五冊，臺南：莊嚴文化事業有限公司，1997 年 6 月初版，據明萬曆四十四年黃汝亨朱之蕃等刻本影印。

111. 明・黃仲昭，《未軒公文集》，一二卷、附錄一卷，臺北：漢學研究中心影照明嘉靖三十四年莆田黃氏家刊本。

112. 明・黃伯善，《菊山詩稿》，一五卷，臺北：漢學研究中心景照明萬曆二五年跋刊本。

113. 明・黃居中，《千頃齋集》，四卷，臺北：漢學研究中心景照明刊本。

114. 明・黃訓，《黃潭先生文集》，一〇卷，台北：中央研究院藏明嘉靖三十八年新安黃氏刊本）。

115. 明・黃潛，《未軒公文集》，六卷，臺北：漢學研究中心景照明嘉靖三十四年跋刊本。

116. 明・黃淳耀，《陶庵集》，二二卷、首一卷，《叢書集成續編》一四八冊，臺北：新文豐出版公司，1989 年，據《知不足齋叢書》本排印。

117. 明・黃綰，《久庵先生文選》，五卷，臺北：漢學研究中心景照萬曆刊版。

118. 明・黃樞《後圃黃先生存集》，臺北：國家圖書館善本書室，明嘉靖庚戌休寧黃氏古林山房重刊本。

119. 明・湛若水，《湛甘泉文集》，七卷，《四庫全書存目叢書》集部五六冊，臺南：莊嚴文化事業有限公司，1997 年 6 月初版，據山西大學圖書館藏清康熙二十年黃楷刻本。

120. 明・楊士奇，《東里文集》，北京：中華書局，1998 年 7 月第一版。

121. 明・楊起元，《太史楊復所先生證學編》，四卷、首一卷，《四庫全書存目叢書》子部九〇冊，臺南：莊嚴文化事業有限公司，1995 年 9 月初版，據明萬曆四十五年余永寧刻本影印。

122. 明・楊榮，《楊文敏公集》，二五卷、附錄一卷，《明人文集叢刊》第一輯，臺北：文海出版社，1970 年，據中央圖書館藏明正德十年建安楊氏重刊本影印。

123. 明‧楊維楨，《東維子集》，《景印文淵閣四庫全書》集部一二二一冊，臺北：臺灣商務印書館，1983 年 3 月，據國立故宮博物院藏本影印。

124. 明‧楊維楨，《東維子集》，三〇卷、首一卷、附錄一卷，《景印文淵閣四庫全書》集部一二二一冊，臺北：臺灣商務印書館，1983 年 3 月，據國立故宮博物院藏本影印。

125. 明‧萬士和，《萬文恭公摘集》，一二卷，《四庫全書存目叢書》集部一〇九冊，臺南：莊嚴文化事業有限公司，1997 年 6 月初版，據明萬曆二十年萬氏素履齋刻本影印。

126. 明‧臧懋循，《負苞堂詩選文選》，九卷，《四庫全書存目叢書》集部一六八冊，臺南：莊嚴文化事業有限公司，1997 年 6 月初版，據北京大學圖書館藏明天啟元年刻本影印。

127. 明‧趙用賢，《松石齋集》，三六卷，《四庫禁燬書叢刊》集部四一冊，北京：北京出版社，2000 年 6 月初版，據明萬曆刻本影印。

128. 明‧趙懷玉，《趙旬龍先生文集》，一〇卷，台北：漢學研究中心影印日本內閣文庫藏明家刊本。

129. 明‧劉基，《劉基集》，杭州：浙江古籍出版社，1999 年 12 月第一版。

130. 明‧劉麟，《清惠集》，一二卷，《景印文淵閣四庫全書》一二六四冊，臺北：臺灣商務印書館，1983 年 3 月。

131. 明‧鄭岳，《鄭山齋先生文集》，一二卷，《明人文集叢刊》，臺北：文海書局，1970 年初版。

132. 明‧鄭曉，《端簡鄭公文集》，五卷，《四庫全書存目叢書》集部八五冊，臺南：莊嚴文化事業有限公司，1997 年 6 月初版，據北京大學圖書館藏明萬曆二十八年鄭心材刻本影印。

133. 明‧潘恩，《潘笠江先生集》，一二卷、近稿一二卷、附錄一卷，《四庫全書存目叢書》集部八一冊，臺南：莊嚴文化事業有限公司，1997 年 6 月初版，據明嘉靖至萬曆刻本影印。

134. 明‧潘潢，《潘樸溪先生文集》，六卷，臺北：漢學研究中心景照明萬曆一二年刊本。

135. 明‧錢士升，《賜餘堂集》，一一卷，《四庫全書存目叢書》集部一〇冊，北京：北京出版社，2000 年第一版影印，據清乾隆四年錢佳刻本。

136. 明‧錢士鰲，《錢麓屏先生遺集》，三卷，臺北：漢學研究中心景照明萬曆年刊本。

137. 明‧錢琦，《錢臨江集》，一四卷，臺北：漢學研究中心景照明萬曆三二年刊本。

138. 明‧錢穀，《吳都文粹續集》，四五卷，《景印文淵閣四庫全書》一三八五冊，臺北：臺灣商務印書館，1983 年 3 月。

139. 明‧薛瑄,《薛瑄全集》,太原:山西人民出版社,1990 年 8 月第一版。

140. 明‧歸有光,《歸震川集》,三〇卷、別集一〇卷、卷首一卷、目錄一卷,附錄一卷,《中國學術名著》第三集一三冊,臺北:世界書局,1960 年 8 月初版。

141. 明‧聶豹,《雙江聶先生文集》,一四卷,《四庫全書存目叢書》集部七二冊,臺南:莊嚴文化事業有限公司,1995 年 9 月初版,據明嘉靖四十三年吳鳳瑞刻隆六年印本影印。

142. 明‧魏裳,《雲山堂集》,六卷,臺北:漢學研究中心景照明萬曆七年序刊本。

143. 明‧羅汝芳,《羅明德公文集》,五卷,東京高橋情報據日本內閣文庫藏明崇禎五年序刊本影印,1994 年。

144. 明‧羅洪先,《石蓮洞羅先生文集》,二五卷、目錄一卷,東京:高橋情報,據日本內閣文庫藏明萬曆四十五年跋陳于廷校梓刊本影印,1993 年。

145. 明‧羅洪先,《念菴文集》,三卷,臺北:商務印書館,1983 年。

146. 明‧羅近溪,《盱壇直詮》,上卷,臺北:廣文書局,1967 年。

147. 明‧蘇伯衡,《蘇平仲集》,一六卷,《叢書集成新編》六七冊,臺北:新文豐出版公司,1985 年元月,據《金華叢書》本排印。

148. 明‧顧起元,《嬾真草堂集》,五〇卷,臺北:文海出版社,1970 年 3 月初版,據國家圖書館藏明萬曆四十二年刊本影印。

149. 明‧顧清,《東江家藏集》,二五卷,臺北:中央研究院藏明嘉靖間華亭顧氏家刊本。

150. 明‧譚元春,《譚元春集》,二五卷,上海:上海古籍出版社,1998 年 12 月第一版。

151. 清‧全祖望,《全祖望集彙校集注》,不分卷,上海:上海古籍出版社,2000 年 8 月第一版。

152. 清‧朱彝尊,《曝書亭集》,八〇卷、目錄一卷、序一卷,《中國文學名著》第六集,臺北:世界書局,1989 年 4 月再版。

153. 清‧呂留良,《呂晚邨文集》,九卷,臺北:臺灣商務印書館,1977 年 3 月初版。

154. 清‧李桓,《國朝耆獻類徵初編》,四六一卷,臺北:文海出版社,1966 年臺初版。

155. 清‧李漁,《一家言文集》,四卷、詩集六卷,《四庫禁燬書叢刊》補編八五冊,北京:北京出版社出版,2005 年,據清康熙刻本影印。

156. 清‧張履祥,《楊園先生全集》,五四卷,北京:中華書局,2002 年 6 月第一版。

157. 清‧莫秉清，《傍秋庵文集》，四卷，《明清史料彙編》八集，臺北：文海出版社，1973 年 3 月初版。

158. 清‧錢謙益，《牧齋有學集》，五○卷，上海：上海古籍出版社，2003 年 8 月第一版。

159. 清‧錢謙益，《牧齋初學集》，一一○卷，《四部叢刊初編》集部，上海：上海商務印書館，1929 年版，據明崇禎癸未刻本影印。

160. 清‧戴名世，《戴名世集》，一四卷，北京：中華書局，1986 年 2 月第一版。

161. 清‧戴殿泗，《風希堂文集》，四卷，《續修四庫全書》集部一四七一冊，上海：上海古籍出版社，1995 年，據清道光八年九靈山房刻本影印。

162. 清‧顏元，《顏元集》，北京：中華書局，1987 年 6 月第一版。

163. 清‧魏禧，《魏叔子文集外篇》，二二卷、日錄三卷、詩集八卷，《續修四庫全書》集部一四○八～一四○九冊，上海：上海古籍出版社，1995 年 6 月，據清易堂刻《寧都三魏全集》本影印。

164. 清‧魏禧，《魏叔子日錄》，一卷，《續修四庫全書》集部一四○九冊，上海：上海古籍出版社，1995 年 6 月，據清易堂刻寧都《三魏全集》本影印。

165. 清‧顧炎武，《亭林詩文集》，二卷，香港：中華書局，1976 年 4 月，據上海涵芬樓景印康熙本。

（三）方志

1. 明‧方岳貢等，《崇禎‧松江府志》，五八卷，《日本藏中國罕見地方志叢刊》，北京：書目文獻出版社，1991 年 10 月第一版，據明崇禎三年刻本影印。

2. 明‧牛若麟，《崇禎‧吳縣志》，四七卷，《天一閣藏明代方志選刊續編》一九冊，上海：上海書店，1990 年十二初版，據明崇禎刊本影印。

3. 明‧何三畏，《雲間志略》，二四卷，《四庫禁燬書叢刊》史部八冊，北京：北京出版社，2000 年 6 月初版，據明天啟刻本影印。

4. 明‧李培等，《萬曆‧秀水縣志》，一○卷，《中國方志叢書》華中五七冊，臺北：成文出版社，1970 年 8 月臺一版，據明萬曆二十四年修民國十四年鉛字重刻本影印。

5. 明‧周士佐修、張寅纂，《太倉州志》，一○卷，《天一閣藏明代方志選刊續編》二○，上海：上海書店，1990 年十二初版，據明崇禎二年劉彥心重刊本影印。

6. 明‧張德夫《隆慶‧長洲縣志》，一四卷，《天一閣藏明代方志選刊續編》，上海：上海書店，1990 年十二初版，據明隆慶五年刻本影印。

7. 明‧樊維城、胡震亨等纂修，十六卷，《天啟‧海鹽縣圖經》，《四庫全書存目叢書》史部二〇八冊，臺南：莊嚴文化事業有限公司，1997 年 6 月初版，據明天啟刻本影印。

8. 明‧薛應旂等，《嘉靖‧浙江通志》，七二卷，《天一閣藏明代方志選刊續編》二六冊，上海：上海書店，1990 年 12 月第一版，據明嘉靖刻本影印。

9. 清‧王彬等，《光緒‧海鹽縣志》，卷末，《中國方志叢書》華中二〇七冊，臺北：成文出版社，1975 年 8 月臺一版，據清光緒二年刻本影印。

10. 清‧李衛等，《光緒‧浙江通志》，二八三卷，上海：商務印書館，1934 年 10 月再版，據清光緒二十五年重刻本影印。

11. 清‧宋如林等，《嘉慶‧松江府志》，八七卷，《續修四庫全書》史部‧六八八冊，上海：上海古籍出版社，2002 年 3 月第一版，據華東師範大學圖書館藏清嘉慶二十三年松江府學刻本影印。

12. 清‧許瑤光等，《光緒‧嘉興府志》，九〇卷，《中國方志叢書》華中五三冊，臺北：成文出版社，1970 年 8 月臺一版，據清光緒五年刻本影印。

13. 清‧應寶時等，《同治‧上海縣志》，卷三二，《中國方志叢書》華中二〇七冊，臺北：成文出版社，1975 年臺一版，據清同治十一年刻本影印。

（四）書目

1. 明‧李鶚翀，《江陰李氏得月樓書目摘錄》，一卷，《明代書目題跋叢刊》下冊，北京：書目文獻出版社，1994 年元月第一版。

2. 明‧祁承㸁，《澹生堂藏書目》，一四卷，《叢書集成續編》第三冊，臺北：新文豐出版公司，1989 年，據《紹興先正遺書》排印。

3. 明‧徐𤊱，《徐氏紅雨樓書目》，四卷，《書目類編》二八冊，臺北：成文出版社，1978 年，據民國四十六年排印本影印。

4. 明‧殷仲春，《醫藏書目》，一卷，《明代書目題跋叢刊》下冊，北京：書目文獻出版社，1994 年元月第一版，據舊鈔本影印。

5. 明‧曹溶，《絳雲樓書目題詞》，一卷，臺北：國家圖書館藏清咸豐三年刻本。

6. 明‧曹溶，《靜惕堂宋元人集書目》，二卷，《觀古堂彙刻書》，台北：文海出版社，1971 年 7 月初版。

7. 明‧陳第，《世善堂藏書目錄》，二卷，《叢書集成新編》第二冊，臺北：新文豐出版公司，1985 年，據《知不足齋叢書》本排印。

8. 明‧葉盛，《菉竹堂書目》，六卷，《叢書集成新編》二冊，臺北：新文豐，1985 年版，據粵雅堂叢書本排印。

9. 清‧丁申，《武林藏書錄》，四卷，《中國目錄學名著》第一輯，臺北：世界書局，1980 年 10 月四版。

10. 清・毛扆，《汲古閣珍藏秘本書目》，《叢書集成新編》二冊，臺北：新文豐出版公司，1985 年，據士禮居叢書本排印。

11. 清・黃丕烈，《士禮居藏書題跋記》，六卷，《續修四庫全書》史部九二三冊，上海：上海古籍出版社，1997 年版，據清光緒十年滂喜齋刻本影印。

12. 清・黃丕烈，《黃丕烈書目題跋・蕘圃藏書題識》，一〇卷，《清人書目題跋叢刊》六，北京：中華書局，1993 年元月第一版。

13. 清・瞿鏞，《鐵琴銅劍樓藏書目錄》，二四卷，《書目叢編》，臺北：廣文書局，1989 年 7 月再版，據清刻本影印。

二、論著

（一）專書

1. 毛文芳，《晚明閒賞美學》，臺北：臺灣學生書局，2000 年 4 月初版。

2. 方祖猷，《王畿評傳》，南京：南京大學出版社，2001 年 5 月第一版。

3. 王春南等，《宋濂、方孝儒評傳》，南京：南京大學出版社，1998 年 12 月第一版。

4. 王春瑜，《明朝的酒文化》，臺北：東大圖書公司，1990 年 8 月初版。

5. 王凱旋、李洪權編著，《明清生活掠影》，瀋陽：瀋陽出版社，2001 年十1 月第一版。

6. 王爾敏，《明清社會文化生態》，臺北：臺灣商務印書館，1997 年 10 月初版。

7. 王澄編著，《揚州刻書考》，揚州：廣陵書社，2003 年 8 月第一版。

8. 丰家驊，《楊慎評傳，南京：南京大學出版社，1998 年 12 月第一版。

9. 石昌渝，《通俗小說源流論》，北京：三聯書店，1995 年 10 月第一版。

10. 任繼愈，《中國藏書樓》，瀋陽：遼寧人民出版社，2001 年 1 月第一版。

11. 朱倩如，《明人的居家生活》，宜蘭：明史研究小組，2003 年 8 月初版。

12. 朱漢民，《中國的書院》，臺北：臺灣商務印書館，1993 年 10 月初版。

13. 何宗美，《明末清初文人結社研究》，天津：南開大學出版社，2003 年 1 月第一版。

14. 余英時，《中國近世宗教倫理與商人精神》，臺北：聯經出版事業公司，1987 年 1 月初版。

15. 李劍雄，《焦竑評傳》，南京：南京大學出版社，1998 年 12 月第一版。

16. 吳智和，《明清時代飲茶生活》，臺北：博遠出版有限公司，1990 年 10 月初版。

17. 吳智和，《明代的儒學教官》，臺北：臺灣學生書局，1991 年 3 月初版。

18. 吳智和,《明人飲茶生活文化》,宜蘭:明史研究小組,1996 年 8 月初版。

19. 吳調公、王愷,《自在自娛自新自懺——晚明文人心態》,蘇州:蘇州大學出版社,1998 年 9 月第一版。

20. 呂士朋,《明代史》,臺北:國立空中大學,2006 年 12 月初版。

21. 呂妙芬,《陽明學士人社群:歷史、思想與實踐》,臺北:中央研究院近代史研究所,1992 年初版。

22. 杜聯喆編,《明人自傳文鈔》,臺北:藝文印書館,1977 年元月初版。

23. 李清志,《古書版本鑑定研究》,臺北:文史哲出版社,1986 年 9 月初版。

24. 李瑞良,《中國古代圖書流通史》,上海:上海人民出版社,200 年 5 月第一版。

25. 步近智等,《顧憲成、高攀龍評傳》,南京:南京大學出版社,1998 年 12 月第一版。

26. 周志文,《晚明學術與知識分子論叢》,臺北:大安出版社,1999 年 3 月第一版。

27. 周作人編,《明人小品集》,臺北:金楓出版有限公司,1987 年 1 月初版。

28. 周彥文,《毛晉汲古閣刻書考》,臺北:東吳大學中文研究所碩士論文,1980 年 6 月。

29. 周彥文,《千頃堂書目研究》,臺北:東吳大學中國文學研究所博士論文,1985 年 1 月。

30. 周群,《袁宏道評傳》,南京:南京大學出版社,1999 年 12 月第一版。

31. 林品香,《我國歷代活字版印刷史研究》,臺北:中國文化大學史學研究所碩士論文,1981 年 6 月。

32. 林慶彰,《明代考據學研究》,臺北:臺灣學生書局,1883 年 7 月初版。

33. 金炫廷,《明人的鑑賞生活—江南文人的鑑賞活動與鑑賞自娛》,台北:中國文化大學史學研究所博士論文,2004 年 6 月。

34. 南炳文等著,《明代文化研究》,北京:人民出版社,2006 年 6 月第一版。

35. 胡樸安等,《校讎學》,臺北:臺灣商務印書館,1990 年 7 月臺二版。

36. 范宜如,《風雅淵源——文人生活的美學》,臺北:臺灣書店,1998 年初版。

37. 范鳳書,《中國私家藏書史》,鄭州:大象出版社,2001 年 7 月第一版。

38. 高彥頤著、李志生譯,《閨塾師:明末清初江南的才女文化》,南京:江蘇人民出版社,2005 年 1 月第一版。

39. 唐明邦,《李時珍評傳》,南京:南京大學出版社,1991 年 3 月第一版。

40. 夏咸淳,《晚明士風與文學》,北京:中國社會科學出版社,1994 年 7 月第一版。

41. 孫立群，《中國古代的士人生活》，北京：商務印書館，2003 年 12 月第一版。

42. 展望之，《居室雅趣：中國裝飾文化》，上海：上海古籍出版社，1999 年第一版。

43. 曼古埃爾著、吳昌杰譯，《閱讀史》，北京：商務印書館，2002 年 5 月第一版。

44. 張秀民，《中國印刷史》，上海：上海人民出版社，1989 年 4 月第一版。

45. 張明仁編，《古今名人讀書法》，臺北：臺灣商務印書館，2006 年 6 月臺一版。

46. 張祥浩，《王守仁評傳》，南京：南京大學出版社，1997 年 2 月第一版。

47. 張嘉昕，《明人的旅遊生活》，宜蘭：明史研究小組，2004 年 8 月初版。

48. 張德建，《明代山人文學研究》，長沙：湖南人民出版社，2005 年 1 月第一版。

49. 張懋鎔，《書畫與文人風尚》，臺北：文津出版社，1989 年 8 月初版。

50. 曹正文，《書香心怡──中國藏書文化》，上海：上海古籍出版社，1994 年 12 月第一版。

51. 曹淑娟，《晚明性靈小品研究》，臺北：文津出版社，1988 年 7 月初版。

52. 許媛婷，《明代藏書文化研究》，臺北：中國文化大學中國文學研究所博士論文，2002 年 6 月。

53. 郭英德、過常寶，《雅風美俗之明人奇情》，臺北：雲龍出版社，1996 年 2 月初版。

54. 陳昭珍，《明代書坊之研究》，臺北：國立台灣大學圖書館研究所碩士論文，1984 年 7 月。

55. 陳冠至，《明代的蘇州藏書──藏書家的藏書活動與藏書生活》，宜蘭：明史研究小組，2002 年 2 月初版。

56. 陳冠至，《明代的江南藏書－五府藏書家的藏書活動與藏書生活》，宜蘭：明史研究小組，2006 年 10 月初版。

57. 陳萬益，《晚明小品與明季文人生活》，臺北：大安出版社，1988 年 6 月初版。

58. 陳萬益，《性靈之聲──明清小品》，書序篇，（臺北：時報文化出版社，1981 初版

59. 陳寶良，《中國的社與會》，杭州：浙江人民出版社，1996 年 3 月第一版。

60. 傅璇琮等，《中國藏書通史》，寧波：寧波出版社，2001 年 2 月第一版。

61. 程勉中，《中國書院書齋》，重慶：重慶出版社，2002 年 4 月第一版。

62. 葉樹聲等，《明清江南私人刻書史略》，合肥：安徽大學出版社，2000 年 5 月第一版。

63. 雷家宏，《中國古代鄉里生活》，臺北：臺灣商務印書館，1998 年十 1 月 初版。

64. 雷慶銳，《晚明文人思想探微：《型世言》評點與陸云龍思想研究》，北京： 中國社會科學出版社，2006 年 12 月第一版。

65. 趙志偉，《書聲琅琅：中國古人讀書生活》，上海：上海人民出版社，2001 年 1 月第一版。

66. 趙前，《明本：插圖珍藏本》，《中國版本文化叢書》，南京：江蘇古籍出 版社，2003 年 8 月第一版。

67. 劉大杰，《中國文學發展史》，臺北：華正書局，1976 年 1 月台一版。

68. 劉天華，《畫境文心——中國古典園林之美》，北京：生活‧讀書‧新知 三聯書店，1994 年 10 月第一版。

69. 劉兆祐，《認識古籍版刻與藏書家》，臺北：臺灣書店，1997 年 6 月初版。

70. 劉兆祐，《中國目錄學》，臺北：五南圖書公司，1998 年 7 月初版。

71. 鄭幸雅，《晚明清言研究》，嘉義：中正大學中文研究所博士論文，2000 年 6 月。

72. 錢伯城等編，《全明文》，上海：上海古籍出版社，七一卷，1992 年。

73. 錢茂偉，《明代史學的歷程》，北京：社會科學文獻出版社，2003 年 10 月第一版。

74. 謝水順，《福建古代刻書》，福州：福建人民出版社，，1997 年 6 月第一版。

75. 謝國禎，《明清筆記叢談》，上海：上海古籍出版社，1981 年第一版。

76. 韓兆琦，《中國古代隱士》，臺北：臺灣商務印書館，1998 年 12 月初版。

77. 羅中峰，《中國傳統文人審美生活方式之研究》，臺北：洪葉文化事業有 限公司，2000 年 2 月初版。

78. 日‧井上進，《中國出版文化史─書物世界と知の風景》，名古屋：名古 屋大學出版會，2002 年 1 月第一版。

（二）論文

1. 方品光，〈明代福建著名鈔書家——謝肇淛〉，《福建省圖書館學會通訊》， 1981 年三期。

2. 王正華，〈生活、知識與文化商品：晚明福建版「日用類書」與其書畫門〉， 《中央研究院近代史研究所集刊》，四一期，2003 年 9 月。

3. 王利偉，〈儒家文化對類書編纂之影響〉，《圖書與情報》，四期，2004 年 4 月。

4. 王明洪，〈明清時期的書齋文化〉，《文史月刊》，1996 年 7 月七期。

5. 王美英，〈試論明代的私人藏書〉，《武漢大學學報》哲學社會科學版，1994 年四期。

6. 王叔岷，〈論校書之難〉，《文史論叢》，九龍：中華書局香港分局，1974 年 3 月港版。

7. 王賡武，〈中國社會中的學者：歷史背景〉，收入《歷史的功能》，香港：中華書局，1990 年 6 月。

8. 朱倩如，〈明人的獨居生活〉，《明史研究專刊》，一五期，2006 年 10 月。

9. 朱倓，〈明季杭州讀書社考〉，《國學季刊》，二卷二號，1929 年 12 月。

10. 江慶柏，〈圖書與明清蘇南社會〉，《中國典籍與文化》，1999 年三期。

11. 汪燕崗，〈明代中晚期南京書坊和通俗小說〉，《南京社會科學》，2004 年一〇期。

12. 李緒柏，〈明清廣東的詩社〉，《廣東社會科學》，三期，2001 年 3 月。

13. 吳平，〈古代書商的經營作風──宋明清諸朝代淺析〉，《圖書情報知識》，1984 年四期。

14. 吳哲夫，〈古代藏書家的胸襟〉，《故宮文物月刊》，六卷一期，1988 年 4 月。

15. 吳智和，〈謝肇淛的史學〉，《中央研究院第二屆國際漢學會議論文集》，1998 年 6 月。

16. 吳智和，〈明人習靜休閒生活〉，《華岡文科學報》，二五期，2002 年 3 月。

17. 吳智和，〈明人山水休閒生活〉，《漢學研究》，二〇卷一期，2002 年 6 月。

18. 吳蕙芳，〈「日用」與「類書」的結合──從《事林廣記》到《萬事不求人》〉，《輔仁歷史學報》，一六期，2005 年 7 月。

19. 呂士朋，〈明代在國史上的地位〉，《東海大學歷史學報》，二期，1978 年。

20. 呂允在，〈明代浙江山陰世家張元忭的文人生活與著述〉，《藝術學報》，三卷二期，2007 年 10 月。

21. 呂妙芬，〈婦女與明代理學的性命追求〉，收入羅久蓉主編，《無聲之聲：近代中國的婦女與文化，一六〇〇～一九五〇》，臺北：中央研究院近代史研究所，2003 年。

22. 李家駒，〈我國古代藏書樓的典藏管理與利用（下）〉，《教育資料與圖書館學》，二五卷二期，1987 年 12 月。

23. 李景林，〈孔子「述、作」之義與文化的繼承性〉，《天津社會科學》，二〇〇年六期。

24. 沈津，〈明代坊刻圖書之流通與價格〉，《國家圖書館館刊》，一期，1996 年 7 月。

25. 沈祖牟，〈謝鈔考〉，《福建文化》，一卷一期，1941 年 3 月。

26. 周少川，〈古代私家藏書樓的構建與命名〉，《中國典籍與文化》，2000 年一期。

27. 周志斌，〈論晚明商潮中的儒士〉，《長白論叢》，1994 年二期。

28. 昌彼得，〈談善本書〉，收入《版本目錄學論叢》一，臺北：學海出版社，1977 年 8 月初版。

29. 邵曼珣，〈明代中期蘇州文人尚趣之研究〉，《古典文學》，一二期，1992 年 10 月。

30. 邱少華，〈李贄——晚明人文主義新思潮的先驅者〉，《首都師範大學學報（社會科學版）》，1995 年四期。

31. 邱澎生，〈明代蘇州營利出版事業及其社會效應〉，《九州學刊》，五卷二期，1992 年 10 月。

32. 高千惠，〈先民智慧的結晶——談我國古代的叢書與類書〉，《故宮文物月刊》，一八卷一○期，2001 年 1 月。

33. 高瑞春，〈從「述而不作」看孔子的寫作觀〉，《曲靖師範學院學報》，二二卷一期，2003 年 1 月。

34. 夏咸淳，〈明代後期文士與商人的關係〉，《社會科學》，1993 年七期。

35. 郭英德，〈明代文人結社說略〉，《北京師範大學學報》，四期，1992 年 4 月。

36. 崔文印，〈明代叢書的繁榮〉，《史學史研究》，1996 年三期。

37. 張民服，〈明清時期的私人刻書、販書及藏書活動〉，《鄭州大學學報》，1993 年五期。

38. 張秀民，〈明代南京的印書〉，《文物》，1980 年一一期。

39. 張學智，〈儒家文化的精神與價值觀〉，《哲學與文化》，二七卷三期，2000 年 9 月。

40. 曹之，〈古代鈔撰著作小考〉，《河南圖書館學報》，一九卷二期，1999 年 6 月。

41. 陳一弘，〈類書的體式、編輯作用、侷限與普遍性〉，《國立編譯館館刊》，二九卷一期，2000 年 6 月。

42. 陳香，〈藏書家列傳（三）——彙介歷來的藏書家及私人書目〉，《書評書目》，三一期，1975 年 10 月。

43. 陳香，〈藏書家列傳（四）——彙介歷來的藏書家及私人書目〉，《書評書目》，三一期，1975 年十 1 月。

44. 陳學文，〈論明清江南流動圖書市場〉，《浙江學刊》，1998 年六期。

45. 陳寶良，〈明代文人辨析〉，《漢學研究》，一九卷一期，2001 年 6 月。

46. 傅杰，〈明代以前的古籍校勘述略〉，《福州大學學報》哲學社會科學版，一四卷三期，2000 年 7 月。

47. 喬衍琯，〈論千頃堂書目經義考與明志的關係〉，《國立中央圖書館館刊》，新十卷一期，1977 年 6 月。

48. 嵇文甫，〈晚明考證學風的興起〉，《鄭州大學學報》人文科學版，1963 年三期。

49. 黃仁宇，〈明朝：一個內向的國家〉，《歷史月刊》，五五期，1992 年 8 月。

50. 黃仁宇，〈晚明：一個停滯但注重內省的時代〉，《歷史月刊》，五六期，1992 年 9 月。

51. 黃志民，〈明人詩社淵源考〉，《中華學苑》，一一期，1973 年三期。

52. 黃明理，〈「晚明文人」型態之研究〉，《國立臺灣師範大學國文研究所集刊》，三四號，1990 年 6 月。

53. 黃桂蘭，〈晚明文士風尚〉，《東南學報》，一五期，1992 年 12 月。

54. 黃繼持，〈明代中葉文人型態〉，《明清史集刊》，一卷，1985 年。

55. 楊柏榕，〈關於中國古代藏書家評價問題〉，《四川圖書館學報》，1991 年二期。

56. 趙映林，〈中國古代的隱士與隱逸文化〉，《歷史月刊》，九九期，1996 年 4 月。

57. 劉水雲，〈明末清初文人結社與演劇活動〉，《南通師範學院學報》，一七卷一期，2001 年 3 月。

58. 劉意成，〈私人藏書與古籍保存〉，《圖書館雜誌》，三期，1983 年 9 月。

59. 劉春華，〈《四庫全書・子部・雜家類・雜纂之屬》與《四庫全書・子部・類書類》之比較〉，《淮北煤炭師範學院學報》，二八卷三期，2007 年 6 月。

60. 暴鴻昌，〈明清時代書齋文化散論〉，《齊魯學刊》，1992 年二期。

61. 鄭利華，〈士商關係嬗變：明代中期社會文化形態變更的一個側面〉，《學術月刊》，1994 年六期。

62. 蕭東發，〈建陽余氏刻書考略〉，《文獻》二一期，1984 年。

63. 謝景芳，〈明人士、商互識論〉，《明史研究專刊》，十一期，1994 年 12 月。

64. 韓文寧，〈明清江浙藏書家的主要功績和歷史局限〉，《東南文化》，1997 年二期。

65. 嚴佐之，〈目錄學對古籍整理的功用〉，《圖書館雜誌》，1982 年第四期。

三、參考工具書

1. 清・永瑢、紀昀等奉敕撰，《四庫全書總目提要》，上海：商務印書館，1993 年，據《萬有文庫》版本印行。

2. 清‧錢保塘，《歷代名人生卒錄》，北京：北京圖書館出版社，2002 年 10 月第一版。

3. 不注編者，《中日現藏三百種明代地方志傳記索引》，臺北：大化書局，1989 年 6 月再版。

4. 中文大辭典編纂委員會，《中文大辭典》，臺北：中國文化大學出版部，1985 年 5 月七版。

5. 中國社會科學院歷史研究所明史研究室編，《中國近八十年明史論著目錄》，鎮江：江蘇人民出版社，1981 年 2 月第一版。

6. 中國美術全集編輯委員會編，《中國美術全集》，北京：人民美術出版社，1989 年 8 月第一版。

7. 中國學術期刊電子雜誌社等，《中國學術期刊全文數據庫》，北京：中國學術期刊電子雜誌社，1915 年 1 月～至今。

8. 四庫全書存目叢書編纂委員會，《四庫全書存目叢書‧目錄索引》，台南：莊嚴文化事業有限公司，1997 年 10 月初版一刷。

9. 王余光等，《中國讀書大辭典》，南京：南京大學出版社，1997 年 9 月第一版第四刷。

10. 王重民，《中國善本書提要》，臺北：明文書局，1984 年 12 月初版。

11. 王德毅，《中華民國臺灣地區公藏方志目錄》，臺北：漢學研究資料及服務中心，1985 年 3 月初版。

12. 王德毅，《明人別名字號索引》，臺北：新文豐出版股份有限公司，2000 年 3 月台一版。

13. 池秀雲，《歷代名人室名別號辭典》，太原：山西古籍出版社，1998 年元月第一版。

14. 任繼愈，《中國版本文化叢書》，南京：江蘇古籍出版社，2003 年 8 月第一版。

15. 杜產明、孫亞夫，《中華名人書齋大觀》，上海：漢語大詞典出版社，1997 年 9 月第一版。

16. 吳智和，《明史研究中文報刊論文專著分類索引》，不注出版地：不注出版社，1979 年 6 月。

17. 吳智和等，《戰後台灣的歷史學研究 1945～2000‧明清史》，第五冊，臺北：行政院國家科學委員會，2004 年初版。

18. 吳智和，〈民國以來的明代史料整理與研究〉，《中華民國史專題論文集第四屆討論會》，台北：國史館，1998 年 12 月初版。

19. 吳智和，《中國史研究指南 VI‧明史》，臺北：聯經出版事業公司，1990 年 5 月初版。

20. 李小林等,《明史研究備覽》,天津:天津教育出版社,1988 年 2 月第一版。

21. 李玉安等,《中國藏書家辭典》,武漢:湖北教育出版社,1989 年 9 月第一版。

22. 沈乾一編,《叢書書目彙編》,上海:上海醫學書局印行,1928 年正月初版。

23. 周駿富,《明代傳記叢刊索引》,臺北:明文書局,1991 年 10 月初版。

24. 周駿富,《清代傳記叢刊索引》,臺北:明文書局,1986 年元月版。

25. 柏陽,《中國歷史年表》(上、下冊),臺北:躍昇文化事業有限公司,1994 年元月初版。

26. 明史編纂委員會,《中國歷史大辭典‧明史卷》,上海:上海辭書出版社,1995 年 12 月第一版。

27. 姜亮夫,《歷代名人年里碑傳總表》,臺北:臺灣商務印書館,1993 年 11 月台一版四刷。

28. 故宮博物院編著,《故宮博物院藏畫精選》,香港:讀者文摘亞洲有限公司,1981 年。

29. 故宮博物院藏畫集編輯委員會編,《中國歷代繪畫‧故宮博物院藏畫集》(四),北京:人民美術出版社,1986 年 12 月第一版。

30. 孫豒,《中國畫家大辭典》,西安:中國書店,1990 年 8 月第一版。

31. 國立中央圖書館,《中華民國期刊論文索引》,臺北:國立中央圖書館,1970 年 1 月～至今。

32. 國立中央圖書館,《四庫經籍提要索引》,臺北:國立中央圖書館,1994 年 6 月初版。

33. 國立中央圖書館,《明人傳記資料索引》,臺北:國立中央圖書館,1978 年元月再版。

34. 國立中央圖書館特藏組,《國立中央圖書館善本書目》,臺北:國立中央圖書館,1986 年 12 月增訂二版。

35. 國立中央圖書館特藏組,《臺灣公藏方志聯合目錄增訂本》,台北:國立中央圖書館,1981 年 10 月初版。

36. 國立故宮博物院編輯委員會,《故宮書畫圖錄》(六),臺北:國立故宮博物院,1991 年 9 月初版。

37. 國立故宮博物院編輯委員會,《故宮書畫圖錄》(七),臺北:國立故宮博物院,1991 年 11 月初版。

38. 國立故宮博物院編輯委員會,《故宮書畫圖錄》(八),臺北:國立故宮博物院,1991 年 12 月初版。

39. 國立故宮博物院編輯委員會，《故宮書畫圖錄》（九），臺北：國立故宮博物院，1992 年 3 月初版。

40. 新興書局編者，《筆記小說大觀叢刊索引》（附：筆畫檢字），臺北：新興書局，1981 年 12 月初版。

41. 漢學研究中心資料組，《漢學研究中心景照海外佚存古籍書目初編》，臺北：漢學研究中心，1990 年 3 月初版。

42. 劉復、李家瑞，《宋元以來俗字譜》，臺北：中央研究院歷史語言研究所發行，一九三０年 2 月初版，1992 年 12 月景印一版。

43. 張慧劍，《明清江蘇文人年表》，上海：上海古籍出版社，1986 年 12 月第一版。

44. 梁戰等，《歷代藏書家辭典》，西安：陝西人民出版社，1991 年 10 月第一版。

45. 陳德芸，《古今人物別名索引》，臺北：新文豐出版公司，1978 年 9 月初版。

46. 楊家駱，《中國文學名著》，臺北：世界書局，1989 年 4 月再版。

47. 楊廷福等，《明人室名別稱字號索引》，上海：上海古籍出版社，2002 年 12 月第一版。

48. 楊廷福等，《清人室名別稱字號索引》，臺北：文史哲出版社，1989 年十1 月台一版。

49. 漢學研究中心，《臺灣地區漢學論著選目彙編本・民國七十一年～七十五年》，臺北：漢學研究中心，1990 年 6 月再版。

50. 漢學研究中心，《臺灣地區漢學論著選目彙編本・民國七十六年～八十年》，臺北：漢學研究中心，1992 年 6 月初版。

51. 中華文化復興運動推行委員會四庫全書索引編纂小組主編，《四庫全書文集篇目分類索引》（雜文之部），臺北：臺灣商務印書館，1989 年 2 月初版。

52. 漢學研究中心資料組，《漢學研究中心景照海外佚存古籍書目初編》，臺北：漢學研究中心，1990 年 3 月初版。

53. 趙毅等，《二十世紀明史研究綜述》，長春：東北師範大學出版社，2002 年 11 月第一版。

54. 蔡金重，《清代書畫家字號引得》，臺北：成文出版社，1968 年初版。

55. 盧震京，《圖書學大辭典》，臺北：臺灣商務印書館，1984 年 12 月修訂臺三版。

56. 薛仲三等，《兩千年中西曆對照表》，臺北：學海出版社，1993 年十1 月再版。

57. 謝國楨，《增訂晚明史籍考》，上海：上海古籍出版社，1981 年 2 月第一版。

58. 瞿冕良，《中國古籍版刻辭典》，濟南：齊魯書社，1999 年 2 月第一版。

59. 譚正璧，《中國文學家大辭典》，北京：北京圖書館出版社，1998 年 9 月第一版。

60. 譚其驤，《中國歷史地圖集·元明時期》，第七冊，北京：中國地圖出版社，1996 年 6 月第一版。

61. 藝文印書館主編，《百部叢書集成分類目錄》（四冊），臺北：藝文印書館，1971 年 10 月。

62. 日·山根幸夫，《新編明代史研究文獻目錄》，東京：汲古書院，1993 年 11 月第一版。